SECCIÓN DE OBRAS DE FILOSOFÍA

ORTEGA Y GASSET EN LA CULTURA HISPANOAMERICANA

TZVI MEDIN

ORTEGA Y GASSET EN LA CULTURA HISPANOAMERICANA

FONDO DE CULTURA ECONÓMICA
MÉXICO

Primera edición, 1994

ISBN 968-16-4251-1

Impreso en México

A Noemí Hasson

INTRODUCCIÓN

En este libro se estudia la influencia de Ortega y Gasset en la cultura hispanoamericana desde 1916 hasta la década de los ochenta. Se trata, sin lugar a dudas, de una de las figuras intelectuales que más han influido en tal cultura durante el siglo XX, y ello en numerosos países, en múltiples áreas y de diversas formas. Más aún, en muchos aspectos su influencia fue verdaderamente decisiva, al grado de que es imposible escribir sobre la cultura hispanoamericana sin relacionarla necesariamente con la influencia del maestro español en la misma. Pero una cosa es el reconocimiento de este fenómeno cultural, y otra es el estudio y la investigación del desarrollo (génesis, evolución, intensificación, aminoramiento, ausencia, etc.) de esta influencia a lo largo de nuestro siglo y en los diversos países hispanoamericanos, en cada uno de los cuales esta evolución fue adoptando diferentes matices, lo mismo que el estudio de las causas de esta influencia, de sus diversos significados, modos, conductos y formas de su recepción.

Evidentemente, el contexto inmediato de nuestra investigación comprende tanto la obra de Ortega como la cultura hispanoamericana, pero ambas solamente en la medida de su relevancia para nuestro tema central: la *influencia* del pensamiento de Ortega en la cultura hispanoamericana. En lo que respecta a sus obras, las citaremos cronológicamente, acorde a la secuencia con que fueron recibidas en la América hispana, aunque no nos referiremos a la totalidad de los escritos del maestro español, sino solamente a aquellos que influyeron en el público hispanoamericano o a aquellos cuya falta de influencia es también significativa. Asimismo intentaremos apegarnos a los textos mismos, evitando en la medida de lo posible una interpretación, puesto que nuestro objetivo es hacer patente, ilustrar y explicar qué es lo que llegó a las manos del lector hispanoamericano.

En lo que se refiere al contexto receptor, la cultura hispanoamericana, nos centraremos en aquellos casos específicos y corrientes culturales que acusaron el impacto de la influencia orteguiana. Aquí intentaremos profundizar en nuestro análisis, ahondaremos en determinada medida en la obra de tal o cual escritor o tal o cual corriente intelectual, pero siempre recordando que lo haremos en el contexto y en la medida de su relevancia al estudio de la influencia orteguiana en cada uno de los casos tratados. Además, es necesario aclarar que la atención prestada a los diversos países hispanoamericanos se dará en función de las influencias orteguianas sobre los mismos; a veces se estudiará un determinado tipo de influencia orteguiana a nivel continental precisamente porque su ámbito fue general, y a veces se estudiarán por separado determinadas manifestaciones de tal influencia que fueron patrimonio exclusivo o muy especial de determinados países. Aquellos países donde la influencia de Ortega fue más bien difusa, y no se concretizó específicamente en tal o cual escritor o corriente intelectual, recibirán una atención menor, aunque debemos estipular de antemano que es sumamente difícil abarcar en todas sus particularidades la totalidad de un fenómeno cultural tan amplio y tan prolongado.

En cuanto a la influencia misma de Ortega, es necesario señalar diversos puntos. En primer lugar, su periodización es en gran medida problemática, entre otras razones porque la influencia de algunos escritos orteguianos se prolongó durante décadas, y quizá puedan presentarse otras periodizaciones con no menos validez que la propuesta en este libro.

Un primer periodo va desde la visita de Ortega en 1916 a la Argentina hasta 1922. Aquí lo que cuenta en especial es el comienzo de la publicación de la importantísima *Revista de Occidente* y la publicación de *El tema de nuestro tiempo* en 1923, libro de enorme influencia en la América hispana, que abren un segundo periodo que se prolonga hasta 1939. En este año llegan al continente el mismo Ortega y numerosos discípulos suyos huyendo de la España franquista, con lo que comenzó un nuevo periodo en la influencia orteguiana. Claro está que desde 1923 hasta 1939 se da en opinión de más de uno de los estudiosos de Ortega una evolución y quizás un cambio sumamente importante en su pensamiento, conectado por algunos con su descubrimiento de Dilthey y de Heidegger. Pero en lo que se refiere a la influencia de este fenómeno en la cultura hispanoamericana, no hay en él nada que a nuestro modo de ver justifique en esta investigación una delimitación secundaria dentro de este periodo. En la medida en que su pensamiento fue visto en Hispanoamérica como una temprana versión del existencialismo, ello influyó en el sentido de que los que así lo consideraron prefirieron ir al original alemán y posteriormente francés, desentendiéndose de la filosofía de Ortega. Pero esto, en nuestro trabajo, no puede sino expresarse en un vacío o en una observación marginal, como lo haremos en el momento oportuno; nosotros nos centramos en su influencia real, en lo que se dio efectivamente. Cuando detectamos el abandono del pensamiento orteguiano, ello se dio por lo general en otros contextos y en otros periodos, lo que por cierto recordaremos en el momento oportuno.

Un tercer periodo se abre a partir de 1939, y se prolonga aproximadamente hasta la muerte de Ortega en 1955 y el inmediato debate que tiene lugar luego de la misma. Hablamos aquí de las décadas de los cuarenta y los cincuenta. Y, finalmente, de los sesenta hasta nuestros días, con un apartado especial de lo escrito alrededor de su centenario.

Todo esto, evidentemente, en medio de la comprensión de que una influencia cultural no se puede medir estrictamente por años o décadas, y por ello todo es año más, año menos.

A lo largo de los diversos periodos se irán distinguiendo las *fuentes* específicas de la influencia orteguiana, o sea, la obra del mismo Ortega como se manifiesta en sus conferencias, artículos periodísticos, artículos y libros. También señalaremos los *conductos* específicos de la misma, en este caso todo lo mencionado previamente, más sus alumnos que llegan a América hispana y desarrollan su propia obra y magisterio en el espíritu orteguiano en tal o cual medida, y que asimismo difunden explícita y directamente el pensamiento orteguiano; y también los adictos orteguianos locales que se preocuparon por la difusión de las ideas del maestro, o aquellos otros que al escribir contra él reconocen su lugar prominente en la cultura del momento y hacen que este reconocimiento sea patrimonio de sus propios lectores.

Durante los casi ochenta años tratados en este libro se fueron dando diversos *modos, tipos* y *grados* de influencia cultural, que a su vez fueron variando en los diversos países que acusaron la influencia orteguiana. Y no sólo fueron variando en los países sino también en los diferentes círculos concéntricos que acusaron su influencia: el *núcleo profesional,* la *periferia cultural,* el *ámbito social* y los *grupos políticos.*

Por modos y tipos de influencia nos referimos a una serie de categorías que fueron surgiendo de la investigación misma y que nos permiten catalogar las diversas variantes de la influencia orteguiana. Veamos esto en detalle.

En primer lugar consideramos necesario diferenciar entre *presencia* e *influencia.* Si bien la influencia implica siempre la presencia del personaje, la presencia no implica necesariamente su influencia. La presencia puede ser mera noticia, y ésta a su vez puede surgir del prestigio y la fama nacional o mundial del autor sin que se conozca su obra, en los casos en que no se domina el idioma en que escribe y si las traducciones no existen. Y asimismo, si se conoce su obra, ésta puede quedar en el marco de la mera noticia si es irrelevante a la realidad general o cultural del contexto receptor. De igual manera, lo que puede manifestarse como influencia en el nivel profesional o cultural, por ejemplo, puede quedar como mera noticia para los círculos sociales más amplios.

Por otro lado, puede ser que la influencia se convierta en parte natural y sobrentendida del ámbito cultural, olvidándose con el tiempo su relación con el personaje y desapareciendo de este modo la presencia explícita del mismo.

La influencia misma se expresa en tres modos en cuanto a su forma general:

1. *Influencia específica,* detectable en un determinado escritor o corriente cultural, reconocida conscientemente por los mismos, y asimilada plenamente o reflejada en los desarrollos propios o mediante la extrapolación que puede otorgar inclusive nuevos significados, etcétera.

2. *Influencia difusa,* sin ser el receptor necesariamente consciente de sus orígenes, o que por haberse convertido en parte integral de la cultura se ha olvidado la fuente orteguiana. Esto sucede frecuentemente, con el paso del tiempo, con respecto a la terminología, los conceptos, el estilo, etcétera.

3. Un tercer modo de influencia quizá no encaje muy bien con las anteriores, aunque constituye un híbrido de ellas. Es difusa en su carácter social general (no sobre tal o cual escritor o corriente cultural), pero es plena y explícitamente consciente, al grado de que su sentido reside básicamente en su ostentación. Nos referimos al modo de influencia *snobista,* en el que se conceptúa al personaje Ortega y a algunos de sus términos, conceptos o ideas como símbolos cuya ostentación otorga legitimización cultural y social.

Hay que recalcar que estos tres modos pueden darse por separado en diversos círculos, pero también pueden mezclarse en un determinado escritor o corriente cultural. Así, por ejemplo, la función legitimadora en pos del prestigio de Ortega se dio no sólo en los círculos periféricos, sino a menudo en el mismo núcleo profesional.

Más concretamente, en lo que se refiere a los contenidos de estos diversos modos de influencia, podemos apuntar los siguientes tipos:

1. Influencia de la teoría general de Ortega en el estadio específico que alcanzó en un momento dado. (Por ejemplo, la *teoría de las generaciones.)*

2. Influencia de aspectos parciales de una teoría desentendiéndose del resto de sus componentes, rechazándolos o ignorándolos. (Por ejemplo, solamente el *conflicto generacional.*)

3. Influencia del aparato conceptual, de partes del mismo o de los conceptos sueltos. (Por ejemplo, su *concepto de generación.*)

4. Influencia de la terminología en general o de términos sueltos. (Por ejemplo, en el segundo de los casos, la difusión del uso del término generación sin conexión con su definición orteguiana.)

5. Influencia del estilo orteguiano, que incluye el tipo anterior. (O sea, la terminología, pero también la sintaxis, las metáforas, etcétera.)

6. Influencia del espíritu orteguiano, de sus problemas y su orientación general.

7. Influencia en lo que se refiere a la problematización de una temática determinada, o sea, la elevación de algún tema o acontecimiento a su

problematización teórica poniéndolo en el centro del tapete intelectual, fijando de este modo la agenda intelectual del momento.

Ahora bien, estos tipos de influencia pueden darse, y se dieron con Ortega, en diferentes grados y asimismo pueden manifestarse en medio de diferentes modos de recepción: asimilación, adhesión crítica, diálogo en función de su reconocimiento como punto de referencia ineludible, rechazo parcial, rechazo absoluto, rechazo violento. Evidentemente, el rechazo en sus diversas modalidades implica también el reconocimiento de la influencia, y en la medida en que es más extremo, refleja el temor frente a la relevancia de la misma. Además, la misma polémica se convierte en vehículo de difusión.

En fin, todo lo expuesto ha venido surgiendo como aparato conceptual a lo largo de nuestra investigación, y se encuentra implícito a lo largo de este libro, puesto que por lo general hemos evitado la explicitación metodológica. No tengo inconveniente en reconocer que esta introducción presenta, básicamente, mis conclusiones metodológicas, ya que en la investigación no sólo llegamos a conclusiones sino también afilamos nuestros instrumentos analíticos.

Pasemos, entonces, al examen de la influencia de José Ortega y Gasset en la cultura hispanoamericana.

I. UN COMETA (NO FUGAZ) EN EL CIELO HISPANOAMERICANO. 1916-1922

ENTRE VIENTOS Y HURACANES

DEMOS, ante todo, una muy breve mirada al paisaje histórico del momento. El almanaque marcaba el 21 de julio de 1916 cuando Ortega y Gasset, dejando atrás a una Europa que se consumía en medio de las llamaradas de la primera Guerra Mundial, llegaba por primera vez a América, a Argentina específicamente. Una Argentina y una América mecidas por los vientos de los cambios y las innovaciones, en medio del contexto neocolonial que había impuesto su sello a todo el continente desde el último tercio del siglo XIX.

A veces estos vientos se convertían en verdaderos huracanes revolucionarios, como en el caso de México, donde la lucha contra la dictadura del general Porfirio Díaz había provocado desde 1910 un verdadero levantamiento popular, abriendo posteriormente las puertas para la lucha intestina dentro de las mismas filas de los revolucionarios. En ese 1916 las fuerzas de los generales Venustiano Carranza y Álvaro Obregón perseguían furiosamente a las de Emiliano Zapata, luego de haber derrotado definitivamente al "Centauro del Norte", Francisco "Pancho" Villa, en la batalla de Celaya. Era el apogeo del huracán revolucionario mexicano, que cobraría a final de cuentas alrededor de un millón de víctimas de una población de unos 14 millones de habitantes, pero que abriría también el camino a la reforma agraria, a la organización obrera, a la Constitución de 1917 y a un presidencialismo muy especial, que lograría combinar el autoritarismo con la movilidad dentro de la clase política.

En la Argentina a la que llegaría Ortega no hubo huracanes, aunque sí fuertes vientos que, sin mayores estragos, iban cambiando radicalmente el panorama nacional. La democratización pacífica de la vida política se daba al unísono con la aparición y el acelerado crecimiento de los partidos populares, y para ese 1916 Hipólito Yrigoyen, al frente de la Unión Cívica Radical, llegaba a la presidencia de la República Argentina. Era el reflejo político de los grandes cambios económicos y sociales que acompañaron a la realización del proyecto nacional de la generación de 1880. La campaña contra los indios, las grandes extensiones de tierras que llegaron a manos de la oligarquía dominante, la instalación de los ferrocarriles británicos conectando los centros de producción con el puerto, las grandes olas de inmigración española e italiana, el crecimiento inaudito de la producción y exportación de cereales, lana y carne, todo ello llevó a la Argentina a una prosperidad inigualable en todo el continente latinoamericano. Era el éxito de la oligarquía terrateniente y exportadora, subordinada a su vez a la hegemonía inglesa en medio de la división internacional del trabajo propia del contexto neocolonial. Y el éxito del proyecto era el que precisamente iba haciendo surgir nuevas clases sociales que iban poniendo en entredicho el sistema vigente. Es el caso prominente de las clases medias urbanas del litoral y de amplios sectores populares en las ciudades, que se contaron entre los elementos decisivos del éxito electoral del yrigoyenismo en el año en que Ortega llegaba a Buenos Aires. Prosperidad económica y democratización pacífica de la Argentina a la que arribaba el joven filósofo español.

También en Uruguay, el otro país al que visitaría furtivamente Ortega en su primer viaje al continente, y en Chile, que acusaría ya en los veinte la influencia orteguiana, somos testigos de reformas políticas y sociales que se daban más o menos pacíficamente por esos años. También aquí el viejo concepto de una unidad nacional limitada al ámbito oligárquico iba siendo desplazado paulatinamente por la emergencia de las clases medias y populares.

José Batlle y Ordóñez, al frente del Partido Colorado, finalizaba para 1915 dos periodos no consecutivos en la presidencia de la República Oriental del Uruguay, luego de haber logrado un fuerte apoyo popular del naciente proletariado, de las clases medias y de la incipiente burguesía industrial. Este apoyo popular le había posibilitado llevar a cabo una importante reforma legislativa (el Ejecutivo Colegiado para frenar los peligros dictatoriales), y asimismo ejercer una política modernizante de reformas sociales y promover inclusive la nacionalización de diversos ámbitos de la actividad económica. En ese 1916 del arribo de Ortega ascendía a la presidencia Feliciano Viera, quien encabezaba la reacción de las clases conservadoras dentro del propio Partido Colorado, y quien evitó la realización de diversos proyectos batllistas. Se trataba más bien de cambios que oscilaban entre las brisas reformistas y los vientos algo más fuertes de la reacción, pero nunca de huracanes como los del norte.

También en Chile se venía dando el fenómeno del progresivo fortalecimiento de los partidos políticos con el apoyo popular de los obreros y de la clase media, y la problemática social ocupó un lugar central en las elecciones de 1915. A pesar de que en 1916 José Luis Sanfuentes se desempeñaba como presidente de la República representando los intereses de los círculos conservadores y latifundistas y manejaba con mano fuerte las numerosas huelgas de obreros que estallaron durante su periodo, la presión social y la acción política de los liberales, socialistas y radicales condujeron también aquí a la legislación en favor de los obreros y la clase media.

Argentina y Uruguay fueron los países visitados en 1916 por Ortega, y México y Chile eran dos países que acusarían profundamente la influencia del maestro español pocos años más tarde. En el resto del continente muy a menudo nos encontramos en ese 1916 con la quietud de las dictaduras ya consagradas, o con el ruido de los militares u otros contrincantes políticos en su lucha violenta por el poder, pero con muy poco de los vientos pacíficos y democráticos. Sin embargo, entre brisas, vientos y huracanes América se encontraba a años luz de la conflagración en la que Europa ya se consumía durante dos largos años. Y la Argentina, ni qué hablar.

La visita

El 22 de julio de 1916 el diario *La Prensa* anunciaba en Buenos Aires la visita de José Ortega Munilla y de José Ortega y Gasset. En primer lugar se refería elogiosamente al padre, "veterano y popular periodista", y luego al hijo, "descollante figura del moderno renacimiento intelectual español" y "el cerebro más influyente de la juventud española".[1] El hijo ya había colaborado esporádicamente con este periódico, desde que el 9 de julio de 1911 Ramiro de Maeztu lo había presentado al público porteño como nuevo corresponsal de *La Prensa,* elogiando profusamente a "Pepe" Ortega.[2]

José Ortega y Gasset tenía, en ese 1916, 33 años y se desempeñaba como profesor de filosofía en la Universidad de Madrid. Además de diversos artículos ya había escrito en 1914 *Meditaciones del Quijote,*[3] y en el mismo año de su visita a Buenos Aires publicaba *Personas, obras, cosas,*[4] donde incluía artículos escritos en años anteriores.

Previamente había estudiado durante diversos periodos en Alemania, entre 1905 y 1908, básicamente en Marburgo, donde tuvo como maestros a los neokantianos Herman Cohen y Paul Natorp. Alemania fue la fuente filosófica de la que bebió con ansiedad el joven Ortega. Pero la profundización de sus conocimientos filosóficos fue cobrando en su propio pensamiento una dimensión vital, que convertida en un imperativo existencial lo hizo volverse filosóficamente sobre su misma circunstancia nacional. Muy pronto Ortega se abocó a la búsqueda de la verdad de

[1] *La Prensa,* 22 de julio de 1916.
[2] *Ibid.,* 9 de julio de 1916.
[3] *Meditaciones del Quijote,* en *Obras Completas,* I, Alianza Editorial, Madrid, 1983, pp. 309-340.
[4] *Personas, obras, cosas,* en *OC,* I, p. 417 y ss.

España y el sentido de lo español, aspirando a contribuir así a la salvación de su circunstancia nacional, lo que consideraba como vital, a su vez, para su salvación personal.

Se trataba, a final de cuentas, de que la filosofía de pretensiones universales se ocupara de las particularidades concretas de lo español, y así lo explicitaría Ortega magistralmente en *Meditaciones del Quijote:*

> Yo soy yo y mi circunstancia, y si no la salvo a ella no me salvo yo. *Benefac loco illi quo natus es,* leemos en la Biblia. Y en la escuela platónica se nos da como empresa de toda cultura, ésta: "Salvar las apariencias", los fenómenos. Es decir, buscar el sentido de lo que nos rodea...
>
> Preparados los ojos en el mapamundi, conviene que los volvamos al Guadarrama. Tal vez nada profundo encontremos. Pero estemos seguros de que el defecto y la esterilidad provienen de nuestra mirada. Hay también un *logos* del Manzanares: esta humildísima ribera, esta líquida ironía que lame los cimientos de nuestra urbe, lleva, sin duda, entre sus pocas gotas de agua, alguna gota de espiritualidad...
>
> Pues no hay cosa en el orbe por donde no pase algún nervio divino: la dificultad estriba en llegar a él y hacer que se contraiga. A los amigos que vacilan en entrar a la cocina donde se encuentra, grita Heráclito: "¡Entrad, entrad! También aquí hay dioses."[5]

Por ello Ortega no duda en afirmar que la meditación de la propia circunstancia puede ser filosófica, y que el lector descubrirá hasta en los últimos rincones de estos ensayos filosóficos los latidos de su preocupación patriótica.[6]

Aquí ya nos topamos con dos elementos que serían de gran trascendencia para la cultura hispanoamericana. En primer término, a nivel filosófico general, el imperativo vital de la reabsorción de la circunstancia propia, lo que Ortega considera que es el destino concreto del hombre en tanto tal. Se trataba, ya entonces, de la superación de las abstracciones del idealismo, postulando "mi vida", la vida concreta de cada uno, y no la vida ideal, como la realidad primaria y radical. Y además, en este circunstancialismo orteguiano ya se hallaban también presentes las ideas fundamentales de una nueva filosofía que otorgaba su sello, su imperativo y su legitimización a la meditación filosófica sobre la realidad nacional. No sólo la española, sino toda realidad nacional, incluida la de los países hispanoamericanos.

Pero si Europa, y Alemania particularmente, constituía la fuente cultural y científica en la que había bebido el joven filósofo español, y de la

[5] *OC*, I, p. 322.
[6] *Ibid.*, p. 32.

que, en su opinión, debería beber España para ponerse a la altura de los tiempos, en ese 1916 de la primera Guerra Mundial Ortega no podía menos que acusar el golpe de la desilusión y la frustración frente al derrumbe europeo: "Comenzaba todo en Europa a tomar una cansada actitud de pretérito, un color desteñido y palúdico. Dondequiera aparecían síntomas de vitalidad menguante. Heine hubiera dicho que el mundo europeo olía a violetas viejas."[7]

Y también la España que dejaba atrás al embarcarse hacia Argentina, a pesar de no tomar parte en la guerra, no era nada reconfortante: "tan agria, tan paralítica, tan inerte". Éste era el sombrío estado de ánimo de Ortega, y en medio del mismo cobraría su viaje al Río de la Plata un significado especial. Imposible evitar aquí la cita de sus propias palabras:

> La vida de un español que ha pulido sus sensaciones es tan áspera, sórdida, miserable, que casi en él viven sólo esperanzas, esperanzas escuálidas y vagabundas, esperanzas desesperadas. Y cuando en la periferia del alma se abre un poro de claror, a él acuden en tropel las pobres esperanzas sedientas, y se ponen a beber afanosas en el rayo de luz. ¿Qué será la Pampa vista desde la cima sensitiva de mi corazón?[8]

Pero este joven intelectual, que comenzaba a tener prominencia en los círculos intelectuales españoles, era más bien un desconocido para la mayoría de los latinoamericanos. En el mejor de los casos constituía para algunos pocos una interesante noticia de allende el océano. En *Nosotros,* la importante revista cultural argentina, se escribía en enero de 1917 que no era mucho lo que se sabía de Ortega y Gasset previamente a su visita, puesto que sus libros eran relativamente recientes y la difusión de los mismos no podía ser grande, y además porque para los argentinos era muy difícil "que un hispano pase de doce quilates en ciencias".[9]

Ortega llegaba a Buenos Aires gracias a la invitación de la Institución Cultural Española de esa ciudad, en el marco de un programa de acercamiento hispano-argentino. Como lo declara al partir de España, venía a centrarse en dos temas principales: primero, presentar un panorama de la filosofía del momento demostrando la fecunda renovación de la misma, puesto que afirmaba que para la filosofía la fecha de 1899 significaba un pasado absoluto; y, en segundo lugar, dedicar un ciclo de lecciones a leer y comentar "algunos trozos inmortales" de la *Crítica de la razón pura* de Kant. Esto último era necesario puesto que, a su modo de

[7] "Palabras a los suscriptores", en *El Espectador,* II, 1917. *OC,* II, p. 129.
[8] "Azorín o primicias de lo vulgar", en *El Espectador,* II, 1917. *OC,* II, pp. 157-158.
[9] *Nosotros,* año XI, tomo XXV, enero de 1917, Buenos Aires, p. 25.

ver, la intimidad con lo clásico separa, en ciencia, la seriedad del diletantismo.[10]

El programa implicaba, evidentemente, la suposición de que los círculos profesionales argentinos no se encontraban precisamente a la altura de los tiempos, ni los presentes ni los clásicos. Y esto en verdad era así, entre otras causas, porque casi no existían los círculos profesionales filosóficos. Coriolano Alberini, quien se convertiría posteriormente en un importante filósofo argentino, y que en ese año era aún un entusiasta estudiante de filosofía, nos describe la situación universitaria en aquellos momentos. En 1906 y 1907 había ocupado la cátedra de psicología de la Facultad el doctor Félix Krueger, profesor alemán que de haber prolongado su estadía hubiera podido instaurar, según Alberini, la conciencia técnica de la filosofía. Pero no fue así, y la enseñanza quedó en manos de "muy meritorios y cultos médicos y abogados que también se ocupaban de filosofía", a los que Alberini no deja de ridiculizar. Los jóvenes con vocación filosófica no tuvieron otro remedio, entonces, que convertirse en autodidactas dedicándose al estudio de Kant, Renouvier, Bergson, Boutroux, Croce, Gentile y otros filósofos.[11] En medio del yermo de la filosofía positivista de la enseñanza oficial, los estudiantes ya presentían la nueva manera de filosofar, y Ortega llegaba en el momento oportuno para ofrecérsela en bandeja de plata. Y no sólo eso, sino que se trataba de un filósofo europeo en español. Los incomprensibles textos originales eran presentados con notable claridad en el lenguaje propio, y ello en medio de un notable dominio de la materia. Más aún, Ortega venía personificando, ya desde esos primeros momentos, no sólo la filosofía europea, sino también la reivindicación de la filosofía en lengua española.

El éxito de los cursos y las conferencias de Ortega fue enorme y logró conquistar tanto el entusiasmo de expectantes alumnos como de no pocos viejos profesores. El decano de la Facultad, el doctor Rodolfo Rivarola, que ya había abierto previamente la brecha contra el positivismo en Argentina, sentado en la primera fila tomaba apuntes con la *Crítica de la razón pura* en la mano, y con él la mayor parte de los profesores jóvenes.[12] Por su parte, los estudiantes que asistieron a las conferencias de Ortega le organizaron una claque bulliciosa y agresiva. En verdad estos jóvenes no sabían bien lo que quería filosóficamente, pero sabían que era antipositivista y ello les bastaba.[13] El gran filósofo argentino Alejandro Korn recuerda:

[10] *España,* citado en *Anales de la Institución Cultural Española*, Buenos Aires, 1947, p. 153.

[11] Coriolano Alberini, "Ortega y Gasset en la Facultad de Filosofía", en *Síntesis,* año II, núm. 19, diciembre de 1928, p. 11.

[12] Roberto García Pinto, "Los pasos de Ortega en Argentina", en *Revista de Occidente,* núm. 37, junio de 1984, p. 77.

[13] Coriolano Alberini, "Ortega y Gasset en la Facultad de Filosofía", p. 11.

...autodidactas y diletantes, tuvimos la ocasión de escuchar la palabra de un maestro; algunos despertaron de su letargo dogmático y muchos advirtieron por primera vez la existencia de una filosofía menos pedestre. De entonces acá creció el amor al estudio y aflojó el imperio de las doctrinas positivistas.[14]

Sin duda, Ortega impactó fuertemente en el reducido núcleo profesional de los filósofos argentinos y de los aspirantes a filósofos.

En lo que se refiere a la filosofía alemana del momento, Ortega exaltó y enseñó especialmente a Husserl, Max Scheler y Rickert, desconocidos por lo general para el ámbito cultural argentino debido a que no se conocía el alemán y las noticias de estos filósofos llegaban solamente por medio de traducciones italianas.

Y a la par de la filosofía alemana, Ortega aportó también su propia demoledora crítica al positivismo. En sus conferencias expresó repetidamente la idea de que ninguna ciencia particular puede abocarse al problema de la verdad, y que sólo la filosofía constituye una ciencia general que une entre sí a las ciencias particulares, constituyendo una ciencia de las ciencias y una teoría de las teorías. Las ciencias mismas no penetran en los dominios de la filosofía, pero ésta, en cambio, analiza los fundamentos de la ciencia: "La filosofía es la reflexión sobre ese minúsculo cuerpo de la verdad del cual parecen depender la cultura y el que los hombres no sean ineptos en sus afanes. Es la filosofía ciencia fundamental y no puede inspirarse en ninguna otra."[15] Esta visión de la filosofía que fue desechada en el siglo XIX volvía a manifestarse desde principios del siglo XX, y Ortega ahondó en este sentido al profundizar precisamente en los filósofos ya recordados, y también en su curso sobre Kant.

Pero, claro está, no dejaron de expresarse las reacciones de los positivistas frente a las opiniones de Ortega, muy especialmente cuando estas últimas lograban tan fervorosa acogida y tan amplio eco. Ya desde este primer contacto comenzó a darse lo que sería una constante por muchos años en la cultura latinoamericana: la imposibilidad de desentenderse de la presencia intelectual de Ortega.

Desde las páginas de *Nosotros,* ya en ese mismo 1916, Alberto Palcos expresó su rechazo del pensamiento de Ortega con una observación que luego sería un lugar común para muchos de los que posteriormente entrarían a la arena intelectual para medirse con el maestro español: Ortega es considerado como "un agudo crítico de arte y un literato lleno de primores", pero en vano se busca al filósofo en sus obras. Palcos acusa a Ortega de no conocer realmente las teorías evolucionistas y de

[14] Alejandro Korn, *Influencias filosóficas en la evolución nacional,* Edición Solar, Buenos Aires, 1983, p. 280.

[15] *Anales de la Institución Cultural Española,* p. 162.

no ser un filósofo de verdad sino un literato de la filosofía, y luego se atrinchera en la fortaleza del evolucionismo y el determinismo. A las pocas líneas no deja de aparecer también el carácter violento que a veces caracterizaría la polémica con Ortega: muchos españoles, opina Palcos, aún sentían una repugnancia instintiva, orgánica, por las disciplinas científicas.[16]

Pero más allá de algunas contadas reacciones de este tipo, Ortega abría grandes ventanales a los aires filosóficos del momento y trazaba líneas de innovación y renovación filosófica que llenarían de vitalidad, optimismo y esperanzas a aquellos que se debatían en un medio nada estimulante para su vocación.

> No nos trajo Ortega un sistema cerrado —escribe Korn—: enseñó a poner los problemas en un plano superior, nos inició en las tendencias incipientes, dejó entrever la posibilidad de definiciones futuras, nos incitó a extremar el esfuerzo propio. Mucho le debo personalmente, pero creo poder emplear el plural y decir: mucho le debemos todos.[17]

Más aún, la reivindicación de la filosofía se nutrió también del éxito público de las conferencias de Ortega en lo que se refiere a la amplia periferia cultural. Ortega no trajo consigo solamente el impulso a los profesionales de la filosofía sino también su legitimización social. Posteriormente recordaría que al dirigirse a la facultad a dar su conferencia se encontró con que la calle de Viamonte había sido ocupada por una verdadera muchedumbre que había asaltado la facultad, llegando inclusive a romper los vidrios de las ventanas, y todo ello "por el afán de escuchar una lección filosófica de un mocito gallego, ocho días antes totalmente desconocido".[18] Y el "mocito" dio también, aparte de sus conferencias en la facultad, dos conferencias públicas en el Teatro Odeón y el Teatro de la Ópera. En la primera de ellas, a beneficio de la revista *Nosotros,* se ocupó del tema de la *nueva sensibilidad,* volviendo a la crítica del positivismo y apuntando a la conformación de una nueva sensibilidad de las nuevas generaciones europeas, misma que apenas se manifestaba en América:

[16] Alberto Palcos, "José Ortega y Gasset. El sentido de la filosofía", en *Nosotros,* año X, tomo XXIII, núm. 87, julio de 1916, pp. 202-206. En el mismo espíritu se expresa en 1917 el doctor Joaquín Castellanos en un artículo sobre Ortega y Gasset, en J. C., *Acción y pensamiento,* J. A. Pellerano, Buenos Aires, 1917, pp. 372 y 373. Castellanos, por cierto, critica en su artículo a Ortega en diversos aspectos, y muy especialmente los consejos que el maestro español les da a los argentinos sin conocer Argentina, *op. cit.,* pp. 376-382.

[17] Alejandro Korn, *op. cit.,* p. 280.

[18] "Discurso en la Institución Española en Buenos Aires", en *Meditaciones de pueblo joven y otros ensayos sobre América,* Revista de Occidente en Alianza Editorial, Madrid, 1981, p. 200.

...por lo mismo que el siglo XIX fue un siglo de sistematizaciones, de culturas técnicas, de Estados poderosos sin individuos independientes, el de la adaptación al medio de Darwin, el de la preponderancia del dolor de Schopenhauer, el del materialismo sin entrañas de Comte, por eso surge "hoy" tan impetuoso el ideal de las nuevas generaciones, la moderna sensibilidad... Preferimos arder como las antorchas que gravitar como las piedras.[19]

Roberto García Pinto recuerda que lo de la "sensibilidad" cundió a la manera de un incendio de pastos en la Pampa y que en el Río de la Plata comenzaron a abundar los neosensibles, "con las cabezas relucientes de gomina criolla".[20] En fin, si hasta la gomina criolla tenía un fundamento filosófico, no cabe duda de que el quehacer filosófico ya no iba a ser tan desdeñable.

Tucumán, Córdoba, Mendoza, Rosario y también Montevideo, al otro lado del Río de la Plata, escucharon la palabra de Ortega, quien desempeñó, sin lugar a dudas, una intensa y prolífera labor. A los 33 años aún podía moverse de esa manera. Era en gran medida la personificación de la nueva sensibilidad y de la vitalidad ascendente que postulaba en sus conferencias. En *El Hogar,* al abandonar Ortega la Argentina, se comparaba su labor en este país con la de un hombre que ha lanzado una piedra en el centro de un charco, "en cuyas aguas turbadas en su infecunda quietud se comenzaron a multiplicar los círculos excéntricos..."[21]

Y los círculos excéntricos llegaron más allá de lo filosófico y de sus repercusiones sociales, y alcanzaron inclusive, gracias a la magia expresiva de Ortega, la reivindicación del mismo idioma español en medio de los afrancesados círculos intelectuales de la oligarquía argentina. Así lo ilustra fehacientemente nada menos que el caso de Victoria Ocampo, con quien Ortega trabara amistad durante esta primera estadía en Argentina.

Victoria Ocampo, como muchos de los integrantes de su clase social en esos años, había sido educada por institutrices francesas y se había empapado de la literatura francesa. Consideraba, por ese entonces, que el idioma español era impropio para expresar lo que no constituía el lado puramente material, práctico, de la vida, "un idioma en que resultaba un poco ridículo expresarse con exactitud, esto es, matiz".[22] En lo referente a España tenía una ignorancia sólida y agresiva por igual. Pero entonces llegó 1916 y la joven Ocampo, luego de prolongadas conversaciones con Ortega, confiesa haberse percatado gradualmente de su

[19] *Anales de la Institución Cultural Española,* tomo I (1912-1920), p. 189.
[20] Roberto García Pinto, *op. cit.,* p. 84.
[21] *El Hogar,* 1° de diciembre de 1916.
[22] *Sur,* año I, núm. 3, invierno de 1931, p. 20.

tontería y haber comenzado a advertir "que todo podía decirse en lengua española sin que uno se hiciese automáticamente pesado, afectado, grandilocuente".[23] En fin, el milagro orteguiano.

Es la misma Victoria Ocampo que a principios de los treinta editaría la importante revista *Sur*, con la colaboración de Ortega en su consejo editorial.

Todos salieron ganando con el enorme éxito de la visita. También Ortega, que no dudaría en expresarlo muy claramente desde las páginas del segundo ejemplar de *El Espectador*, que se publicaría en 1917. En unas palabras a los suscriptores, que Ortega antepone al tomo, se refiere a su visita a la Argentina estipulando patentemente que "*El Espectador* es y tal vez será mejor entendido en la Argentina que en España, puesto que los argentinos poseen (en su opinión) la cualidad decisiva de distinguir finamente los valores".[24] Claro está que nuestro filósofo llegó a tal conclusión gracias a la prueba contundente del éxito enorme de sus propias conferencias... No cabe duda que no le sobraba modestia. Pocas palabras podrían reflejar el enorme impacto de su experiencia argentina como éstas que escribe al final del mencionado prólogo:

> Allende la guerra, envueltas en la rosada bruma matinal, se entreven las costas de una edad nueva, que relegará a segundo plano todas las diferencias políticas, inclusive las que delimitan los Estados, y atenderá preferentemente a esa comunidad de relaciones espirituales que llamamos la raza. Entonces veremos que en el último siglo, y gracias a la independencia de los pueblos centro y sudamericanos, se ha preparado un nuevo ingrediente, presto a actuar en la historia del planeta: la raza española, una España mayor, de quien es nuestra Península sólo una provincia.

Y para terminar: "En las páginas de *El Espectador* no se pone el sol."[25] El imperio de Ortega era ya inconcebible sin Argentina.

Sirenas y aristocracia

El impacto mutuo fue profundo y se dejó sentir en los años inmediatos, tanto en Ortega como en los círculos culturales argentinos. En lo que se refiere a Ortega, éste quedó cautivado por Argentina y por su éxito en la misma, tal como lo hemos visto expresado en *El Espectador* de 1917. Pero parecería que en un principio este cautiverio implicó también la

[23] *Ibid.*, p. 23.
[24] *OC*, II, p. 130.
[25] *Idem.*

profundización de su desilusión y desengaño por la propia vida española. Así lo testimonia en 1922 el gran mexicano Alfonso Reyes, que radicaba en el exilio madrileño por esos años. Ortega descubrió América, escribe Reyes con una sonrisa; descubrió sociedades efervescentes, en el albor de su historia, que eran un verdadero antídoto contra las dolencias de las sociedades caducas; creyó descubrir posibilidades de nuevas alegrías, de una existencia más amplia y digna, y sin lugar a dudas de una mejor acogida para la obra de un pensador. Y a la vez que crecía el deleite de Ortega en el recuerdo del viaje, apunta el maestro mexicano, crecía también su desesperación al volver los ojos a su vieja España.

Pero Reyes, agudo observador de personalidades y buen conocedor de las realidades americanas, y especialmente de la de su convulsionada patria mexicana, no dejó de observar la alucinación de que era víctima Ortega. Refiriéndose al entusiasmo del maestro español por lo recientemente conocido y al desengaño de lo propio, escribe Reyes:

> Es la vieja historia de Ulises: mal podemos ser dichosos de vuelta a Itaca —así nos espere la fiel Penélope de la patria— si hemos escuchado en otros mares el canto arrebatador de las sirenas. Y el símil tiene muy larga explicación; porque yo me temo —y no lo quisiera— que las sirenas que han seducido a nuestro Ulises sean, por mucho, verdaderas sirenas y, por lo tanto, engañadoras. Es decir: que yo temería que su entusiasmo por América estuviese también llamado a desvanecerse...[26]

Reyes considera que Ortega se vio seducido por una Argentina próspera y dinámica en la que creyó identificar todo lo americano, y no fue consciente de lo complicado y heterogéneo de la realidad americana, y se pregunta entonces patéticamente: “¿Podría seducirlo igualmente la América que llora y combate?”[27]

Pero la respuesta a esta interrogante es ya adelantar lo que vendrá posteriormente, y en estas líneas nos limitamos a hacer patente el grado en que el entusiasmo de Ortega por lo americano llegó a manifestarse inclusive en el reforzamiento de su desengaño por lo español. Mas póngase atención en que escribimos “reforzamiento”, puesto que no coincidimos en lo que parecería ser en el escrito de Reyes relación de causa y efecto entre el viaje y la desilusión. La desilusión ya existía previamente, como lo constatamos en lo escrito por Ortega antes del viaje. Por ello es verdad lo observado por Reyes, pero en tanto reforzamiento de una desesperación ya existente.

[26] Alfonso Reyes, *Simpatías y diferencias*, tomo II, Ed. Porrúa, México, 1945, p. 37.
[27] *Ibid.*, p. 39.

Y si podemos hablar de las sirenas americanas con respecto a Ortega, al parecer lo que cautivó a gran parte del ámbito cultural argentino en esos primeros años fue lo que podríamos denominar como la aristocracia intelectual de Ortega. Ello se ve ilustrado con claridad en un artículo publicado en 1920 por L. Rodríguez Acasuso bajo el sugestivo título de "Aristocracia literaria. (Reflexiones que sugiere don José Ortega y Gasset)".[28]

Este escritor argentino lleva a cabo un análisis de la crítica literaria de Ortega, a quien considera "aristócrata de las letras hispanas",[29] anteponiendo el concepto de aristocracia al de plebeyo, o de "plebeyismo", como lo define Ortega. Rodríguez Acasuso considera que existen dos formas de ser en la vida del hombre: o plebeyo, que avanza por el mundo sólo gracias a su sensualismo, o aristócrata, haciendo también gala de la profundidad ideológica. Ortega vendría a ser el símbolo de la aristocracia literaria, y Rodríguez Acasuso señala que al allegarse al análisis de su obra se acobarda y se humilla frente "a tanta grandeza de sensibilidad y de ideología".[30] Pero a pesar de tanta humildad el artículo todo se encuentra traspasado no sólo por el estilo orteguiano, sino también por la sensación del autor de ser parte de esa aristocracia literaria, y no sólo literaria, puesto que, como vimos, se trata de dos diferentes formas de ser del hombre en general. El reconocimiento de la aristocracia cultural orteguiana implicaba, en la misma posibilidad de comprenderla, la pertenencia a la misma. Ya en esos momentos, previos a la consagración definitiva de Ortega en España y en Europa, el estudio y la admiración de su obra y la identificación con sus ideas comenzaron a conllevar una autoidentificación elitista, un pasar a ser parte de una aristocracia cultural y social. "Dos formas de ser del hombre...", una orteguiana y otra plebeya. Y aquí los que comenzaban a captarlo de este modo no se arriesgaban a ningún desencanto. Por el contrario, el canto de la sirena madrileña se convertiría muy pronto, en Argentina y en la América hispana toda, en patrimonio general de los círculos culturales y sociales por igual, signo de aristocracia cultural y social.

Por otro lado, el núcleo profesional más reducido de estudiantes y profesores de filosofía que habían escuchado las conferencias admiraban al filósofo, esperaban y leían ávidamente sus escritos; algunos contados mantenían incluso una relación epistolar con el maestro, y a veces también encontramos las divergencias expresadas al reseñar sus artículos y libros. En 1917 un grupo de jóvenes estudiantes de filosofía allegados a Alberini laboran en la formación de un centro de estudios filosóficos

[28] L. Rodríguez Acasuso, "Aristocracia literaria", en *Del teatro al libro,* Ag. General, Buenos Aires, 1920.

[29] *Ibid.*, p. 226.

[30] *Idem.*

denominado "Colegio Novecentista", que no correría, por cierto, con mucha suerte. Pero en estos primeros años debemos mantener aún las proporciones y captar la influencia de Ortega en sus adecuadas medidas y limitaciones. Es verdad que en 1917 se da la recepción académica de Korn en la Facultad de Filosofía y Letras, y que Alberini considera que el éxito de la conferencia de su amigo en esa oportunidad venía a ser el certificado de defunción del positivismo en la Universidad.[31] En ese 1917 Alberini también se encuentra en la terna para la cátedra de psicología, y le escribe a Ortega que sus conferencias han ayudado "a despejar un poco el ambiente". Pero Alberini no puede dejar de reconocer que en la Universidad aún predominan los positivistas, que rechazan a Ortega y no dejan de expresar que sus conferencias han logrado sólo un éxito estético y nada más.[32]

Debemos aún apuntar que en este periodo Ortega publica, en 1922, *España invertebrada. Bosquejos de algunos pensamientos históricos.*[33] Se trata de un libro que tendría gran repercusión en España, en el que Ortega analiza la evolución histórica de ese país en función de la relación entre las minorías selectas y las masas. Los procesos de integración y desintegración de las naciones se analizan en general por medio de estas categorías sociales y se aplican específicamente al proceso español. El título ya habla por sí mismo en lo que respecta a las conclusiones de tal investigación.

Este libro tendría también gran influencia en América Latina en cuanto a la aplicación de las categorías sociales de minorías selectas y masa empleadas por Ortega, aunque, como veremos, a menudo extrapolándolas del contexto orteguiano original. Asimismo, estimularía ensayos historiográficos e historiosóficos sobre la propia realidad nacional. Pero en el momento de su aparición el efecto del libro aún fue algo reducido, y así, no encontramos en Argentina sino contadas reseñas del mismo, como, por ejemplo, la publicada en 1923 en la revista *Valoraciones.* El autor de la reseña señala que los problemas tratados por Ortega son también relevantes para los argentinos, y tras hacer algunas observaciones críticas, finaliza afirmando que se trata de una obra que posiblemente sea la más sugestiva de su tiempo.[34]

Ortega irrumpió en los cielos latinoamericanos con la celeridad, lo imprevisto y el deslumbrante fulgor de un cometa intelectual. Pero no fue un

[31] Carta de Coriolano Alberini a Ortega con fecha del 15 de junio de 1917. Archivo con la correspondencia de Ortega en Fundación Ortega y Gasset, Madrid.
[32] *Idem.*
[33] *España invertebrada,* en *OC,* II, pp. 37-130.
[34] *Valoraciones,* año I, núm. 1, septiembre de 1923, p. 43.

cometa fugaz. En los años inmediatamente posteriores a su visita se mantuvo el nexo y su presencia intelectual fue para muchos mera noticia cultural, en tanto que para otros comenzó a ser un nuevo símbolo de aristocracia literaria y cultural, y un reducido grupo de filósofos lo consideró un filósofo español que no sólo enseñaba los clásicos y la última palabra de los filósofos europeos, sino que además los miraba de igual a igual y salía a la arena filosófica con sus propias ideas y teorías. Pero no sería hasta la década de los veinte cuando, paralelamente al auge de su creación filosófica y literaria y al reconocimiento de la misma en España y en Europa en general, el cometa (no fugaz) comenzaría a ocupar su lugar definitivo como una estrella en el firmamento latinoamericano. Pasemos, entonces, a las décadas de los veinte y de los treinta.

II. A LA ALTURA DE LOS TIEMPOS (EUROPEOS): 1923-1939

Una orgía intelectual

El impacto de Ortega en Argentina durante su primera visita se convertiría rápidamente en un paso introductorio a lo que sería, por momentos, una apabullante influencia en todo el continente, y en algunos lugares una verdadera orgía intelectual orteguiana. En los veinte y en los treinta Ortega estaba en el aire del ambiente cultural latinoamericano. Sus frases, sus nuevos términos, sus conceptos, sus ideas, sus teorías, sus artículos, sus libros. En 1956, con motivo de la muerte de Ortega, escribía el argentino Juan Adolfo Vázquez, recordando la obra del filósofo: "...Ortega ha sido y es todavía la instancia circundante con que se encuentra el pensador hispanoamericano del siglo XX. Ortega es nuestra circunstancia".[1] Y esta presencia e influencia permanentes e ineludibles de Ortega eran patentes también para aquellos que no coincidían con sus ideas o que las atacaban violentamente. Germán Arciniegas, el gran colombiano admirador de Ortega, escribe al respecto:

> Para los de mi generación... la juventud fue un girar alucinado alrededor de Ortega. Entre otras cosas porque nos rebelábamos contra él. Pocos autores se leen tan en diálogo como Ortega... siempre el lector encuentra puntos en que disentir, pero el moverse a disentir es en cada caso un renacimiento, es un momento en que Ortega nos ha puesto a pensar sobre un punto que habíamos pasado por alto.[2]

Arciniegas hace patente aquí, de hecho, la enorme capacidad de problematización teórica de urgencias vitales de la propia circunstancia por parte de Ortega, la capacidad de poner sobre el tapete intelectual hispanoamericano el orden del día cultural y el imperativo de relacionarse al mismo.

El periodo al que nos referimos en el presente capítulo se extiende desde la posguerra en 1923, año en que Ortega empieza la publicación de *Revista de Occidente* y saca a luz *El tema de nuestro tiempo,* hasta la victoria de Franco y la irrupción de la segunda Guerra Mundial en 1939, que

[1] Juan Adolfo Vázquez, "Ortega como circunstancia", en *Sur,* núm. 241, 1956, p. 31.
[2] Germán Arciniegas, "Ortega, el tema de nuestro tiempo", en *Sur,* núm. 241, 1956, p. 155.

en lo relevante para nuestra temática implican también el exilio en América Latina de numerosos intelectuales españoles, muchos de ellos discípulos destacados de Ortega, e inclusive el exilio del mismo Ortega en Argentina. Estos últimos acontecimientos abrieron evidentemente un periodo en lo que respecta a la influencia del maestro español en el continente, y por lo tanto, constituyen la línea delimitatoria hacia el final de este capítulo.

Algo sobre el contexto histórico

Antes de entrar de lleno al análisis de este periodo, que hemos caracterizado como el de una orgía intelectual orteguiana, tracemos algunas pinceladas elementales para dar algo de color al contexto histórico. Esto es indispensable tanto por la relevancia de tal contexto para los diversos modos de recepción de la obra de Ortega en los diferentes países, como para posibilitarnos prestar atención al hecho de que Ortega no se refirió en absoluto al drama político que tenía lugar en esos momentos en los países por él visitados, o en los que sus escritos eran celebrados profusamente, lo que es indicativo, sin lugar a dudas, de un determinado desdeño por la actividad política que consideraba como mero reflejo de lo social y lo cultural, y que ya había expresado tanto en la presentación de *El Espectador* en 1917, como en *El tema de nuestro tiempo* en 1923. Muy posiblemente, esta falta de interés por lo político se encuentra entre los factores que hicieron posible la difusión de su obra en los círculos más diversos; aunque en determinados momentos, cuando se imponían la autodefinición y el compromiso personal, ello lo convirtió precisamente en fácil blanco de toda clase de ataques. Se imponen, entonces, algunas precisiones históricas del momento hispanoamericano.

Desde la posguerra del primer conflicto mundial hasta la crisis económica de 1929, somos testigos de la progresiva recuperación europea económica, cultural y políticamente. Pero no se trataría ya de la misma Europa. La Unión Soviética por un lado, y el desarrollo de los regímenes fascistas por otro, muy especialmente con la ascensión al poder de Mussolini en 1922 y de Hitler en 1933, constituían amenazas constantes para las democracias liberales del continente. Y esto se reflejaría también en el continente latinoamericano, donde los nacionalismos de derecha se desarrollarían rápidamente, inclusive con tintes netamente fascistas, y las ideologías de izquierda cobrarían un auge creciente. Este proceso se incrementaría a la par que la creciente confrontación del fascismo y el marxismo, en sus diversas versiones, en el viejo continente. El punto culminante lo constituiría la Guerra Civil española, con su enorme trascendencia para el continente latinoamericano, donde la reciente inmigración española a diversos países era realmente significativa.

Pero estos reflejos de las ideologías y las confrontaciones ideológicas europeas del momento venían a insertarse, a final de cuentas, en los procesos básicos de las sociedades y los Estados de América Latina.

México, con su excepcional huracán revolucionario a comienzos de siglo, continuaría siendo una excepción en las décadas de los veinte y los treinta, pero ahora en un sentido contrario, avanzando hacia una institucionalización definitiva que posibilitaría el cambio presidencial pacífico cada seis años. El régimen surgido de la Revolución se fue institucionalizando progresivamente alrededor de un partido oficial creado en 1929, el Partido Nacional Revolucionario, mismo que se convertiría en 1938 en el Partido de la Revolución Mexicana. Por momentos se dio el peligro, en los veinte, de una vuelta al caudillismo dictatorial, que se perpetuara en el poder oficialmente (Obregón) o por detrás de los poderes constitucionales (el llamado maximato de Calles); pero desde 1934, con la ascensión de Lázaro Cárdenas a la presidencia de la república, se dio la institucionalización definitiva. De 1934 a 1940, Cárdenas también impuso un régimen de ideología socialista que llevó a cabo una enorme reforma agraria (18 millones de hectáreas), creando especialmente ejidos cooperativos y colectivos, nacionalizó el petróleo mexicano y dio gran impulso a la industria nacional en medio de una política antimperialista. En este México la influencia orteguiana sería de enorme importancia, y en diversos campos decisiva para su desarrollo cultural.

También Argentina, Chile y Perú acusaron una enorme influencia orteguiana, aunque aquí el proceso histórico en estos años fue muy diferente, y en muchos sentidos opuesto a lo que sucedió en México. En estos tres países, a la confrontación entre las clases populares, las clases medias y las oligarquías nacionales, que como vimos se venía dando desde principios de siglo, se agregó la injerencia militar de todo tipo, y por lo general oscilaron entre el dominio oligárquico, la dictadura y la hegemonía militar, sobre el trasfondo de una creciente politización popular.

Argentina estaría desde 1916 hasta 1930 bajo el poder político de los radicales, y en especial de Yrigoyen, que luego de su primer periodo presidencial volvería a ser electo en 1928 (por cierto, el mismo año de la segunda visita de Ortega a Argentina). Pero la combinación de diversos factores, entre ellos su avanzada edad, una administración defectuosa que despertó la oposición inclusive en las filas de su propio partido, algunos pasos de índole nacionalista que hirieron intereses creados, la fuerte oposición de los intereses oligárquicos y de grupos neofascistas, y, claro está, la crisis económica de 1929, condujeron en 1930 al primero de los golpes militares que tanto lesionarían a lo largo del siglo a la nación argentina. Los generales Uriburu y Justo tomaron el poder, y luego de las elecciones de 1931, en las que se prohibió la participación de los radicales, Uriburu, de inclinaciones fascistas, cedió la presidencia a Justo, que representaría durante seis años los intereses de los elementos conservadores que habían sido desplazados del poder en 1916 por el yrigoyenismo. Esto se prolongaría hasta que en 1943 se da otro golpe militar, o sea, que cubre todo el periodo del presente capítulo.

En el vecino Chile, que también sería visitado por Ortega en 1928, la inestabilidad y la acción de los militares dominaron la mayor parte del periodo, incluyendo el "gobierno de los cien días" de una república socialista. Veamos esquemáticamente algo del "popurrí" chileno de los golpes y contragolpes militares, para ilustrar así un fenómeno que fue característico de tantos otros países del continente.

En 1920 ascendió a la presidencia de la república Arturo Alessandri, al frente de la Alianza Liberal, con un programa popular que incluía reformas sociales y la separación del Estado y de la Iglesia. Pero en 1924 una revuelta militar puso fin al gobierno de Alessandri, tomó el poder, disolvió el Congreso y precipitó la escalada golpista. En enero de 1925 otra revuelta militar de jóvenes oficiales volvió a tomar el poder, dirigida por los coroneles Carlos Ibáñez y Marmaduque Grove, quienes llamaron a Alessandri del exilio para entregarle el poder. Pero al poco tiempo otra vez el golpe militar: el coronel Carlos Ibáñez volvió a destituir a Alessandri, gobernando de facto hasta 1927, año en que comenzó a desempeñarse como presidente de la República gracias a una elección en la que no hubo oposición. Ibáñez continuaría en el poder hasta julio de 1931. En junio de 1932 se vuelve a dar otro alzamiento militar, esta vez para crear una efímera república socialista, que a su vez sería desplazada del escenario político por otro alzamiento militar en septiembre del mismo año. Finalmente, y antes de que quedemos completamente desorientados por los vaivenes militares, se cierra el círculo de rifles y bayonetas, en nuestro periodo, cuando Alessandri vuelve a la presidencia entre 1932 y 1938. Para resumir: cinco golpes militares en ocho años.

Aunque con menos vaivenes, también Perú sintió el peso de las armas, y entre 1919 y 1930 se encontró bajo la dictadura de Augusto B. Leguía, el líder de la Patria Nueva. Leguía sería derrocado por el general Sánchez Cerro, quien llegó a la presidencia con el apoyo de la oligarquía limeña, y que entró de inmediato en un agrio conflicto con el movimiento popular aprista encabezado por Víctor Haya de la Torre. En 1932, una sangrienta rebelión en el norte del país cobró miles de víctimas, pero el régimen oligárquico militar continuó dominando al Perú, inclusive luego del asesinato de Sánchez Cerro.

Sirvan estas contadas pinceladas para dar una mínima idea de lo que sucedía en México, Argentina, Chile y Perú, países en los que la influencia orteguiana imprimió fuertemente su sello por esos años. Influencia que por cierto cobraría también caracteres especiales en cada uno de ellos en función del contexto receptor. Aunque, claro está, la arena de la influencia de Ortega en este periodo abarcaría todo el ámbito hispanoamericano, y aquí sólo nos limitamos a señalar algunos de sus puntos críticos. Debemos finalmente señalar que, si bien Ortega no se relacionó a estos dramas políticos, en su *Revista de Occidente,* a la que nos referimos a continuación, ni siquiera se relacionó con los no menos dramáticos acontecimientos de su patria, como por ejemplo la dictadura de Primo de Rivera o la caída de la monarquía. Aunque, por cierto, Ortega tomó parte activa en la política de su país en momentos de la creación de la República y publicó, entre otros, un famoso artículo contra la monarquía que finalizó con el clásico llamado: "Delenda est monarchia". Pero con respecto a Hispanoamérica se abstuvo de toda "intromisión" política, quizás en el mismo espíritu con el que posteriormente rechazaría las críticas de izquierda o derecha de personalidades no españoles en el caso de la Guerra Civil.

AMÉRICA Y LA INTEGRACIÓN EUROCENTRISTA: LA "REVISTA DE OCCIDENTE" Y LA "BIBLIOTECA DE IDEAS DEL SIGLO XX"

Desde comienzos del siglo XX América Latina comenzó a reafirmar su propia identidad nacional y su idiosincrasia cultural frente al impacto del imperialismo estadunidense y en medio del proceso de integración nacional. El uruguayo José Enrique Rodó, el argentino Manuel Ugarte o el mexicano José Vasconcelos constituyen prominentes ilustraciones de la calidad de los esfuerzos realizados en ese sentido. Se trata de una labor intelectual que, tomando diferentes formas, se prolonga a lo largo del siglo más allá de los drásticos cambios que se dieron durante el mismo. Pero, por otro lado, es indudable que durante el periodo comprendido entre las dos guerras mundiales también llega a su máximo el contacto con la cultura europea, tanto en lo que se refiere a la amplitud de tal contacto como a su profundidad. Y en primer lugar con la cultura alemana, que viene a ocupar en muchos ámbitos el lugar de prominencia que previamente ocupaba la cultura francesa. Mas no se trató sólo de la asimilación de las creaciones de la cultura europea, sino también de su nivel profesional, de la disciplina académica y el rigor de la investigación, que serían decisivos para lo que Francisco Romero llamaría el periodo de normalización filosófica en el continente latinoamericano.

En este proceso de recepción y absorción de la creación cultural europea y de su disciplina académica, los conductos más importantes en los años veinte y treinta fueron la *Revista de Occidente,* con su propia editorial, y la *Biblioteca de Ideas del Siglo* XX, ambas bajo la dirección de Ortega y en el mejor espíritu orteguiano. No es ésta una afirmación que surge de nuestra investigación, sino que durante esos mismos años existía la plena conciencia de la trascendencia de ambas empresas, y no pocos de los jóvenes de entonces que llegarían a las cumbres culturales lo reconocerían explícitamente.

El gran novelista cubano Alejo Carpentier recuerda que "la *Revista de Occidente* fue durante años nuestro faro y guía",[3] y el importante historiador colombiano Germán Arciniegas escribe que, gracias a las publicaciones de *Revista de Occidente* y por la enorme producción editorial que animó Ortega, su generación se acercó a todas las literaturas, a las filosofías y a los problemas del arte y de la historia, aprovechando una universidad libre que cubrió todo el mundo de habla española: "... en ese momento España y nuestra América estaban al día". Y el premio Nobel mexicano Octavio Paz recuerda que entre 1925 y 1935 predominó, entre lo que en el siglo XIX se denominaba como las clases ilustradas, "un *estilo* que venía de la *Revista de Occidente*".[4]

Esto era tan evidente, tan patrimonio consciente de los intelectuales y la gente culta de esos años, que el dominicano Pedro Henríquez Ureña llegó a escribir en 1928, en *La Pluma* de Montevideo, sobre el peligro de la *Revista de Occidente.* Henríquez Ureña reconoce que la *Revista* y sus dependencias constituían el foco principal de difusión de cultura que existía en esos momentos en el mundo de lengua española. Más aún, considera que la mayor parte de las ideas que circulaban entonces en los pueblos hispánicos se debían a Ortega, a su producción editorial y a su propio pensamiento. Pero, como "ningún otro foco irradia tanta luz", Henríquez Ureña expresa su temor de que para mucha gente lo publicado por la *Revista* y sus derivaciones se convirtieran en la cultura por excelencia, el lugar de donde "toda luz mana". Sociología, estética y filosofía era para ellos solamente lo que se escribía en las publicaciones de Ortega, y esto lo consideraba el prestigioso escritor dominicano como algo sumamente peligroso, en especial si a ello se agregaba la pereza cultural.[5]

Y la *Revista* llegaba a todos lados. El filósofo chileno Félix Swartzman relata que en 1931 se refugió en el sur de Chile, en las cercanías de Puer-

[3] "Letra y solfa", en *El Nacional,* Caracas, 20 de octubre de 1955.

[4] *Sur,* núm. 241, p. 155; y Octavio Paz, *Hombres en su siglo y otros ensayos,* Seix Barral, Barcelona, impreso en México, 1984, p. 104.

[5] Pedro Henríquez Ureña, "El peligro de la *Revista de Occidente*", en *La Pluma,* vol. III, Montevideo, 1927.

to Montt, en una casita de campo en la soledad de la selva, pero suscrito a la *Revista,* que llegaba "con gran generosidad de Ortega a la selva del sur".[6]

Ortega fundó en junio de 1923 la *Revista de Occidente,* y poco después también la editorial de la misma. Durante su primera época, entre 1923 y 1936, la revista tuvo un tiraje de 3000 ejemplares. Espasa-Calpe adquiría gran parte de la edición que se difundía en América Latina, principalmente en Argentina.[7]

En la presentación del primer número de la revista, Ortega escribe sobre la urgencia de una toma de conciencia frente a las profundas transformaciones de ideas y formas de vida que tenían lugar en esos momentos en el mundo occidental, amenazando, en su opinión, sumirlo en el caos. Pero este imperativo de la toma de conciencia del intelectual al encararse a la crisis implicaba también, según Ortega, la necesidad de ponerse de espaldas a la política, puesto que ésta simplemente no aspira al logro de la verdad y a la comprensión. En este sentido parecía que se trataba de un nuevo "espectador", aunque esta vez no sólo de España, sino del mundo occidental, que solicitaba la colaboración de los intelectuales del mismo en una labor de esclarecimiento, comprensión y salvación.

Ortega escribe, dirigiéndose al mundo cultural español e hispanoamericano, que se comenzaba a tener la penosa impresión de ver la existencia invadida por el caos, y que era precisamente en relación con este peligro que se definía el objetivo de la revista: "...un poco de claridad, otro poco de orden y suficiente jerarquía en la información les revelaría pronto el plano de la nueva arquitectura en que la vida occidental se está reconstruyendo... procurará esta revista ir presentando a sus lectores el panorama esencial de la vida europea y americana".[8]

He aquí la obra de salvación del maestro español, aunque claro está que todo llegaría a través de su propio prisma de selección, y la claridad, el orden y la jerarquía del acontecer intelectual se darían desde una perspectiva netamente orteguiana.

Para América Latina la *Revista de Occidente* significó un ponerse a la altura de los tiempos... europeos. De pronto se encontraban a su inmediato alcance lo mejor de la creación cultural europea y en español. Ya no era necesario esperar las traducciones al italiano o al francés, y en un ámbito cultural en el que se dominaban muy poco las lenguas extran-

[6] Ivan Jacksic, "La vocación filosófica en Chile", en *Cuadernos Americanos,* Nueva Época, núm. 8, UNAM, México, 1988.

[7] Eveline López Campillo, *La Revista de Occidente y la formación de minorías (1923-1936),* TAURUS, Madrid, 1972, p. 60. En este libro se da un resumen y una cuantificación sumamente útiles de lo publicado en la *Revista.*

[8] *Revista de Occidente,* núm. 1, año I, Madrid, 1923.

jeras, Ortega se convirtió en un moderno Moisés que abría de par en par las aguas del Atlántico y del Mediterráneo y permitía llegar fácilmente a Spengler, Freud, Simmel, Scheler, Russell, y muchos más. Y sin esperar años, sino al unísono con las publicaciones mismas y a veces inclusive disfrutando de las mismas primicias en las páginas de la revista.

De los aproximadamente 300 colaboradores de la revista, los autores de lengua española fueron 133, con 1 030 colaboraciones; 78 autores fueron alemanes, con 128 colaboraciones, y 97 autores de diferentes nacionalidades, con 139 colaboraciones. Sobresalen en especial, por el número de sus trabajos, Simmel, Jung y Scheler, con más de cinco artículos cada uno. En filosofía la orientación fue básicamente, y por momentos exclusivamente, alemana, lo que le valdría posteriormente, en la época de la segunda Guerra Mundial, la acusación de germanizante. La *Revista*, por cierto, dejó de publicarse en su primera época en 1936.

De igual forma, la editorial de la *Revista de Occidente* dio preferencia a los filósofos alemanes, y publicó seis libros de Max Scheler, en los que se difundió la fenomenología y el estudio de los valores. Estos libros fueron, como aún veremos detalladamente, de decisiva importancia para el desarrollo de la axiología en América Latina. En 1929 se publicaron también cuatro tomos de las *Investigaciones* de Husserl.[9]

Ya en los años veinte hubo intelectuales hispanoamericanos que viajaron a estudiar en Alemania, dejando de depender exclusivamente de lo ofrecido por la revista de Ortega, pero esta misma decisión de prepararse en Alemania se dio en función de la labor editorial de Ortega. No tiene nada de extraño, entonces, el que Coriolano Alberini pudiera afirmar en 1928 que "los argentinos le debemos, no obstante tal o cual discrepancia —natural en la brega filosófica—, la revelación de lo más viviente de la filosofía alemana contemporánea".[10]

La revista publicó también artículos de Whitehead y Russell, entre otros representantes de diversas corrientes filosóficas, aunque con dimensiones mucho más reducidas que la otorgada a la filosofía alemana. Pero como todo llegaba a través del filtro de Ortega, había algunas corrientes que ni siquiera pasaban, como fue el caso del materialismo dialéctico y el pragmatismo; o la omisión casi total de las obras de Croce y Brunschvicg (la filosofía de la idea), y del existencialismo, Heidegger prominentemente, que apenas si se evoca en una reseña.[11] La latinoamericanista soviética Inna Terterian llega inclusive a afirmar que las escuelas culturológicas, de las que Ortega era un representante privilegiado, frenaron por esos

[9] Eveline López Campillo, *op. cit.*, p. 71.
[10] *Anales de la Institución Cultural Española,* tomo III (1926-1930), Buenos Aires, p. 215.
[11] Eveline López Campillo, *op. cit.*, pp. 71-76.

años notablemente el desarrollo del pensamiento marxista en América Latina.[12]

Gran importancia se le otorgó a la psicología, muy a menudo difícilmente discernible de lo filosófico. Las publicaciones de Jung se dieron de 1925 a 1936, Simmel de 1923 a 1934, y también Marañón, Ortega, Russell, entre otros muchos. Ortega también escribió el prólogo a las obras de Freud en 1922, publicadas por la Editorial Biblioteca Nueva. La sociología, la historia, la literatura, las ciencias y las artes, en fin, toda la gama de temas tratados por la *Revista de Occidente* que se encontraban al alcance del lector hispanoamericano, era de una riqueza deslumbrante; aunque todo ello a través de la selección orteguiana, con mucho más peso y profundidad en lo filosófico que en la sociología, por ejemplo, y con gran profusión de determinados autores, como en el caso ya mencionado de Scheler.

La Editorial Revista de Occidente editó su primer libro en 1924, y para 1936 había publicado 205 títulos, con 20 colecciones. La colección titulada "Nuevos Hechos, Nuevas Ideas", por ejemplo, agrupa entre 1925 y 1935 39 títulos, trata temas de actualidad científica, sociológica, económica, filosófica o psicológica, con autores casi todos alemanes o ingleses. Destacan en especial en las publicaciones de la editorial ocho libros de Max Scheler entre 1926 y 1930, cuatro tomos de las *Investigaciones* de Husserl, tres libros de Hegel, y la *Sociología,* en seis tomos, de Simmel.[13]

Uno de los modos más significativos en que se expresó la influencia de la *Revista de Occidente* en Hispanoamérica fue la edición de publicaciones que intentaron seguir los pasos de la empresa orteguiana en diversos países del continente. *Contemporáneos* en México y *Sur* en Argentina constituyen dos de los ejemplos más importantes, aunque esta influencia se hizo patente en la gran mayoría de las revistas culturales publicadas por esos años.

El México de los años veinte había dejado atrás, relativamente, la fase traumática de la Revolución (aún se darían levantamientos armados en 1923, 1927 y 1929). La presencia de Ortega ya era un hecho cultural importante en determinados círculos intelectuales, como el grupo de los Contemporáneos, relevante para nuestro tema en el presente capítulo.[14] Lo constituían literatos mexicanos de importancia, básicamente Xavier Villaurrutia, Salvador Novo, Jorge Cuesta, Jaime Torres Bodet, Ortiz de

[12] Inna Tarterian, "La culturología extranjera del siglo XX y el pensamiento latinoamericano", en *Latinoamérica,* núm. 12, UNAM, México, 1979, p. 94.

[13] Eveline López Campillo, *op. cit.*

[14] Para el estudio de los Contemporáneos, véase el excelente análisis de Guillermo Sheridan, *Los Contemporáneos ayer,* Fondo de Cultura Económica, México, 1985, y Merlin H. Foster, *Los Contemporáneos. 1920-1932. Perfil de un movimiento vanguardista mexicano,* Eds. de Andrea, México, 1964.

Montellano, José Gorostiza, Gilberto Owen y Enrique González Rojo. Entre otros rasgos, los integrantes del grupo se vieron caracterizados, generalmente, por sus aspiraciones a una apertura a lo universal, o sea, fundamentalmente a lo europeo. A menudo se les acusó injustamente de descastados y de que dicha apertura fuera tan amplia que no dejaba lugar para ningún espacio propio, nacional, mexicano. A la acusación de cosmopolitismo antinacionalista se unió la de afeminamiento cultural, y no sólo cultural. En una violenta polémica, principalmente con los "estridentistas" dirigidos por Manuel Maples Arce, la gente de Contemporáneos tachó a sus críticos de postular un burdo nacionalismo que se confundía con el machismo mexicano.[15] Sin entrar en esta polémica que no se ocupó mucho de lo artístico propiamente dicho, la recordamos porque uno de los principales conductos por los que los Contemporáneos se mantenían en contacto con la actualidad europea era precisamente la *Revista de Occidente.* Xavier Villaurrutia, al que se consideraba como el teórico del grupo, se encargaba de hacer circular cada nuevo número de la *Revista de Occidente,* que fue tomada como ejemplo y modelo por los miembros cuando publicaron sus propias revistas: un único número de *Contemporáneos* en 1925, *Ulises* en 1927 y 1928 y de nuevo *Contemporáneos* de 1929 a 1931. En una excelente investigación, Guillermo Sheridan escribe que la devoción que Villaurrutia había desarrollado por la *Revista de Occidente,* ansiaba ya en 1925 convertirse en una nueva aventura editorial.[16]

La revista *Contemporáneos* de 1929 tenía el formato, el tipo de letra y el diseño de caja semejantes a los de la publicación de Ortega, llegando a convertirse en lugar común la idea de que se trataba de una versión local de la misma. También la estructura de la revista emulaba a la española, con un cuerpo básico de ensayos, poesías y artículos de fondo, y luego otro secundario de recensiones, comentarios breves y noticias. Ni qué decir que las alusiones y la relación a la *Revista de Occidente* eran una de las constantes de *Contemporáneos.* El grupo también se relacionó polémicamente con la obra de Ortega, rechazando especialmente su concepción de la novela y sus opiniones vertidas en *La deshumanización del arte,* pero ello será visto posteriormente en este mismo capítulo.

En Argentina, Victoria Ocampo salía adelante en enero de 1931 con la que sería una de las empresas culturales más destacadas del siglo XX en dicho país. Su holgada posición económica le hizo posible la realización del proyecto, a pesar de la crisis económica de 1929 y sin tener que

[15] Para el estudio del grupo de los Estridentistas, véase Germán List Arzubide, *El movimiento estridentista,* Xalapa, México, 1927, o Luis Mario Schneider, *El estridentismo o una literatura de la estrategia,* INBA, México, 1968.

[16] Guillermo Sheridan, *op. cit.,* p. 203.

depender de ayuda oficial alguna en esos críticos momentos de la política argentina. El golpe militar del 6 de septiembre de 1930 había llevado al poder al general Uriburu, con un ultranacionalismo de ribetes fascistas, y posteriormente facilitaría la vuelta al poder de los conservadores. Ante ello, el "grupo Sur" hacía gala de un liberalismo que supo mantener a prueba, incluso en los momentos más difíciles de las dictaduras militares y de los populismos autoritarios, por un lado, y del auge de las izquierdas radicales, por otro.

El mismo nombre de la revista le fue otorgado por Ortega en una conversación telefónica transatlántica con Victoria Ocampo, quien lo llamó para consultarlo al respecto. Ortega se decidió de inmediato por "Sur", y ello no fue meramente casual.[17] Como lo expresa en una de sus cartas a Victoria Ocampo, Ortega se había alarmado por los proyectos de ella de crear una revista panamericana con una orientación hacia el norte estadunidense, y por ello el mismo nombre *Sur* venía a señalar una orientación diferente, dejando sus amplias puertas abiertas hacia la cultura europea.[18] Victoria Ocampo hizo patente desde el primer momento su vocación americanista, pero se trató evidentemente de un americanismo que en su misma esencia implicaba la apertura a lo universal, y en primer lugar a lo europeo. En el editorial del número de *Sur* publicado en su trigésimo aniversario se reconocía con orgullo que "la apertura del argentino a la cultura europea (su legítima herencia) ha sido una de sus más preciosas y singulares cualidades".[19] Aunque claro está que tampoco aquí dejaron de escucharse las acusaciones a la revista por "extranjerizante y burguesa".

La influencia del mismo Ortega, que también era miembro del "consejo extranjero" en la editorial de la revista, fue sumamente importante durante los primeros años, y lo ilustra claramente el que en el segundo número, en 1931, por ejemplo, se escribieran nada menos que cuatro artículos sobre o en conexión con Ortega.[20]

En la revista colaboraron, los que serían conocidos como el "grupo Sur", amigos y personas allegadas a Victoria Ocampo, muchos de los cuales se convertirían en los próximos años en lo más representativo de la cultura argentina del siglo. La hermana de Victoria, Silvina, y su esposo Adolfo Bioy Casares, Eduardo Mallea, Jorge Luis Borges, Carlos Alberto Erro, Bernardo Canal Feijoó, María Rosa Oliver, entre otros de no menor importancia.

[17] *Sur,* año I, núm. 1, enero de 1931, p. 14.

[18] Carta de Ortega a Victoria Ocampo con fecha de 31 de enero de 1930, en *Sur,* núm. 296, 1965, p. 5.

[19] Victoria Ocampo, "A los lectores de *Sur*", en *Sur,* núm. 268, enero-febrero de 1961, p. 7.

[20] *Sur,* núm. 2, otoño, 1931.

Participaron también escritores españoles, algunos de ellos imbuidos del espíritu orteguiano. Es el caso prominente de Guillermo de Torre, que fue también el primer secretario de la revista, y que desde 1924 publicaba reseñas en la *Revista de Occidente.* De Torre se casó con Norah Borges, hermana de Jorge Luis Borges y una de las grandes pintoras argentinas, y al irrumpir la Guerra Civil española pasó a vivir definitivamente en Buenos Aires. En *Sur* escribió más de cuarenta artículos, ensayos y reseñas, y cuando Ortega vuelve a la España franquista, como luego veremos, De Torre se encontraría entre sus críticos más acerbos.

En 1939 llegaron a Buenos Aires otros dos importantes miembros del grupo de Ortega, Rosa Chacel y Francisco Ayala, quienes colaborarían ampliamente en *Sur* y a quienes aún volveremos a relacionarnos. También María Zambrano y José Ferrater Mora, orteguianos (el segundo, miembro de la escuela de Barcelona), participaron en *Sur* pero sin residir en Argentina.[21]

Éstos son algunos de los más importantes orteguianos españoles que escribieron en *Sur,* pero también fueron numerosos los admiradores de Ortega entre los mismos colaboradores argentinos, lo que se reflejaría netamente en la misma revista. La excepción, por cierto que nada marginal en este caso, fue la de Borges, quien no soportaba el estilo de Ortega y se burlaba del mismo.

En fin, el sello que imprimió Ortega en la cultura latinoamericana del siglo XX por medio de *Revista de Occidente* y de su editorial fue marcado y sobresaliente. Si sólo en ello se hubiera expresado su contribución cultural al continente, sería suficiente para otorgarle un lugar de honor en el mismo, pero además del gran divulgador y del gran europeizante, no cabe duda de que su propia creación, ideas y teorías tuvieron también una influencia trascendental en la cultura hispanoamericana. Más aún, éstas inclusive influirían paradójicamente en el desarrollo de un pensamiento latinoamericano que aspiró a librarse del eurocentrismo y del colonialismo cultural implícito en el mismo. Pasemos entonces al análisis de esta apasionante temática.

[21] Para un estudio de la revista *Sur,* véase John King, *Sur: A Study of the Argentina Literary Journal and its Role in the Development of a Culture. 1931-1979,* Cambridge University Press, 1986. Véase también el excelente artículo de Emilia de Zuleta, "Las letras españolas en la revista *Sur*", en *Revista de Archivos, Bibliotecas y Museos,* Madrid, enero-marzo de 1977, p. 80 (1-2).

FILOSOFÍA: LA VETA ORTEGUIANA

Ortega constituyó para los hispanoamericanos un riquísimo filón intelectual en el que se podían descubrir las teorías e ideas necesarias para conceptualizar teoréticamente sus propios problemas y elevar los intereses de grupos (universitarios, intelectuales, sociales y políticos) al nivel teórico de ideales respetables y legitimizados intelectualmente; o sea, racionalizados y con la garantía del consagrado prestigio orteguiano. Más aún, cada uno sacó selectivamente los metales del filón para darles forma acorde a sus necesidades y utilizarlos en función de las mismas. Y el filón resultó casi inagotable. Se cavó en las múltiples vetas: filosóficas, literarias, artísticas, sociológicas y psicológicas. Pocos lo hicieron a profundidad, muchos superficial o parcialmente, y numerosísimos aprovecharon lo extraído sin tener idea de lo que se trataba, en tanto preciosas alhajas que eran signo de distinción cultural. No faltaron aquellos que gritaron tratando de explicar que todo era falso y no había allí riqueza alguna, en tanto otros creyeron conveniente extraer algunos elementos y no tocar otros por faltos de valor. Sin embargo, antes de discernir lo que fue extraído y el modo de su aplicación, debemos acercarnos a ver la veta filosófica orteguiana misma, en esos años de los veinte y los treinta, prestando primeramente atención a lo filosófico, ya que todos sus escritos sobre los más diversos temas se encuentran fincados en tal filosofía. Lo haremos de una manera demasiado concisa para reflejar la riqueza de su pensamiento en esos momentos en unas cuantas páginas; mas debemos recordar que nuestro objetivo es el estudio de la influencia de Ortega en la cultura hispanoamericana. Por otro lado intentamos adscribirnos a los mismos textos orteguianos sin entrar, en la medida de lo posible, a la problemática de su interpretación, tratando de aclarar en algo lo que llegó a las manos del lector hispanoamericano. Veamos entonces a continuación algo de sus problemas y teorías fundamentales tal como se vieron elaborados en el periodo que nos ocupa.

Nueve años después de la publicación de *Meditaciones del Quijote* Ortega publica *El tema de nuestro tiempo,*[22] que constituye uno de sus libros filosóficos fundamentales y que resume algunos de los temas centrales de la filosofía que fue conformando en esos años. En este libro Ortega postula su teoría del perspectivismo y de la razón vital, entroncada con el circunstancialismo de *Meditaciones del Quijote,* y su impacto en Hispanoamérica fue amplio, profundo y prolongado. El libro se publicó con dos apéndices: "El ocaso de las revoluciones" y "El sentido histórico de la teoría de Einstein". En 1924 publicó "Ni vitalismo ni racio-

[22] *OC,* III, pp. 142-143.

nalismo"[23] y "Kant: Reflexiones de centenario (1724-1924)"[24], y en 1929, "Filosofía pura (Anejo a mi folleto Kant)".[25]

En estos escritos, que tuvieron amplia difusión en la América hispana, y que fueron objeto de reseñas y se incluyeron en los cursos universitarios de diversos países, Ortega expone con claridad su visión filosófica, contraponiéndola básicamente al racionalismo que dominó el ámbito filosófico desde el siglo XVII. Lo esencial de esta filosofía orteguiana es su superación de la filosofía idealista (la razón de Descartes, el ente racional de Kant, la cultura de Hermann Cohen) por medio de la postulación de la *vida concreta* de cada uno, "mi vida", en tanto realidad primaria y radical. "Mi vida" como punto de vista primario y sustentación de toda cultura y filosofía, y con ello la consecuente postulación de la razón vital en lugar de la razón pura y el racionalismo.

Ortega había llegado a la conclusión de que se encontraba en un momento clave de la evolución histórica, un momento en que la sensibilidad occidental daba un viraje, por lo menos, de un cuadrante,[26] y en *El tema de nuestro tiempo* intenta describir el tema capital de esa nueva época que comenzaba a perfilarse.

Pero, como se trataba de un cambio decisivo en el devenir histórico, Ortega se relaciona primero con la problemática del cambio histórico en sí, desarrollando en este contexto su famosa teoría de las generaciones. Veamos algunos de sus aspectos fundamentales.

Ortega considera que el cuerpo de la realidad histórica posee una anatomía jerarquizada, un determinado orden de subordinación y dependencia entre las diversas clases de hechos; o sea, que hay algunos fenómenos históricos que dependen de otros más profundos, los cuales son, en cambio, independientes de los primeros. De este modo, según Ortega, los cambios económicos y políticos son meramente superficiales y dependen en verdad de las ideas y de las preferencias morales y estéticas dominantes; pero éstas, a su vez, no serían sino consecuencias y especificaciones de lo que Ortega define como nuestra sensación radical ante la vida. En último término se trata de "la sensación vital", que es la que conforma el modo en que sentimos nuestra realidad circundante, y cuyas variaciones son las decisivas para el proceso histórico. Nuestras creencias fundamentales que constituyen el fenómeno primario de la historia, y lo primero que es necesario comprender para definir a una época.

[23] Ortega y Gasset, "Ni vitalismo, ni racionalismo", en *OC*, III, pp. 270-280, octubre de 1924.
[24] Ortega y Gasset, "Kant: Reflexiones de centenario. 1724-1924", en *OC*, IV, pp. 25-47.
[25] Ortega y Gasset, "Filosofía pura (anejo a mi folleto de Kant)", en *OC*, IV, pp. 48-59.
[26] *OC*, III, p. 152.

Pero, ¿sensación vital de quién?, ¿quién es el sujeto histórico de la misma y por ende el factor decisivo del cambio histórico? Frente a esta interrogante Ortega nos remite a las generaciones históricas, desarrollando en *El tema* una teoría de las mismas que sería completada posteriormente en un curso dictado en 1933 y publicado en 1947 bajo el título "En torno a Galileo".[27]

El maestro español rechaza tanto las teorías históricas que ven en el héroe individual el sujeto histórico por excelencia, como aquellas otras que elevan la colectividad al grado del factor histórico determinante. En su opinión, es imposible separar artificialmente a los héroes de las masas, puesto que ambos constituyen "una dualidad esencial al proceso histórico", y es por ello que postula precisamente la categoría histórica de la generación, conceptualizada en tanto compromiso dinámico entre masa e individuo. La generación como el concepto más importante de la historia, "el gozne sobre el que ésta ejecuta sus movimientos", la alternativa a la disyuntiva del héroe o las masas.[28]

Cada una de las generaciones representa entonces "una cierta altitud vital" desde la cual se siente la existencia de una manera determinada, y sus miembros poseen una sensibilidad vital común y detentan una fisonomía propia más allá de las diferencias y las rivalidades de todo tipo existentes entre ellos.[29] Este espíritu específico de cada generación sería el fruto de una ecuación formada por las ideas, los valores y las instituciones heredados de la generación anterior, y por su creación propia. De este modo, cuando las generaciones se identifican con el bagaje recibido Ortega nos dice que se desarrollan épocas acumulativas; cuando no se da esta identificación, se producen épocas polémicas: las primeras "son tiempos de viejos", las segundas "son tiempos de jóvenes".

Ahora bien, de la idea de que cada generación posee una sensibilidad vital peculiar, Ortega concluye que cada generación posee asimismo una vocación propia y una determinada misión histórica acorde a la misma. Con todo, existe entonces el peligro de la frustración histórica de una generación, que puede ser infiel a sí misma, a su vocación y a su misión específica. Se da la amenaza de la falta de autenticidad y la deserción; y es por ello que Ortega siente urgencia por definir el tema de su tiempo y fijar la misión de su propia generación, "obstinada radicalmente en desoír las sugestiones de nuestro común destino". Y esto último es posible puesto que Ortega, por cierto, considera que por medio del análisis del pensamiento teórico es dable detectar la nueva sensibilidad vital, y con ella el futuro próximo que se configurará en función de la misma: "Las

[27] *OC*, V, pp. 11-149.
[28] *OC*, III, p. 147.
[29] *Ibid.*, p. 148.

modificaciones, acaso de apariencia técnica, que experimentan hoy la biología o la física, la sociología o la prehistoria, sobre todo la filosofía, son los gestos primogenios del tiempo nuevo... De lo que hoy se comienza a pensar depende lo que mañana se vivirá en las plazuelas."[30]

En fin, he aquí en apretados conceptos algunos de los elementos centrales expresados por Ortega en *El tema de nuestro tiempo* en lo que se refiere a su teoría de las generaciones, que por cierto correría con gran suerte por los campos de la cultura latinoamericana. Pero, ¿cuál era a final de cuentas "el tema de nuestro tiempo"? ¿Qué es lo que se insinuaba en la filosofía de aquellos momentos al definirse los perfiles del futuro próximo?

En primer lugar, se trataba de la superación del dilema clásico entre relativismo y racionalismo, debido a que el maestro español considera que no podemos instalarnos satisfactoriamente en ninguno de sus términos. Superación que ocurre en realidad, en función de las ideas filosóficas del mismo Ortega, quien, más que verse a sí mismo como espectador o profeta, se consideraba, sin lugar a dudas, como uno de los grandes delineadores de los nuevos horizontes filosóficos.

Ortega considera que el relativismo constituyó un noble ensayo por respetar lo vital, pero que no pudo impedir su fracaso. Para el relativismo la verdad no existe puesto que no hay más que verdades relativas a la condición de cada sujeto (o sea, verdades que fueron cambiando a través de la historia), y en este sentido es que se respeta lo vital. Pero si no existe la verdad, el relativismo tampoco puede tomarse a sí mismo en serio, escribe Ortega, quien agrega aun que la misma fe en la verdad es un hecho radical en la vida humana. Fracasa, entonces, necesariamente el intento de salvar lo vital sacrificando a la verdad.

El racionalismo, en cambio, expresa en su opinión la tendencia antagónica, puesto que para salvar la verdad renuncia a la vida. Para salvar la verdad una, absoluta e invariable, habla de un sujeto abstracto, sin determinación histórica alguna, que Descartes llamó "razón" y Kant "el ente racional". De este modo, se dividiría nuestra persona en dos: por un lado nuestra realidad concreta, vital e histórica; por otro, ese núcleo racional que nos capacita para alcanzar la verdad pero que no vive. El racionalismo sería, entonces, antihistórico, e implicaría el entusiasmo por toda construcción racional y el desdén hacia todo lo espontáneo, inmediato y vital.

Ortega se sale desde el comienzo de las opciones de esta alternativa rechazando al relativismo y al racionalismo por igual: "...no entendemos cómo puede hablarse de una vida humana a quien se ha amputado el órgano de la verdad, ni de una verdad que para existir necesita previamente

[30] *Ibid.*, p. 156.

desalojar la fluencia vital".[31] Ortega propone, en cambio, una nueva idea de la razón, intentando evitar la necesidad de elegir entre el sacrificio de la vida o el sacrificio de la verdad: "La razón pura tiene que ceder su imperio a la razón vital." Éste era para él el tema de su tiempo.

El maestro español considera que en su generación la evolución del pensamiento europeo había llegado a un momento en que se iba haciendo claro que el racionalismo, con su aspiración a suplantar la vida por medio de la razón pura, había llegado a agotarse en su intento histórico de centenios. En la época de Sócrates se había dado el comienzo del poder ascendente de la razón; la generación de Ortega, afirma éste, presenciaba el final de tal proceso. Ya se comenzaba a comprender que era imposible que la razón pura suplantara a la vida y se constituyera en otra vida suficiente en sí misma. En verdad, "es tan sólo una breve isla flotando sobre el mar de la vitalidad primaria".[32] Si pensamos es porque nuestra vida, la vida de cada uno, necesita pensar para vivir, y es esta vida la que regula el pensamiento y lo gobierna. La cultura al servicio de la vida y no la vida al servicio de la cultura.

Pero nótese que Ortega no cae en el irracionalismo y no renuncia de ningún modo a la razón, que considera "una adquisición eterna"; lo que sucede es que la capta solamente en tanto una forma y función de la vida y le urge ponerla en el lugar adecuado. "El tema de nuestro tiempo consiste en someter la razón a la vitalidad, localizarla dentro de lo biológico, supeditarla a lo espontáneo… La misión del tiempo nuevo es precisamente convertir la relación y mostrar que es la cultura, la razón, el arte, la ética quienes han de servir la vida."[33]

Pero Ortega se apresura a aclarar, y nosotros con él en vista de algunas de sus interpretaciones en la América hispana, que no se trata de una reducción de lo intelectual a lo biológico en tanto lo meramente orgánico, puesto que la acepción que le otorga a este término trasciende su sentido habitual y su adscripción exclusiva a lo somático, *refiriéndose a la vida en la generalidad de todas sus manifestaciones.* En fin, es la vida como realidad radical la que constituye el contexto del filosofar orteguiano, más allá de los términos de los dilemas clásicos. Muchas de las interpretaciones erróneas de su pensamiento en América Latina ocurrirían, precisamente, al intentar captarlo en función de las categorías conceptuales que Ortega daba por superadas.

Ortega mismo considera que el pensamiento posee un doble aspecto: por un lado, nace como una necesidad vital del individuo, como un instrumento para "mi vida" que ella regula y gobierna; pero, por otro lado,

[31] *Ibid.*, p. 163.
[32] *Ibid.*, p. 177.
[33] *Idem.*

consiste en una adecuación a las cosas, en reflejar el mundo de las cosas poniéndose bajo el imperio de la ley objetiva de la verdad. La primera distinción hace evidente que su conceptualización de la razón se encuentra más allá del absolutismo de la razón pura del pensamiento racionalista; la segunda distinción indica que se encuentra más allá del escepticismo relativista o de idealismo alguno, corrientes con las que a menudo se le relacionó en Hispanoamérica.

Hacia el final de *El tema de nuestro tiempo* Ortega ejemplifica plenamente estas ideas suyas, centrándose en la problemática del conocimiento y exponiendo de nuevo, más elaborada esta vez, su teoría perspectivista. El sujeto ni es un medio transparente, un yo puro idéntico e invariable, ni su recepción de la verdad produce en ésta deformaciones. Ni racionalismo ni relativismo.

La función del sujeto, del ser viviente ante la realidad cósmica es, en opinión de Ortega, una función selectiva: deja pasar unas cosas, detiene otras. Ni se deja simplemente traspasar como en el racionalismo, ni finge una realidad ilusoria como en el relativismo. Y aquí viene un párrafo que vale la pena citar: "Las demás cosas —fenómenos, hechos, verdades— quedan fuera, ignoradas, no percibidas."[34] O sea, que no es que no existan, como lo postularía el idealismo radical que a menudo se le achaca, sino que no son percibidas por nosotros. Ahora bien, cada individuo, pueblo, época poseen su propia retícula, "con mallas de amplitud y perfil definidos que le prestan rigurosa afinidad con ciertas verdades e incorregible ineptitud para llegar a ciertas otras".[35] Por ello todas las épocas y todos los pueblos han gozado de una cierta porción de la verdad, y todos tienen su puesto determinado en la evolución histórica. Pero no se trata de un mero subjetivismo, sino de que la realidad cósmica sólo puede ser captada bajo una determinada perspectiva, y esta perspectiva no implica de ninguna manera una deformación de la realidad, puesto que la perspectiva es uno de los componentes de la misma realidad. El punto de vista abstracto, *sub species aeternitatis*, sólo proporciona abstracciones, y aquí no podemos menos que incluir algunas de las frases, innumerablemente citadas, de Ortega:

> Cada vida es un punto de vista sobre el universo. En rigor, lo que ella ve no lo puede ver otra. Cada individuo —persona, pueblo, época— es un órgano insustituible para la conquista de la verdad. He aquí cómo ésta, que por sí misma es ajena a las variaciones históricas, adquiere una dimensión vital. Sin el desarrollo, el cambio perpetuo y la inagotable aventura que constituyen la vida, el universo, la omnímoda verdad quedaría ignorada.

[34] *OC*, III, p. 198.
[35] *Ibid.*, p. 199.

El error inveterado consistía en suponer que la realidad tenía po[...] misma, e independientemente del punto de vista que sobre ella se tomara, una fisonomía propia. Pensando así, claro está, toda visión de ella desde un punto determinado no coincidiría con ese su aspecto absoluto y, por tanto, sería falsa. Pero el caso es que la realidad, como un paisaje, tiene infinitas perspectivas, todas ellas igualmente verídicas y auténticas. La sola perspectiva falsa es esa que pretende ser la única. Dicho de otra manera, lo falso es la utopía, la verdad no localizada, vista desde "lugar ninguno".[36]

El perspectivismo orteguiano se presenta, entonces, como superando el utopismo y el ucronismo del racionalismo. Pero también superando el relativismo subjetivista, puesto que, como vimos, conceptúa a la perspectiva en tanto un componente de la realidad, la forma en que la misma se nos aparece. En el apéndice titulado "El sentido histórico de la teoría de Einstein", Ortega se esfuerza por aclarar este punto:

> Cuando una realidad choca con ese otro objeto que denominamos "sujeto consciente", la realidad responde *apareciéndole.* La apariencia (en el sentido de aparición) es *una cualidad objetiva* de lo real en su respuesta a un sujeto. Esta respuesta es, además, diferente, según la *condición* del contemplador [...] La perspectiva, el punto de vista, adquieren un valor objetivo, mientras hasta ahora se les consideraba deformaciones que el sujeto imponía a la realidad. Tiempo y espacio vuelven, contra la tesis kantiana, a ser formas de lo real.[37]

De hecho, ya en la fórmula circunstancialista del "yo soy yo y mi circunstancia" se encuentra incluida la perspectiva en tanto componente básico de la realidad radical.

He aquí el modo en que lo individual, lo histórico, "mi vida", deja de ser un obstáculo para el logro de la verdad y se convierte en un órgano esencial para el logro de la misma. Lo relativo no es la verdad, como lo consideraba el relativista, sino la misma realidad, en el sentido de que desde cada punto de vista se descubre una perspectiva determinada de lo real, que en sí misma nos otorga una verdad en el pleno sentido de la palabra, una verdad absoluta de esa perspectiva, aunque precisamente parcial en función de la misma y sin pretensión alguna de convertir a la mencionada perspectiva real en la verdad absoluta, única y exclusiva.

En el ensayo titulado "Ni vitalismo ni racionalismo", como se entiende de inmediato, Ortega sale a precisar que su rechazo del racionalismo no implica ni la renuncia a la razón, ni la caída en un vitalismo organicista meramente biológico. Ortega se esfuerza aquí por dejar definitiva-

[36] *Ibid.*, p. 200.
[37] *OC*, III, pp. 236-237.

mente claro que no sale contra la razón, puesto que no admite otra forma de conocimiento teórico, sino que sale contra el racionalismo. Ortega señala los límites de la razón tratando de hacer ver que "...la razón es una breve zona de claridad analítica que se abre entre dos estratos insondables de irracionalidad".[38] Refiriéndose a los ejemplos de Platón y de Leibniz, Ortega concluye que a final de cuentas la razón viene a descansar en la simple intuición, puesto que no puede dar razón de los últimos elementos. Su carácter esencialmente formal y operatorio la transfiere a un método intuitivo, "opuesto a ella pero del que ella vive".[39] Es por ello que considera que el racionalismo erró al hacer de la razón una "razón pura" que se basta a sí misma, idealizando la realidad al imponerle su propia estructura racional subjetiva. De este modo, el racionalismo dejó de contemplar tal realidad y dejó también de respetarla tal cual es, con sus elementos racionales e irracionales por igual. La razón debe mantenerse en tanto función vital, escribe Ortega, y para salvarla de la desvirtualización racionalista es necesario mantenerla en el contexto radical de la vida del que surge la intuición.

He aquí algunas de las ideas filosóficas básicas de Ortega en los veinte: la nueva sensibilidad, el generacionalismo, la superación del dilema del racionalismo y el relativismo, el circunstancialismo, el perspectivismo, el raciovitalismo, la vida como realidad radical.

Otras importantes ideas orteguianas irán apareciendo a medida que el desarrollo de nuestro trabajo lo vaya exigiendo, pero lo anterior parecería ser lo esencial de su filosofía en los años veinte. Y no está de más el volver a señalar que sus publicaciones en esos años incluyen otros numerosos e importantes escritos filosóficos, pero los mencionados fueron los más difundidos entonces en el continente hispanoamericano.

FILOSOFÍA: ASIMILACIÓN, EXTRAPOLACIÓN E INSTRUMENTACIÓN

El pensamiento filosófico orteguiano tuvo una enorme influencia en este primer periodo de los veinte y los treinta en todo el continente latinoamericano, aunque su recepción tomó diferentes formas en función de las circunstancias propias de los diversos países.

Nos referiremos primeramente a la teoría de las generaciones, puesto que el circunstancialismo de *Meditaciones del Quijote,* aunque anterior, sólo repercutiría seriamente en América Latina algunos años más tarde, en tanto que el generacionalismo orteguiano trascendió de inmediato,

[38] *Ibid.*, p. 277.
[39] *Idem.*

tanto en los reducidos círculos profesionales como en la periferia cultural. La influencia de la teoría de las generaciones en la cultura hispanoamericana podría ser expuesta también en un apartado sobre sociología, literatura o historia, pero puesto que fue definida en los veinte en *El tema de nuestro tiempo* en función de la postulación del perspectivismo, consideramos adecuado incluirla junto con las teorías filosóficas. Además de ello, es también sumamente revelador el modo en que fue extrapolada y utilizada independientemente del contexto filosófico o sin mayor relación con el mismo. En función de las urgencias propias de los contextos nacionales se tomaron términos, conceptos o partes de teorías, y por ello no tiene nada de extraño que la trama teórica que con ellos se forma deja de tener mucho contacto con las fuentes orteguianas originales. Pero lo que es desvirtuación desde la perspectiva de Ortega, desde la perspectiva latinoamericana es selección de lo relevante para las circunstancias y las urgencias propias de la misma. Es necesario, sin embargo, tener presente que a menudo tal instrumentación selectiva queda sin la verdadera comprensión del pensamiento orteguiano, y por ello sucede que la desvirtuación se da a veces no sólo en función de la selección relevante sino también la falta de comprensión. Esta última asechaba además al lector hispanoamericano, y no sólo hispanoamericano, puesto que, como ya hemos visto, Ortega postulaba una filosofía que aspiraba a rebasar los mismos términos del planteamiento filosófico vigente, yendo más allá de los parámetros problemáticos y de las soluciones del momento. No sería raro que a menudo se le interpretara en función de los mismos marcos conceptuales que daba por cancelados. Lo novedoso a menudo es incomprensible al intentar captársele por medio de categorías que ha superado, superación que es precisamente la que le otorga su carácter innovativo.

A comienzos del siglo, en medio de los cambios de la fisonomía social, cultural y política, los jóvenes latinoamericanos buscaban su lugar de vanguardia, intentando a menudo abrirse camino hacia el ocupado por las élites dominantes. Al parecer los cambios exigían la juventud y la juventud exigía la renovación, aunque ello no siempre se expresara en el devenir de los acontecimientos históricos. El radicalismo argentino, la Revolución Mexicana en el poder, las reformas universitarias a partir de la de la Universidad de Córdoba, el APRA, las nuevas corrientes literarias y filosóficas, en fin, una época de renovación, de nuevas perspectivas, de cambio y de juventud.

En 1923 *El tema de nuestro tiempo* proporcionó un aparato conceptual y una teoría que venían a otorgar significado histórico y teórico a los sentimientos, las ambiciones y las aspiraciones que constituían la atmósfera juvenil del momento. El generacionalismo orteguiano sería utilizado frecuentemente por estas juventudes en medio de la distorsión de sus conceptos, pero casi siempre como bandera de las nuevas generaciones en su lucha por ocupar su lugar en la arena nacional.

En el mismo 1923 en que se publicaba *El tema de nuestro tiempo,* el entonces joven líder estudiantil peruano Víctor Haya de la Torre, desterrado de su país por el gobierno de Leguía, pronunció en La Habana un discurso frente a los estudiantes cubanos que habían fundado la Universidad Popular José Martí. Haya de la Torre se refiere de manera explícita a Ortega y al recién publicado *El tema de nuestro tiempo,* y lleva a cabo un análisis social y político en términos del generacionalismo orteguiano. Éste es aplicado radicalmente y sin mayores miramientos para las viejas generaciones:

> Sólo hay [...] una limitación de capacidad para los grandes acontecimientos: el egoísmo de los viejos o de los envejecidos y la avaricia de las clases dominantes. Nuestro deber de juventud es atesorar el oro vivo de nuestra generosidad encendida. Yo creo, por eso, que González Prada dijo para América Latina aquella invocación terminante y viril: "Los viejos a la tumba, los jóvenes a la obra."[40]

La cita es de un peruano, la legitimización teórica de Ortega. La juventud, especialmente la universitaria que pertenecía a la ascendente clase media, era para Haya de la Torre la portadora de los grandes cambios sociales y políticos, lo que muy posiblemente influyó también posteriormente en la ideología aprista del líder peruano y en su rechazo a la postulación del proletariado como la vanguardia de la lucha social y política.

En México los jóvenes vivían un periodo intermedio entre el fin de la lucha armada y el comienzo de la estabilización de una revolución que no tenía muy claro su rumbo; para ellos, las ideas orteguianas sobre la función decisiva de las nuevas generaciones en el proceso histórico fueron una verdadera revelación. Ortega hablaba, como ya vimos, de la vocación histórica propia de cada generación y de que "...nuestro tiempo es claramente una época de jóvenes, de iniciación, de beligerancia constructiva". De este modo, no pocos intelectuales mexicanos, aún sin captar la teoría de las generaciones en sus fundamentos filosóficos, encontraron en ella la posibilidad de una autoconceptualización en los

[40] Víctor Raúl Haya de la Torre, "Por la emancipación de América Latina" (mimeo.), Lima, 1973, p. 6. Citado en León Enrique Bieber, *En torno al origen histórico e ideológico del ideario nacionalista populista latinoamericano,* Colloquium Verlag, Berlín, 1982, pp. 24 y 25.

términos de su labor histórica revolucionaria y una justificación histórica de su misión revolucionaria. *El ocaso de las revoluciones,* publicado con tal sugestivo título como apéndice de *El tema de nuestro tiempo,* es en gran parte ignorado en el México revolucionario de la época.

Dos de los más prometedores jóvenes intelectuales del momento (que también sabrían cumplir con las expectativas que despertaron) hicieron suya de inmediato la conceptualización generacionalista de Ortega: Daniel Cosío Villegas y Manuel Gómez Morin.

En mayo de 1925, apenas al año y medio del fallido intento de tomar el poder por parte del general Adolfo de la Huerta, Daniel Cosío Villegas, recordando su lectura de *El tema de nuestro tiempo* e identificándose claramente con las ideas de Ortega, escribe sobre la sensibilidad vital propia de su generación y sobre la problemática realidad mexicana:

> ...la Revolución fracasó porque triunfó sólo con las armas [...] se quiso confiar el triunfo de la Revolución a políticos y militares que jamás podrían realizar la parte esencial de un movimiento social. Para que un movimiento social pueda triunfar se necesita el nacimiento de una nueva ideología, de un nuevo punto de vista, de una nueva sensibilidad vital [...] de una nueva generación, y esa generación somos nosotros, y por eso afirmamos que nosotros somos la Revolución.[41]

También Manuel Gómez Morin, quien posteriormente sería fundador y líder del Partido Acción Nacional, el principal partido de oposición en México hasta los ochenta, escribe en 1926 un libro titulado *1915,* refiriéndose a su propia generación, a la que denomina "la generación de 1915". En el espíritu orteguiano, Gómez Morin afirma que la generación implica un momento de lucha entre lo creado y el espíritu creador, entre lo que quiere ser y permanecer y lo que varía. Se trata de

> ...un grupo de hombres que están unidos por esta íntima vinculación quizás imperceptible para ellos: la exigencia interior de hacer algo, y el impulso irreprimible a cumplir una misión que a menudo se desconoce y la angustia de expresar lo que vagamente siente la intuición, y el imperativo de concretar una afirmación que la inteligencia no llega a formular, pero que todo el ser admite y que tiene un valor categórico en esa región donde lo biológico y lo espiritual se confunden.[42]

En fin, en otras palabras, la sensación vital, la vocación y la misión histórica generacional de Ortega.

[41] Daniel Cosío Villegas, "La riqueza de México", en *La Antorcha,* 30 de mayo de 1925.
[42] Manuel Gómez Morin, *1915 y otros ensayos*, Jus, México, 1973. Publicación original de 1926.

En medio de la violencia y la desvirtuación de la Revolución, Gómez Morin consideraba que había llegado el momento para su generación de alzar su bandera espiritual, de "dar el santo y seña que permita el mutuo reconocimiento". Esto venía a implicar una grave responsabilidad, puesto que Gómez Morin consideraba que la suya era una "generación-eje" (recuérdese la definición de Ortega de la generación como el gozne sobre el que la historia ejecuta sus movimientos), un momento en que la historia se torcía, en que el patrimonio espiritual y económico heredado resultaba insuficiente y se planteaba la necesidad de tomar un nuevo rumbo. De su generación dependía el que tras la Revolución quedaran sólo ruinas y rencor, escribe el joven intelectual mexicano, o se crearan una organización y un patrimonio nacionales nuevos y mejores.[43] De su generación dependía el futuro de México:

> ...oscuridad dolorosa de mestizaje, trágica supervivencia de grupos derrotados en una científica selección racial, mediocridad de criollos tropicales vivaces, superficiales y espiritualmente invertebrados, o "raza cósmica", cultura nueva, sentido total de la vida que armonice y supere las contradicciones que atormentan al mundo moderno.[44]

De este modo, la idea vasconceliana de la "raza cósmica" se integraba con el generacionalismo orteguiano en medio del esfuerzo de Gómez Morin por definir el derrotero histórico de su generación y de su nación mexicana. El norte revolucionario no le resultaba aún muy claro, pero Ortega le ayudaba a afirmar que dependía de su propia generación y era responsabilidad de la misma el que finalmente se encontrara.

Según el historiador mexicano Enrique Krauze, Gómez Morin fue el intelectual más orteguiano de su generación en México, y considera que en su prédica de lo que denominó el combate civil fue definiendo inclusive una organización similar a la Liga de la Educación Política Española de Ortega y Gasset.[45]

Este tipo de instrumentación de los conceptos tomados del generacionalismo fue tan difundido, que inclusive provocó reacciones negativas, como la del filósofo mexicano Samuel Ramos, aunque es significativo que también ella se mantuvo en el contexto de la influencia orteguiana. Por cierto, Ramos, al tomar la dirección de *La Antorcha,* fundada por Vasconcelos, le añade el subtítulo de "Revista de la Nueva Generación". Ramos acepta explícitamente la teoría de las generaciones de Ortega, y

[43] *Ibid.*, p. 37.
[44] Manuel Gómez Morin, *op. cit.*, p. 30.
[45] Enrique Krauze, *Caudillos culturales en la Revolución mexicana,* Siglo XXI, México, 1985, 5ª edición, pp. 222-227.

no duda en afirmar que en México no se habló de las generaciones hasta el momento de la publicación de *El tema de nuestro tiempo*, pero se queja en cambio del abuso que se hace del término "inventándose generaciones dondequiera, como por ejemplo aquella generación fantasma de 1915". Más aún, Ramos señala que ciertos hombres de su generación se formaron la idea de que el individuo debía realizar su misión en la vida apenas pasados los 30 años, y que existían personas que a los 35 años se sentían viejos, en gran parte porque "están sugestionados por aquella idea de las edades".[46]

No cabe duda de que en el terreno mexicano existían excelentes condiciones para la semilla del generacionalismo orteguiano. En esos años posrevolucionarios México se había convertido en un país que ofrecía enormes oportunidades a la juventud, y los puestos directivos en la política, las letras y la sociedad se encontraban copados en gran medida por jóvenes que aun antes de los 30 tenían gran ascendencia sobre el acontecer nacional.

Este predominio juvenil es identificado por Ramos con el radicalismo que en la década de los treinta caracterizaba a la política mexicana, y que se manifestaba fundamentalmente en la ideología socialista del presidente Lázaro Cárdenas (1934-1940). Dicho sea de paso, el mismo Cárdenas había llegado al poder presidencial a la edad de 39 años.

Ramos considera que, si bien la teoría orteguiana sobre el ritmo histórico de épocas de senectud y otras de juventud quizá debiera aún comprobarse en el estudio del pasado, es empero evidente que tal teoría se había verificado en lo que se refiere a la reciente historia mexicana.[47] En su opinión, la época de la dictadura de Porfirio Díaz había sido una época de viejos, que por lo general perduraron hasta la década de los veinte, mas a partir de entonces son jóvenes los que hacen su aparición en la vida pública. Pero resulta que la juventud posee una psicología muy peculiar, y Ramos afirma que por ello imprimió negativamente su sello en la vida del país, especialmente en lo que considera como el radicalismo demagógico de la política mexicana de esos años. Ramos lamenta en especial la imitación y propagación de las doctrinas sociales radicales que estaban de moda en Europa, a las que consideraba como completamente irrelevantes para la realidad mexicana. Se trataba, en su opinión, de un utopismo que implicaba la falta de adecuación entre lo que se es y lo que se debe ser, un utopismo que surgía de una falta de sentido de la realidad y que constituía precisamente uno de los rasgos psicológicos más notables de la juventud. El radicalismo es entonces, para

[46] Samuel Ramos, *El perfil del hombre y la cultura en México,* Espasa-Calpe, México, 1988, Colección Austral, 16ª edición, p. 123.
[47] *Idem.*

Ramos, una actitud juvenil que pretende hacer entrar la realidad dentro de un esquema ideológico, pero que, debido a que esta realidad tiene sus leyes propias, se encuentra necesariamente condenada al fracaso.

Pero no es ésta la única causa por la que el filósofo mexicano considera que el fracaso acechaba a las aventuras políticas radicales de la juventud de su país que se aferraba al generacionalismo orteguiano como medio de legitimación. Ramos también escribe que es propio de la juventud el interesarse sólo por sí misma, y que su mente introvertida le imposibilita llegar al conocimiento objetivo de las cosas. Pero como los políticos deben ser precisamente hombres dotados de una clara conciencia de las realidades en que actúan, resulta entonces que el utopismo y las peculiaridades psicológicas de la juventud vienen a constituir la negación de todo sentido político. La política, concluye Ramos, debe ser obra de hombres maduros que poseen precisamente lo que le falta a la juventud: el sentido de la realidad.[48]

Ramos rechaza, por tanto, la utilización militante de las teorías orteguianas en la lucha generacional, y también sus consecuencias radicales y utopistas, aunque es ilustrativo de la influencia del maestro español el que lo haga permaneciendo en el mismo marco conceptual y en función del mismo. En su opinión, las últimas generaciones mexicanas, que se veían entre sí con enemistad, poseían en el fondo muchos rasgos comunes, y se parecían unas a las otras más de lo que discrepaban. Los más jóvenes en realidad luchaban contra sí mismos porque confusamente reconocían sus semejanzas con otras generaciones y trataban de encontrar su fisonomía propia. En consecuencia, concluye Ramos, aferrándose a Ortega:

> Las generaciones nacen unas de otras, y según Ortega su faena debe realizarse en dos direcciones: por una parte recibir lo vivido por la antecedente (ideas, valores, etc.), y por la otra ejercitar su propia espontaneidad. Sólo así puede la vida humana correr por un cauce ininterrumpido e ir al mismo tiempo, como el agua del río, reflejando en su camino paisajes siempre nuevos.[49]

También Octavio Paz, en un interesante artículo escrito en 1939, se refiere al generacionalismo orteguiano acentuando precisamente aquellos elementos que venían a menguar la lucha generacional. Es en este sentido que Paz cita a Ortega al afirmar que el problema de toda generación consiste precisamente en saber qué es lo que se hereda y qué es lo que se agrega por cuenta propia. El futuro premio Nobel de literatura escribe, en aquellos jóvenes años, que una etapa humana no debe medirse sola-

[48] *Ibid.*, pp. 122-126.
[49] *Ibid.*, p. 131.

mente por generaciones biológicas, sino también por sus obras, y que lo que los jóvenes heredan en realidad de la generación inmediatamente anterior no es su obra sino un instrumento para crear la propia. Paz considera en este artículo que la tarea de la generación reside más bien en profundizar la renovación iniciada por las anteriores, pero que la herencia, en este sentido, "no es un sillón sino un hacha para abrirse paso".

El problema de México no era para Paz un problema de generaciones, con lo que él define como su implícita problemática de vanidad, sino un problema de trabajo y de esforzada conquista, de medirse con la necesidad de crear un orden humano justo y propio, problema éste común a todas las generaciones. Y es en este sentido que afirma que tampoco su propia generación había heredado un modelo determinado de la anterior sino una inquietud, un movimiento, un estímulo. "Tal es el sentido de *Taller*", escribe Paz refiriéndose a su propia revista, "que no quiere ser el sitio en que se liquida una generación, sino el lugar en el que se construye el mexicano y se le rescata de la injusticia, la incultura, la frivolidad y la muerte."[50]

Como en el caso de Ramos, al definir Paz su postura en el contexto cultural nacional, se refiere a la teoría de las generaciones de Ortega, pero evitando su aplicación militante y postulando, por el contrario, la continuidad y la comunidad nacional y humana en la misma creación y renovación generacional.

Entre las diversas variantes de la aplicación de la teoría de las generaciones de Ortega en México, uno de los casos más interesantes es el del libro publicado en 1937 por el rector de la Universidad Nacional, Luis Chico Goerne, bajo el muy orteguiano título de *La Universidad y la inquietud de nuestro tiempo*.[51] Chico Goerne utiliza esta teoría para hacer posible una determinada interpretación y justificación de la Revolución mexicana, aunque desvirtuando por completo sus elementos filosóficos, sociales y los específicamente propios de la misma teoría de las generaciones, y llegando a conclusiones que nada tienen que ver con lo elemental de las ideas orteguianas.

Chico Goerne presenta una interpretación de la evolución histórica general en función de la teoría de Ortega, distinguiendo entre una época de senectud que se prolonga hasta el Renacimiento bajo el predominio de la ancianidad tradicional, y una nueva época de plenitud racionalista que se prolonga desde el Renacimiento hasta el fin del siglo XIX. "Antes el viejo como ciencia, como guía, como esperanza; ahora el hombre

[50] Octavio Paz, "Razón de ser", en *Primeras letras. (1931-1943)*, Vuelta, México, 1988, pp. 157-162. Publicado originalmente en 1939.

[51] Luis Chico Goerne, *La Universidad y la inquietud de nuestro tiempo*, Ediciones de la Universidad Nacional, México, 1937.

pleno como capitán."[52] En fin, recordemos en su descargo que no era precisamente un historiador... Pero lo que en verdad le interesa a Goerne es la época contemporánea, a la que considera caracterizada por el hecho de que el mundo se vuelve de cara a sí mismo y "se extasía en la contemplación de sus entrañas". Luego de esta rápida y superficial revista a la ciencia y la filosofía de entonces, en lo que por los nombres recordados parecería más bien el índice de *Revista de Occidente,* Chico Goerne concluye que la actitud contemplativa de lo interno es lo característico de la época. El físico se hunde en el misterio de la estructura del átomo, la biología entiende con Uexkhull la individualidad como interioridad funcional, la psicología con Freud, Jung y Adler define al hombre por el inconsciente, y así en todos los campos. "Lo emocional, lo subconsciente, lo que agita en lo más profundo del ser, 'el alma en el sentido estricto' para usar la expresión de Ortega y Gasset, comenzaron a ser las flamantes muletas destinadas al andar humano."[53]

Y junto con esta apreciación de su momento histórico Chico Goerne apunta también lo que considera como la aparición de dos nuevos personajes históricos: "...el hombre masa, que diría el lenguaje pintoresco del español ilustre, y el hombre joven; el hombre masa donde gobierna el inconsciente, el hombre joven donde debe gobernar el emocional".[54] Y a partir de este momento en que se juega ya con los conceptos orteguianos extrapolados por completo de su significación original, Chico Goerne pasa a la caracterización de su propia generación en términos socioeconómicos que lleva implícita la justificación revolucionaria. Caracterización de su propia generación, joven y de masas revolucionarias, que viene a ser una especie de culminación del proceso histórico. ¿Qué más se puede pedir para legitimizar un proceso revolucionario? Y ello a pesar de que, como veremos de inmediato, no tenía muy claro en qué residía esa revolución.

Tres características básicas resalta el rector mexicano. La primera de ellas es el rechazo del liberalismo individualista ortodoxo, que al igualar abstractamente a los hombres ante la ley creó la más monstruosa de las desigualdades, "colocando a los fuertes en la posesión de todos los bienes del espíritu y dejando a la gran masa de los débiles huérfanos de toda riqueza del alma y del cuerpo".[55] La segunda característica de su generación sería la existencia de un ansia febril por encontrar una nueva pauta de igualdad social en lugar de la vieja y desechada fórmula del liberalismo. Pero como no acepta al marxismo, cuya imposición en la

[52] *Ibid.*, p. 55.
[53] *Ibid.*, p. 79.
[54] *Idem.*
[55] Luis Chico Goerne, *op. cit.*, p. 81.

universidad se había impedido en esos años, el ansia se resolvía solamente en la búsqueda de las fórmulas sociales adecuadas. Y la tercera característica residía en que, en tanto continuaba la búsqueda, la generación del momento se dedicaba a "la ayuda al desvalido y al pobre", consagrando a ello todo el esfuerzo colectivo.[56] En fin, no queda muy claro de qué se trata como habíamos visto en lo escrito por Manuel Gómez Morin allá por 1925, cuando hablaba de la tarea de su generación; pero en ambos casos el generacionalismo orteguiano proporciona la certeza de que es la propia generación la portadora histórica de la salvación nacional y del encaminamiento definitivo de la Revolución mexicana por la senda definitiva. Encontramos entonces, en Chico Goerne, mucho de Ortega en términos, conceptos y elementos aislados de su teoría, y nada de Ortega en el sentido y el desarrollo del pensamiento expresado por Luis Chico Goerne.

Señalemos, finalmente, que el generacionalismo que corrió en México con tanta suerte (o mala suerte por lo que a veces quedó de él luego de su aplicación) se atenuaría en este país luego de la década de los treinta, y a veces inclusive desaparecería ya en los cuarenta, pero volvería a reaparecer otra vez en los setenta, especialmente en algunos importantes historiadores mexicanos, como aún veremos detalladamente.

La semilla del generacionalismo encontró también, en este periodo que corre hasta 1939, la fertilidad de las nuevas generaciones en otros países latinoamericanos. El apego de los jóvenes al pensamiento de Ortega fue un fenómeno común en esos países en esos años. En Chile el periódico *La Nación* reconocía, en noviembre de 1928, el nexo primordial entre Ortega y la juventud y señalaba el ascendiente indudable que tenía sobre las juventudes de los países indoespañoles.[57] De igual forma en Argentina, se escribía en 1930 en *La literatura argentina* que nadie se atrevía a discutir la influencia de Ortega sobre "la llamada nueva generación", en cuanto a la forma y los títulos de muchos trabajos, que recuerdan sin equivocación la manera del escritor hispano.[58] Y los jóvenes orteguianos instrumentaban la teoría de las generaciones para otorgar significado a su irrupción en la escena nacional.

En Argentina, donde el auge de Ortega será enorme en los veinte y en los treinta, existía ya una amplia tradición relacionada con la literatura juvenilista iniciada por los románticos.[59] El generacionalismo orteguia-

[56] *Ibid.*, p. 82.

[57] *La Nación,* 29 de noviembre de 1928, Santiago de Chile, p. 3.

[58] Lucas Maldonado, "El ensayo de Ortega y Gasset sobre la Argentina", en *La Literatura Argentina,* 1930, año II, núm. 19, marzo, p. 192.

[59] Arturo A. Roig, *Filosofía, Universidad y filósofos en América Latina,* UNAM, México, 1981, pp. 116-143.

no, que tendría posteriormente un gran auge, influyó también significativamente en las tempranas décadas de los veinte y los treinta, constituyendo una de las influencias orteguianas más persistentes en este país. A fines de los veinte fue profusamente aplicado en medio del debate generacional, muy especialmente en medio del debate sobre lo que se denominó "la novísima generación", en el que tomaron parte, entre otros, Arturo Cambours Ocampo, Honorio Barbieri y Ramón Doll.

Un ejemplo típico al respecto es el corto artículo escrito por Carlos Alberto Erro en *Sur,* al tomar parte en el debate literario del momento. El artículo se titula "El juicio de la vieja generación sobre la nueva", y Erro lo escribe con el objetivo de advertir a los lectores de la naturaleza de los juicios de valor emitidos por los miembros de las viejas generaciones literarias sobre la obra de la nueva generación. Basándose claramente en el concepto de generación de Ortega, Erro lo combina con las ideas del Scheler de "El resentimiento en la moral", publicado, por cierto, por *Revista de Occidente.*

Erro escribe que la vieja generación literaria experimentaba una profunda simpatía hacia la juventud obediente que continúa su obra; pero si el escritor es joven de verdad y practica una literatura divorciada en sus fundamentos estéticos de aquellos que son patrimonio de la generación precedente, en balde esperará la consagración de sus predecesores, puesto que es entonces cuando entra en escena el resentimiento. En este caso se encontrará por lo general con un deliberado silencio o una indiferencia fingida, y si no vendrá el juicio falso, resentido, repleto de todas las palabras clásicas de lo que Erro denomina "el resentimiento senil", como esnobismo, amaneramiento, desequilibrio, etc. Y todo esto, nos dice, lo hacen inspirados en su alarmado instinto de conservación y en la resentida madurez, a pesar de que éstas son las peores condiciones para hablar serena y objetivamente. Por ello, concluye Erro, "su juicio, en tal emergencia, carece de todo valor filosófico y no debe ser escuchado".[60]

También en Bolivia detectamos la influencia del generacionalismo orteguiano en la "generación del Chaco", especialmente en lo que se refiere a la dimensión teórica de tal conciencia generacional, como lo señala José Luis Gómez-Martínez.[61] Según Abadie-Aicardi hubo lectores bolivianos que encontraron en los escritos de Ortega "un respaldo de reconfortante prestigio a lo que ya todos sentían: la derrota (en la guerra) tenía un sentido histórico creador, constituían ellos una *generación*

[60] Carlos Alberto Erro, "El juicio de la vieja generación sobre la nueva", en *Sur,* año I, núm. 2, otoño de 1931, Buenos Aires, pp. 222-227.

[61] José Luis Gómez-Martínez, "La generación del Chaco y la toma de conciencia de la realidad boliviana", en *Cuadernos Americanos,* Nueva Época, año II, vol. II, núm. 8, marzo-abril de 1988, UNAM, México, pp. 48-49.

decisiva, que debía asumir la tarea que la historia le ponía por delante". Y agrega aun que el libro de Ortega que más circulaba por ese entonces en Bolivia era *El tema de nuestro tiempo,* aunque llegaban también los múltiples artículos publicados por Ortega en *La Nación* de Buenos Aires. Gómez-Martínez señala que el término de generación en su acepción orteguiana se divulgó rápidamente para hacer referencia a las aspiraciones y promesas del futuro que aportaban los jóvenes formados durante la guerra del Chaco.[62]

En fin, sirva lo escrito hasta aquí como demostración del proceso que hizo de la teoría orteguiana de las generaciones instrumento para la legitimización teórica de la toma de conciencia generacional, y a menudo bandera de combate generacional; aunque, como lo hemos señalado, se dieron también otras formas de asimilación de tal teoría. Estas diferentes variantes de su instrumentación implican la amplia recepción del pensamiento orteguiano, amén de su reconocimiento como fuente de legitimización teórica.

Profundizando en el ámbito filosófico propiamente dicho, debemos señalar primeramente que el circunstancialismo, el perspectivismo y el raciovitalismo de Ortega influyeron de dos formas principales en los círculos filosóficos profesionales y en la periferia cultural: por un lado, en lo que se refiere a la problemática filosófica misma y al debate sobre la naturaleza de la filosofía, la verdad, el relativismo y el perspectivismo, etc.; por otro lado, y de acuerdo con el carácter propio de la filosofía orteguiana, nos encontramos también con una incisión filosófica sobre la circunstancia propia, instrumentando al pensamiento en la confrontación con los problemas nacionales y postulando una perspectiva propia de los países latinoamericanos. O sea, que se dio tanto el examen filosófico de las ideas orteguianas por sí mismas, como el intento de abocarse a la propia problemática nacional y latinoamericana en función precisamente de la asimilación de la filosofía orteguiana y el imperativo circunstancialista, raciovitalista y perspectivista implícito en la misma.

En ambos casos presenciamos intentos intelectuales en los más diversos niveles, aparte de que los mismos términos, conceptos y frases filosóficas orteguianas se difundieron en los círculos culturales y sociales más amplios convirtiéndose en parte integral del lenguaje común. Inclusive,

[62] *Ibid.*, p. 49. Véase también su excelente *Bolivia: un pueblo en busca de su identidad,* Editorial Los Amigos del Libro, Bolivia, 1988, pp. 118-119. Gómez-Martínez ha publicado asimismo un artículo titulado "Presencia de Ortega y Gasset en América", logrando en contadas páginas una síntesis esencial de importantes aspectos de la influencia orteguiana especialmente en México y en Argentina. El artículo se publicó en Cerruti, Rodríguez, *Arturo Andrés Roig, filósofo e historiador de las ideas,* Universidad de Guadalajara, México, 1989.

hemos sabido de un artículo publicado en un periódico argentino de los treinta en que se escribía sobre los problemas sanitarios y las cloacas, y que finalizaba solemnemente con Ortega: "Porque a fin de cuentas, nosotros somos nosotros y nuestras circunstancias."

En lo referente al análisis filosófico de las circunstancias propias, al parecer es el ya recordado filósofo mexicano Samuel Ramos quien expresa en su obra del modo más contundente la influencia orteguiana en este periodo.

Ya en sus primeros escritos, publicados en *Hipótesis* en 1927, Ramos escribe sobre *El Espectador,* señalando que los artículos de Ortega complacerían sólo a aquellos que no prejuzgaran acerca de que las cuestiones filosóficas debían estar separadas de la vida por los muros de la universidad. Ramos se identifica tempranamente con esta postura orteguiana y afirma que el filósofo español hacía bien en "encontrar en todas partes coyuntura para deslizar teorías, porque de este modo se saca la filosofía a tomar sol y aire puro. Sólo así se humaniza el pensamiento y se dignifica la vida".[63]

Es desde esta postura que Ramos sube al escenario filosófico mexicano de la segunda mitad de los años veinte con un ataque frontal a Antonio Caso, quien sin lugar a dudas constituía la máxima figura filosófica de México en ese entonces. Ramos no deja de reconocer el gran mérito de la labor de Caso al atacar al positivismo por medio del pragmatismo y el intuicionismo bergsoniano, pero no admira del mismo modo las doctrinas y la actitud personal de Caso. Estas últimas son rechazadas por Ramos en función de una postura filosófica que se nutre del pensamiento de Ortega y de otros filósofos difundidos por el maestro español, muy especialmente Max Scheler.

Ramos critica el intuicionismo esgrimido por Caso por haberse dado en momentos en que México necesitaba interiorizarse en la nueva filosofía de ese entonces, que había, precisamente, rehabilitado la inteligencia. En su opinión "la pasión antintelectualista" del intuicionismo y su ataque a la razón por haberse apartado de la vida podían justificarse sólo en la medida en que se dirigieran contra aquellos abusos de la razón que habían provocado la deshumanización del conocimiento, pero esto no debía implicar de ninguna forma el abandono de la inteligencia al modo de los intuicionistas. Y en el espíritu del raciovitalismo orteguiano, y casi con las mismas palabras de Ortega, Ramos escribe que "...el hecho de que la inteligencia se haya convertido en un órgano exiguo, no amerita derrocarla y regresar a la barbarie; es suficiente con hacerle todas las reformas necesarias para vitalizarla, de manera que

[63] Samuel Ramos, *Hipótesis,* México, 1927, p. 74.

sus productos respondan a las nuevas demandas espirituales del hombre".[64]

Ramos también atacó a Caso desde la perspectiva del historicismo orteguiano, criticándolo por presentar a los grandes maestros de la filosofía como "autoridades infalibles", y por considerar que una idea quedaba demostrada cuando podía apoyarse en el testimonio de uno o varios de estos filósofos. Ramos no desconoce de ningún modo el valor del pensamiento clásico, pero estipula que existen dos modos de relacionarse al mismo. Uno es el del mismo Caso, que viene a anular toda determinación temporal y coloca las obras geniales del pensamiento en un plano eterno, y "...como desconoce la realidad de las fechas, cree que la verdad es inmutable y se acerca a sus diferentes expresiones históricas tal como se dieron sin sentir la necesidad de rehacerlas".[65] La otra relación posible con el pensamiento clásico, con la que se identifica Ramos, consiste en reconstruir el pensamiento a través de las categorías del tiempo en que se vive. De este modo, opina Ramos, procede quien comprende que la verdad es relativa al momento histórico que le da nacimiento y siente la influencia de las formas pasadas para conceptualizar los nuevos contenidos del presente.[66]

Algunos años más tarde Ramos expondría explícita y categóricamente la importancia del pensamiento orteguiano en las décadas de los veinte y los treinta en México:

> Una generación que comenzó a actuar públicamente entre 1925 y 1930 se sentía inconforme con el romanticismo filosófico de Caso y de Vasconcelos. Después de una revisión crítica de sus doctrinas encontraba infundado el antintelectualismo, pero tampoco quería volver al racionalismo clásico. En esta perplejidad comienzan a llegar a México los libros de Ortega y Gasset, y en el primero de ellos, *Meditaciones del Quijote,* encuentra la solución al conflicto en la doctrina de la razón vital.[67]

Pero en verdad el concepto de raciovitalismo no aparece de manera evidente en *Meditaciones del Quijote,* y para 1943, cuando Ramos escribe estos párrafos, es claro que ya había leído aquellos textos de Ortega en los que sí se hace referencia al mismo, textos que también precedieron a los primeros escritos de Ramos en 1927. Es verdad que también en *Meditaciones* se dan no pocas ideas que apuntan hacia el raciovitalismo,

[64] Samuel Ramos, "El irracionalismo", en *Ulises,* tomo I, núm. 3, agosto, 1927, México, p. 91.

[65] Samuel Ramos, "Antonio Caso, la campaña positivista", en *Ulises,* núm. 1, tomo I, mayo de 1927, México, p. 19.

[66] *Ibid.,* p. 18.

[67] Samuel Ramos, *Historia de la filosofía en México,* Imprenta Universitaria, México, 1943, p. 149.

pero nos parece evidente que la influencia básica de este texto se dio en conjunción con el perspectivismo de *El tema de nuestro tiempo.* En realidad, Ramos mismo lo explicita al estipular el objetivo con que fueron aplicadas las ideas orteguianas en México. Ramos señala que la Revolución mexicana había provocado un profundo cambio espiritual descubriendo al México verdadero, y que entonces se desarrolló un movimiento nacionalista que se fue extendiendo paulatinamente a la cultura mexicana, en la poesía y en la novela. Pero este proceso de especificación nacionalista no se extendió a la filosofía debido precisamente al carácter universal de la misma. Y entonces, recuerda el filósofo mexicano, llegó *El tema de nuestro tiempo* que junto con otras ideas de *Meditaciones del Quijote,* posibilitó "la justificación epistemológica de una filosofía nacional".[68]

Ahora bien, esta afirmación es muy cierta, pero no tanto para las décadas de los veinte y los treinta, sino para el periodo posterior; la filosofía nacional a la que alude se desarrollaría sólo en los cuarenta y los cincuenta, sobre el trasfondo de la segunda Guerra Mundial y lo que ella implicó en tanto crisis de la cultura europea. En lo que respecta al periodo de los veinte y los treinta, la afirmación de Ramos referente a la influencia de Ortega en la conformación de un pensamiento filosófico nacional es relevante fundamentalmente para su propia obra personal. Romano Muñoz, por ejemplo, fue junto con Ramos uno de los más fervientes difusores de la filosofía orteguiana, pero lo escrito por él se circunscribió al campo de la ética, como lo ilustra su libro *El secreto del bien y del mal,*[69] y no se expresó en intento alguno de filosofía nacional. También Caso y Vasconcelos escribieron sobre la filosofía nacional o americana, pero de ningún modo bajo el influjo orteguiano. Caso no se relacionó con Ortega, y Vasconcelos en cambio lo hizo furtivamente sólo para atacarlo, amén del hecho de que su filosofía indoamericana portaba ribetes utópicos que no tenían nada que ver con el pensamiento orteguiano.

Cuando Ramos habla de la influencia de Ortega en la posibilidad del desarrollo de una filosofía nacional, se refiere obviamente a su famoso libro, publicado en 1934, *El perfil del hombre y la cultura en México.* Esta obra, según el testimonio del mismo Ramos, fue escrita bajo la influencia del circunstancialismo orteguiano, considerando a éste como una norma que podía aplicarse a un México cuya realidad y cuyos problemas eran completamente desconocidos para la filosofía. "La meditación filosófica podía muy bien servir a la definición de la circunstancia mexi-

[68] *Idem.*

[69] José Romano Muñoz, *El secreto del bien y el mal: Ética valorativa,* Antigua Librería Robredo, México, 1938.

cana, a la determinación de lo que es o puede ser su cultura, tomando en cuenta las modalidades propias de nuestra historia y la forma en que éstas han moldeado la fisonomía peculiar del hombre mexicano."[70] Ramos se abocó entonces al esclarecimiento de la realidad nacional para poder postular un pensamiento que fuera brújula de acción al señalar el camino de la salvación nacional.

El esclarecimiento de la realidad mexicana lo condujo a una constatación amarga y dolorosa por igual, pero la detección de los vicios nacionales le parecía indispensable para poder emprender seriamente una reforma espiritual de México. En este sentido, la preocupación de Ramos ha sido, como lo expresa uno de sus alumnos, el filósofo Leopoldo Zea, la preocupación de un hombre de su tiempo, "de ese tiempo que le tocó vivir, el del México de la Revolución mexicana en búsqueda de su realidad y de su personalidad".[71]

En *El perfil del hombre y la cultura en México* Ramos se desentiende del futurismo romántico, utopista y rebosante de optimismo del Vasconcelos de *La raza cósmica,* y se cierne en cambio sobre su realidad mexicana con un ensayo de filosofía de la cultura y de caracterología psicoanalítica adleriana. Sus hallazgos son realmente deprimentes. Ramos descubre un mexicano definido básicamente por su complejo de inferioridad, el cual viene a explicar también otros fenómenos, como el mimetismo mexicano frente a la cultura europea o el machismo nacionalista. Machismo, nacionalismo agresivo, inercia, pereza, imitación, son, entre otros vicios nacionales, los que en verdad se encontrarían en la raíz de los fracasos de las empresas políticas, sociales y culturales. Pero a pesar de lo deprimente del panorama nacional, Ramos advierte que estos rasgos negativos no son inherentes al ser del mexicano, sino que constituyen una máscara que éste se ha impuesto y que es necesario arrancar para que cese de ocultar su auténtico ser.[72]

Es éste evidentemente un ejemplo clásico de la aplicación del circunstancialismo orteguiano y de su aspiración a salvar las circunstancias propias en función de su conceptualización y su comprensión, entrelazándolas, como quería Ortega, "con las corrientes más sutiles del pensamiento humano", lo que en Ramos implica fundamentalmente a Adler, Ortega y Scheler.

En México es posible aún apuntar a otros tipos de influencia orteguiana, muy especialmente en lo axiológico, pero a ello nos referimos oportunamente en este mismo capítulo.

[70] Samuel Ramos, *Historia de la filosofía en México,* Publicaciones del Centro de Estudios Filosóficos, Imprenta Universitaria, México, 1943, p. 153.
[71] Leopoldo Zea, *La filosofía en México,* Ediciones Libro-Mex, tomo I, México, 1955, p. 73.
[72] Samuel Ramos, *El perfil del hombre y la cultura en México,* p. 101.

Otro caso sumamente interesante, en lo que se refiere a este tipo de influencia orteguiana de la vuelta filosófica a las circunstancias nacionales en esos años, es el de dos importantes pensadores peruanos identificados con el APRA: Víctor Haya de la Torre, fundador y líder del APRA al que ya nos hemos referido previamente con relación al generacionalismo, y Antenor Orrego, uno de los más importantes ideólogos del movimiento, quien aún no ha sido estudiado con la atención que se merece.

Es muy posible que Haya de la Torre se haya visto influido directamente no sólo por el generacionalismo orteguiano, sino también por el circunstancialismo y el perspectivismo, en el camino a la formulación de su propia teoría sobre "el espacio-tiempo histórico", aunque el mismo líder peruano no lo reconozca explícitamente. El líder aprista intentó aplicar los principios del relativismo de Einstein a su propia filosofía de la historia, afirmando que, del mismo modo que se da un "espacio-tiempo histórico" europeo o chino, existe también un espacio-tiempo histórico de Indoamérica. Es en función de esta distinción que Haya de la Torre puede permitirse la postulación de la emancipación mental indoamericana de los moldes y dictados europeos.[73] Como ya lo hemos mencionado, Haya de la Torre conoció de inmediato *El tema de nuestro tiempo*, que apareció en 1923, cuando era apenas un joven estudiante universitario. El contacto con el perspectivismo orteguiano, que también se relacionaba con el relativismo de Einstein en un apéndice especial, fue seguramente relevante para la evolución del pensador peruano, y nos parece evidente que su "Espacio-tiempo histórico" tiene mucho del circunstancialismo y el perspectivismo. Inclusive, si Haya de la Torre conoció previamente a Einstein, tal como lo afirma un investigador peruano, de todas formas es muy difícil creer que a esa edad juvenil ya estuviera capacitado para elevar una visión historiosófica propia y novedosa, y es imposible el creer que su contacto con Ortega ya en 1923 fue irrelevante al respecto. Más aún, en uno de sus artículos posteriores Haya de la Torre recuerda elogiosamente el perspectivismo de Ortega y cita al maestro español del apéndice sobre la teoría de Einstein agregado a *El tema de nuestro tiempo*.[74] No nos parece lógico que Haya de la Torre, que se preocupa por hacer patente la originalidad de sus ideas con respecto a Spengler y Toynbee, recuerde precisamente *El tema de nuestro tiempo* como ejemplo temprano de 1923 de la relación relativismo einsteniano-perspectivismo orteguiano, de no haber sido significativa para él en aquellos años. Nos parece claro, por otra parte, que Haya de la Torre, inserto durante no pocos años de su labor política en el marxismo, no

[73] Víctor Raúl Haya de la Torre, "Espacio-tiempo histórico", en *Cuadernos Americanos*, mayo-junio de 1945, pp. 48-49.

[74] Alexander, *Aprismo*, The Kent State University Press, 1973, p. 69.

podía disfrutar en especial de su conexión intelectual con el Ortega que había escrito también "El ocaso de las revoluciones", ensayo que, como después veremos, había sido criticado acerbamente en los años veinte por Antenor Orrego.

Pero desde el mismo comienzo Haya de la Torre postula un claro perspectivismo indoamericano, en función de las mismas ideas de Ortega citadas por él. Así lo ilustra, por ejemplo, la misma exposición de una de sus ideas fundamentales relativas al marxismo en la década de los treinta:

> ...según la tesis neomarxista el imperialismo es la última etapa del capitalismo, (pero) esta afirmación no puede aplicarse a todas las regiones de la tierra. En efecto, es la última etapa, pero sólo para los países industrializados que han cumplido todo el proceso de la negación y sucesión de las etapas anteriores. Mas para los países de economía primitiva y retrasada a los que el capitalismo llega bajo la forma imperialista, ésta es su primera etapa.[75]

O sea, que también el marxismo que postula en esos años se ve condicionado fundamentalmente por la circunstancia y la perspectiva americanas, cuya prominencia es también la que lo lleva a la postulación de su antimperialismo en aquellos años.

La influencia filosófica de Ortega se hizo sentir de forma mucho más amplia en otro de los pilares del aprismo, Antenor Orrego, y ello a pesar de que en los veinte escribió en *Amauta* contra Ortega, reaccionando contra lo que el maestro español conceptualizaba como "el ocaso de las revoluciones".[76]

Orrego desarrolló al comienzo de la década de los veinte una metafísica vitalista de corte bergsoniano, postulando la intuición frente al "engendro antivital" y el "monstruo inhumano" de la lógica. En sus primeros escritos se expresa lo que Augusto Salazar Bondy denomina "una euforia irracionalista", pero inclusive en ellos ya es dable apreciar el freno del raciovitalismo orteguiano frente al dominio absoluto del intuicionismo.[77] Salazar Bondy trae a colación una cita de 1922 en la que, a la par del espíritu intuicionista también es posible detectar una idea orteguiana básica y un claro estilo orteguiano: "La vida no sólo es impulsión, no sólo es la latencia de obscuras fuerzas esenciales, sino también creación de razones [...] el hombre vive explicándose, es decir, creando razones nuevas."[78] En realidad desde un principio el raciovitalismo vino no sólo a evitarle a Orrego el imbuirse de un vitalismo irracionalista que también

[75] Víctor Raúl Haya de la Torre, *El antimperialismo y el* APRA, Ediciones Ercilla, Santiago de Chile, 1936, p. 23.
[76] Antenor Orrego, "Racionalismo y revolución", en *Amauta,* I, febrero de 1927, Lima.
[77] Augusto Salazar Bondy, *Historia de las ideas en el Perú contemporáneo,* tomo II, p. 358.
[78] *Idem.*

sería propio de los movimientos fascistas europeos por aquellos años, sino que además vino a posibilitarle a él y a otros pensadores latinoamericanos involucrados y comprometidos con su circunstancia nacional, social y política la postulación de una filosofía aplicada a su propia circunstancia, justificadora y legitimizadora de su compromiso y de su acción política. Lo que en Samuel Ramos funcionó básicamente en el contexto culturalista, puesto que los tiempos de México en ese entonces ya eran de estabilización e institucionalización, en Antenor Orrego implicó un sustrato de justificación filosófica que hiciera posible la acción política revolucionaria. De hecho, también con la aparición del raciovitalismo nos encontramos, como en el caso de la adopción del generacionalismo, con la legitimización de un pensamiento abocado a la circunstancia propia sin perder por ello su categoría filosófica o intelectual, que es precisamente la que le permite tener una función legitimizadora.

El recordado artículo de Orrego de 1927 contra "El ocaso de las revoluciones" es realmente revelador del modo en que el político revolucionario trata de medirse con las conclusiones de Ortega, pero aceptando precisamente sus premisas filosóficas, o por lo menos asumiendo algunas similares, mismas que deberán justificar en todo caso sus conclusiones divergentes. El espíritu del pensamiento orteguiano se halla presente en el planteamiento filosófico del mismo Antenor Orrego previo al debate relacionado directamente con la revolución. Veámoslo en algunas citas espigadas del mencionado artículo:

> Lo que mejor denuncia al pensador nato no es tanto su facilidad para moverse entre categorías puras, que a la postre es sólo gimnasia lógica, sino esa su capacidad para ascender de su circunstancia o anécdota cotidiana hacia la categoría especulativa [...] Crear pensamiento no es construir sistemas sutiles, desplazados de toda palpitación cósmica, sino descubrir las categorías inéditas que nos revelan las esencias de las cosas y de los sucesos; colonizar para el conocimiento zonas inexploradas de la sabiduría en estado de *res nullis* [...] No es la razón pura y deshumanizada que se alza como conductora de la vida.

Y esta exposición en el espíritu raciovitalista se consuma definitivamente con la contraposición básica: "La razón raciocinante [lo que Ortega denomina racionalismo] nos lleva a la utopía, o lo que es lo mismo a la esterilidad o a la locura. La razón vitalizada que tiene sus raíces en la fluencia de las realidades nos lleva a la fe, es decir a la heroicidad, porque conforta nuestra esperanza."[79]

Y es entonces, luego de mencionar estos fundamentos filosóficos tan cercanos al raciovitalismo de Ortega, que Orrego recuerda explícitamente

[79] Antenor Orrego, "Racionalismo y revolución".

al "esclarecido pensador español" que ve en la ausencia del pensamiento racional en los nuevos desarrollos filosóficos un indicativo del ocaso de las revoluciones.[80]

Ortega en verdad considera que el racionalismo en tanto razón pura o pensar *more geometrico* es un modo de pensamiento radical que no cuenta con nada más que consigo mismo, y considera que las revoluciones son, en esencia, radicalismo político. Según Ortega el radicalismo político revolucionario implica necesariamente un previo radicalismo del pensamiento, "un espíritu saturado de fe en la razón pura", y por ende una utopía. Una utopía revolucionaria que necesariamente se ve condenada al fracaso que trae consigo el alma desilusionada.[81]

Pero Orrego, que ha adoptado por un lado la diferenciación orteguiana entre racionalismo y raciovitalismo, rechaza, por otro, la equivalencia racionalismo-revolución-utopía, afirmando que es verdad que la racionalidad pura es utópica y estéril, pero no es verdad que sea revolucionaria.

Las revoluciones, afirma Orrego, no son tales por su pura racionalidad sino "por su fuerza vitalizante y renovadora", y el mayor enemigo de la revolución es precisamente la utopía. Los más grandes revolucionarios fueron siempre mentes lúcidas, nos dice el filósofo peruano, hombres que han estado siempre con los pies bien plantados en la realidad de su época, "espíritus profundamente prácticos de un eficaz y penetrante sentido político".

Pero ya en ese temprano 1927 Orrego traspasa la confrontación con Ortega al plano de la confrontación con Europa. Sintomático sin lugar a dudas de lo que era Ortega para América, o sea, la personificación en idioma español de lo europeo. Pero si esto fue considerado en esos años, en países como México o Argentina, como una de las grandes ventajas de Ortega, en estos pensadores peruanos se convirtió en una clara desventaja. Y Orrego sale decididamente contra lo europeo:

> Declarar la caducidad de las revoluciones es declarar para siempre la caducidad de la historia y del hombre como criatura ascendente. Nada revela más la fatiga espiritual de Europa que este pensamiento que empareja o hermana la pura racionalidad con la revolución. Sólo un cerebro estrictamente lógico, producto de una cultura exhausta, desprovista de intuición vital e incapaz ya de desinteresada observación directa de la historia puede llegar a semejante conclusión negativa. [...] Esta posición negativa de muchas mentes europeas denuncia a las claras el colapso en que ha caído Europa...[82]

[80] *Idem.*
[81] Ortega y Gasset, "El ocaso de la revolución", en *El tema de nuestro tiempo,* pp. 153-182.
[82] Antenor Orrego, "Racionalismo y revolución".

En *Pueblo continente,*[83] libro escrito en 1937 por Orrego, diez años después del artículo al que nos referimos, la influencia orteguiana ya es notoria, manifestándose en el ya recordado raciovitalismo, en la teoría de las generaciones, en numerosos pares de conceptos de gusto y origen orteguiano (saber y conocer, destino y misión, etc.), en el estudio de lo que Orrego denomina al titular uno de los capítulos "La presencia de la masa", refiriéndose expresamente al "hombre-masa", etcétera.

Pueblo continente constituye un intento de interpretación filosófica de América a través de ciertas ideas fundamentales latentes en lo que Orrego denomina "el proceso biológico de América", y ello con el objetivo de promover una actividad pragmática, revolucionaria, desde la propia perspectiva americana (pueblo-continente) y en función de la misma.[84] Orrego se preocupa por hacer patente este aspecto ya en la introducción al libro, afirmando nuevamente la divisa de sus años de juventud: "Si el pensamiento no sirve para superar y mejorar la vida, ¡abajo el pensamiento!"[85] Pero no se trata de ninguna manera de un abandono de la razón, como ya vimos en sus tempranos artículos, y en la misma introducción Orrego se afana por aclarar, en pos de Ortega, que no postula ningún reduccionismo biologista, sino que habla de la vida en la multiplicidad de sus manifestaciones, incluyendo la muy privilegiada del pensamiento.[86]

Orrego continúa en su libro la línea orteguiana en este sentido, especialmente en el apartado que lleva por título "La vitalidad de las ideas", donde vuelve a aclarar que si bien el pensamiento cumple una función privilegiada, el hombre no debe ser esclavo de sus ideas, sino que éstas deben quedar al servicio del espíritu humano y de la historia.[87] Y señala aún muy orteguianamente que "...no es que el hombre de hoy quiera renegar de la razón; es que la razón debe ocupar su lugar y nada más que su lugar; debe ser un simple resorte o instrumento del ajustamiento total de la vida".[88] En forma sumamente interesante, Orrego no ve en los excesos y la barbarie de las cruzadas, en las explosiones sanguinarias de la Revolución francesa, en los pogromos antisemitas y en la barbarie de la guerra mundial manifestaciones del irracionalismo, sino precisamente lo contrario: manifestaciones históricas de las entelequias racionales que regían al mundo en cada una de esas etapas como consecuencia del

[83] Antenor Orrego, *Pueblo continente,* El Continente, Lima-Buenos Aires, 1957. Primera edición en 1937.
[84] *Ibid.*, p. 28.
[85] *Idem.*
[86] *Idem.*
[87] Antenor Orrego, *Pueblo continente,* p. 64.
[88] *Idem.*

desplazamiento de la razón más allá de su lugar específico, provocando el rebajamiento del valor integral de la vida. "Las ideas, para que puedan asumir su eficacia vital y creadora, deben estar ubicadas dentro de la entraña de la vida y de la historia..."[89]

Además de la influencia del raciovitalismo es dable detectar en Orrego también la influencia de otros elementos orteguianos. Ya en sus primeros escritos de los veinte Orrego planteaba, por ejemplo, la idea de "la circunstancia o terreno de los acontecimientos cotidianos", que en su opinión debía ser el punto de partida para ascender al dominio de lo especulativo.[90] Posteriormente, en un libro publicado en 1966, Orrego citaría expresamente al Ortega del "yo soy yo y mi circunstancia", señalando que "estas palabras encierran uno de los pensamientos más fértiles y profundos que se hayan articulado en nuestra época".[91]

Y también el perspectivismo, como lo expresa en *Pueblo continente:*

> Conocer las cosas en función es conocerlas dentro de una perspectiva, desde un determinado punto de vista... Lo absoluto, lo fijo y lo inmutable como valoración arquetípica están fuera del conocimiento actual del hombre. Conocemos por relación, y cada ser o cada cosa es una simple referencia al Universo. La mentalidad del hombre contemporáneo no contrapone ya la cultura y la vida, la razón y la realidad como valías separadas y distintas [...] conocemos la vida en función de la cultura y ésta en función de la vida.[92]

Claro está que los tiempos han cambiado por ese entonces y no hay ya ninguna ambigüedad en el reconocimiento filosófico del oponente político.

En fin, lo expuesto hasta aquí es suficiente para demostrar la influencia orteguiana en la trama teorética de este filósofo e ideólogo peruano, que desde los años veinte va desarrollando una filosofía propia que debe servirle de sostén para la postulación de su ideología y de su praxis política.

En Argentina, a pesar de la enorme difusión de todo lo escrito por Ortega, encontramos sorpresivamente más dificultad para detectar en ese periodo la influencia de la filosofía orteguiana en los escritos filosóficos argentinos. Tampoco las múltiples conversaciones con filósofos argentinos de aquellos años nos permitieron llegar a conclusiones más contundentes. Es claro que se dio una influencia difusa sumamente amplia en la periferia cultural en todo lo que se refiere al estilo literario, al

[89] *Idem.*

[90] Antenor Orrego, "Racionalismo y revolución".

[91] Antenor Orrego, *Hacia un humanismo americano,* Librería Editorial Juan Mejía Baca, Lima, 1966, p. 181.

[92] Antenor Orrego, *Pueblo continente,* p. 88.

vocabulario y a la temática, pero al parecer no sucedió lo mismo en lo estrictamente filosófico en las décadas de los veinte y los treinta. Es cierto que se escribieron artículos y libros sobre la filosofía orteguiana, pero no encontramos en el núcleo profesional los casos de adopción de las ideas básicas de Ortega (aunque sea desvirtuándolas o extrapolándolas de su contexto teórico fundamental) y su integración en el marco del desarrollo de una filosofía propia, como en el caso de Antenor Orrego; o su aplicación explícita como base para una filosofía de salvación de las circunstancias nacionales, como en el caso de Samuel Ramos. Esto último se daría más bien en el marco del ensayo argentino sobre la realidad nacional de esos años. La causa de esto quizá resida en el hecho de que Argentina desarrolló su vocación filosófica muy intensamente por esos años, y comenzó muy tempranamente la asimilación de la filosofía alemana, especialmente Husserl, Scheler, Hartmann y Heidegger.

Según el testimonio de jóvenes estudiantes de los veinte, a Ortega no se le consideraba, por lo general, como un filósofo propiamente dicho.[93] Inclusive filósofos que se encuentran en deuda con Ortega en diversos sentidos, como el caso de Alejandro Korn, parecen atestiguar una decepción filosófica en esos años y en los treinta. Korn, cuyos elogios a Ortega en su primera visita ya hemos citado y que en diversas oportunidades expresaría que debía a Ortega su interés decisivo por la axiología, escribió en 1936 los siguientes conceptos: "Tras una breve estada (su primera visita) lo vimos partir con pena, pero convencidos que no tardaría en darnos un concepto propio de la filosofía contemporánea. Esta esperanza no se ha confirmado: en vez de filosofía nos ha dado literatura."[94]

Pero no debemos caer en el extremo opuesto en lo que se refiere a nuestras conclusiones. También en lo estrictamente filosófico la presencia orteguiana fue importante, más aún cuando se centró en figuras fundamentales, como, por ejemplo, la de Francisco Romero. Romero, que sucedió a Korn en la cátedra de gnoseología y metafísica en la Universidad de Buenos Aires, se encontró, a partir de la segunda visita del filósofo en 1928 a Argentina, en estrecho contacto intelectual con Ortega. Aunque es necesario señalar que Romero se vio influido básicamente por Dilthey, Hartmann y Scheler. Según lo que nos relata el filósofo argentino Eugenio Pucciarelli,[95] Ortega y Romero descubrieron simultáneamente a Dilthey; y Aníbal Sánchez Reulet, otro filósofo argentino, estudiante en aquellos años, nos relató en una entrevista que durante la segunda visita de Ortega, cuando éste se puso a hablar, en un banquete, de la metafísica

[93] Entrevista del autor con Aníbal Sánchez Reulet, 30 de agosto de 1989, Buenos Aires.
[94] Alejandro Korn, *Influencias filosóficas en la evolución nacional,* p. 280.
[95] Entrevista del autor con Eugenio Pucciarelli, 28 de agosto de 1989, Buenos Aires.

y de la razón vital, Romero observó que ése era precisamente el problema de Dilthey, a lo que Ortega contestó que no lo había leído. Y, en verdad, cuando Ortega escribe a fines de 1933 en *Revista de Occidente* "Dilthey y la idea de la vida", lo expresa de forma clara: "Yo no he conocido algo de la obra de Dilthey hasta estos últimos cuatro años. De modo suficiente no lo he conocido hasta hace unos meses." Y señalando la importancia de ello Ortega escribe, nada menos, que este desconocimiento le ha hecho perder diez años de su vida.[96]

Es precisamente en este mismo escrito donde Ortega recuerda a Romero y las tres lecciones que dio sobre Dilthey en esos días, y lo considera como la primera contribución hispánica —Romero nació en España— al estudio del filósofo alemán.[97]

Lo que sí fue altamente valorado por Romero fue "Ni vitalismo ni racionalismo", que enseñó en diversas oportunidades en sus seminarios y en su cátedra de filosofía contemporánea, y al que se refirió en sus escritos en más de una oportunidad. En una de ellas clasificó al ensayo de Ortega de "magistral", apuntando que la interpretación de Ortega del vitalismo en tanto la ubicación de la vida misma como el problema de la filosofía, o sea como algo irracional que se debe teoretizar y conocer mediante la razón, es prácticamente el destino de la filosofía en aquellos momentos.[98] Ortega no quedó indiferente a esta apreciación de Romero, y en el mismo escrito sobre Dilthey que ya hemos mencionado lo elogia profusamente, considerándolo "acaso el único hombre de habla española que comienza a darse cuenta concreta y precisa de que en los últimos veinte años se ha pensado en España con una originalidad superior a cuanto suele sospecharse y que se ha anticipado en los puntos más decisivos al pensamiento extranjero".[99]

Quizá, como lo dice Pucciarelli, pueda detectarse alguna influencia orteguiana directa en los ensayos de Romero anteriores a su obra capital, *Teoría del hombre*, y ello especialmente en lo que se refiere a la idea de la trascendencia de la vida en el sentido horizontal, como decía Simmel, de que la vida es más vida y más que vida porque se manifiesta en obras espirituales.[100] Otras relaciones de Romero con Ortega, especialmente sociológicas, serán analizadas en su oportunidad en este libro.

Otro de los ámbitos de la filosofía enriquecidos gracias a Ortega en Argentina es el de la axiología. Risieri Frondizi, de los más destacados

[96] Ortega y Gasset, "Dilthey y la idea de la vida", en *OC*, VI, p. 170.
[97] *Ibid.*, p. 135 (nota).
[98] Francisco Romero, "Presencia de Ortega", en *Sur*, núm. 23, agosto de 1936, p. 16.
[99] *OC*, VI, pp. 195-196.
[100] Entrevista del autor con Eugenio Pucciarelli.

filósofos argentinos, que escribió también profusamente sobre la problemática axiológica, no duda en afirmar que el artículo de Ortega "¿Qué son los valores?", publicado en la *Revista de Occidente* en 1923, es el punto de partida de la concepción objetivista y absolutista del valor en el mundo de habla hispana.[101]

Por medio de la *Revista de Occidente* y de las traducciones de libros del alemán, Ortega posibilitó el conocimiento y la difusión de la obra de Husserl, Scheler y Hartmann, que vinieron a sustituir en ética y en estética al sociologismo francés de Durkheim y Buglé y a su subjetivismo social. Mas en este campo parecería que la labor fundamental de Ortega fue la de dar a conocer a los filósofos alemanes mencionados.

De todas formas, a pesar de que al abrirle la puerta de América a los filósofos alemanes los escritos del mismo Ortega al respecto pasaron a un segundo plano, la relación con los mismos continuó dándose con frecuencia. Éste es el caso de León Dujovne, importante filósofo argentino cuya obra no ha recibido aún la atención merecida, que en 1930 publicó un libro sobre *La psicología de los valores.* Dujovne presenta y analiza dos posiciones axiológicas opuestas: la de Ortega en el mencionado artículo, y la de Alberini en un escrito de 1921 titulado "Axiogenia". Para Ortega la axiología como una ciencia exacta e impersonal, para Alberini la axiología centrándose en la actitud estimativa y estudiando los valores en función del análisis de los procesos del ente vital que reacciona de forma determinada frente a los objetos del cosmos. Dujovne no se limita sólo a exponer concisamente el pensamiento orteguiano al respecto, sino que también pasa a hacerle algunas observaciones críticas. Así, por ejemplo, señala que Ortega afirma que los valores son un linaje peculiar de objetos irreales *sui generis* que residen en los objetos reales, pero que a la vez afirma que es posible tener conciencia de esas cualidades con prescindencia de los objetos, y que por ello sentimos claramente la justicia perfecta sin que hasta ahora sepamos claramente qué situación real podría realizarla. Dujovne afirma que es imposible afirmar ambas cosas a la vez puesto que son irreconciliables, y por ello considera que es imposible incluir la justicia perfecta entre los valores sin saber en qué objeto reside tal valor.[102] Dujovne también critica el empleo por parte de Ortega de los términos "sentimiento" y "estimación" como si fueran sinónimos, lo que crearía dificultades, muy especialmente cuando Ortega afirma que la ciencia de los valores debe ser un sistema de valores evidentes e invariables similar a la matemática. Puesto que ¿cómo se efectuará el conocimiento de tipo matemático de algo que sentimos? El

[101] Risieri Frondizi y Jorge J. E. Gracia, *El hombre y los valores en la filosofía latinoamericana del siglo XX. Antología,* Fondo de Cultura Económica, 1975, p. 187.

[102] León Dujovne, *La psicología social de los valores,* Buenos Aires, 1930, pp. 11-14.

triángulo, por ejemplo, o es aproximadamente empírico o es meramente conceptual y abstracto; pero el valor no es empírico siempre (recuérdese el caso de la justicia perfecta) y cuando lo es lo sentimos como cualidad de un objeto real. ¿Cómo construir entonces una axiología del tipo de la matemática con cualidades que caen dentro de la órbita afectiva de nuestra conciencia? Además, para ser matemática la axiología deberá ser deductiva; ¿qué axiomas le servirán de base en tal caso?[103]

También en México se dejó sentir la influencia de Ortega en la axiología, tanto en su difusión como en lo que se refiere a sus propias ideas. Éste es el caso de Romano Muñoz, uno de los más entusiastas orteguianos en México, y de su mencionado libro *El secreto del bien y del mal.* Bajo la influencia de Ortega, Romano Muñoz adopta la axiología filosófica de Scheler y de Hartmann, considerando al primero como el genio creador de la "Ética de los valores", y al segundo como el clarificador y ordenador de ese nuevo mundo que Scheler no alcanzó a explorar en toda su extensión.

También Eduardo García Máynez, uno de los filósofos del derecho más destacados de México y de América Latina, acusó la influencia orteguiana en lo que se refiere a la axiología y a su relación con la filosofía del derecho. García Máynez se adhirió al objetivismo axiológico de Scheler y Hartmann aplicando tal doctrina a la problemática del derecho.

García Máynez hizo sus estudios jurídicos en México, pero ya en 1932 y 1933 estudió filosofía en las universidades de Viena y de Berlín, y al volver fue nombrado profesor de ética en la Facultad de Filosofía y Letras y de filosofía del derecho en la Escuela Nacional de Jurisprudencia. Para 1940 fue electo director de la Facultad. Uno de sus libros más importantes se titula nada menos que *La definición del derecho. Ensayo de perspectivismo jurídico,* y sin pretender entrar aquí al desarrollo de su análisis al respecto, consideramos de todas formas pertinente el traer una cita de lo que constituye el comienzo de su análisis del debate sobre la definición del derecho, cita que ilustra determinantemente la influencia del maestro español en el campo de la fundamentación de la filosofía jurídica y que no tiene necesidad de comentario alguno:

> La única manera de abrir un camino en la enmarañada selva de opiniones diferentes y aun contradictorias (en lo que se refiere a la definición del derecho, o de lo que se entiende por jurídico), consiste en comenzar por una descripción rigurosamente objetiva de las realidades que se ha pretendido describir (derecho natural, vigente, positivo, etc.), para examinar más tarde si los objetos examinados son en verdad irreductibles o, por ventura, cabe encontrar un punto de vista superior, capaz de referirlos a una noción más rica,

[103] *Ibid.*, p. 15.

como especies distintas de un solo género. En tal hipótesis, se habría logrado el *desideratum* de "reunir todo en uno", poniendo punto final a la batalla dogmática. De acuerdo con lo dicho, nuestro programa consiste en ofrecer una caracterización general de los varios objetos bautizados con el mismo sustantivo, para mostrar más tarde cómo tales objetos difieren entre sí, a pesar de que ostentan etiquetas idénticas. La primera parte de tal programa desembocará en una especie de perspectivismo, dentro del cual cada objeto podrá ser contemplado y descrito desde el único punto de vista en que es correcto colocarse para su consideración y estudio. El término perspectivismo es empleado aquí en la misma acepción que le da Ortega y Gasset en *El tema de nuestro tiempo.* No se trata de una formulación nueva de la postura subjetivista, según la cual hay tantas verdades como individuos. Lejos de reincidir en el error de Protágoras, el perspectivismo ofrece una fiel visión de la realidad, pero una visión condicionada por la situación del espectador.[104]

Y luego de citar ampliamente a Ortega en este sentido, continúa García Máynez:

El error de quienes han pretendido encerrar en una sola definición (en el caso la del derecho) objetos diferentes entre sí, no implica únicamente confusión de puntos de vista, sino, lo que es peor, concomitante confusión de los objetos contemplados. En vez de ofrecer la descripción de cada cosa desde el punto que el espectador ocupa, se ha pretendido obtener, de objetos distintos, perspectivas idénticas y, en relación con cada objeto, una perspectiva igual pero desde miradores diferentes. [...] Un error de óptica ha hecho creer a algunos autores en la posibilidad de englobar bajo una sola definición objetos tan diversos como derecho positivo y derecho natural.[105]

En fin, contentémonos con lo escrito hasta aquí, ejemplificando algo de lo más destacado de la influencia filosófica de Ortega en las tempranas décadas de los veinte y los treinta en América Latina. Pero, claro está, no todo fue recepción, asimilación, extrapolación o aplicación de tal o cual índole, sino que en esos tempranos años se dio también el debate y el rechazo. Veamos de qué se trató.

FILOSOFÍA: POLÉMICA

Consideremos ahora algunas ilustraciones de la reacción polémica y del rechazo total de la filosofía orteguiana, que se dieron desde las más di-

[104] Eduardo García Máynez, *La definición del derecho. Ensayo de perspectivismo jurídico*, 2ª edición revisada, Universidad Veracruzana, Xalapa, México, pp. 16-17.
[105] *Ibid.*, p. 17.

versas perspectivas y posiciones filosóficas, y que ya desde esos tempranos años darían la pauta a lo que a menudo sería una crítica violenta al maestro español, a la par de los grandes y profusos elogios. En fin, el destino de toda figura intelectual de la talla de Ortega, de cuya presencia es simplemente imposible desentenderse.

No nos sorprende la reacción del argentino Alberto Palcos, que ya había criticado acerbamente desde la perspectiva positivista las conferencias de Ortega durante su primera visita a Argentina, y que ahora vuelve a encararse con *El tema de nuestro tiempo.* En una apretada reseña crítica Palcos no siempre interpreta correctamente a Ortega, pero debemos recordar que el mismo Ortega se vio obligado a escribir de inmediato "Ni vitalismo, ni racionalismo" para evitar interpretaciones equívocas, como aquellas en las que cae precisamente Palcos. El escritor argentino considera que no es correcta la afirmación de Ortega cuando se refiere al poder detentado por el racionalismo, puesto que sostiene que las ideas puras jamás han regido al mundo, y si bien han servido a pensadores y filósofos para elaborar teorías de interpretación del mundo, del universo y de la vida, no tuvieron la fuerza necesaria para transformarlos. En su opinión el mundo no es gobernado por la filosofía sino por la economía, y peca no por exceso sino por falta de razonamiento. Palcos está lejos de situarse en el marco de la problemática orteguiana de la superación de la alternativa filosófica del relativismo y del racionalismo, y de la diferenciación entre razón y racionalismo. No deja de constatar en una frase aislada que Ortega desea conciliar vida y verdad en un plano superior, pero considera que no logra hacerlo. Afirma, en cambio, que el maestro español relega la razón a un plano secundario, abriendo así el cauce a una filosofía nada deseable en la que la verdad es sacrificada a valores inferiores y a todo tipo de supersticiones que encuentran en la filosofía un cómodo asiento. Palcos cree presentir en el libro de Ortega los peligros del irracionalismo y del hedonismo, y sale a la defensa de la razón que puede evitarlos. No en vano Ortega saldría a aclarar este punto de inmediato.

De igual modo, Palcos rechaza el intento de Ortega de justificar su perspectivismo en función de la teoría relativista de Albert Einstein, afirmando que con el perspectivismo la verdad objetiva, igualmente exacta para todos, se desvanece como por obra de magia. Hombres de ciencia y filósofos, entonces, "correrían en pos de una quimera", y Palcos concluye irónicamente: "Dudamos que Einstein quiera complicarse en estas andanzas intelectuales ni que su teoría las autorice."[106]

[106] Alberto Palcos, "El último libro de Ortega y Gasset", en *El Hogar,* 4 de julio de 1924, Buenos Aires.

Y termina finalmente Palcos con dos párrafos que transcribimos aquí íntegramente porque son típicos e ilustrativos del modo como las críticas más agudas a Ortega por esos años no dejaban de reconocerle sus dotes de literato y su estilo impecable, aunque a veces era difícil hacerlo luego de una crítica total, y entonces resulta igualmente difícil estipular dónde termina el reconocimiento y dónde comienzan la ironía y el cinismo, y a veces la burla. La misma estatura intelectual y el prestigio cultural y social de Ortega hicieron que a menudo la polémica se convirtiera en agresión.

Diestro manejador de sutiles abstracciones e ingeniosas generalidades, observador penetrante, Ortega y Gasset ha compuesto un libro henchido de sugerencias intelectuales y éticas, aun en el supuesto de una discrepancia fundamental con las doctrinas que sostiene. No importa que Ortega condene el razonamiento puro y acuda a él de continuo para fortalecer sus puntos de vista. Tampoco importa que los matices de expresión y la sutileza del pensamiento, favorecidos por la deliciosa vaguedad metafísica a que es propenso su ilustre autor, dificulte la cabal interpretación de lo que desea significar. Eso aumenta un encanto a sus escritos. Es más serio que sacrifique la verdad objetiva cuando su conciliación con la pícara vida, difícil, ciertamente, es con todo posible. Bien mirado, tampoco importa. La verdad no dejará de ser verdad por eso, y en cambio Ortega y Gasset, hablando de ella, como de cualquier otra cosa, nos suministrará un deleite intelectual, exponiendo delicados pensamientos en admirable prosa.[107]

El cinismo abunda, la comprensión no tanto.

Un año más tarde, en 1925, el filósofo tucumano Alberto Rougés, profundamente influido por Bergson y por Plotino, comienza su crítica al perspectivismo con el reconocimiento que Palcos había dejado para el final:

¿Quién no debe a Ortega y Gasset muy nobles e intensas emociones intelectuales? Doquiera que su pensamiento pasa, el mundo se ennoblece y dignifica, las cosas quedan envueltas en un resplandor divino, la realidad gana en vida y en dramaticidad. Es un transformador, un artista profundo. Como el sátiro Marsias del símil platónico, posee el arte peligroso de aprisionar los espíritus con sus mágicos ritmos. Al oírlo nos sentimos tentados a dejarnos a arrastrar muellemente hacia las alturas por el armonioso caudal, imponiendo silencio a la escrupulosa razón, aguafiestas del espíritu. Pero no es el artista a quien voy a referirme ahora sino al filósofo, y por ello os invito a haceros amarrar a vuestra barca, siguiendo el sabio ejemplo del héroe astuto e invicto de la Odisea. Y ahora abordemos el perspectivismo.[108]

[107] *Idem.*

[108] Alberto Rougés, "El perspectivismo de Ortega", en *Nosotros,* año XIX, núm. 192, 1925, Buenos Aires, p. 337.

Pagados los impuestos verbales inevitables a la figura intelectual y artística de Ortega, y recuérdese que se trata de 1925, se pasa de inmediato al intento de demoler su teoría filosófica de última hora.

La afirmación central de Rougés, ya desde el principio, es terminante: el perspectivismo orteguiano "es esencialmente idéntico al fenomenismo que Mach formulara hacía ya más de medio siglo".[109] La doctrina de Mach fue considerada durante muchos años como la máxima expresión del pensamiento científico y del fenomenismo radical. Negando al nóumeno, a la cosa en sí, venía a postular a final de cuentas la igualdad de todos los fenómenos en relación con la realidad o la verdad. Imposible, entonces, hablar de la mayor o menor realidad de la imagen de un bastón dentro o fuera del agua, puesto que para el fenomenismo radical no existe un bastón en sí, un bastón independiente de las diversas imágenes que denominamos bastón. Ahora bien, cuando Ortega escribe que yuxtaponiendo las visiones parciales de todos se lograría tejer la verdad omnímoda y absoluta, Rougés lo interpreta en el sentido de que la suma de todas las perspectivas, de todos los fenómenos (dice), viene a agotar la realidad porque no hay sino fenómenos, porque no existe una cosa en sí. En este sentido interpreta Rougés también la afirmación de Ortega de que "el error consiste en suponer que la realidad tiene por sí misma, e independientemente del punto de vista que sobre ella se tomara, una fisonomía propia".

Pero el caso es que, como ya hemos visto, Ortega se preocupa en diversos pasajes del *Tema* y de sus apéndices de explicitar de que sí existe una determinada realidad y que la perspectiva es precisamente la forma que toma tal realidad. Existe una realidad anterior a la conciencia de la misma, y es esta realidad la que se le aparece al sujeto consciente. Pero esto no molesta en especial a Rougés, que se apresura a observar, de modo bastante forzado, que esta postura de Ortega sería algo similar a lo que sucedió con el fenomenismo de Mach, quien también "se dejó arrastrar" hacia el realismo otorgando un mayor grado de realidad a algunos fenómenos a expensas de otros. Así, por ejemplo, Mach reconoció la existencia de elementos del mundo físico del sujeto, como los sonidos o los colores, en el supuesto caso de la supresión del sujeto mismo. Se trataría, en la forzada opinión de Rougés, de dos derivaciones realistas que no afectan la identidad entre el perspectivismo de Ortega y el fenomenismo de Mach.[110]

En este espíritu Rougés continúa su crítica, pero evidentemente por completo fuera del marco de la problemática orteguiana y del contexto

[109] *Ibid.*, pp. 340 y 348.
[110] *Ibid.*, p. 342.

fundamental de la concepción de la vida en tanto realidad radical, y sin comprender realmente a Ortega. Se vuelve en este caso, como en otros muchos, a la reducción de la problemática a sus alternativas clásicas, y esta identificación con el fenomenismo es más que ilustrativa. Claro que es posible analizar críticamente el perspectivismo, pero para ello la crítica debe plantarse frente a la problemática con su significado orteguiano original. Dicho sea de paso, el mismo Ortega analizó críticamente las ideas de Mach ya en 1913.[111]

También en Argentina, Miguel A. Virasoro publica un artículo crítico sobre dos ensayos de Ortega, *Kant. Reflexiones de centenario* y *Filosofía pura,* el mismo año de su aparición, 1929.

El joven filósofo argentino, que desarrollaría posteriormente una metafísica de la libertad como fundamento de la existencia y del ser, rechaza de forma total las ideas orteguianas que venían a postular en los mencionados ensayos una nueva interpretación de la historia de la filosofía en tanto estudio de las ideas, no en sí mismas, sino en su articulación con el hombre que las produjo. Ortega mismo considera que las ideas existen ajenas al tiempo, en puro anacronismo, y por lo tanto existe una historia de ellas sólo en tanto la ausencia o la presencia de las ideas en la mente humana. El problema de la historia de la filosofía es entonces para Ortega el de "¿por qué en tal tiempo, tal hombre descubre tal idea?"

Virasoro se aferra a una de las metáforas orteguianas, que considera que deben ser interpretadas al pie de la letra, en la que Ortega apunta que durante la historia sucede que una de las ideas se filtra desde su transmundo al nuestro al encontrar un poro adecuado para ello, o sea la mente de un hombre. Esto le permite a Virasoro llevar a cabo un ataque frontal al filósofo español y a "su visión asaz pueril de platonismo". Inclusive con Platón se iba del hombre a la idea, en tanto que con Ortega el hombre es, según Virasoro, pasivo, un mero poro. Virasoro evidentemente se deja llevar por su voluntad de crítica puesto que en este mismo ensayo de Ortega, *Filosofía pura,* que a final de cuentas se ocupa de una interpretación de Kant a la luz de la razón vital, el filósofo español también escribe otros párrafos, que evidentemente debían haber hecho dudar a Virasoro antes de estampar sus mencionadas críticas:

> Si en vez de definir sujeto y objeto por mutua negación, aprendemos a entender por sujeto un ente que consiste en estar abierto a lo objetivo; mejor, en salir al objeto, la paradoja desaparece. Porque, viceversa, el ser, lo objetivo,

[111] Ortega y Gasset, "Sensación, construcción e intuición", en *Asociación Española para el Progreso de las Ciencias. Congreso de Madrid,* tomo I, 1913, pp. 79-81, citado en Julián Marías, *Ortega. Circunstancia y vocación,* Alianza Editorial, Madrid, 1983, pp. 382-387.

etc., sólo tiene sentido si hay alguien que lo busca, que consiste esencialmente en un ir hacia ellos. Ahora bien, este sujeto es la vida humana o el hombre como razón vital.[112]

No hay necesidad de comentarios.

En Chile, Pedro Nolasco Cruz hace en 1927 una crítica general de la obra de Ortega desde una perspectiva filosófica católica propia, reconociendo de antemano que sólo conoce por referencia a la filosofía alemana, basándose en Balmes y en San Agustín, y anticipándonos ya en estos tempranos años algo de lo que sería típico del tenor del ataque de determinados círculos católicos al filósofo español.[113] Esto incluía también un estilo virulento y nada del reconocimiento sincero o forzado de la figura de Ortega que se daba en los círculos culturales latinoamericanos.

Ya en su primer párrafo Nolasco Cruz se refiere al *Tema* como a "una obrita muy revuelta" en la que cuesta mucho orientarse por el desarreglo en la exposición. A tal grado ello es así, que no está seguro de haberla entendido bien. Pero esta duda no evita, de todas formas, que se lance de inmediato a una acerba crítica: Ortega escribe en forma general y vaga, afirma y no demuestra, faltan el análisis objetivo y la demostración metódica, y no se mide con posibles objeciones a pesar de que en su opinión el perspectivismo las provoca por cantidades "aun en el lector más vulgar". A Ortega le antepone el ejemplo de Balmes, el gran filósofo y teólogo español de la primera mitad del siglo XIX, a través del cual Nolasco Cruz también pudo conocer a Leibniz, y entonces se permite afirmar que Ortega lo imita. Más aún, gracias a Balmes también le es claro que Kant escribió "obras difusas, oscuras..."[114] Además, Balmes posee una idea muy clara de que la moral tiene su origen en Dios, en tanto Ortega, según el escritor chileno, afirma que las actividades que forman la cultura proceden del organismo. En balde escribió Ortega cuatro años antes "Ni vitalismo, ni racionalismo".

Al hecho de que Ortega escriba sobre el budismo y el catolicismo como diversas manifestaciones de sentimientos de una misma especie, Nolasco Cruz ni siquiera lo califica. Le parece que es suficiente con su mera presentación. Como en el caso de la presentación de Jesucristo recordado por Ortega entre Confucio y Mahoma, o la equiparación de Jesucristo con Manet en tanto agente cultural.

[112] Miguel A. Virasoro, "El último libro de Ortega y Gasset", en *Síntesis,* año 3, núm. 31, diciembre de 1929, pp. 5-13.

[113] Pedro Nolasco Cruz, "*El tema de nuestro tiempo* de Ortega y Gasset", en *Estudios sobre la literatura chilena,* Santiago, 1940, vol. III, pp. 369-400.

[114] *Ibid.,* p. 347.

Ni qué hablar del valor intrínseco de la vida que eleva Ortega en *El tema,* y de la cita que hace de Goethe: "Cuanto más lo pienso, más evidente me parece que la vida existe simplemente para ser vivida." Ante esta concepción, Nolasco Cruz considera que lo mejor que se puede hacer es traer una amplia cita de San Agustín que le parece refleja la problemática de modo más acertado que Goethe: "Una vida que los humores la hinchan, los dolores la debilitan, los ardores la secan, los ayunos la enflaquecen, los deleites la gastan, las penas la consumen..."[115] En fin, no hay que completar la larga cita para comprender que Nolasco Cruz no se asombraba en especial de la prominencia otorgada por Ortega a la dimensión vital, y que tampoco se hubiera entusiasmado con ella si la hubiera comprendido correctamente.

Y entonces llega el turno de lo que Nolasco Cruz considera como el escepticismo orteguiano, al que le hace tres objeciones básicas: *a)* ya fue precedido por Leibniz; *b)* si Ortega admite la posibilidad del error de perspectiva, o sea, de que el individuo, la sociedad, la época pueden engañarse, ¿en qué queda el conocimiento de la verdad por medio de las yuxtaposiciones de las visiones individuales cuando estas visiones están equivocadas?, y más aún, Dios, que ve la verdad por medio de los hombres, ¿queda engañado por ellos?; *c)* no es correcta la afirmación de Ortega de que todas las épocas y todos los pueblos han gozado de su porción de verdad, y de que no tiene sentido que pueblo o época alguna pretendan oponerse a los demás como si sólo ellos hubieran alcanzado la verdad eterna. En fin, Nolasco Cruz, considerándose amenazado en su verdad eterna y absoluta, afirma el derecho a rechazar las doctrinas y las creencias falsas. El perspectivismo orteguiano, más allá de la problemática filosófica específicamente ontológica o epistemológica, constituyó desde el principio un inminente peligro para todo tipo de dogmatismo.[116]

He aquí algunas ilustraciones del tenor de las críticas estrictamente filosóficas a Ortega en aquellos tempranos años en que algunos, como en estos casos, se encontraban fuertemente instalados en sus tradicionales trincheras ideológicas o intelectuales, en tanto otros, yendo a la carrera por los portones abiertos por Ortega hacia la filosofía alemana, lo entendían más como difusor e iban directamente a las fuentes, y no pocos, como ya lo hemos visto detalladamente, asimilaban y desarrollaban sus propias teorías filosóficas o elementos centrales de la misma.

[115] *Ibid.*, p. 323.
[116] *Ibid.*, p. 326.

PROBLEMATIZACIÓN Y POLÉMICA: LA DESHUMANIZACIÓN DEL ARTE

La publicación de *La deshumanización del arte e ideas sobre la novela* en 1925 provocó un amplio e intenso debate sobre el arte nuevo en numerosos países latinoamericanos. Si con respecto a la recepción de su filosofía apuntamos principalmente a su instrumentación, aquí debemos poner atención al concepto de problematización. Es éste un caso que ilustra patentemente el modo en que Ortega contribuyó a fijar la agenda intelectual del día al problematizar teoréticamente una determinada cuestión, provocar la relación a la misma y promover el debate que dado su origen teórico se daría básicamente en los términos orteguianos. Ya en 1926, Alone escribía en Chile que esta obra de Ortega constituía "un estudio tan breve como profundo sobre el arte contemporáneo, primer ensayo razonable de una teoría sobre lo que parece esencialmente rebelde a la teoretización y al razonamiento".[117] Este reconocimiento no evitó el que de inmediato pasara a la crítica de la teoría estética orteguiana, pero, claro está, en medio de su mismo contexto teórico.

Este pequeño ensayo de Ortega tuvo una enorme influencia y difusión, y las reacciones al mismo continuaron apareciendo durante el periodo que nos ocupa y aun después. Es de destacar que debido a que se trató del debate alrededor del arte nuevo también se vio involucrada en el mismo, explícita o implícitamente, la cuestión generacional. Recordemos primero concisamente algunas de las principales ideas de Ortega en este ensayo para emprender luego el análisis de la influencia del mismo en el ámbito hispanoamericano.

Ortega parte del reconocimiento de la impopularidad del arte nuevo de aquel entonces y de que no se trataba de un arte nuevo que no era aún popular, sino de uno que era, por esencia, impopular y antipopular. Toda obra por él engendrada dividía automáticamente al público en un grupo mínimo favorable, y otro innumerable, mayoritario, que le era hostil. Ahora bien, no se trataba de que al público en general no le gustara las obras del arte joven, escribe Ortega, sino de que simplemente no lo entendía puesto que iba dirigido a una "minoría especialmente dotada". Más aún, Ortega apunta que para la mayoría de la gente el goce estético no es una actitud espiritual diferente de las que adopta habitualmente, y lo que buscan en la obra artística son las pasiones y las figuras humanas, pero que en esos momentos lo que se daba era precisamente una tendencia a la purificación del arte, o sea, a una eliminación progresiva de los elementos humanos dominantes en la obra romántica y naturalista. De este modo se tendía a una producción artística que podía ser

[117] Alone, *La Nación*, Santiago de Chile, 21 de marzo de 1926.

percibida sólo por quien tuviera sensibilidad artística: "Sería un arte para artistas, y no para la masa de los hombres: los que lo entienden y los que no lo entienden; esto es, los artistas y los que no lo son; será un arte de casta, y no demótico."

Ahora bien, es importante tener presente que Ortega quiere comprender este fenómeno, y no juzgarlo o tomar parte por tal o cual posición. En sus palabras, quiere filiarlos como lo hace el zoólogo con faunas antagónicas. Esto, por cierto, no sería tomado en cuenta por lo general en medio de la polémica, y muchos considerarían que Ortega se identificaba con el arte nuevo, en tanto otros pensarían que se oponía a él.

En el nuevo estilo artístico Ortega señala siete tendencias básicas que se encuentran conectadas entre sí. Las tres primeras son prácticamente una: *1*) la deshumanización del arte; *2*) evitar las formas vivas; *3*) hacer que la obra de arte no sea sino la obra de arte. Y luego otras cuatro tendencias: *4*) considerar el arte como juego y nada más; *5*) una esencial ironía; *6*) eludir toda falsedad, o sea, una escrupulosa realización, y finalmente, *7*) considerar el arte como una cosa sin trascendencia alguna.[118]

En medio del análisis del amplio debate que se abriría de inmediato, iremos viendo a continuación algunas especificaciones y desarrollos de estas ideas que han sido aquí meramente mencionadas. El debate se centraría, por lo general, en el concepto central de la deshumanización y en la cuestión de si acaso ésta era una característica esencial del arte nuevo, y si lo era, en qué sentido. También la idea orteguiana sobre la decadencia de la novela por el agotamiento de sus temas se encontraría en el centro del debate, en medio del cual, por lo general, no se diferenció entre el análisis de Ortega del fenómeno estético estudiado y sus preferencias personales. Por lo general se rechazó la idea de la decadencia de la novela por el agotamiento de sus temas, siendo una de las pocas excepciones la de José C. Mariátegui, quien en *Siete ensayos de interpretación de la realidad peruana* coincide con Ortega, puesto que considera, por su parte, que la novela es la historia del individuo en la sociedad burguesa. Pero Mariátegui afirma también que la novela renacerá como arte realista en la sociedad proletaria. En general, parecería que dado el desigual desarrollo de las diversas expresiones artísticas en el continente, la relación al ensayo de Ortega se dio en especial en función de la relevancia del mismo para la literatura, aunque no exclusivamente.

En México, la publicación en 1925 de *La deshumanización del arte* impactó en forma general en los círculos culturales, pero de modo muy

[118] Ortega y Gasset, *La deshumanización del arte,* en *OC,* III, pp. 353-419.

especial en el ya mencionado círculo de los Contemporáneos. Éstos llegaron inclusive a organizar una "comida de literatos" como acto público de desagravio, descalificando las ideas de Ortega que venían a cuestionar muchas de las premisas que compartían. Los miembros del grupo no pudieron tolerar, como lo expresa acertadamente Guillermo Sheridan, la idea de que el refinamiento estético implicara un apartamiento de lo humano, que el antirrepresentacionismo en pintura, la atonalidad en música, el verso libre en poesía o el monólogo interior en prosa provocaran la pérdida de los elementos humanos del realismo romántico o del naturalismo.[119] O sea, rechazaban la tesis esencial de Ortega sobre la deshumanización de las nuevas manifestaciones artísticas con las cuales se identificaban ellos mismos. Pero la verdad es que se dieron también posturas algo diferentes entre los mismos miembros de lo que, a fin de cuentas, Xavier Villaurrutia denominó "el grupo sin grupo".[120] Si bien todos rechazaban que se tratara de un arte deshumanizado, había en el grupo partidarios intransigentes del arte puro, mientras otros, sin rechazarlo, creían necesario evitar los peligros que podrían ser propios del mismo.

Jaime Torres Bodet, de los más prominentes miembros de los Contemporáneos, escribe en sus memorias que en *La deshumanización del arte* había detectado la identificación de Ortega con el arte nuevo y su juicio favorable a la eliminación de lo humano, lo que se expresaba claramente en la drástica afirmación del filósofo español de que "el poeta comienza donde el hombre acaba". Torres Bodet relata que se vio afectado por estas ideas no sólo por haber sido expresadas por Ortega, sino también porque las oía frecuentemente —"acaso con menos límpida concesión"— en boca de algunos de sus mejores amigos. Villaurrutia, por ejemplo, buscaba un lirismo que no se apoyara sobre una base tradicional, y a veces, escribe Torres Bodet, su alergia a la tradición y su deseo de innovación le hacían perder de vista que una cosa es prescindir del legado histórico del pasado y otra muy diferente prescindir de la humanidad.[121] Torres Bodet relata que dentro del mismo grupo se dio más bien una pugna entre la poesía llamada pura y la que los partidarios de esa pureza calificaban de impura por anecdótica. En la comida pública dedicada a este debate, Villaurrutia, en defensa del arte puro, leyó un poema de Juan Ramón Jiménez que terminaba con estos versos:

[119] Guillermo Sheridan, *op. cit.*, p. 247.

[120] Xavier Villaurrutia, "La poesía de los jóvenes en México", en *Obras*, Fondo de Cultura Económica, México, 1975, p. 828.

[121] Jaime Torres Bodet, *Tiempo de arena*, Fondo de Cultura Económica, México, 1955, Letras Mexicanas, p. 226.

Y se quitó la túnica
y apareció desnuda toda.
¡Oh pasión de mi vida, poesía
desnuda, mía para siempre!

Pero el mismo Torres Bodet no se apresuraba a tirar por la borda todo lo que no fuera puramente estructura poética, y se preguntaba cuál era la túnica de que había que despojarse y la lírica de que se hablaba. ¿Acaso la de la vida diaria, la anécdota sensual o sentimental, el fervor humano? ¿O quizá, más bien, como él mismo lo consideraba, era necesario despojarse sólo de la túnica del falso adorno, la retórica imitada y el insolente lujo verbal? Torres Bodet considera que en aquellos días ni Villaurrutia ni Gilberto Owen pensaban que existía diferencia alguna entre ambas series de preguntas, y él mismo, al tomar parte en el debate, pidió a sus amigos no oponer a la poesía humana "de ayer, de hoy y de siempre" la poesía "sin hombre, sin poeta, sin poesía".[122] O sea, que aunque todos rechazaban lo de "la deshumanización del arte nuevo", eso era lo que a final de cuentas se encontraba sobre el tapete.

Ortega venía entonces a problematizar teoréticamente también aquí algo que evidentemente existía dentro del grupo, pero que su *Deshumanización del arte* vino a elevar al primer plano, llegando inclusive a ser el único caso en que se posibilitó un manifiesto público del grupo.[123]

En ese mismo 1926 Torres Bodet publicó en *Nosotros,* en Argentina, un breve artículo sobre el ensayo de Ortega y bajo el mismo título del original. En esta oportunidad nos encontramos con que su crítica se da desde una perspectiva diferente y sumamente interesante: la americana, o sea, en función de la relevancia de la problemática artística presentada por Ortega para la literatura hispanoamericana. No olvidemos que Torres Bodet había sido en esos mismos años la mano derecha de Vasconcelos, quien había llevado adelante una verdadera revolución cultural en el espíritu social y nacionalista de la Revolución mexicana, y por ende, no es nada extraño que eleve precisamente este aspecto de la problemática.

"La deshumanización del arte", afirma el escritor mexicano, "es un libro europeo, con datos europeos y escrito para europeos". Ello quizá pudiera ser un mérito más para el escritor, señala algo irónicamente, pero en su propia opinión las ideas de Ortega constituían un peligro para los jóvenes de América.[124] Así, por ejemplo, frente a la idea de Ortega de que

[122] Torres Bodet, *op. cit.*, pp. 227-228.
[123] Guillermo Sheridan, *op. cit.*, p. 247.
[124] Torres Bodet, "La deshumanización del arte", en *Nosotros,* año XX, núm. 202, marzo de 1926, p. 252.

quizá bajo la máscara del arte puro se escondían el hartazgo y el odio del arte, y "un inconcebible rencor contra su propia esencia histórica", Torres Bodet escribe que ello muy bien podía ser cierto en lo que se refería a Europa, pero no en relación con el caso americano que era completamente diferente, y respecto al cual no se podía diagnosticar decadencia alguna. América era otra cosa: "¿Por qué olvidar las posibilidades del arte nuevo, las reservas de ingenuidad que esconde nuestra América? [...] si España hace causa común con la decadencia de Europa, no es ya obligación nuestra el seguirla en un declinar que la antigüedad heroica de su pueblo explica, pero que resultaría ilógico en el nuestro."[125]

Torres Bodet ve en este tipo de teorías estéticas, como la orteguiana, algo propio de las épocas de decadencia, en especial en lo que se refiere a "la profunda anemia artística" que implica la posibilidad de digerir sólo el mínimo de humanidad, tal como considera que Ortega exige a la obra de arte. Y escribe belicosamente: "Podremos aceptar la muerte del arte, su desaparición. No aceptaremos nunca la existencia de un arte invertido, sin raíces, sin ramas —sólo flor y aroma."[126] Un contundente no a la deshumanización europea del arte que considera que Ortega propagaba.

Pero, a final de cuentas, el joven escritor mexicano no rechaza el arte nuevo sino que le exige en América nuevas modalidades autóctonas a la par del abandono de sus "actitudes postizas": esperaba la llegada de "esa obra eterna sin pasado, nueva sin decadencia, clásica sin deshumanización" que llenara el vacío estético que reinaba en su opinión en esos momentos.[127]

Debido a que los Contemporáneos se centraban básicamente en el ámbito literario, no tiene nada de raro que hayan prestado especial atención a las concepciones de Ortega sobre la decadencia de la novela. El mismo Torres Bodet escribe en sus memorias que la controversia sobre el arte puro lo estimuló a afrontar, en prosa, las supuestas dificultades del estilo moderno de aquellos días. Se refiere aquí a su primera novela, escrita en 1927, *Margarita de niebla,*[128] puesto que hasta esos momentos sólo había escrito poesía. He aquí otro síntoma del poder de problematización y de estímulo de los escritos de Ortega, inclusive cuando se expresan en una actitud contraria a la promulgada por él, como en este caso en relación con la novela.

Torres Bodet rechaza la tesis de Ortega sobre la decadencia de la novela por el agotamiento de sus temas, haciendo notar que ninguna obra de

[125] *Ibid.*, p. 253.
[126] *Ibid.*, p. 255.
[127] *Ibid.*, p. 256.
[128] Jaime Torres Bodet, *Tiempos de arena*, p. 229.

arte vive en verdad del tema que expresa. La novela no era un género en decadencia, y así lo confirmaban el *Ulises* de Joyce o *Los monederos falsos* de Gide. Lo que sí considera Torres Bodet que había entrado en un franco periodo de abandono era la novela naturalista, y ello debido a que al no ser una forma literaria pura no podía competir con la innovación del cine, "alimento sólido para esa hambre de imaginación sin esfuerzos que caracteriza a los hombres cuando integran un público".[129]

Con Proust y Joyce, en cambio, considera que la novela penetraba los fondos más sutiles de la conciencia humana sin que ello implicara decadencia alguna. Por el contrario, Torres Bodet señala que día a día eran más frecuentes las novelas autobiográficas, "aquellas en que la memoria derrama su caudal en el vaso de las formas puras y las ilumina por dentro con el calor de su realidad posterior que ha madurado ya toda en espíritu y que, apenas por momentos, está viciada de exigencia tangible".[130] Y en este espíritu, nuestro joven y expresivo mexicano sigue su análisis, afirmando su identificación con una novela nueva y diferente que ya se venía dando en sus días y que evidentemente estaba muy lejos de haberse agotado como lo estipulaba Ortega.

También otros miembros del grupo Contemporáneos escribieron sobre la teoría orteguiana, aunque sin coincidir en todo con Torres Bodet. Jorge Cuesta, por ejemplo, rechaza en *Ulises*, en 1927, la tesis de Ortega "en su ensayo lleno de errores" de que el arte moderno se deshumanizaba cuando se hacía más artístico.[131] Si en la opinión de Ortega el romántico era más humano y estaba más cerca de la realidad que la nueva generación artística, pues que Ortega se resignara a vivir con tal idea "acomodado a su mentira, pero que no pretenda que el arte nuevo aspire a la deshumanización de la realidad".[132] Cuesta concede que el arte nuevo reducía y deformaba la realidad, pero no cree que por ello dejaba de vivirla. Por el contrario, según Cuesta, ésta es la única manera de vivirla sin repugnancia y el único modo de apasionarse por ella. Lo que estaba en juego no era, en su opinión, la deshumanización de la realidad sino su desromantización.

Los Contemporáneos también se abocaron a la problemática artística y a la teoría de Ortega en función del debate en que se encontraban involucrados en México, y en el que, frente a su posición cultural elitista, se les exigía un arte popular y nacionalista. En medio de esta polémica, Cuesta coincide con la observación de Ortega de que el arte nuevo es un

[129] Jaime Torres Bodet, "Reflexiones sobre la novela", en *Contemporáneos. Notas de crítica*, Herrero, México, 1928, pp. 7-21.

[130] *Idem.*

[131] Jorge Cuesta, "Notas", en *Ulises*, tomo I, núm. 4, octubre de 1927, México, p. 31.

[132] *Idem.*

arte para artistas y de que el público nunca lo disfrutará. Inclusive, Cuesta generaliza elitistamente esta observación a todo arte verdadero en general, al tiempo que afirma que ello surge del hecho elemental de que las personas con alma pequeña se ven incapacitadas para reconocer los valores superiores. No es nada sorprendente, entonces, que Cuesta viera como sumamente peligrosa la existencia, en aquellos momentos, de personas que afirmaban que el arte debía dedicarse al cumplimiento de una misión nacional específica, no artística, que vendría a ser la realmente valerosa.[133] Se trataba de la antítesis del arte puro, su mera utilización para otros fines.

Y, en medio de su defensa del arte puro, Cuesta saca a relucir en su embate todos los sonidos de la cacofonía que envolvía el debate:

> Según ellos, para que la estupidez y la mediocridad asciendan al rango de lo artístico, de lo valioso, no es menester que dejen de ser la miseria que son, sino es menester apenas que se hagan morales, sociales, religiosas, revolucionarias… ¡o que se hagan viriles! ¿No llegan a atribuir valores a lo que no lo tiene, a cambio, sólo, de que esa miseria tenga un sexo? Así llegan también a pretender medirla en función de su nacionalidad. Vale la sexualidad, vale la nacionalidad lo que el hombre que las posee. También son un arte cada una, y no es el hombre el que es viril, nacional. Vergonzosa naturaleza de mujeres que estiman a un hombre por su sexo, antes que por su valor.[134]

La cuestión del arte puro se encontraba en México enredada con muchos problemas complejos que traían consigo el choque violento, al grado de que el propio Cuesta, a la defensiva y al ataque, cae en conceptos como el de "vergonzosa naturaleza de mujeres". El ambiente era sumamente tenso y hasta violento, y en el aire estaba la problemática del arte puro, del eurocentrismo, del nacionalismo, de la revolución, y muchas cosas más en las que venía a incidir el ensayo de Ortega. Cuesta, drástico en su postura, no dejaba lugar a duda alguna:

> El arte es un rigor universal, un rigor de la especie. No se librará México de experimentarlo, a pesar de los imbéciles y faltos de moral que tratan de exigir a la exigencia universal del arte, imponiéndole la medida ínfima de un arte mexicano, de un arte a la altura de su nulidad humana, de su pequeñez nacional. Será la nacionalidad la que será medida por el arte, no el arte por ella.[135]

También en Chile, en un ambiente cultural menos enardecido que el mexicano, la polémica sobre este libro de Ortega ocupó en aquellos años un

[133] Jorge Cuesta, "Conceptos del arte", en *Excélsior,* 1ª sección, México, 9 de julio de 1932, pp. 5 y 6, citado de *Poemas y ensayos,* II, UNAM, México, MCMLXIV, p. 110.
[134] *Ibid.,* p. 111.
[135] *Ibid.,* pp. 112-113.

lugar central. Uno de los más claros ejemplos de la obra estimulante de Ortega es precisamente el chileno Luis Cruz Ocampo, quien ya en 1926, a los pocos meses de aparecido el trabajo de Ortega, iría filiando su propia teoría explícitamente en relación polémica con la del maestro español, prácticamente en contrapunto con la misma. El escrito de Cruz Ocampo se tituló *La intelectualización del arte,*[136] con lo que expresa, ya en la paráfrasis de su título, una tesis opuesta a la del maestro español. También aquí, en las palabras introductorias, encontramos otra vez, ya en 1926, la evidente confesión de que Ortega es un punto de referencia ineludible tanto por su obra como por su prestigio. Sus ideas, escribe Cruz Ocampo, se propagan sin encontrar oposición alguna; se trata de "un escritor consagrado". Pero en ello residía precisamente el peligro que el escritor chileno quería evitar, la posibilidad de la difusión de las que consideraba como falsas ideas que se propagaban rápida y fácilmente. Éste era el caso prominente de *La deshumanización del arte.*[137]

El escritor chileno, a la par de los Contemporáneos mexicanos, se centra desde el principio en la crítica de la idea de la deshumanización, que constituye el núcleo central de la teoría orteguiana sobre el arte nuevo, y le antepone la idea de la intelectualización del arte. Para Ortega la deshumanización se da en la estilización, que es desrealización, deformación de lo real: "El arte de que hablamos no sólo es inhumano por no contener cosas humanas, sino que consiste activamente en esa operación de deshumanizar."[138] Pero Cruz Ocampo considera que este proceso de "irrealización" del arte joven es precisamente lo que caracteriza a todos los verdaderos artistas a lo largo de la historia. No existe obra artística alguna sino en medio de este proceso de "transmutación o transubstanciación"; los artistas se nutren de la naturaleza, pero desrealizándola necesaria e inevitablemente. De este modo, siendo la deshumanización en tanto "desrealización" característica del arte como tal, no podía ser la característica fundamental, distintiva y exclusiva del arte nuevo.

Todavía más, el escritor chileno considera que no es correcta en su misma base la apreciación de Ortega de que la nueva sensibilidad se encontraba caracterizada en lo artístico por un asco a lo humano, sino que lo que se daba en este sentido era más bien el rechazo a *ciertas formas específicas* de considerar a la naturaleza o lo humano:

> Ciertamente se han dejado de mano, por fortuna, algunas formas del sentimentalismo romántico; la pintura ha reducido el culto al desnudo o a la figura humana; pero lo esencialmente humano no está sólo en esos elementos. Lo

136 Cruz Ocampo, "La intelectualización del arte", en *Atenea,* Chile, 1926, pp. 406-476.
137 *Ibid.*, p. 406.
138 *OC,* III, p. 366.

humano se halla en el fondo del asunto tratado y no en el modo de tratarlo. Un examen cualquiera, por somero que sea, de las obras de los más avanzados artistas permitirá comprobar que no están dominados por "el asco de lo humano", sino, para usar la expresión del autor, por el asco a ciertos aspectos o ciertas maneras de tratar lo humano, que se habían convertido en meras fórmulas vacías de sentido.[139]

Nuestro escritor chileno no se conforma con estas observaciones críticas, sino que recuerda de inmediato las siete caracterizaciones del arte joven por parte de Ortega, a las que antepone su propia interpretación de tal fenómeno, mismo que intentará fundamentar en un análisis histórico de la evolución artística. Y así comienza un contrapunto con Ortega en el que paso por paso va tejiendo la malla de su propia teoría estética. Su conclusión será de que lo que Ortega llama el arte nuevo no constituye un fenómeno desconocido, y que lo único realmente sorpresivo con que nos topamos hoy en día es la semejanza con que a través de los siglos la supuesta "nueva sensibilidad" sigue los caminos de "la antigua".[140]

Pero si la "desrealización" es propia de todo arte, ¿cuál era la característica esencial del arte joven según el mismo Cruz Ocampo? Su tesis básica reside en que la característica esencial del arte nuevo no es su deshumanización sino su intelectualización.

Esta afirmación de Cruz Ocampo, claro está, se topa de inmediato con el hecho de que el dadaísmo o el futurismo, en auge en esos años, eran considerados precisamente como movimientos antintelectualistas, pero Cruz Ocampo replica que se trataba en este caso de una equivocación en lo que se refiere a la interpretación del antintelectualismo. No es que en las mencionadas corrientes artísticas se despreciara a la lógica, sino de que no se le consideraba suficientemente lógica, y se oponía a la lógica corriente o burguesa una lógica que despreciaba las apariencias y llegaba a las íntimas relaciones de las cosas, como las entiende el "hombre superior o artista". La lógica era combatida por el arte nuevo solamente en la medida en que adoptaba el sentido común, y ello no justificaba, según el escritor chileno, la acusación de antintelectualismo. Y lo mismo sucedía con el ataque, señalado por Ortega, a las academias, los museos o los conservatorios. El ataque de las nuevas escuelas artísticas al arte oficial y consagrado implicaba solamente la negación de ciertas formas de intelectualidad que, según Cruz Ocampo, poseían solamente el aspecto intelectual, pero ya no sus virtudes fundamentales.

La intelectualización del arte nuevo, que el escritor chileno considera como el rasgo esencial del mismo, se manifestaba para él en los temas

[139] Cruz Ocampo, *op. cit.*, pp. 412-423.
[140] *Ibid.*, p. 427.

elegidos por los jóvenes artistas, en la manera de tratarlos y asimismo en fenómenos como el desarrollo de la crítica y de las doctrinas estéticas.

Cruz Ocampo señala en este sentido que la etapa más activa del arte contemporáneo de aquel entonces fue empezada por Marinetti, el poeta futurista que se encontraba precisamente poseído por una admiración sin límites hacia el progreso moderno en cuanto manifestación de la inteligencia humana. Para los futuristas el arte debía centrarse en las invenciones que son el resultado de la inteligencia humana, y nuestro escritor cita entonces a Marinetti: "Queremos a toda costa reingresar en la vida. La ciencia victoriosa de nuestros días ha renegado de su pasado por responder mejor a las necesidades de nuestro tiempo; queremos que el arte, renegando de su pasado, pueda, al fin, responder a las necesidades intelectuales que nos inquietan."[141]

Por supuesto que es posible recordar otras citas de Marinetti como, por ejemplo, que su arte está "borracho de espontaneidad y pujanza" o su rechazo del "cerebralismo atormentado y decadente", pero Cruz Ocampo trata de salir del paso señalando que esto sólo venía a ilustrar una vez más que el que participa en un movimiento no siempre es el mejor indicado para juzgarlo.

Ahora bien, el predominio de lo intelectual traería consigo también otras características del arte joven de esos años, y Cruz Ocampo señala en primer lugar, parafraseando a Ortega, su desentimentalización. Pero aquí no recuerda sólo a Marinetti sino también al Enrique González Martínez que, en reacción al sentimentalismo preciosista de Rubén Darío, proclamó la necesidad de "retorcerle el cuello al cisne" para remplazarlo por el "sapiente búho". De aquí también el hecho de que en la nueva literatura de entonces la mujer y el amor ya no ocuparan el lugar exclusivo que poseían en épocas anteriores.

Paralelamente a la desentimentalización, el predominio de lo intelectual traía consigo para Cruz Ocampo el que el arte moderno tendiera a la supresión de todo adorno o de todo aquello que carecía de un valor sustancial. Por ello se reducía o se suprimía lo anecdótico o histórico. Éste era el caso de "la poesía pura", que rechazaba la anécdota o la narración, aspirando a llegar a una abstracción que la hiciera una realidad en sí, libre de toda forma material determinada. De aquí también el que debido a que la poesía pura no podía hacerse visible, a no ser por medio de elementos poéticamente puros, llegara al uso exclusivo de la metáfora.

De este modo, Cruz Ocampo va integrando en su teoría propia una serie de características que fueron también recordadas por Ortega, pero

[141] *Ibid.*, p. 438.

que al centrarlas en el contexto fundamental de la intelectualización de la que surgen, adoptan un significado diferente.

Es así que el escritor chileno reconoce, con Ortega, que al romper con la tradición, desconocer las normas que servían de cauce para sus antiguos sentimientos y jugar con las imágenes y con las ideas, el arte adquiere un aspecto juvenil y vigoroso. Pero esto que Ortega considera como un juego, no es el juego del niño que se entretiene con un objeto precioso cuyo valor desconoce. Sería una verdadera inconsistencia por parte del artista, sostiene Cruz Ocampo, considerar al arte como un mero juego carente de importancia y al mismo tiempo tratar de modificarlo y renovarlo, luchando contra todas las críticas y todas las incomprensiones. No puede aceptarse, entonces, la afirmación de Ortega en el sentido de que la intrascendencia del arte constituye el síntoma más agudo, más grave y más hondo del arte joven; intrascendencia en lo que se refiere a su tema y a su misión. Recordando a Ibsen, a Tolstoi, a Dostoievsky, a Marinetti y el futurismo con sus programas de política nacional e internacional, al grupo Clarté, a Barbusse, Romain Rolland, y muchos más, Cruz Ocampo concluye que quizá precisamente en esos momentos el arte se encontraba más lleno de trascendencia que en otras épocas.

En lo que se refiere a la ironía, acepta que constituye una de las características predominantes del arte nuevo, pero como ya previamente había estipulado que para el artista todo arte es serio, no puede aceptar la afirmación de Ortega de que la ironía surge como consecuencia de la intrascendencia del arte nuevo. En su opinión, la ironía, al igual que la eliminación de lo patético y de lo sentimental, se da como una de las manifestaciones de la intelectualización del arte. "El valor de la ironía", escribe Cruz Ocampo, "reside en que significa el señorío absoluto de la razón sobre el sentimiento. Cada vez que el sentimiento intenta escaparse, la razón sujeta el freno, disminuyendo la importancia del suceso que ha provocado la perturbación".[142]

En fin, de este modo el escritor chileno sigue la exposición de su propia teoría en contrapunto con la de Ortega, haciendo patente así el poder estimulante del maestro español, que se manifiesta muy especialmente en esta problematización de temas que trae aparejados el debate e inclusive el rechazo de las mismas tesis orteguianas. Y en su estocada final, Cruz Ocampo concluye que lo que Ortega llama "arte joven" no es sino "un arte viejo". Una estocada tanto al ensayo estético del maestro español como a su teoría generacionalista.

En Chile también, Alone afirma como Cruz Ocampo que el arte siempre ha estilizado a la vida y que nunca se dio la copia exacta de la reali-

[142] *Ibid.*, p. 458.

dad en la obra artística. De otra manera, argumenta Alone, los procesos verbales de los crímenes constituirían dramas y novelas en todos los archivos de los juzgados, y no habría comedia que igualara a un film biográfico tomado en la calle. Lo que el arte nuevo hace, en su opinión, es extremar la estilización, es estilizar el estilo, es "hacer imágenes con imágenes". Pero Alone considera que, al alejarse estos artistas de los objetos, quedan a final de cuentas con las manos vacías, lo que inclusive Ortega, a pesar de su simpatía por este arte, reconoce, muy a duras penas, "con un visible mal humor de hombre contrariado".[143]

Alone también considera que Ortega exagera cuando afirma que la novela carece de elementos puramente estéticos y que es un género literario inferior que impide la fruición de la belleza pura. Acepta la afirmación del maestro español de que en la novela la prominencia del interés por lo humano hace pasar a un segundo plano todo otro interés, y que la curiosidad de saber lo que sucederá no permite gozar serenamente el placer artístico de la contemplación, pero considera que ello no implica el que en la novela se dé la exclusión absoluta de toda idea y de todo sentimiento. Y, por otra parte, en el arte nuevo se quedarían, según Alone, solamente con la palabra desnuda, el simple sonido material, el puro color y la simple línea abstracta, que "...es lo más primitivo, lo que roza la epidermis, lo que afecta a la bestia como al ser inteligente". Y con los dadaístas se llega al último y lógico extremo del arte nuevo; se llega al balbuceo y se borda el gruñido "equivalente a las manchas informes de los pintores, a los planos superpuestos de los escultores y a la caótica algarabía de los músicos pertenecientes a la misma escuela".[144]

Hacia el final de su artículo Alone pasa a la crítica directa de Ortega, y en primer lugar a "su pedantería de términos raros". Le parece que los busca y acaricia y los prefiere a los términos usuales, aunque éstos sean más expresivos. "Arte *demótico,* hecho *ineluctable,* formas *periclitadas,* escena *obitual, periferia* profesional, sensibilidad *indubitable, intramundo* irisado" son algunos de los términos que Alone recuerda, y entre ellos algunos que se impondrían posteriormente, a pesar de que Alone se pregunta si no podía Ortega encontrar términos menos feos. A Alone también le molesta en Ortega "el empaque alemán y el polvillo de *magister*", pero a final de cuentas reconoce que todo ello no le quita nada al fondo del interés de Ortega y Gasset, "que es enorme".[145]

Pero si Cruz Ocampo y Alone reaccionan, el primero con un rechazo total a la tesis de Ortega y el segundo con una crítica al arte nuevo y a las simpatías de Ortega por el mismo, otro chileno, Armando Donoso, es-

[143] Alone, *La Nación,* Santiago de Chile, 21 de marzo de 1926.
[144] *Idem.*
[145] *Idem.*

cribe con grandes simpatías por el arte nuevo y por la apreciación positiva del mismo por parte de Ortega. Disiente sólo en un punto, cuando Ortega, de un modo desconcertante para Donoso, afirma hacia el final que anda muy cerca de pensar que el arte nuevo no ha producido hasta ahora nada que merezca la pena.[146]

Un pequeño ensayo, un gran impacto, diversas interpretaciones.

En Argentina, de igual forma, se desarrolló de inmediato la polémica alrededor del ensayo de Ortega. En el mismo 1925, Eduardo Ripa, por ejemplo, se apresuró a reaccionar en *Valoraciones* contra la opinión de Ortega de que en la novela sólo interesa el ser y el estar, el puro vivir de los personajes.[147] Ripa concede que esto es verdad, pero asimismo afirma que Ortega habría debido comprender que no sólo lo vulgar sino también lo extraordinario reside en lo cotidiano. Ripa presenta como argumento fundamental el que la dramaticidad extraordinaria es también propia de la vida cotidiana, y por ello la descripción de Ortega de la novela agotándose en la descripción de la misma es equívoca.

La reacción en Argentina no sólo fue amplia e inmediata, sino también duradera. Así, por ejemplo, 12 años después de la publicación del ensayo de Ortega, Enrique Benítez de Aldama publicó en 1937 un libro titulado *El arte deshumanizado. (Crítica a "La deshumanización del arte" de José Ortega y Gasset)*. En opinión del autor la publicación de su libro se veía justificada porque aún continuaba la polémica alrededor del arte nuevo, y porque en Hispanoamérica y en lengua castellana, a excepción del ensayo de Ortega, aún no se había escrito nada de valor sobre la estética del arte nuevo. "...don José Ortega y Gasset [...] por naturaleza clasificador de las tendencias y de los matices más sutiles del espíritu, observó el arte de los jóvenes, lo formuló, lo bautizó y lo dotó. Y hasta le ha vaticinado la buenaventura..."

Más aún, después de 12 años, y ya en retrospectiva, Benítez de Aldama observa que el ensayo de Ortega "es la carta de ciudadanía del arte último, que independizó a una multitud de jóvenes artistas en España y América, y en consecuencia, que abrió rutas nuevas a la moderna tendencia".[148]

Pero el reconocimiento de la determinante influencia histórica del ensayo de Ortega no implica de ningún modo la coincidencia con sus tesis

[146] Armando Donoso, "Ortega y Gasset", en *Atenea,* 30 de noviembre de 1928, año V, núm. 8, p. 378.

[147] Eduardo Ripa, "Ortega y Gasset y la novela", en *Valoraciones,* tomo II, núm. 6, junio de 1925, pp. 297-299.

[148] Enrique Benítez de Aldama, *El arte deshumanizado. (Crítica a "La deshumanización del arte" de Ortega y Gasset),* Editores Cebaut y Compañía, Buenos Aires, 1936, p. 13.

básicas. El chileno Cruz Ocampo, como hemos visto, había elevado su propia teoría en confrontación crítica con la de Ortega; Benítez de Aldama, en cambio, se reducirá de manera clara a una crítica lógica del desarrollo de la argumentación de Ortega.

Benítez de Aldama afirma que en ningún momento de la exposición Ortega da una definición adecuada y cabal del arte nuevo, y no fija tampoco los elementos estéticos de los que se nutre el arte. Es verdad que escribe sobre la antipatía del arte nuevo hacia las fórmulas artísticas tradicionales, sobre su asco por todo lo que es regla, hábito y prejuicio, y que escribe también que es bandera de liberación, pero "nada de esta pirotecnia gassetiana fija los elementos estéticos de que se nutre el arte".[149] Ortega parte de la afirmación básica de que el arte nuevo es impopular por su misma esencia y de que se trata de un arte de minorías incomprensibles para las masas, que por ello no pueden tampoco gustar del mismo. Pero el escritor argentino observa que también en medio de la minoría selecta se da el debate entre a quienes les gusta y a quienes no. Lugones, por ejemplo, lo comprende pero lo repele, en tanto Manuel Gálvez lo comprende y lo adora. O sea, que además de comprender, escribe irónicamente nuestro escritor argentino, se necesita un séptimo sentido más allá del que es propio del sexto sentido y que queda tan sólo en el comprender sin llegar al goce. Resultaría, entonces, que también dentro de la minoría dotada se dan dos subcastas jerárquicas: la de los aristócratas del sexto sentido y la de los archiaristócratas del séptimo sentido. "Inútil remedio ese del sexto sentido, del arte de privilegio, de la nobleza de nervios, de la aristocracia instintiva y qué sé yo cuántas otras bellas fantasías."[150]

Pero, ¿es verdad la diferenciación de Ortega entre el goce humano que producen en el espectador todas las escuelas y tendencias artísticas en función de que el artista lo hace entrar en contacto con las peripecias humanas, las figuras, los sentimientos, y por otro lado el goce artístico, que es el verdadero goce del arte, el goce artístico puro? ¿Cuáles son los elementos que constituyen la nueva sensibilidad, si el arte nuevo no persigue en sus realizaciones los elementos humanos que nutren a todas las otras tendencias artísticas? Pero el escritor argentino no encuentra respuesta alguna a estas interrogantes y se queja de que "el maestro" nunca va a revelar el secreto o el misterio. Ortega hablará de "formas propiamente artísticas", "irrealidades", "transparencias artísticas" y "virtualidades puras", pero no más. "¿Qué realidades significan esos nombres? ¡Oh! ¡Qué no daríamos por saberlo! Pero lector, no preguntaremos más. Ése

[149] *Ibid.*, p. 34.
[150] *Ibid.*, p. 47.

es estricto misterio *quod ad nos."* Y como la incógnita de los elementos puramente es clave y quicio del estudio de Ortega, todo él resulta enigmático e indescifrable.[151]

En fin, Benítez de Aldama continúa esta pesquisa lógica hasta concluir muy ufanamente, según su opinión, que había logrado dejar al descubierto todas las inconsistencias de la obra de Ortega sobre el arte nuevo, y no vacila en expresarse al respecto:

> ...confieso también que he obrado con perversidad; con la perversidad de haber puesto en un esquema, lo más claramente posible, todo el hilo de su argumentación. Y es por demás sabido que a grandes filósofos, como Gasset, nada podría molestar más que ponerle en claro —limpios de floripondios, metáforas y hojarasca abrumadora— su raciocinio, reclamándoles pruebas cuando tan sólo nos brindan pontificadas y dogmatismos con las cuales estas testas magníficas embelecen al número infinito de los estultos. [...] Creo que la exposición de las tesis sobre *La deshumanización del arte,* así, escueta, como la he dado, descubre a las claras la insubsistencia de la misma [...] Gasset en lógica aparece aquí tan pelado como el pollo de Sócrates.[152]

Pero pollo o pantera, luego de 12 años, aún constituía un punto de relación inevitable en medio de la cultura argentina, tal como lo demuestra el libro dedicado al mismo por Benítez de Aldama. Pocos libros como este de Ortega hicieron patente su capacidad de problematización teórica de una temática que pasa a ocupar un lugar central del tapete cultural latinoamericano. Y si bien en este capítulo nos limitamos exclusivamente a las décadas de los veinte y los treinta, este ensayo de Ortega sería aún motivo de críticas o adhesión en los cuarenta y los cincuenta. Problematización y polémica amplias y prolongadas con pocos casos similares.

EN LA CÚSPIDE DEL PRESTIGIO: LA SEGUNDA VISITA A ARGENTINA, LA PRIMERA A CHILE

Desde la visita de Ortega a la Argentina en 1916, su presencia en este país se había convertido en un fenómeno constante, y su influencia era enorme y crecía día a día. Si en 1916 no se sabía muy a ciencia cierta quién era el joven visitante que venía con su padre, para agosto de 1928 su visita se veía precedida por elogios y superlativos tanto en los círculos filosóficos profesionales como en la periferia cultural en general. Se trataba ahora del autor de *España invertebrada,* de *El tema de nuestro*

[151] *Ibid.,* p. 53.
[152] *Ibid.,* p. 71.

tiempo, de *La deshumanización del arte*, y de muchos otros importantes escritos. Pero no era sólo el filósofo y el ensayista consagrado que había logrado a la par de la admiración de los argentinos también el reconocimiento mundial. Ortega, además, había quedado muy en contacto con los argentinos; ya sea en lo que se refiere a las relaciones personales, o por medio de los artículos que comenzó a publicar regularmente en *La Nación*. A menudo llevó de este modo un verdadero diálogo con los argentinos a través de las páginas del importante periódico bonaerense, donde hablaba tanto de lo que consideraba problemas centrales de la nación argentina como de los comentarios aparecidos en la capital porteña sobre sus libros. A veces, consideraba Ortega, en Argentina sus libros tenían más eco que en España. Así escribe, por ejemplo, en un artículo publicado en abril de 1924:

> En *Valoraciones* veo una nota sobre mi libro *España invertebrada*. En esta nota de Carlos Américo Amaya no hay enormes palabras de elogio para el autor, pero hay algo mejor que eso, más sabroso, más halagüeño: comprensión. Es la nota más exacta que se ha hecho sobre aquel libro mío [...] En España se han consumido en poco tiempo dos ediciones de la obra. ¿Diré yo esto a modo de reclamo y para dar importancia al libro? Me parece que no, porque lo digo con el fin de añadir lo siguiente: en España no se han escrito más de dos artículos sobre él y éstos son vanos u oblicuos.[153]

Y en ese mismo mes vuelve Ortega a dialogar con los argentinos desde las páginas de *La Nación*, refiriéndose a un artículo anónimo publicado en *Inicial* sobre *El tema de nuestro tiempo*. En dicho artículo se defiende a Ortega de la imputación de que sea pragmatista, pero para el gusto de Ortega ello se hace con cierta tibieza y cayendo también en un error sustantivo. De hecho, se trata del asentimiento por parte del autor anónimo de que en cierto modo Ortega encara la verdad, como el pragmatismo, en tanto un simple proceso de adaptación a fines prácticos. Ortega confiesa que ello le ha provocado "un pequeño disgusto", puesto que el pragmatismo no ha sido para él una filosofía de filósofos sino a lo sumo una filosofía para los incapaces de tener ninguna.[154]

El diálogo no se da solamente desde las páginas de *La Nación*. En el cuarto tomo de *El Espectador*, por ejemplo, Ortega publica un artículo bajo el título de "Carta a un joven argentino que estudia filosofía", y hace explícita su especial relación con la juventud argentina, confesando que le sugiere mayores esperanzas que la española. Pero es precisamen-

[153] Ortega y Gasset, "El deber de la nueva generación argentina", en *OC*, III, p. 255.
[154] Ortega y Gasset, "Para dos revistas argentinas", en *La Nación*, Buenos Aires, 27 de abril de 1924.

te esta amistad entre algunos grupos de la juventud y su obra, nos dice, lo que lo obliga a evitar los halagos y expresarse con "absoluta veracidad". El problema reside en que la juventud argentina le inspira "más esperanza que confianza". La esperanza surge de que encuentra en esta nueva generación una "espléndida dosis de fuerza vital", que constituye por sí misma la primera condición de toda empresa histórica. Pero, en cambio, Ortega sospecha de que carecen por completo de toda disciplina interna, "sin la cual la fuerza se desagrega y se volatiza", y de aquí su desconfianza. "No basta curiosidad para ir a las cosas; hace falta rigor mental para hacerse dueño de ellas [...] Nada urge en Sudamérica como una general estrangulación del énfasis."[155]

Ortega adopta evidentemente una postura paternalista y también algo prepotente: "Son ustedes más sensibles que precisos, y mientras esto no varíe dependerán ustedes íntegramente de Europa en el orden intelectual —único al que me refiero—."[156] Para 1925 Ortega ya se ha recuperado en gran medida de aquella Europa de las "violetas marchitas" de que hablaba en 1916, y con ello viene también un determinado cambio en su apreciación y su tono hacia América. En 1916 América era un refugio, una esperanza, una extraordinaria sorpresa; en 1925 volvía a ser la periferia intelectual de Europa.

Ortega consideraba que la juventud argentina, en vez de dedicarse al logro de una rigurosa disciplina interior, se apresuraba precisamente en el sentido contrario, queriendo reformar el universo, la sociedad, el Estado, la universidad. Todo ello, sin previa reforma y construcción de su propia intimidad. De hecho, aunque Ortega no lo escriba explícitamente, se trata de una crítica al espíritu de la reforma universitaria. "Yo espero mucho de la juventud intelectual argentina pero sólo podré confiar en ella cuando la encuentre resuelta a cultivar muy en serio el gran deporte de la precisión mental."[157]

En fin, entre coincidencias y divergencias, no cabe duda de que se trataba de un prolongado diálogo entre Ortega y el mundo intelectual argentino a través de sus libros, los artículos, las notas argentinas sobre los mismos, sus respuestas, sus admoniciones, sus contactos epistolarios con sus amigos y amigas, etc. No existía sólo la relación estrictamente cultural, sino que ella se veía también sustentada en el involucramiento personal y en el mutuo interés. No tiene por ello nada de extraño que su segunda visita a Argentina se viera precedida por grandes expectativas y por artículos elogiosos. Por si todo esto no fuera suficiente, Fernando Vela, el secretario de la *Revista de Occidente,* envió a *La Nación* un ar-

[155] Ortega y Gasset, "Carta a un joven argentino que estudia filosofía", en *OC,* II, p. 348.
[156] *Idem.*
[157] *OC,* II, p. 350.

tículo sobre el viaje de Ortega, su pensamiento y su privilegiado lugar en el mundo intelectual de esos momentos. Vela anunciaba que Ortega parecía estar pasando a una nueva etapa de su pensamiento filosófico y "que tal vez sean para los argentinos las primicias de la visión". Además, se preocupaba por recordarles a los argentinos que Ortega se había convertido en "un hecho cosmopolita", que sus libros eran traducidos a distintos idiomas, y que "los traductores se lanzan, como sobre un banquete, sobre sus más pequeños artículos de periódicos".

Para más seguridad, Vela recordaba la apreciación de *El tema de nuestro tiempo* por parte del filólogo y helenista Howald: "Quien tenga oídos para oír reconocerá la inaudita exactitud del pensamiento de Ortega y estará dispuesto conmigo a dar, a cambio de un capítulo, casi toda la literatura filosófica impresa desde Nietzsche." Y para estar definitivamente seguro, Vela recuerda la afirmación del alemán Ernest Robert Curtius de que Ortega era uno de los 12 pares del intelecto europeo.[158]

El 25 de agosto de 1928 Ortega llega a Buenos Aires, a los 45 años de edad, gracias a la invitación de la sociedad Amigos del Arte, la Institución Cultural Española, la Sociedad de Conferencias y la Facultad de Filosofía y Letras de la Universidad de Buenos Aires. También en esta oportunidad, como en la anterior visita, Ortega dictará sus conferencias en dos ámbitos diferentes: en la Facultad de Filosofía y Letras cuatro conferencias sobre el tema "¿Qué es la ciencia, qué es la filosofía?", y en los Amigos del Arte cinco conferencias alrededor del tema de nuestra vida.

No tiene nada de extraño que cuando Coriolano Alberini lo presenta al comienzo del curso en la facultad expresara que con razón se le ha llamado especialista en nuestro tiempo. "En medio de nuestra enrevesada época, que afirma la vida y no consigue organizar sus normas, Ortega y Gasset ha sabido crearse una especie de sutil presciencia para intuir la caducidad de los valores vigentes y, a la vez, entrever la silueta espiritual del mundo que nace."[159]

En las conferencias en Amigos del Arte Ortega explica su idea de la vida en tanto "mi vida" y el carácter fatal de la misma al encontrarse condenada a ejercer la libertad. La vida como una proyección incesante hacia el futuro y el hombre como un haz de proyectos, de anhelos y de ilusiones, como un aspirar a lo que aún no es. "Lo esencial en nuestra vida es el futuro", explica Ortega, haciendo claro para el público el trasfondo filosófico sobre el que se da su constante intento de vigía en el barco de la historia humana. Y si la vida es un constante decidir lo que

[158] Fernando Vela, *La Nación*, Buenos Aires, las cita según *Atenea*, año V, núm. 9, 30 de noviembre de 1928, Chile, pp. 332-336.

[159] *Anales de la Institución Cultural Española*, tomo III (1926-1930), 2ª parte, 1953, Buenos Aires, p. 212.

se debe hacer, entonces la vida surge como una permanente preocupación.

En la segunda de sus conferencias, Ortega presentó de hecho su teoría de las generaciones, caracterizando a la de esos momentos como una generación juvenil; y en las dos últimas hizo un análisis de las masas, en conferencias que un año más tarde serían incorporadas a *La rebelión de las masas*. Ésta era la primicia anunciada por Vela.

El éxito de Ortega se repitió en esta segunda visita tal como había sucedido en la primera, pero con algunas diferencias de matices. En los círculos de la periferia cultural y social puede decirse que el éxito fue aún mayor. A su conferencia inaugural en los Amigos del Arte concurrieron toda clase de personalidades diplomáticas, intelectuales, periodísticas y sociales, y en primer lugar el presidente de la república, doctor Marcelo T. de Alvear.[160]

También en los círculos académicos se le brindaron todos los honores, pero esta vez habían pasado algunos años; algunos de los filósofos argentinos ya habían estado en Alemania o leían el alemán, y el desarrollo profesional de la filosofía en Argentina comenzaba ya a otorgar seguridad y confianza, y por ende, también no poco de capacidad crítica. Así, por ejemplo, como ya hemos visto, al exponer Ortega sus ideas sobre la metafísica y la razón vital, Romero le hizo ver que ello ya había sido expuesto por Dilthey, a quien Ortega confesó no conocer.

La relación crítica se hace patente también en la valorización de la obra de Ortega, como en el artículo ya mencionado que Miguel A. Virasoro publica en *Síntesis* en 1929.[161]

En Chile, la expectativa y la recepción otorgadas a Ortega no fueron de menores proporciones que en Argentina. En *El Mercurio* se anunciaba la próxima llegada de "el primer prestigio intelectual de España y uno de los diez o doce europeos más distinguidos de hoy", en cita obvia al alemán Curtius.[162] La expectativa crecía cuando se le agregaba el relato del "éxito verdaderamente notable" de sus conferencias en Buenos Aires.[163] Ortega llegaba a Chile invitado por la Universidad y por la colectividad española que inauguraba de tal modo las actividades de la Sociedad Cultural Española. Dio escasas tres conferencias, y su visita constituyó en primer lugar un acontecimiento social. Y así comienza, ni más ni menos, un artículo de *El Mercurio* en esos días:

[160] Véase, por ejemplo, *La Nación,* 25 de septiembre de 1928, Buenos Aires.
[161] Miguel A. Virasoro, *op. cit.*
[162] *El Mercurio,* Chile, 18 de noviembre de 1928.
[163] *Ibid.,* 20 de noviembre de 1928.

¿De qué querrá hablarnos por fin? A su llegada aún no lo sabe. ¡Qué importa! Que nos hable. No más. Descansará Santiago por algunos días del antipático comentario de las posibles "cesantías". Centenares de personas dejarán de dedicar su pensamiento al pequeño chisme de nuestra aldea grande, donde todos somos políticos de oídas. Don José realizará el milagro. Nos abrirá las puertas, y con su gran poder de contaminador, como él lo llama, hará pasar a cuantos quieran seguirlo al campo abierto, limpio, sano de las ideas.[164]

Algo de chiste, quizá, y como en todos los chistes mucho de verdad. Y parecería que así fue. El reportaje de su primera conferencia comienza así:

Afuera, una muchedumbre inmensa que se apretujaba al asalto de la puerta universitaria; dentro, el salón pictórico de concurrencia selecta entre muchas damas, escritores y gentes de letras, ávidos todos de escuchar la disertación del maestro sobre "Meditación de nuestro tiempo". El secretario de la Universidad no se quedó atrás en su presentación de Ortega, a quien denominó "portador de juventudes" y "ejemplo viviente de lo que debe ser la base más franca de nuestro progreso universitario".[165]

También la segunda conferencia constituyó un florido acto social: "Todos los nombres más ilustres de la ciencia, el arte, el comercio y la sociedad chilenos se dieron ayer cita en nuestro primer coliseo para oír la sabia y mágica palabra del primer pensador español de la actualidad."[166] No cabe duda de que los comerciantes chilenos de la época contaban con un gran nivel intelectual. Y en esta oportunidad se contó también con la presencia del presidente de la república, ministros, embajadores y, como se informa, la presencia de las damas, una categoría cultural y social aparte. "Ellas se sintieron al punto completamente deslumbradas", escribiría Alone posteriormente, para agregar de inmediato:

Don José les correspondía. Ellas eran eso que se busca en los demasiados grandes hombres: su debilidad. La metafísica no lo impide; la filosofía tampoco: le gustaban las buenas mozas y, habiéndolo advertido, una invitó a doce más y ofreció al maestro una recepción en que no había sino él y ellas. Nuestra sociedad permite tales lujos sin temor. El éxito de la pequeña fiesta superó todas las expectativas: salió Ortega y Gasset diciendo que el drama de Chile consistía en que las mujeres superaban a los hombres. Pero, según parece, esta superioridad femenina no radicaba precisamente en factores de orden

[164] *Ibid.*, 26 de noviembre de 1928.
[165] *Ibid.*, 24 de noviembre de 1928.
[166] *Ibid.*, 27 de noviembre de 1928.

intelectual, literario o filosófico. Lo que más impresionó al escritor fue una que empezó declarándole: Yo no he leído ningún libro suyo, no soy escritora, no sé nada. Esto parece que trastornó su poderoso cerebro de un modo durable.[167]

En fin, no es el chisme lo que buscamos aquí, sino la ilustración, algo risueña, del modo en que la visita de Ortega se convirtió en un acontecimiento social.

Luego de haber sido recibido también en la Cámara de Diputados, a la hora de la despedida los elogios escaparon a cualquier proporción. A final de cuentas, todo esto venía a ser fiel reflejo de la visión que tenía de su propia cultura la sociedad chilena. Mucho del provincianismo que provocaba la autocancelación frente al representante en español de la cultura europea. En *La Nación* de Chile esto se reflejaba en uno de los últimos artículos escritos hacia la partida de Ortega: "Ortega es fruto de civilizaciones completas o casi completas; sólo después de una vasta y paciente labor científica, a través de siglos, podrá desear la América hoy incipiente producir y nutrir en su seno a una personalidad como la suya."[168] Tuvo suerte Chile, que no necesitó esperar centenios y ya en su seno se encontraban las personas que alcanzarían cimas intelectuales nada desdeñables; pero quizás una de las posibles definiciones del provincianismo pudiera ser la ceguera para lo propio y el deslumbramiento frente a lo ajeno.

Hubo también algunos esbozos de apreciaciones profesionales, como, por ejemplo, los artículos de Raúl Silva Castro y Armando Donoso en *Atenea.*[169] En ella se publicaron también algunas cartas que reflejaron algo del debate que tuvo lugar en los reducidos círculos profesionales. Algunas críticas señalaban que Ortega había repetido, al fin y al cabo, conceptos ya conocidos, y asimismo que había sido algo superficial. No estamos muy seguros de que Osvaldo Vicuña Luco, al salir a la defensa de Ortega, le hiciera un gran servicio. En su respuesta señala que las críticas se desentienden de la índole de los géneros cultivados por Ortega, que son el ensayo y la conferencia, y se desentienden de su misión educadora.[170]

Por su parte, Julio Saavedra Molina sale a la crítica de las conferencias de Ortega, y acorde a las mismas lo cataloga como un filósofo de segundo plano, sin las penetrantes dotes intelectuales que le permitan tener una

[167] Alone, "Recuerdos de Ortega", en José Moure Rodríguez, Logos, Santiago de Chile, 1988, p. 135.

[168] *La Nación*, Santiago de Chile, 29 de noviembre de 1928.

[169] *Atenea*, año V, núm. 9, Chile, 30 de noviembre de 1928.

[170] *Ibid.*, Osvaldo Vicuña Luco, "Ecos de la visita de Ortega y Gasset", en *Atenea*, núm. 52, abril de 1929, Chile, pp. 171-173.

percepción original del universo y crear un sistema filosófico propio.[171] Es en verdad bastante raro que, con toda la obra de Ortega para esos años, se intente juzgarlo, con acierto o sin acierto, por las pocas conferencias dadas en Chile.

Al parecer había bastante de verdad en lo escrito en *La Nación* en el sentido de que "ni el público intelectual conocía sus obras", puesto que una minoría insignificante de interesados se apresuró a adquirir algunas de sus obras en la librería.[172]

El mismo Saavedra Molina, luego de catalogar al maestro español, critica desde una perspectiva pragmatista la idea de Ortega de que la verdad es anacrónica y preexiste al hombre, quien es el que la va descubriendo a través del tiempo. Saavedra Molina considera que es más lógico pensar, con James y Schiller, que la verdad es una creación humana y contingente. En fin, algunas pocas líneas que vienen a expresar un cierto descontento que quedó como residuo en los reducidos círculos profesionales, y de ningún modo algo parecido a una crítica seria con conocimiento de una temática que se encontraba entrelazada con la idea de la razón vital, que ni siquiera se vislumbra en las consideraciones de Saavedra Molina.

Ortega volvió a cruzar la cordillera en dirección a Buenos Aires y expresó su aprecio por Chile: "Es un país delicioso [...] Yo llamo un país delicioso al que se ocupa en la delicia de vivir y no sólo en la industria, en la guerra o en la vanidad."[173]

En fin, no vale la pena reproducir otras exposiciones de este corte de Ortega. Parecía que Chile comprendió a Ortega en la misma medida que éste comprendió a Chile.

A lo que captó de Argentina en esa oportunidad al cruzar en ferrocarril la Pampa, y a la reacción de los argentinos a sus apreciaciones, dedicamos el próximo apartado.

El gambito orteguiano y la respuesta argentina

> A nadie he revelado aún lo que significa como acto estratégico o jugada de ajedrez espiritual mi ensayo sobre la Argentina. Tengo mucha curiosidad por ver quién es el primero que aprobándolo o no cae en este secreto. ¿Quién será el Sherlock Holmes? La jugada, no tiene dudas, es arriesgada y por tanto de resultados sobremanera problemáticos. Pero ahí está precisamente el secreto.[174]

[171] *El Mercurio*, Santiago de Chile, 19 de enero de 1929, p. 3.
[172] *La Nación*, Santiago de Chile, 19 de diciembre de 1928.
[173] *El Mercurio*, 21 de diciembre de 1928.
[174] Carta de Ortega y Gasset a León Dujovne, 12 de noviembre de 1929. Documentos en posesión de la familia Dujovne.

Así le escribe Ortega a su joven amigo argentino, el profesor de filosofía León Dujovne, en una carta fechada el 12 de noviembre de 1929. Ortega se refiere, claro está, a los artículos que publicó en el VII tomo de *El Espectador:* "La Pampa... promesas" y "El hombre a la defensiva", ambos bajo el título de *Intimidades.*[175] Se trata, sin lugar a dudas, de un episodio sumamente peculiar e interesante en lo que se refiere a las relaciones entre Ortega y el mundo cultural argentino. Es imprescindible presentar aquí algunos apretados conceptos del desarrollo de las ideas de Ortega en estos artículos, e inclusive recordar algunas citas de pasajes en los que su bisturí tocó tan a fondo que la reacción era de esperar. Algunas concisas citas se imponen también por la doble razón de que ilustran cabalmente lo que a veces es el insuperable estilo orteguiano, y porque sin lugar a dudas la excelencia de las descripciones fue también uno de los factores que hizo de sus afirmaciones algo imposible de eludir para los argentinos.

En el primero de los artículos, Ortega reconoce que la Pampa no puede ser vista sin haber sido vivida, y que "como yo no la he vivido no puedo decir que la he visto, y lo subsecuente va visto como a ciegas". Pero, como veremos a continuación, no sabemos si esto lo dice como mera precaución y tributo a la modestia, o porque adelantara como un ciego apoyándose en su bastón, pero dando golpes a diestra y siniestra, como parecen haberlo sentido no pocos argentinos. Nosotros preferimos la metáfora de la estocada a fondo y la del filoso bisturí.

Ortega comienza señalando que, por lo general, todo paisaje tiene un primer y último término, y lo normal es que nuestra mirada se fije en lo que nos es más próximo y sólo después se pose en el confuso fondo, ya sea éste el seno del valle o la vaga cima del cerro. El paisaje vive de su primer término, pero no en el caso de la Pampa, que vive de su confín, escribe Ortega. En la Pampa lo que nos es próximo "es pura área geométrica, es simplemente tierra, mies, algo abstracto, sin fisonomía singular, igual acá que allá". Por ello esta indiferencia del primer término lleva nuestra mirada hacia el último término. Y aquí, en la descripción de este último término, no hay otra posibilidad que transcribir al maestro:

> De este modo la vista, sin llegar a fijarse en nada, es despedida hasta los confines del curvo horizonte. En estos confines, allá lejos están los boscajes —y allí la tierra se envaguece, abre sus poros, pierde peso, se vaporiza, se nubifica, se aproxima al cielo y recibe por contaminación las capacidades de plasticidad y alusión que hay en la nube—, en esa nube que el dedo eléctrico de Hamlet mostraba a Polonio y parecía un perfil de doncella o tal vez una comadreja.

[175] Ortega y Gasset, "Intimidades", en *OC*, III, pp. 635-663.

En el confín la Pampa entreabre su cuerpo y sus venas para que toda la inverosimilitud adscripta a lo aéreo y celestial sea absorbida por la tierra geométrica, abstracta y como vacía, del primer término. El paisaje bebe allí cielo, se abre y embriaga de irrealidad, y por eso el horizonte pampero vacila como borracho, flota, ondula y vibra como los bordes de una bandera al viento y no está fijo en la tierra, no radica en una localización rígida, a tantos kilómetros o cuantos. Esos boscajes de la lejanía pueden ser todo: ciudades, castillos de placer, sotos, islas a la deriva —son materia blanda seducida por toda posible forma, son metáfora universal. Son la constante y ómnida promesa... La Pampa se mira comenzando por su fin, por su órgano de promesas, vago oleaje de imaginación...[176]

Y entonces viene el paso (o el salto) del paisaje pampero a los argentinos mismos: "Acaso lo esencial de la vida argentina es eso —ser promesa [...] La Pampa promete, promete, promete... Hace del horizonte inagotable ademanes de abundancia y concesión."

La forma de existencia del argentino es, para Ortega, "el futurismo concreto de cada cual". Cada uno vive desde sus ilusiones como si ellas fueran ya la realidad; y no se trata del futurismo genérico en tanto un ideal común, sino de un futurismo esencialmente particular: "Las ruedas de los molinitos mecánicos que como innumerables coleópteros se alzan en la Pampa, prometen todas y aspiran a ser cada uno la auténtica rueda de la fortuna."[177]

Pero resulta que las generosas promesas de la Pampa muchas veces no se cumplen, y entonces quedan hombres y pasajes atónitos, reducidos al pasaje geométrico, a la monotonía de su primer término y sin saber cómo continuar viviendo. Las derrotas en América son más atroces que en ninguna parte, y el alma criolla está llena de "promesas heridas" y sufre de un divino descontento, "siente el dolor en miembros que faltan y que, sin embargo, no ha tenido nunca". Ortega sospecha que, de poder acercarse al alma de cualquier criollo viejo, descubriría una secreta impresión de que "se le ha ido la vida en vano por el arco de la esperanza". O sea, que el criollo se ha pasado su vida fuera de sí, "instalado en la otra, en la vida prometida", y por ello, al mirar hacia atrás, no encuentra su vida sino que halla sólo la huella dolorida y romántica de una existencia que no existió. Ortega reconoce que esto es un ingrediente de todo ser humano, pero considera que en el argentino constituye un elemento predominante.[178]

Y en "El hombre a la defensiva" ya pasa a la operación a fondo. Si antes había pasado del paisaje de la Pampa al alma del argentino, ahora decide

[176] *Ibid.*, p. 638.
[177] *Ibid.*, pp. 638-639.
[178] *Ibid.*, p. 639.

tomar un camino que previamente lo hace pasar por la idea que se tiene en Argentina del Estado, idea que considera que ha alcanzado un gran grado de madurez. "Encontré un Estado rígido, señudo, con grave empaque, separado por completo de la espontaneidad social, vuelto frente a ella, con rebosante autoridad frente a individuos y grupos particulares."[179] A veces, inclusive, le recordaba a Berlín, con la constante presencia del perfil jurídico y de gendarme de las instituciones públicas.

Pero Ortega afirma que entre esta idea del Estado y la realidad social se daba un curioso desequilibrio, puesto que la idea del Estado iba mucho más adelante que la realidad social. Este anormal adelanto del Estado en Argentina venía a reflejar la magnífica idea que el pueblo argentino tenía de sí mismo; pero como se trataba de una nación incipiente, esta idea del Estado no reflejaba la memoria de antiguas hazañas, sino más bien una voluntad y un proyecto nacional. Y no le cabían dudas a Ortega de que el pueblo argentino no se contentaba con ser una nación entre otras, sino que aspiraba a un futuro soberbio. Se trataba, para Ortega, de un pueblo con "vocación imperial".[180]

Pero hay un problema con los proyectos altaneros de este tipo, puesto que cuanto más alto sea nuestro ideal, mayor será la distancia entre lo que queremos ser, entre nuestro proyecto, y entre lo que somos, nuestra situación. Y entonces, si centramos nuestra atención sólo en el proyecto y olvidamos nuestra situación, "acabamos por creernos ya en perfección". Algo de esto, precisamente, según Ortega, sucedía en la nación argentina.

Pero a pesar de que Ortega hace interesantísimas observaciones sobre el peligro de un Estado excesivamente fuerte que provoque el aplastamiento de la espontaneidad social, no continúa en el análisis del fenómeno, puesto que en realidad éste le vino a servir platónicamente de modelo en letras grandes para permitirle introducirse al análisis del alma individual del hombre argentino. En esto último, Ortega señalará la gran diferencia existente entre la realidad del argentino y la idea que éste tiene de sí mismo.

Su tesis fundamental es la de que el argentino actual es un hombre a la defensiva. El argentino no se abandona en su relación normal con otras personas sino que, por el contrario, frente a la proximidad del prójimo se pone a la defensiva. Al tratar de cualquier tema se nota que resbala sobre el mismo, puesto que su energía no se centra en el asunto tratado debido a que se encuentra ocupado en defender su propia persona. Mas lo extraño es que ello es así inclusive cuando no se le ataca. Vive en estado de

[179] *Ibid.*, p. 643.
[180] *Ibid.*, p. 644.

sitio sin ninguna razón aparente. La actitud del argentino viene a significar aproximadamente esto:

> Aquí lo importante no es eso, sino que usted se haga bien cargo de que yo soy nada menos que el redactor jefe del importante periódico X; o bien: fíjese usted que yo soy profesor de la Facultad Z; o bien: ¡tenga usted cuidado! Está usted ignorando u olvidando que yo soy una de las primeras figuras de la juventud dorada que triunfa sobre la sociedad elegante porteña. Tengo fama de ser ingenioso y no estoy dispuesto a que usted lo desconozca.[181]

Aquí parece que Ortega recuerda algunas de sus experiencias de su reciente viaje, y por aquellos años se decía también que un determinado decano lo había hecho esperar media hora antes de recibirlo, lo que había sido un incentivo nada despreciable para este artículo de Ortega.[182] La conclusión de Ortega en este punto se reduce entonces a su opinión de que la preocupación defensiva del argentino frena y paraliza su ser espontáneo y deja sólo en pie su persona convencional.

La explicación de este fenómeno reside, según Ortega, en el hecho de que se trata de una sociedad de inmigrantes que han reducido su personalidad a la exclusiva de hacer fortuna, y entonces, en una sociedad tal, tanto la riqueza como la posición social o el rango público se hallan necesariamente en constante peligro.

Pero no sólo esto, sino que el acelerado desarrollo de la Argentina obligó también a la creación de numerosas instituciones en todos los ámbitos, aun antes de contar con las personas capacitadas para desempeñarse en las funciones exigidas por las mismas. Por eso se hizo normal que no se exigiera la competencia y de que ocuparan los cargos personas completamente incompetentes. Pero resulta que esto "lo sabe muy bien cada cual en el secreto de su conciencia; sabe de que no debía ser lo que es". O sea, a la inquietud suscitada por la presión de los demás se añade una inseguridad íntima, que es precisamente lo que Ortega considera que se viene a compensar con el gesto convencional, insincero, que tiene por objetivo convencer tanto a los demás como a sí mismo de que efectivamente es lo que representa ser.

Se da, entonces, la diferencia entre la persona auténtica y la figura social, sin que haya entre ambas comunicación efectiva. Por ello, Ortega considera que es difícil comunicarnos con el argentino, puesto que él no se comunica tampoco consigo mismo.

Pero nuestro espectador español no se detiene mucho tiempo en el análisis de las posibles causas sociales del fenómeno, sino que continúa

[181] *Ibid.*, pp. 649-650.
[182] Entrevista del autor con Aníbal Sánchez Reulet, 30 de agosto de 1928.

tratando de profundizar en el análisis psicológico mismo, puesto que considera que, si no hubiera en el modo de ser nativo de los argentinos una propensión de igual tendencia, el influjo de los factores exteriores quedaría mitigado o neutralizado.

Resulta que el argentino es un hombre admirablemente dotado pero que no se entrega a nada, y no puede ponerse al servicio de cosa alguna ajena a él. Y aquí da Ortega una estocada a fondo: "¿Es el argentino un buen amador? ¿Tiene vocación de amar? ¿Sabe enajenarse? O por el contrario, ¿más que amar se complace en verse amado, buscando así en el suceso erótico una ocasión para entusiasmarse consigo mismo?"[183]

Pero, ¿acaso nos encontramos simplemente frente al fenómeno del egoísmo de una persona que no puede interesarse radicalmente por nada a excepción de por sí mismo? La respuesta de Ortega es negativa, puesto que considera que el argentino tampoco se interesa en realidad por su persona, sino por la *idea* que él tiene de la misma. El egoísta es una persona sin ideales, pero el argentino es precisamente un frenético idealista que dedica su vida a una cosa que no es él mismo, a un ideal: la idea que tiene de sí mismo. En realidad, se trata del narcisismo, del narcisista que no sólo se desentiende de los demás sino también de su propia persona real, y ello en beneficio del ser imaginario que cree ser.

El resultado es pernicioso: tomando en cada momento la postura de su personaje irreal, renuncia a la actitud sincera, atrofiando de tal modo su propia intimidad, que es precisamente para Ortega la única fuente capaz de creación en todos los órdenes: científico, político, etc. Por ello, se da en el individuo argentino el mismo fenómeno que en la sociedad argentina. Del mismo modo en que esta última "hieratiza" en un Estado demasiado sólido la idea que tiene de su propia colectividad, el individuo paraliza su vida suplantándola por la imagen que posee de sí mismo.

Y para ponerle el broche de oro a su análisis psicológico del argentino, Ortega echa mano a un término netamente porteño e intransferible a otro idioma: el guarango.

> El guarango, o la guaranga, siente un enorme apetito de ser algo admirable, superlativo, único. No sabe bien qué, pero vive embriagado con esa vaga maravilla que presiente ser. Para existir necesita ser esa vaga imagen de sí mismo y para creer necesita alimentarse de triunfos. Mas como la realidad de su vida no corresponde a esa imagen y no le sobrevienen auténticos triunfos, duda de sí mismo deplorablemente. Para sostenerse sobre la existencia necesita compensarse, sentir de alguna manera la presencia de esa fuerte personalidad que quisiera ser. Ya que los demás no parecen espontáneamente estar dispuestos a reconocerlo, tomará el hábito de aventajarse él en forma violenta. De aquí

[183] *OC*, III, p. 657.

> que el guarango no se contente con defender su ser imaginario, sino que para defenderlo comience desde luego por la agresión. El guarango es agresivo, no por natural exuberancia de fuerzas, sino, al revés, para defenderse y salvarse. Necesita hacerse sitio para respirar, para poder creer en sí, darse codazos al caminar entre la gente para abrirse paso y crearse ámbito. Iniciará la conversación con una impertinencia para romper brecha en el prójimo y sentirse seguro sobre sus ruinas [...] el guarango corrobará su imaginaria superioridad sobre el prójimo sometiéndolo a burlas del peor gusto, y si es especialmente tímido recurrirá al anónimo.[184]

El gambito orteguiano provocó de inmediato reacciones de todo tipo. No era para menos. El bisturí había cortado profundamente y había tocado nervios muy sensibles, y el cirujano había sido nada menos que Ortega, cuyo prestigio imponía no poca dramaticidad a su análisis.

En Argentina se reaccionó en medio de una gama muy variada de opiniones, desde el rechazo total al consenso, pero en todo caso, y no hay necesidad de ser gran Sherlock Holmes para afirmarlo, los argentinos se vieron obligados a ocuparse de sí mismos, y más aún, se vieron obligados a ponerse "a la defensiva". Si coincidían con Ortega aceptaban su caracterización del argentino; si se ponían a la defensiva, parecerían ilustrar su acierto.

El artículo de Pablo Rojas Paz publicado en *El Hogar* es un claro ejemplo de la reacción iracunda. Los argentinos, para Rojas Paz, no son mejores ni peores, sino simplemente distintos de lo que afirma Ortega; y por ello ni siquiera se ocupa de juzgar la medida de los aciertos o errores de Ortega.

> No andemos preguntándonos cómo somos. Esto es una manía un poco provinciana que puede proporcionarnos más de una incomodidad. Todos los extranjeros más o menos ilustres que visitan nuestro país se creen obligados a decir unos cuantos disparates acerca de cómo es el argentino [...] Ortega y Gasset, que olvidó su filosofía en el *hall* del Plaza Hotel, advierte ahora que somos guarangos, vanidosos, egoístas. Todo esto es cuanto sabe de nosotros el desmayadizo conferencista que supo determinar el sexo y la edad de nuestro tiempo.[185]

Éstas no son para el escritor argentino observaciones pintorescas sino disparatadas. Y recordando Rojas Paz la observación de Ortega de que los hombres se abren cancha a codazos por la calle y que las mujeres hablan a gritos en los teatros para que las vean, señala que ello es discutible, pero que en cambio vio a Ortega en la esquina de Florida y Charcas,

[184] *Ibid.*, p. 662.
[185] Pablo Rojas Paz, "El enigma de lo argentino", *El Hogar,* 10 de enero de 1930, p. 12.

mientras tomaba el sol, sacarse la tierra de las uñas con un cortaplumas, y de ello no infirió nada sobre el porvenir de la filosofía española.[186] Hubo también muchas más reacciones de este tipo, pero baste para muestra este pequeño botón en el nivel periodístico.

En *Nosotros*, Roberto Giusti, director de la prestigiosa revista, dedica dos artículos a la apreciación de ambas partes de *Intimidades*. No habrá acá nada de la violenta confrontación que vimos en el ejemplo previo, pero su rechazo a las conclusiones de Ortega no será menor. Giusti comienza por resaltar la calidad poética de la descripción de la Pampa por parte de Ortega, para enseguida señalar su desacuerdo con dos puntos centrales del primer ensayo. Luego de haber afirmado Ortega que al argentino la vida se le iba en simples esperanzas, había expresado su curiosidad por saber si el tema de la fugacidad de la vida aparecía con frecuencia e intensidad peculiar en la producción de la madurez y ancianidad de los autores criollos. Giusti le da una respuesta negativa. Recuerda a Guido y Spano, Obligado, Andrade, Lugones, Bamchs, y resume entonces con una estocada muy elegante: "No conozco en toda la literatura argentina un apóstrofe trágico como el de Quevedo al tiempo: '¡Como de entre mis manos te resbalas!' Aquí hasta el presente fugitivo nos dice que la esperanza es vana." Y, entonces, si el tema no resuena en la literatura argentina, o lo hace sólo débilmente, "¿no vacilará la tesis de Ortega?"[187] ¿Y no será quizá precisamente lo contrario, que el argentino, con excepciones de la talla de Sarmiento y Alberdi, atiende más a su presente frívolo y mediocre que al porvenir henchido de promesas?

Giusti tampoco acepta la conclusión de Ortega de que los argentinos no viven realmente su vida, y considera que, aunque en el ensayo se da riqueza y variedad de ideas, "me resulta un tanto obra de artificio, un encadenamiento dialéctico más brillante que sólido. En este juego superior de las ideas, remontando a veces sobre la realidad, a la cual ya no ciñe o aprisiona, Ortega es maestro nada fácil de emular..."[188] Y sigue entonces los elogios, pero para un arte que no tiene mucho que ver con la realidad, incluyendo la de los argentinos.

Igualmente, en el segundo de los artículos, que se refiere a "El hombre a la defensiva", Giusti no vacilará en rechazar por completo las conclusiones de Ortega. Lo de hablar en tanto profesor, político, etc., no es algo propio y exclusivo de los argentinos, sino una cualidad que caracteriza en grado igual a ciertas clases profesionales de todos los países. "O conelheiro", "l'officer", "il cavalieri", "herr professor", el diplomático,

[186] *Idem.*

[187] Roberto F. Giusti, "Los ensayos de Ortega y Gasset. La Pampa... promesas", en *Nosotros*, año XXIV, núm. 248, enero de 1930, p. 11.

[188] *Ibid.*, p. 13.

el académico, el hombre de letras, están en la Europa central y occidental tan hinchados de vanidad y poseídos de la importancia de su cargo, título o función, a pesar de su mediocridad genérica, como lo pueden estar el doctor, el catedrático, el general o el diputado argentinos.[189]

Más aún, Giusti sugiere que quizá lo que sucedió con Ortega es que él mismo, a pesar de ser un caballero, no es precisamente un hombre fácilmente accesible. "Él también me ha parecido estar un poco a la defensiva [...] seguramente para evitarse rozamientos molestos de indiscretos e impertinentes. ¿Y no será que ante su estiramiento afable y frío, también se estiró su interlocutor argentino?"[190] He aquí la misma estocada pero en dirección opuesta.

Giusti coincide con algunas de las observaciones de Ortega en lo que se refiere a la caracterización de Argentina en tanto sociedad de inmigrantes, pero rechaza por completo el salto analógico de lo social a la psicología individual del argentino, y entra en confrontación con Ortega punto por punto.

¿La fe ciega que tiene el argentino en el destino glorioso de su pueblo? Se trata de un fervoroso patriotismo instintivo que es patrimonio también de los demás pueblos. ¿No es el argentino más vanidosamente patriota que el español o el italiano? ¿Los argentinos andan embebecidos como otros tantos narcisos? El narcisismo de los argentinos no excede gran cosa la ilusión de todos los mortales.

¿¡Guarangos!? En el país hay muchos guarangos, como hay imbéciles y bribones, pero no se puede afirmar, como lo hace Ortega, que en el guaranguismo se ocultan desviados los resortes mejores del alma argentina. El guaranguismo es un defecto que se encuentra en todas las sociedades y en especial allí donde la ascensión del plebeyo es más fácil.

¿Acaso la existencia de esta palabra intraducible apunta a lo preponderante del fenómeno en Argentina? Quizá precisamente lo contrario sea la conclusión correcta. Al aparecer este defecto en la Argentina, en ciertas capas de la burguesía rápidamente enriquecida, chocó tanto a la general discreción y mesura de la masa, que ésta lo aisló y fijó mediante un vocablo de nuevo cuño. Y concluye Giusti con bastante lógica:

> Los argentinos no son todos macaneadores, ni todos lateros, ni menos todos otarios. Esos tipos se dan entre nosotros, pero no impunemente para ellos. Descubiertos que son, en seguida se les cuelga el rótulo tan nuestro. Así le ocurre al guarango. Si la mayoría lo fuésemos [...] no nos daríamos cuenta y no habríamos inventado la palabra diferenciadora.

[189] Roberto F. Giusti, "Los ensayos de Ortega y Gasset. 'El hombre a la defensiva' ", en *Nosotros,* año XXIV, núm. 249, febrero de 1930, p. 152.

[190] *Ibid.,* p. 153.

Y la conclusión final de Giusti en este segundo artículo es similar a la del anterior: "Una vez más su pensamiento ha sido arrebatado en las espirales de su admirable vuelo dialéctico, y poco a poco, ascendiendo de un argumento a otro, ha perdido de vista la tierra que antes pisaba sólidamente."[191] Fantasías. Pero fantasías que llevaron a Giusti a escribir dos artículos en su importante revista.

La reacción argentina no fue sólo amplia sino también prolongada, y durante muchos años los juicios del filósofo español fueron recordados, para bien y para mal, en diferentes contextos. En esos mismos momentos de su publicación, siete meses después de la misma el importante novelista argentino Manuel Gálvez, de inspiración nacionalista, espiritualista e hispana, dedicó tres artículos en *La Nación* al ensayo de Ortega. El primero de ellos se publicó en el mes de junio de 1930, o sea, dos meses después de que el mismo Ortega publicara en *La Nación* un artículo bajo el título "Por qué he escrito *El hombre a la defensiva*".[192] En este artículo Ortega explica que es necesario llamar al argentino al fondo auténtico de sí mismo y retraerlo a la rigurosa disciplina de ser sí mismo, puesto que éste es el único modo de mejorar la existencia argentina en todos los planos. Su artículo, nos dice Ortega, fue un primer empujón en este sentido. Es consciente de que sus páginas son drásticas, enojosas y antipáticas, pero es la única forma de llevar a cabo tal llamada a fondo.

> Podrá haber en mi ensayo cuantos errores de detalle que quieran encontrarse, pero su sustancia —el planteamiento de su propia intimidad como problema para el argentino— no puede borrarse ni sofisticarse: está ahí, operando ya como un alcaloide sobre el alma argentina, incluyendo la de los jóvenes literatos que me dedican el homenaje de un insulto.[193]

El grado en que quizá tuviera razón Ortega en estas últimas palabras suyas se puede apreciar en el impulso y las peculiaridades del ensayo nacional argentino en esos mismos años de los treinta.

Manuel Gálvez, en escrito posterior a la respuesta de Ortega, apunta que no hay en las observaciones de éste mayor novedad, y que fue precedido por extranjeros y argentinos por igual, pero que son importantes de todas formas debido al prestigio de Ortega y su arte expresivo.

Gálvez escribe también que por lo general no advierte desaprobación por parte de las personas cultas y que no considera que haya lugar para indignación alguna. Pero esta amistosa apertura no cancela el análisis crítico en medio de coincidencias y negaciones.

[191] *Ibid.*, p. 158.
[192] Ortega y Gasset, "¿Por qué he escrito 'El hombre a la defensiva'?", *OC*, IV, pp. 69-74.
[193] *Ibid.*, p. 73.

Uno de los puntos centrales señalados por Gálvez, que fue también señalado por otros escritores argentinos, es el de que Ortega no puede hablar del argentino sin más, sin diferenciar entre el porteño y el provinciano. Más aún, Ortega se habría referido de hecho sólo a los argentinos que actuaban en el ambiente social y universitario, sin haber conocido a los escritores, ni tratado a las clases medias, y habiendo ignorado casi en absoluto al pueblo.

Dentro de estas limitaciones Gálvez admite algunos de los rasgos característicos señalados por Ortega, pero rechaza su tesis central de que el argentino es un hombre a la defensiva. Por el contrario, el argentino dice con claridad lo que piensa, sin velar sus opiniones con "eufemismos u otros disfraces". El porteño perteneciente a las clases altas, y no el argentino, es frío en sus maneras y puede que reservado en sus sentimientos, aunque no en sus opiniones. Y, aunándose a lo que ya había observado Giusti, sugiere la posibilidad de que la causa de las observaciones de Ortega residan precisamente en su misma forma de ser. Ortega, dice Gálvez, es "un permanente y temible espectador", "hombre de maneras frías y reservadas", "observa sin disimular que lo hace", y de este modo intimida aun sin proponérselo. "Nada en él nos invita al diálogo confidencial ni aun en el sentido en que él emplea este adjetivo."[194]

En la misma línea, Lucas Maldonado escribe, al comenzar su artículo en *La literatura argentina,* que para leer el brillante ensayo de Ortega conviene aceptar la actitud defensiva, puesto que es fácil caer en las redes sutiles que Ortega sabe tejer tan hábilmente.[195] Pero Lucas Maldonado justifica con su afirmación, de hecho, la tesis de Ortega.

En fin, acorde a las reacciones y la producción ensayista argentina, tal parece que la jugada de ajedrez espiritual se vio coronada por el éxito y... los impropios.

Pero quizá sea apropiado finalizar este apartado con una cita de Ortega de 1923 sobre su propia y tan querida España, para ilustrar quizá de este modo el que la acerba crítica de Ortega a los argentinos no quita en nada su verdadero aprecio y amor por lo argentino en aquellos años. Y así escribía sobre su España:

> Razas poco inteligentes son poco revolucionarias. El caso de España es bien claro; se han dado y se dan extremadamente en nuestro país todos los otros factores que se suelen considerar decisivos para que la revolución explote. Sin embargo, no ha habido propiamente espíritu revolucionario. Nuestra inteligencia étnica ha sido siempre una función atrofiada que no ha tenido un nor-

[194] Manuel Gálvez, "Los argentinos según Ortega y Gasset", en *La Nación,* Buenos Aires, 13 de julio de 1930 y 17 de agosto de 1930.

[195] Lucas Maldonado, "El ensayo de Ortega y Gasset sobre la Argentina", en *La Literatura Argentina,* año II, núm. 19, Buenos Aires, marzo de 1930, p. 192.

mal desarrollo. Lo poco que ha habido de temperamento subversivo se redujo, se reduce, a reflejo de otros países. Exactamente lo mismo que ha sucedido con nuestra inteligencia: la poca que hay es reflejo de otras culturas.[196]

Nos parece que no hay razón para no creer en la sinceridad de Ortega cuando explica que fue su especial preocupación por lo argentino lo que lo llevó a escribir sus polémicos ensayos.

Problematización, crítica y extrapolación: "La rebelión de las masas"

La rebelión de las masas[197] es el libro más conocido de Ortega y ha sido traducido a numerosos idiomas. Publicado en 1930, su impacto fue enorme, en gran medida por ocuparse de un fenómeno social que en esos mismos años ya venía encontrando su extrema expresión política en movimientos que, como el fascismo y el nazismo, tomarían las riendas del poder en diferentes naciones. En la misma España se trata de los años que presencian no sólo el fin de la dictadura de Miguel Primo de Rivera, sino también el derrumbe de la monarquía en 1930, el advenimiento de la Segunda República y posteriormente la Guerra Civil. El libro es un intento de análisis sociológico de los fenómenos que iban tomando cuerpo pero que aún no habían sido definidos con claridad. Ya previamente, en *Vieja y nueva política,* en 1914, y en *España invertebrada,* en 1922, Ortega había utilizado los conceptos de minorías egregias y masas, y cuya existencia e interacción consideraba como esencial a toda sociedad, que ahora se constituirían en el eje conceptual de su nuevo libro. "Hay un hecho que, para bien o para mal, es el más importante de la vida pública europea de la hora presente. Este hecho es el pleno advenimiento de las masas, al pleno poderío social." Pero póngase atención al hecho de que esta vez se trata de la vida pública europea. El mismo Ortega, que se había lanzado a la misión de "salvación" de España por medio de su europeización, se aboca ahora al diagnóstico de su época sin reducirla a sus límites nacionales.

No entraremos a la descripción de este libro tan conocido; sus diversos componentes irán apareciendo a medida de que llevemos a cabo el análisis de las reacciones al mismo en la América hispana.

Como todo lo escrito por Ortega en estos años, este libro tuvo gran resonancia en América Latina, y ello fue así a pesar de que buena parte de la reacción, al tiempo de aquilatar y valorar el análisis sociológico, criticó lo que consideraron la postulación elitista de las minorías directivas frente a la masa. En una América Latina en la que cada vez se tomaba

[196] *OC*, pp. 207-227.
[197] Ortega y Gasset, *La rebelión de las masas,* en *OC*, IV, pp. 143-278.

más conciencia de la problemática social, a la par de la evolución del proceso democrático en no pocos países, la recepción de este estudio de Ortega no podía dejar de tomar en cuenta una función social y política diferente de lo que Ortega denominaba las minorías selectas y las masas. Más aún cuando esa América se encontraba en esos años en medio de un proceso de reacción contra las oligarquías dominantes. De este modo, con frecuencia se soslaya el que las definiciones originales de Ortega del "hombre-masa" y de las "minorías selectas" traspasan las diferencias sociales y económicas.

Pero lo que será interesante e ilustrativo de la autoridad intelectual de Ortega reside en el hecho de que, inclusive en países como México, en el que había triunfado una verdadera revolución popular, o en Perú, donde el aprismo postulaba reivindicaciones populares, no dejarían de ponerse en práctica términos y conceptos tomados de *La rebelión de las masas,* aunque con un sentido completamente opuesto al original y extrapolado de todo contexto orteguiano.

La influencia de este libro se expresó también en el renovado impulso dado en esos años a los estudios de sociología. En 1930, Francisco Romero escribía al respecto que en Argentina la palabra "sociología" se rodeaba de un halo de desconfianza, y que con el pretexto de que la sociología ochocentista había sido incapaz de hacerse cargo de la realidad social en sus maneras más genuinas, la cultura argentina, aún preferentemente literaria, se creyó relevada de la obligación de integrarse con estos estudios. Pero agrega aún:

> La presente es buena oportunidad para comenzar a corregir tal situación. Una serie ilustre de investigadores, avezados en la reflexión filosófica, ha dado nuevo prestigio a estas disciplinas. Entre ellos se sitúa dignamente Ortega con *La rebelión de las masas,* libro excepcional dentro de las fronteras de nuestro idioma, y destinado como otros suyos a una vasta repercusión europea.[198]

El libro tuvo gran resonancia en Argentina, entre otras causas, por el hecho de que buena parte de su contenido fue adelantado por Ortega en las conferencias que dictó en Buenos Aires en 1928 en Los Amigos del Arte. Amén de ello, el fenómeno central analizado en el libro, la irrupción del hombre medio en las altas zonas sociales, era para Ortega no sólo el fenómeno más notable de la vida pública en Europa en aquellos momentos, sino también lo característico, "el hecho nativo, constitucional de América".[199] Ni más, ni menos. Es interesante recordar que durante su primera visita a la Argentina, en 1916, había presenciado la ascensión del

[198] Francisco Romero, "Al margen de 'La rebelión de las masas' ", en *Sur*, vol. I, núm. 2, 1931, pp. 204-205.

[199] *OC*, IV, p. 153.

yrigoyenismo populista al poder, y lo mismo sucedió durante su segunda visita en 1928, cuando fue testigo de la vuelta al poder presidencial de Yrigoyen en medio del apoyo masivo de sus electores.

En Argentina encontramos, en el segundo número de *Sur*, en 1931, un artículo de Francisco Romero sobre el libro de Ortega, criticándolo fundamentalmente desde la perspectiva de la justicia social, y acentuando más el fracaso de las minorías directivas que la rebelión de las masas.

Romero se centra críticamente en el análisis del fenómeno fundamental de la sublevación de las masas, de las que Ortega afirma que llegaban en aquellos momentos al pleno poderío social tanto en cuanto goce como en cuanto poder. Para el filósofo argentino ambos aspectos (goce y poder) habían sido confundidos hasta esos momentos, y en esta confusión residía la causa de la decadencia y el desprestigio de las minorías directivas. Los sitios de privilegio habrían sido ocupados por las minorías directivas como "grupos de clase" y no como minorías selectas, como pensaba Ortega:

> Si en las minorías indagamos, por un lado, la consagración a las funciones de inspiración ideal y de mando efectivo, es decir, su consagración a su función social específica, y por otro, averiguamos qué cantidad de bienes o de goces se ha reservado al amparo de su situación excepcional, qué intereses de clase o de casta han desarrollado, el primer aspecto aparece tan exiguo en relación al segundo, que parece apenas el pretexto, o mejor, el medio, para conseguir aquellos fines de ventaja y de goce.[200]

Es por esto que Romero considera que el hombre común no reacciona violentamente contra la minoría en cuanto seres ejemplares, sino en cuanto privilegiados económicamente, y si irrumpe en el ámbito antes reservado a las minorías selectas, lo hace para disfrutar de los goces que antes eran exclusivos de éstas. Si el hombre común asume el poder directamente es debido a que estima, "sin ir en ello muy desencaminado", que el poder asegura la tranquila posesión de los goces a quienes lo ejercen.

Romero distingue entonces dos aspectos en la rebelión de las masas. Uno es positivo, y reside en el advenimiento del hombre común a la plenitud de goces y derechos en medio del aumento de la riqueza general y del reconocimiento de la dignidad humana. En este sentido se trataría de "una progresiva nivelación de las jerarquías sociales tranquilizadora para el futuro", y Romero opina que en América no existían fuertes obstáculos tradicionales que dificultaran el perfeccionamiento progresivo de tal nivelación, que además ya se venía dando en ella desde hace mucho tiempo. Se trata evidentemente de un optimismo exuberante y algo raro ya en

[200] Francisco Romero, "Al margen de 'La rebelión de las masas'", pp. 198 y 199.

medio de la crisis económica mundial y del reciente golpe de Estado que provocó la caída de Yrigoyen en 1930, pero además parecería que se trata también de una visión muy porteña que ignoraba evidentemente la realidad socioeconómica del continente en esos momentos.

En lo que se refiere a Europa, Romero considera que esta nivelación social era más reciente, pero que no debía provocar alarma alguna. Lo que era alarmante para Romero, y aquí se daba el aspecto negativo del fenómeno, era que la masa aspirara y obtuviera no sólo un más alto nivel social sino también el mando, sin distinguir entre ambos, porque tampoco las minorías lo habían hecho previamente.

En la realidad, Romero coincide con Ortega en su apreciación sociológica de que la sociedad es aristocrática en tanto constituye una estructura orgánica y jerárquica, pero por su parte pone bien en claro que ello debía ser así sólo en lo referente a las jerarquías de las funciones, y no a los privilegios que las acompañan. Mas la verdad es que tampoco Ortega pensaba de otro modo.

Romero también coincide con el maestro español en que la rebelión de las masas se encontraba en estrecha relación con la crisis del liberalismo, que por sí mismo era una de las grandes conquistas del hombre occidental y algo ya constitutivo del mismo. Pero el filósofo argentino considera que lo que el hombre occidental había alcanzado era más el liberalismo en tanto ideal que en tanto realidad. Para que el liberalismo pudiera convertirse en una realidad social y política era necesario, precisamente, tomar conciencia de la misma dimensión de justicia social que Romero había señalado como ausente en el libro de Ortega. Y no sólo ello, sino que el liberalismo clásico individualista, puro, absoluto, constituía en opinión de Romero el peor régimen de estancamiento y de privilegio, y por ello considera que la tarea de esos momentos residía precisamente en infundir en los individuos el sentimiento social suficiente para que pudiera conformarse un liberalismo sin peligros y sin prejuicios socioeconómicos. Y esta tarea era la que Romero consideraba que debe ser la propia de las minorías selectas, en la medida que llevaran a cabo su propia reforma y tomaran conciencia de su misión social.

Como vemos, Romero queda en medio de la concepción sociológica básica de Ortega, aunque sumándole la dimensión socioeconómica y acentuando en especial el fracaso de las minorías selectas. A final de cuentas, también el suyo es un llamado a las minorías:

> La invasión del hombre-masa exige de las minorías un esfuerzo desacostumbrado para ellas. Hasta hoy, las minorías se han desempeñado como actores ante una sala vacía. Podían creer que todo lo hacían bien. Ahora la sala rebosa de público. No desesperemos porque la platea silbe y el paraíso se dedique a

ciertos innocuos ejercicios de puntería sobre el escenario. Ni porque el espectador invada la escena, convencido de representar mejor que los actores. Acostumbrados a decir su papel ante una sala desierta, éstos lo hacían unas veces bien y otras mal, pero siempre de espaldas a la sala y para su propio gusto y provecho. Las minorías, que tienen a su cargo proponer programas y fines a la mayoría, tienen que comenzar por reformarse ellas mismas ante este hecho nuevo que es la presencia desconfiada y constante de la muchedumbre.[201]

En México, Jorge Cuesta le dedica a *La rebelión de las masas* un artículo en *Contemporáneos* en el mismo año de la publicación del de Romero, 1931.[202] Cuesta, que escribe el artículo con mucha ironía y cinismo, señala ya en un principio que *La rebelión de las masas* se contradice en sus tesis básicas con *La deshumanización del arte.* En este último se había escrito que se acercaba el tiempo en que la sociedad, desde la política al arte, volvería a organizarse en dos rangos: el de los hombres egregios y el de los hombres vulgares. Y más aún, Ortega había escrito que "todo el malestar de Europa vendrá a desembocar y curarse en esta nueva y salvadora escisión". En *La rebelión,* en cambio, ya se pinta la resistencia que la citada profecía encuentra en realizarse, y esta contradicción es aprovechada por Cuesta para lanzar de inmediato una aguda, y por cierto brillante, estocada a las pretensiones proféticas de Ortega:

En alguna parte el Sr. Ortega y Gasset ha dicho que la profecía es la historia al revés, y como tal la ha hecho compatible con la función literaria que ejerce. Investigador de nuestro tiempo, le interesa sólo en cuanto puede ofrecerse como futuro, pues ávido de escuchar su voluntad, está temeroso de no retener sino su memoria. Así observamos, por ejemplo, que en su libro anterior podemos descubrir el venero del reciente, pero que será más que difícil para nosotros encontrar en éste la huella de aquél [...] acaso, también para nuestro desengaño, su idea y su práctica de la profecía, del mismo modo del implacable destino que representan, se fundan en este proceso irreversible y natural: que la historia no es la profecía al derecho.[203]

Simplemente, no se ha cumplido la profecía de Ortega, pero Cuesta no se alarma por la situación descrita en el segundo de los libros, pues no lo tomó muy en serio: su espíritu, nos dice, no se había visto estimulado por la previa interpretación ingeniosa del deporte del arte ultraísta o de la novela contemporánea, que como recordamos había provocado la fuerte reacción de su grupo literario. Tampoco había visto su fuerza y su ambición acrecentadas como consecuencia de la exaltación del siglo XX y de

[201] *Ibid.*, p. 203.
[202] Jorge Cuesta, "'La rebelión de las masas' de Ortega y Gasset", en *Poemas y ensayos,* II, Ensayos I, México.
[203] *Ibid.*, pp. 78 y 79.

su exuberancia vital por parte de Ortega. "No tengo, pues, causa para alarmarme cuando la altura del tiempo, cara al Sr. Ortega y Gasset, se convierte en una amenaza de ruina."[204]

Al parecer, la cuestión central en la crítica de Cuesta a Ortega residía en que consideraba, desde el mirador de su elitismo cultural, que la misma afirmación de Ortega de que las masas hacían a un lado a las minorías y las suplantaban, era simplemente imposible. Cuesta no conceptúa el problema sólo en términos políticos, como posteriormente se haría incorrectamente a menudo con relación a este libro de Ortega, y por ello pregunta retóricamente: "¿Cómo suplantan las masas al señor Ortega?, ¿de qué van a eliminarlo?" O sea, que simplemente la misma naturaleza de ambos componentes sociales hace imposible el que uno tome el lugar del otro en diferentes planos sociales, seguramente no en lo cultural, y por ello lo de la rebelión de las masas no tiene sentido. Claro que podría señalársele a Cuesta que la rebelión no implica la posibilidad de que las masas llevaran a cabo realmente las funciones propias de las minorías dirigentes, y que Ortega señalaba precisamente lo problemático y lo peligroso de tal pretensión y situación.

Por otro lado, Cuesta señala que tampoco la obediencia y la estimación pueden ser patrimonio de las masas, tal como lo exige Ortega, puesto que comenzar a estimar es comenzar a valer; es distinguirse por sí mismo, o sea, es dejar precisamente de ser hombre-masa. Hay en estas observaciones ideas e interrogantes interesantes respecto a los verdaderos nexos que hacen posible el funcionamiento de la estructura social, pero Cuesta queda en el mero nivel del agudo francotirador y sin asediar seriamente a su objetivo. En realidad, su crítica viene a ilustrar la reacción contra Ortega de la gente de Contemporáneos, que a la vez que lo criticaba en defensa del arte puro o de la relevancia de sus teorías estéticas para la realidad americana, también se nutría constantemente de esa matriz europea que era *Revista de Occidente*.

Queremos permitirnos la libertad de señalar que, quizá, en la publicación de este artículo nos pareció no menos interesante su contenido que un error (¿lapsus?) de litopografía del obrero de imprenta. Cuesta, elitista, se mide con Ortega, el error o el lapsus puede que refleje otras capas sociales de ese México revolucionario. Y así dice este pasaje al que nos referimos:

> Hay un hecho que irrita el autor del *Tema de nuestro tiempo*. Es éste, que las masas humanas han invadido los lugares reservados a las personas selectas. Adonde quiera que el señor Ortega y Gasset dirige la mirada, ya no ve caras

[204] *Ibid.*, p. 81.

conocidas, sino la multiplicación desesperante de una sola cara informe, sin expresión individual, sin carácter: la del *hambre-masa.*[205]

En fin, permitámonos la sugerencia.

Pero sin necesidad de aferrarnos a este tipo de errores, en México es posible pasar del litopógrafo al rector de la Universidad Nacional, Luis Chico Goerne, quien publica en 1937 un libro con una larga conferencia pronunciada en ese mismo año en París. Ya nos hemos referido a este libro en lo que se refiere a su rara instrumentación del generacionalismo orteguiano, y aquí queremos recordar la extrapolación del concepto de las masas del contexto teórico orteguiano para adjudicarle a la rebelión de las masas un carácter positivo, convirtiéndola en un imperativo moral de la época, captándola básicamente en sus aspectos socioeconómicos, y haciéndola una con la revolución de la juventud y, a final de cuentas, con la Revolución mexicana.

Otro caso interesante e ilustrativo de este tipo de aplicación de la sociología de Ortega en estos años de los veinte y de los treinta es el del peruano Antenor Orrego, cuya oposición al Ortega de "El ocaso de las revoluciones" ya hemos mencionado junto a su adopción de elementos fundamentales de la filosofía orteguiana. En *Pueblo continente,* de 1937, Orrego echa mano de la conceptualización y de los términos del Ortega de *La rebelión de las masas,* pero en medio de una cruel lucha política (su mismo libro fue inclusive prohibido en Perú), y desarrolla su visión de la acción social en función de sus propias circunstancias, presentando una tipología social y política propia. Orrego habla del hombre-acción,[206] personificado ejemplarmente en la figura de su líder político (Haya de la Torre), del hombre-masa,[207] y de las minorías cuyos intereses no son los intereses de la multitud, y de gobiernos que se olvidan de gobernar, de conducir y de dirigir para sólo usufructuar el privilegio.[208] Ya hemos visto cómo el argentino Romero había expresado antes su crítica a la teoría social de Ortega en función de la exigencia de la justicia social, pero se trató de un análisis calmo y teórico. Con el Orrego del aprismo combatiente encontramos la misma exigencia, pero esta vez también de cara a las dictaduras y en medio de una apreciación completamente diferente de los componentes sociales y de sus funciones históricas. En medio de una matriz marxista ("las ciencias sociales y económicas han superado ya sus antiguas concepciones, y por eso el marxismo es el camino y el método científico de la revolución"),[209] aunque también ella interpre-

205 *Idem.*
206 Antenor Orrego, *Pueblo continente,* pp. 126-128.
207 *Ibid.,* pp. 139-145.
208 *Ibid.,* p. 142.
209 *Ibid.,* p. 117.

tada de modo muy peculiar, Orrego, con términos orteguianos imbuidos de nuevos significados, teje una malla que ya no tiene semejanza alguna con la del mismo Ortega, e inclusive se encuentra en franca confrontación con ella:

> Si examinamos los últimos movimientos latinoamericanos, políticos, culturales, sociales, no podremos dejar de ver el soplo multitudinario que los anima, síntoma evidente de que la masa no está anarquizada, sino conducida y empujada por un ímpetu constructivo, y que dentro de ella se forjan los hombres que en este momento son los hombres representativos de Indoamérica. Todos ellos *hombres-masa,* en el sentido positivo de la palabra, [...] el tipo radicalmente diferente al hombre de invernadero literario y filosófico que esteriliza su espíritu en su torre de marfil, sintiéndose separado y distinto del *demos,* es decir del pueblo, de la tierra.
>
> En estos países, actualmente el hombre de acción forja su obra y se forja él mismo con la masa: el hombre de pensamiento encuentra su discipulado en el pueblo y dialoga socráticamente con la multitud [...] mientras las oligarquías invertidas y hemofílicas levantan con metralla la cortina de fuego, que pretende impedir el ascenso vitalizante del pueblo hacia la nueva jerarquía directora y conductora de los destinos humanos...[210]

Mucho de Ortega, y nada de Ortega. Se adoptan los términos y los conceptos, pero con un significado completamente diferente, en medio de un contexto teórico que nada tiene que ver con el orteguiano, y con una aproximación axiológica distinta por completo.

Como vemos, problematización, crítica y extrapolación.

El ensayo de la realidad nacional

Los artículos de Ortega sobre Argentina y los argentinos y la polémica alrededor de los mismos, sumándose a otros libros de Ortega, muy especialmente a *Meditaciones del Quijote* y *España invertebrada,* dieron un impulso sumamente significativo al desarrollo en los años treinta del ensayo dedicado al análisis de la realidad nacional. En Argentina, en 1929, Carlos Alberto Erro, quien en esos años acusaba la influencia del generacionalismo orteguiano, publica *Medida del criollismo;* en 1931, Raúl Scalabrini Ortiz, que reconocería en diferentes oportunidades la influencia orteguiana, publica *El hombre que está solo y espera;* Ezequiel Martínez Estrada publica en 1933 *Radiografía de la Pampa;* Eduardo Mallea publica, en 1935, *La ciudad junto al río inmóvil,* y en 1939, *Historia de una pasión argentina,* y la lista podría continuar con otros importantes

[210] *Ibid.*, p. 144.

autores en este decenio de los treinta y con otras obras publicadas por los aquí mencionados.

Claro está que ya venían dándose en Argentina los ensayos de este tipo, ya sea en el siglo XIX (Echeverría, Alberdi, Sarmiento), o en el mismo siglo XX (Bunge, Ingenieros, Rojas, Ugarte, Gálvez, entre otros); pero en la misma medida es claro que Ortega impactó enormemente en este sentido, y ello en dos aspectos específicos. En primer lugar, la misma temática de la circunstancia nacional recibió la legitimación filosófica del filósofo de prestigio (¡y europeo!) que era Ortega, y la legitimación filosófica del circunstancialismo perspectivista y del raciovitalismo. En segundo lugar, Ortega contribuyó enormemente a conformar una idea muy específica de lo que debería ser la función del intelectual y de su reflexión salvadora sobre la realidad nacional. Tampoco aquí fue el único, puesto que podemos recordar, amén de los mismos precedentes argentinos, la influencia en este sentido del estadunidense Waldo Frank o la del escritor francés Julien Benda, con su libro sobre la traición de los intelectuales.

Pero el motor central de *Revista de Occidente* y la explicitación de esta función de los intelectuales en los famosos, impactantes y difundidos libros de Ortega en esos precisos años, parecen indicar que fue la suya la más importante de las doctrinas filosóficas o ideas culturales que marcaron este derrotero. El intelectual que se vuelve sobre su propia realidad en un compromiso existencial que implica un esfuerzo de comprensión, de conceptualización y de salvación; el esfuerzo de una minoría selecta que porta, por ende, una responsabilidad moral y un compromiso nacional de primera categoría. Amén de ello, en lo que se refiere al ensayo, la temática, la prosa y el estilo de Ortega se convirtieron por esos años en patrimonio general de la nueva generación literaria.

Al cerrar con este apartado el análisis de los años veinte y treinta, es interesante hacer notar un aspecto que quizá pueda parecer a primera vista sumamente paradójico en lo que se refiere a la influencia de Ortega en la América hispana por esos años. Por un lado, hemos visto al Ortega campeón de la europeización en el continente, muy especialmente con su *Revista de Occidente;* por otro lado, mencionamos ahora su influencia en el ensayo que se vuelve al análisis de la realidad nacional, y, como ya lo vimos con Ramos, inclusive su influencia sobre una filosofía nacional o latinoamericana. Pero escribimos paradoja solamente a primera vista, puesto que ambos tipos de influencia se encontraban implícitos en la misma esencia del pensamiento orteguiano. De la circunstancia propia a lo universal, y lo universal para ser aplicado en la salvación nacional: no de otra cosa se trataba ya en su *Meditaciones del Quijote.*

El impacto de los escritos de Ortega sobre la Argentina se dejó sentir muy claramente en Raúl Scalabrini Ortiz, quien se convertiría posteriormente en una de las más prominentes figuras de *Forja*. Al escribir años más tarde sobre la problemática de la reconstrucción nacional argentina, allá por los sesenta, Scalabrini Ortiz aún recordaría al Ortega que había distinguido en los años veinte el gran potencial del pueblo argentino, y que había expresado su estremecimiento "al pasar junto a una posibilidad de alta historia y óptima humanidad de tantos quilates como la argentina". Y agrega entonces, en los sesenta, Scalabrini Ortiz por su cuenta: "Desde el borde del oprobio que nos amenaza, agradecemos estas palabras, maestro. Ellas serán nuestro santo y seña para reconocernos en la tenebrosa tiniebla en que estamos entrando..."[211]

No por casualidad recordaba Scalabrini Ortiz a Ortega, puesto que en sus años juveniles había asimilado seriamente el pensamiento del maestro español. Ya en 1931, en *El hombre que está solo y espera,* Scalabrini Ortiz se había vuelto sobre su realidad porteña, expresando los sentimientos que lo acompañaron "durante muchos años en las redacciones, cafés y calles de Buenos Aires". Es un libro porteño en cada una de sus líneas, de sus puntos y de sus comas, pero a pesar de ello sentimos el incentivo y el espíritu orteguianos; a veces muy explícitamente, como en una referencia específica al Ortega de *La Pampa... promesas,* considerando al maestro español como "un observador poderoso",[212] y otras veces en la terminología, como en el título de uno de sus capítulos: "La rehumanización de la vida".[213]

Y cuando tiene que vérselas con el intelectual porteño, no encuentra nada mejor y más acertado que citar textualmente la caracterización del mismo hecha por Ortega, en lo que Scalabrini Ortiz considera como "su notable ensayo sobre la vida argentina".[214] Scalabrini Ortiz recuerda también en ese 1931 la alta apreciación de Ortega del potencial argentino que, como ya hemos visto, volvería a citar posteriormente, y se lo agradece emocionadamente en nombre de "el hombre de Corrientes y Esmeralda".[215]

En otros escritores argentinos de la época también se siente la influencia de Ortega, aunque en algunos de ellos se encuentra compartida, como en Erro y Mallea, con la influencia bastante pronunciada de otros dos extranjeros que escribieron sobre América: Waldo Frank y el conde

[211] Raúl Scalabrini Ortiz, *Bases para la reconstrucción nacional,* Editorial Plus Ultra, Buenos Aires, 1965, p. 175.

[212] Raúl Scalabrini Ortiz, *El hombre que está solo y espera,* 16ª edición, Editorial Plus Ultra, Buenos Aires, 1983, p. 144.

[213] *Ibid.*, p. 111.

[214] *Ibid.*, p. 83.

[215] *Ibid.*, p. 84.

de Keyserling y asimismo con la temprana recepción del existencialismo en Argentina, que dejó también su sello en la obra literaria de estos escritores. En *Medida del criollismo,* Erro, moviéndose dentro de la problemática de lo propiamente criollo y lo universal, considera que hay una manera auténticamente criolla de practicar el ímpetu, la aventura y la fe, y vislumbra, con aire orteguiano, que "la empresa de nuestra generación consiste en descubrir el ritmo criollo de esos grandes motores".[216] De este modo, Erro se mueve no sólo dentro de las categorías del generacionalismo orteguiano y de la específica misión de cada generación, teoría a la que por cierto se referirá explícitamente en otras ocasiones, sino que asimismo lo hace dentro de la problemática tan claramente planteada por Ortega de la necesidad de llegar a lo universal a través de lo concretamente propio; la salida hacia el universo que "se abre por los puertos del Guadarrama o el campo de Antíloga".

En este libro de Erro también se dan referencias críticas a Ortega, mas no cabe duda de que en sus ensayos se dejan sentir tanto la presencia como la influencia del maestro español.

Pero no sólo en Argentina se reflejó la influencia orteguiana en el ensayo sobre la realidad nacional. En Puerto Rico, por ejemplo, la encontramos en 1934 en *Insularismo. Ensayo de interpretación puertorriqueña,* de Antonio S. Pedreira, influencia que, por cierto, se dio a la par de la muy notoria de Unamuno.

La influencia de Ortega en Puerto Rico por esos años era muy grande. Según lo señala María Teresa Babin, los textos de Ortega eran parte esencial de los cursos de español en Puerto Rico desde la escuela secundaria hasta la universidad durante la década del 1930 al 1940. En la universidad se leían por ese entonces, en los cursos de literatura principalmente, *La deshumanización del arte, La rebelión de las masas, España invertebrada* y *Meditaciones del Quijote;* algo similar a lo que sucedía en el resto del continente.

En Pedreira encontramos la influencia del pensamiento orteguiano más que la de su estilo literario. Así, por ejemplo, al ocuparse de lo que considera como la crisis de la cultura en esos años en Puerto Rico, en medio de la múltiple y profunda dependencia de los Estados Unidos, Pedreira hace uso del concepto orteguiano de cultura, que aún analizaremos detalladamente, diferenciándolo del de civilización; lo que hace, por cierto, mencionando expresamente a Ortega.[217] Pedreira se queja de la confusión de ambos conceptos en Puerto Rico, donde, si bien existía un gran orgullo por el adelanto técnico y económico y por el gran nú-

[216] Carlos Erro, *Medida del criollismo,* Buenos Aires, 1929, p. 18.
[217] Antonio S. Pedreira, *Insularismo. Ensayos de interpretación puertorriqueña,* Biblioteca de Autores Puertorriqueños, San Juan, Puerto Rico, 1957, p. 98.

mero de profesionales, no existía la conciencia de que la cultura, "más que adelanto es intensidad vital; es asunto más cualitativo que cuantitativo".[218] Así, por ejemplo, Pedreira señala que los pedagogos puertorriqueños no habían podido formular una filosofía de la educación acorde con las necesidades nacionales, y por ello también en la enseñanza reinaba en esos momentos el ideal materialista, que implicaba el simple equiparamiento del hombre para que pudiera proveerse de los menesteres cotidianos.

Frente a este materialismo pragmatista que no diferenciaba entre civilización material y cultura, Pedreira se dolía del retraimiento de los "hombres superiores que se aíslan en la oquedad de sus casas para defender su aristarquía del irrespetuoso predominio de los mediocres".[219] Y cuando las asociaciones con *La rebelión de las masas* ya se hacen muy patentes, Pedreira observa explícitamente que si Ortega y Gasset hubiera sido puertorriqueño hubiera escrito este libro 25 años atrás.[220]

Pero coincidimos con María Teresa Babin en considerar que no menor que la influencia de *La rebelión de las masas*, y en nuestra opinión también de *Misión de la universidad*, se da en este libro de Pedreira la influencia determinante de *España invertebrada*. Babin lo expresa de manera muy acertada:

> Tanto Ortega como Pedreira tratan de disectar, no como científicos, sino como hombres de formación humanística y filosófica, el carácter de sus pueblos respectivos, cargando ambos la mano en los males tradicionales e invocando con fe el despertar hacia una rehabilitación de los valores propios y el robustecimiento de la personalidad nacional, triunfando sobre las miserias personalistas y tendiendo los ojos, el entendimiento y el corazón hacia el mundo, buscando con avidez los aires universales que limpien y purifiquen el ambiente respectivo de España y de Puerto Rico.[221]

Y, por cierto, estas líneas son también relevantes para la influencia de este libro de Ortega en el ensayo nacional en no pocos escritores del resto de los países hispanoamericanos.

También en otros países es posible detectar el influjo orteguiano en el ensayo nacional, como en el notorio caso ya analizado de Ramos en México, o el de Orrego en Perú, pero sea lo escrito al respecto suficiente para hacer patente esta otra faceta de la influencia orteguiana en las décadas de los veinte y los treinta.

[218] *Idem.*
[219] *Ibid.*, p. 103.
[220] *Ibid.*, p. 104.
[221] María Teresa Babin, "Presencia de Ortega y Gasset en Puerto Rico", en *Asomante*, año XII, vol. 20, núm. 4, octubre-diciembre de 1956, Puerto Rico, p. 85.

III. CON LA GUERRA CIVIL ESPAÑOLA: EXILIADOS Y TRANSTERRADOS

Ortega y Gasset en la Argentina: la tercera es la vencida

En octubre de 1939 Ortega y Gasset, el personaje intelectual de renombre mundial que había impuesto su sello en la cultura hispanoamericana en general, en la Argentina en forma muy especial, llega a las costas porteñas huyendo de la Guerra Civil española y de la inminente guerra mundial. Pero en esta oportunidad no se volvería a repetir la experiencia dichosa de las visitas previas. El joven casi desconocido que logró un éxito enorme en 1916 vuelve a la Argentina en 1939 con el reconocimiento mundial, mayor inclusive que el que detentaba durante su segunda visita a ese país, puesto que luego de la misma ha publicado, entre otros, su libro más famoso: *La rebelión de las masas*. Pero, en forma sorpresiva, es precisamente en esta tercera oportunidad que Ortega es marginado por los núcleos académicos y profesionales, no se le otorga cátedra alguna, y las cosas llegan al grado de que inclusive tiene serias dificultades para poder mantenerse. La tercera es la vencida. ¿Por qué? ¿Cuáles fueron las causas de que uno de los héroes culturales de la Argentina descienda tan rápidamente de su pedestal al nivel del marginado? ¿Acaso las causas fueron estrictamente culturales o fue la trascendencia del momento político? ¿Acaso su marginación de los círculos profesionales académicos implicó necesariamente su marginación de los círculos culturales más amplios? Las influencias culturales se dan en función de su relevancia para las circunstancias particulares del marco receptor, pero éstas se encuentran estructuradas en ámbitos de diferente categoría, y no siempre lo relevante para la posibilidad de la recepción del mensaje es la categoría afín al mismo. O sea, que si una circunstancia se encuentra dominada básicamente por el factor ideológico político, por ejemplo, muy bien puede suceder que sea este ámbito el decisivo también en lo que se refiere a la recepción o rechazo de una influencia cultural o estrictamente filosófica. Por otro lado, ello no implica necesariamente la nulificación de toda trascendencia del ámbito afín, el cultural, por ejemplo, que puede lograr mantener un determinado grado de autonomía. Influencia cultural, política, academia, cultura.

En septiembre de 1939 Victoria Ocampo terminaba un artículo de bienvenida a Ortega con estas palabras: "Ortega y Gasset no está aquí de visita, entre extraños. Está en su casa, entre amigos. En este momento en que parece tan cruelmente natural el dudar de todo, que no dude de esto."[1]

Pero las cartas de Ortega desde Argentina expresarían algo diametralmente opuesto: "...estamos completamente solos de amistades fecundas", escribe luego de un año en Argentina,[2] y en los momentos previos a su vuelta a España le escribe a la misma Victoria Ocampo:

> Puedo decirte que desde febrero mi existencia no se parece *absolutamente nada* a lo que ha sido hasta entonces y que sin posible comparación atravieso la etapa más dura de mi vida [...] haz el favor de imaginar un momento en que en vez de una te fallasen a la vez todas las dimensiones de la vida y con ello tendrías una idea de lo que a mí me pasa.[3]

Y a otra amiga le escribe:

> Mi vida aquí no tiene historia posible porque es la suspensión total de una vida. Excuso decirle, tras dos años de larga permanencia aquí, las cosas que tendría que decir sobre América. Las primeras no las podrían oír oídos hechos sólo a palabras decentes, pero las siguientes serían de verdad interesantes.[4]

Victoria Ocampo, según el tenor de las cartas que le escribió Ortega, parecería que sí supo mantenerse en la prueba de la amistad, pero el medio intelectual y académico argentino estuvo muy lejos de aquellas primeras promesas de bienvenida. Carmen Gandara escribiría posteriormente: "... nuestro país cometió hacia él —y sobre todo hacia sí mismo— un pecado muy difícil de perdonar".[5]

Claro está que al leer las cartas de Ortega debemos primeramente recordar el elemento estrictamente personal, puesto que en el otoño de 1938 había sufrido una grave operación en París, y su salud también se había visto quebrantada durante su estadía en Argentina. Ello agravó más aún el problema económico que lo acompañó a lo largo de los tres años en Argentina, y que se vio complicado también por la necesidad de financiar su viaje, con su esposa y su hija, de Europa a Argentina, y asimismo por la

[1] Victoria Ocampo, "Ortega y Gasset", en *Sur,* núm. 60, septiembre de 1939, p. 73.

[2] Carta de Ortega y Gasset a Justino Azcárate (Caracas), 29 de septiembre de 1940. Archivo Fundación Ortega y Gasset.

[3] Carta de Ortega y Gasset a Victoria Ocampo, 9 de octubre de 1941, en "Cartas de Ortega y Gasset", *Sur,* septiembre-octubre, núm. 296, p. 18.

[4] Carta de Ortega a Carmen Gandara, 14 de noviembre de 1941. Archivo Fundación Ortega y Gasset.

[5] Carmen Gandara, "Claridad sobre las cosas", en *Sur,* núm. 241, julio-agosto de 1956, p. 72.

necesidad de financiar el casamiento de su hijo Miguel. Y todo ello cuando el dinero que le correspondía por sus libros en España se encontraba bloqueado. Más aún, sus hijos se encontraban en España, con problemas propios y ante la inminencia de que también España se viera involucrada en el conflicto mundial. Todas estas circunstancias particulares no eran precisamente reconfortantes.

Pero aparte de todo esto, el ambiente argentino era esta vez diferente, y no por los posibles ecos del debate alrededor de "El hombre a la defensiva", sino por cuestiones mucho más serias y urgentes: la Guerra Civil española y la segunda Guerra Mundial. Argentina estaba polarizada políticamente, y dada la procedencia española e italiana de gran parte de su población, esta polarización cobró ribetes de extremo involucramiento personal y emotivo. El mismo Ortega, al volver al país, guardó un estricto silencio y no se definió ni con respecto al franquismo ni con respecto a la guerra mundial. Sus hijos, Miguel y José, se habían incorporado a las filas franquistas durante la guerra; "se pusieron del lado de los 'señores' ", nos relata un familiar, que señala, también, que aparte de sus propias opiniones Ortega se encontraba atado de pies y manos por la presencia de sus hijos en España.

Pero no fue sólo el silencio y la neutralidad, chocantes por sí mismos para los círculos republicanos y democráticos, sino también el hecho de que Ortega se distanció por razones de diferente índole de personalidades intelectuales republicanas, como en los casos de Francisco Romero y de Losada (por razones relacionadas con la publicación de sus libros), a la vez que se relacionaba cada vez más con los círculos profranquistas y reaccionarios, con los círculos nacionalistas hispanistas católicos, y con los de la alta sociedad vinculada al gobierno conservador.

Según el testimonio de una de las personas más vinculadas a Ortega durante este periodo, si no la más cercana, el nacionalista católico Máximo Etchecopar, Ortega jamás se pronunció con respecto a la situación imperante en España. Como única excepción recuerda su reacción al elogio al líder de la Falange, José Antonio Primo de Rivera, hecho por el mismo Etchecopar. Así le contestó Ortega: "...me negué a encontrarme con él (José Antonio había intentado verlo varias veces) porque no podía sustraerme a la idea de saberlo o imaginarlo poseído de la voluntad de muerte, circunstancia ésta que me rechazaba por instinto".[6] Máximo Etchecopar era una de las personas con más ascendencia dentro del grupo que representaba en Argentina al catolicismo antiliberal de derecha. En lo intelectual se encontraban influenciados por el neotomismo, que pos-

[6] Máximo Etchecopar, *Ortega en la Argentina,* Institución Ortega y Gasset, Buenos Aires, 1983, pp. 75-76.

tulaban en esos momentos frente al marxismo. Su amistad y su admiración por Ortega lo convirtieron en un nexo con personas del grupo que se pusieron a estudiar los escritos del filósofo.[7] Se trataba de un grupo que se había opuesto a la República y en esos momentos era profranquista. En realidad Ortega los había desilusionado al apoyar a la República y se vinieron a relacionar con él sólo hacia 1939. El grupo funcionaba en especial en los "Cursos de Cultura Católica" de la Acción Católica Argentina, que publicaron en el espíritu de la ortodoxia neotomista la revista *Baluarte* y posteriormente *Sol y luna* y *Nueva política.*[8] Previamente habían acusado la influencia de Spengler, muy especialmente de *Años decisivos,* publicado en 1932.[9]

Este grupo gusta y toma de Ortega, en especial, su teoría social, aunque claro está que selectivamente, y sin asimilar lo específicamente filosófico de la obra orteguiana debido al tomismo riguroso y ortodoxo que los caracterizaba. En Ortega creían encontrar un pensamiento político de derecha, muy especialmente en escritos como *España invertebrada* y *La rebelión de las masas.* Así nos lo relata en una reciente entrevista Etchecopar:

> *La rebelión de las masas* era una expresión de lo que sin demasiada falsificación de las ideas cabe llamar una visión política de derecha. Es un libro que coincidía con el modo de sentir del grupo, proeuropeísta y antiyanqui, y nos adherimos también a su teoría, ya desarrollada en *España invertebrada*, de las minorías selectas. También nos marcó en especial el penúltimo capítulo titulado "¿Quién manda en el mundo?" Nosotros creíamos, luego de la victoria de Franco y con la guerra mundial en ciernes, que en la historia de Occidente se daba la gran oportunidad de confrontar las ideas y fuerzas del orden de raíz tradicional contra lo que conceptuábamos como la barbarie soviético-marxista. El mundo occidental que defendía los valores de la libertad y la democracia era considerado por nosotros como carente del vigor histórico necesario para la lucha. Y cuando Ortega escribe que no hay quien mande en el mundo, lo interpretamos como una invitación.[10]

En nuestra entrevista con Etchecopar en 1990, éste agrega a estos recuerdos su conclusión de que no habían conocido bien al nazismo y que habían tenido una idea benévola del fascismo. Encontramos sumamente sugestiva la idea que nos presentó el historiador argentino Ezequiel

[7] Entrevista del autor con Máximo Etchecopar, Buenos Aires, 1° de septiembre de 1989.

[8] Sobre los Cursos de Cultura Católica, véase Raúl Rivero de Olazábal, *Por una cultura católica,* Editorial Claretiana, Buenos Aires, 1986.

[9] Oswald Spengler, *Años decisivos,* Espasa-Calpe, S. A., Buenos Aires, 1982, Colección Austral, 2ª edición.

[10] Entrevista del autor con Máximo Etchecopar, Buenos Aires, 1° de septiembre de 1989.

Gallo, en el sentido de que para muchos representantes de la derecha Ortega se convirtió en un vehículo muy adecuado para volver a un liberalismo bastante obligado en tiempos posteriores, aunque en lo que se refiere a Etchecopar, no cabe duda de su apego a Ortega en aquellos años.

Otra de las personalidades prominentes del grupo fue Marcelo Sánchez Sorondo, quien se desempeñó como director de *Nueva Política* en esos años, de 1940 a 1943. También Sánchez Sorondo fue influido por las ideas elitistas de Ortega sobre las minorías selectas, lo que se reflejó constantemente en sus artículos y en su libro *La clase dirigente y la crisis del régimen.*[11] Sánchez Sorondo postuló una visión muy ortodoxa de la misión de Argentina y del orden político: la reivindicación de la tradición española y de la obra de España en América, rompiendo con la tradición liberal argentina de Sarmiento y Alberdi y reivindicando la herencia de Juan Manuel de Rosas. Aunaba a ello posturas antisemitas claramente definidas en sus escritos, y la idea de que "dentro de la legalidad el sufragio universal conduce al comunismo".[12]

Entre los grandes admiradores de Ortega en este grupo se encontró también César Pico, algo mayor que Etchecopar, médico y biólogo con gran interés por la filosofía, que tenía una cátedra de sociología en la Universidad de La Plata en los años cuarenta, y daba conferencias en los "Cursos de Cultura Católica" en los treinta y los cuarenta. Pico se "convirtió" al orteguismo, parece que ésta es la palabra adecuada dado su fervor por el mismo, al oír las conferencias de Ortega de lo que luego aparecería como *El hombre y la gente*. En 1949 Pico participaría en el Primer Congreso Nacional de Filosofía, en Mendoza, con una exposición en la que se justificaban las tesis sociológicas de Ortega. Centrándose en las tesis de Ortega sobre "los usos", Pico los caracteriza, apoyándose en Santo Tomás de Aquino, como la causa formal de la sociedad y desarrolla una interpretación tomista de las ideas de Ortega,[13] con la que éste (y Etchecopar coincide con nosotros) difícilmente hubiera podido relacionarse.

Este orteguiano era uno de los más prominentes ideólogos de la derecha católica en esos años, y en 1937 había publicado una famosa *Carta a Jacques Maritain* como contestación a *Humanisme Intégral* del filósofo francés. Pico postulaba la colaboración entre el catolicismo y el fascismo, y consideraba que el catolicismo podría ayudar al fascismo a salvaguardar

[11] Marcelo Sánchez Sorondo, *La clase dirigente y la crisis del régimen,* ADSUM, Buenos Aires, 1941.

[12] Marcelo Sánchez Sorondo, *La revolución que anunciamos,* Edición Nueva Política, Buenos Aires, 1945.

[13] César E. Pico, "Los usos, causa formal de la sociedad. Sumaria exposición y justificación de la tesis de Ortega", en *Actas del Primer Congreso Nacional de Filosofía,* Mendoza, 30 de marzo de 1949, tomo III, Universidad Nacional de Cuyo, pp. 1741-1756.

los derechos de la persona humana y a evitar la "estatolatría", a la vez que veía en el fascismo una respuesta a la crisis que amenazaba destruir la cultura cristiana.[14a]

Por cierto, debemos destacar que esta influencia de elementos de la teoría orteguiana sobre los círculos nacionalistas de inclinaciones fascistas, se manifestó también en otros países y no sólo en Argentina. En Chile, por ejemplo, ello es patente a lo largo de todo el libro de Sergio Recabarren V., *Mensaje vigente*, que postula la reivindicación de la ideología del Movimiento Nacional Socialista chileno de Jorge González von Marrés, fundador y jefe del "nacismo" (lo escribían con "c" adrede) chileno.[14b]

En el otro extremo, el liberal democrático, sobresalía la postura de la gente de *Sur*, quienes desde un primer momento tomaron una posición militante contra el fascismo y el nazismo. Señalamos aquí especialmente a la gente de *Sur* por ser lo relevante para nuestro tema, puesto que Ortega se encontraba en estrechas relaciones con la mayoría del grupo, sobre los que ejercía por lo general una importante influencia. Ortega era miembro del Consejo Extranjero de la revista, e inclusive, como ya hemos mencionado, había sido él quien había decidido, en una conversación con Victoria Ocampo, sobre el mismo nombre de la revista.

Precisamente en octubre de 1939, coincidiendo con la llegada de Ortega a Buenos Aires y con la irrupción de la gran conflagración mundial, la revista *Sur* dedicaba su número a la guerra, con artículos de lo más granado de sus colaboradores y el mundo intelectual argentino. Todos ellos consideraron urgente el definirse públicamente en una actitud diametralmente opuesta al silencio por el que optaría Ortega.

Victoria Ocampo, en el primer artículo, escribía claramente que los americanos que comulgaban en la fe del respeto a la justicia y a la persona humana deseaban el triunfo de Francia y de Inglaterra por ser ellas quienes custodiaban esa fe. "Ante la guerra actual no podemos permanecer neutrales."[15]

También Jorge Luis Borges se expresa clara y radicalmente y finaliza su artículo con estos categóricos conceptos:

[14a] César E. Pico, *Carta a Jacques Maritain*, ADSUM, Buenos Aires, 1937, p. 14. Para esta temática del nacionalismo argentino y de sus diversas manifestaciones, puede verse, entre otros, Enrique Zuleta Álvarez, *El nacionalismo argentino*, Ediciones La Bastilla, Buenos Aires, 1975.

[14b] Sergio Recabarren V., *Mensaje vigente*, Santiago de Chile, 1964. Por cierto, también en España, los círculos falangistas y seudofascistas admiraron aspectos diversos del pensamiento orteguiano a la par que rechazaban su liberalismo. Véase, por ejemplo, *Falange y literatura*, Editorial Labor, Barcelona, 1971, pp. 16-20.

[15] Victoria Ocampo, "Vísperas de guerra", en *Sur*, octubre de 1939, año IX, Buenos Aires, p. 18.

Es posible que una derrota alemana sea la ruina de Alemania; es indiscutible que su victoria sería la ruina y el envilecimiento del orbe. No me refiero al imaginario peligro de una aventura colonial sudamericana; pienso en los imitadores autóctonos, en los *ubermenschen* caseros, que el inexorable azar nos depararía. Espero que los años nos traerán la venturosa aniquilación de Adolf Hitler, hijo atroz de Versalles.[16]

También Francisco Romero, tan influido por la filosofía alemana, afirma que su admiración al genio filosófico y científico de los alemanes, y hacia otras eminentes virtudes de ese pueblo, aumentaba precisamente su reprobación ante una política de confusión y de violencia, cuyo triunfo no sólo comportaría el aplastamiento material de sus víctimas, sino además un oscurecimiento y desorden en las almas de los que la humanidad —y los alemanes en primer lugar— difícilmente se repondría.[17]

Esta postura militante de la gente de *Sur* sobresaldría en especial sobre el trasfondo del gobierno conservador argentino, que dejaría su lugar a los militares en 1943 y a Perón en 1946. Está casi por demás recordar que Argentina sólo declaró la guerra a Alemania pocas semanas antes de que finalizara el conflicto.

No es sorprendente, entonces, que en este ambiente, cargado emotivamente y polarizado alrededor de cuestiones que tocaban el ser o no ser de cada uno, se diera también un incidente que puso punto final a la colaboración de Ortega con el grupo *Sur*. En noviembre de 1938 había comenzado a publicarse *Sol y luna*, vinculado a los "Cursos de Cultura Católica" y netamente hispanizante y profranquista. En julio de 1939, en la sección "Calendario" de la revista *Sur*, apareció un artículo titulado "Capricho español", en el que se rechazaba la "hispanidad retinta" de *Sol y luna* y se citaban párrafos que en verdad hablaban por sí mismos, y por lo general inclusive hacían innecesarios los comentarios irónicos e incisivos del autor anónimo.[18] Etchecopar escribe que el estilo era tan característico e inconfundible, que en verdad la firma sobraba,[19] y personalmente nos relató que se trataba de Borges.[20] Emilia de Zuleta, en cambio, señala que el que escribía por esa época la mencionada sección era Ernesto Sábato.[21]

En el mencionado artículo las citas van desde las frases sueltas, como, por ejemplo, "para un hombre de cualquier raza inferior —quiero decir

[16] *Ibid.*, p. 29.
[17] *Ibid.*, p. 26.
[18] *Sur*, julio de 1939.
[19] Máximo Etchecopar, *op. cit.*, p. 83.
[20] Entrevista del autor con Máximo Etchecopar.
[21] Emilia de Zuleta, "Las letras españolas en la revista *Sur*", en *Revista de Archivos, Bibliotecas y Museos*, Madrid, enero-marzo de 1977, 80 (1-2), p. 118.

para cualquier hombre de raza no española...", hasta otras más extensas, como aquella, por ejemplo, que el autor anónimo transcribe y valora como una página en que conviven extrañamente el terrorismo y la información y de la que aquí citamos sólo su primer e ilustrativo parágrafo:

> Dios puso en las manos del Generalísimo la espada de la guerra y el Generalísimo deposita en el altar de Dios la espada de la victoria. Está teñida de sangre —porque la salvación de España debía llevarse a cabo sangrientamente— y está teñida de luz —porque su salvación debía realizarse luminosamente.[22]

Posteriormente vino la respuesta de *Sol y luna,* pero lo que nos interesa es que, cuando este incidente llegó a los oídos de Ortega, éste avisó de inmediato que retiraba su nombre del Comité de Consulta de *Sur.* Su amistad personal con Victoria Ocampo continuó, pero para muchos se hizo claro que su silencio no lo situaba en un punto equidistante entre el nacionalismo de derecha con ribetes fascistas y el liberalismo democrático.

Es sobre este contexto básicamente político que se dio la marginación de Ortega de los círculos intelectuales y académicos, aunque quizás debamos distinguir también aquí una determinada dosis de automarginación. A Ortega no se le otorgó cátedra universitaria alguna, se dio el ya mencionado distanciamiento de Romero y no contó con apoyo alguno de Alberini. El influyente Borges se burlaba del estilo de Ortega y consideraba que era cursi para hacer literatura y caía en los peores gustos del modernismo latinoamericano. En ese 1940, en una introducción a un libro de Bioy Casares, Borges realizó una crítica total de *La deshumanización del arte,* aunque esto venía a ser en realidad un reconocimiento del prestigio de la obra de Ortega, puesto que en 1940 cree necesario criticar una teoría presentada por el español 16 años antes.[23]

Pero no se trató sólo de lo estrictamente intelectual. Ortega intentó fundar una editorial propia, y por medio de un amigo suyo cercano a los círculos financieros, Ernesto Hueyo, solicitó al Banco de la Nación 30000 pesos para ese objetivo,[24] pero al no tener bienes raíces y sin las garantías adecuadas, no se le otorgó préstamo alguno. También esa salida creativa le quedó cortada.

Pero, contrariamente al clima que reinaba en los ámbitos político y académico, la obra de Ortega siguió siendo, en *función de su valor intrínseco,*

[22] *Sur,* julio de 1939.
[23] John King, *op. cit.,* p. 92.
[24] Véanse documentos en carta de Ortega y Gasset a Rafael Vehils, 11 de agosto de 1941, Archivo Fundación Ortega y Gasset.

patrimonio del ámbito cultural argentino y su prestigio en el mismo se acrecentaba constantemente. Esto es verdad en primer lugar en lo que respecta a su obra ya escrita. Espasa-Calpe empieza la Colección Austral, el primer libro de bolsillo en español, con *La rebelión de las masas*, cuya primera edición es del 30 de septiembre de 1937, con 6 000 ejemplares, y que tendría posteriores ediciones en los años 1938, 39, 41, 42, 43, 44, 46, 47, 49, 51 y 55, para no continuar con las ediciones más allá de nuestros límites cronológicos en este capítulo.

El tema de nuestro tiempo es el número 11 de la Colección y se publica el 15 de marzo de 1938, también con 6000 ejemplares, y sucesivas ediciones en 1939, 41, 42, 45, 47, 50 y 55.

Notas se publica el 8 de octubre de 1938 con 6000 ejemplares y ediciones en 1941, 43, 46, 47, 49 y 55.

El libro de las misiones con sus primeros 6000 ejemplares el 2 de enero de 1940, y ediciones en 1942, 44, 45, 50 y 55.

Ideas y creencias, con una primera edición en octubre de 1940, con sus 6 000 ejemplares, y ediciones en 1943, 45, 52 y 55.

Tríptico: Mirabeau, el político-Kant-Goethe, el 2 de mayo de 1941, 6000 ejemplares, ediciones en 1942, 44, 47, 52 y 55.

Mocedades, el 6 de agosto de 1941, 6000 ejemplares, y luego 1943 y 1946.[25]

O sea, en un único año, 1955, se publicaban a la vez nada menos que seis nueva reediciones de seis diferentes libros de Ortega, Y también en 1941, cuando Ortega se encontraba en Argentina con las dificultades que hemos recordado, aparecían reediciones de cinco de sus libros. Es verdad que se trataba del primer libro de bolsillo en español y era muy barato, pero no cabe duda de que los datos que hemos apuntado atestiguan el grado en que, a pesar de la marginación que sufrió Ortega especialmente por parte de los círculos académicos profesionales, su obra continuó siendo parte esencial de la cultura argentina en esos años flacos para el autor en lo personal. Esto es lo que explicará, amén del valor intrínseco de su obra, que posteriormente seamos testigos de un renacimiento de diversas facetas del orteguianismo en Argentina.

Sin lugar a dudas, el punto culminante en la actitud de hostilidad que hemos recordado hacia Ortega se manifestó cuando éste decidió abandonar Buenos Aires para volver finalmente a España. La resonancia de su decisión fue continental y las reacciones a ella fueron furibundas.

Guillermo de Torre, uno de los más prominentes miembros del grupo Sur, español residente en Buenos Aires que había colaborado con Ortega en su *Revista de Occidente*, publicó de inmediato en *Cuadernos Ame-*

[25] Información proporcionada al autor por la señora Raquel Linch, de la Espasa-Calpe argentina.

ricanos un violento ataque a Ortega, en una carta abierta a Alfonso Reyes titulada "Sobre una deserción".[26] Esta carta se publicó en el mes de agosto de 1942 y tenía que ver también con declaraciones despectivas de Ortega, a su llegada a Europa, con respecto a Reyes ("habla como un provinciano"). Dicho sea de paso, este incidente provocó también una carta de José Gaos a Ortega, en la que le escribe que "eso no se dice de una persona con la altura intelectual del mexicano". Según el testimonio de la filósofa mexicana Vera Yamuni, que mecanografió la carta de Gaos, éste se encontraba verdaderamente furioso.[27] Pero volvamos a Guillermo de Torre, quien comienza su carta abierta expresando el dolor de todos los intelectuales españoles y americanos por el hecho de que Ortega se hubiera embarcado hacia Lisboa, "con meta prevista y seudoconfesada en Berlín o Madrid". Ortega había cometido una "grave deserción", y lo había hecho, según De Torre, entre sumurmujos desdeñosos para América: "Se avecina una guerra entre Europa y América", escribe De Torre que se le escuchó decir a Ortega, "yo voy a tomar posición en Europa". Pero si eso fuera verdad, afirma este español que fuera admirador de Ortega, se trataría de una guerra entre la América libre y la Europa tiranizada.

Y entonces viene la relectura de las obras de Ortega en las cuales De Torre ahora cree comprobar que el filósofo nunca hizo mayor misterio de sus sentimientos antidemocráticos, de su debilidad por la fuerza, de su larvado cesarismo, y todo esto agregado a su silencio durante la Guerra Civil en España y sus ataques a Einstein cuando éste apoyó a los republicanos.[28]

Pocos meses después Guillermo de Torre vuelve a publicar un segundo artículo en *Cuadernos Americanos* en que lo compara con Unamuno. El autor llama la atención sobre la influencia temprana sobre Ortega de Maeztu, en esos momentos convertido en uno de los fervientes intelectuales de derecha, y sobre el hecho de que el europeísmo de Ortega fue sólo germanismo. De Torre considera que Ortega renegó ya desde *España invertebrada* del liberalismo democrático, y ello frente a la franca posición antifascista de Unamuno.[29] De Torre reconoce, sin embargo, que estas afirmaciones son algo problemáticas, puesto que luego de 1937 Ortega es ambiguo y teme exponer claramente sus nuevos puntos de vista.

[26] Guillermo de Torre, "Sobre una deserción", en *Cuadernos Americanos*, julio-agosto de 1942, México, pp. 47-50.

[27] Entrevista del autor con Vera Yamuni, 15 de febrero de 1989, México.

[28] Guillermo de Torre, *op. cit.*

[29] Guillermo de Torre, "Unamuno y Ortega", en *Cuadernos Americanos*, marzo-abril de 1943, México.

En Puerto Rico, donde la obra de Ortega ya tenía amplia difusión en los cuarenta, Domingo Marrero escribe en 1948 un libro sobre el maestro español que refleja evidentemente una importante influencia del mismo sobre su propio pensamiento. Pero al comienzo el mismo Marrero no deja de recordar la enorme decepción que sufrió ante la actitud de Ortega en las circunstancias a las que nos referimos en este capítulo, decepción que fue patrimonio de los más amplios círculos intelectuales del continente. Vale la pena una cita, algo prolongada, para señalar no sólo el hecho sino también captar algo de la enorme dimensión emotiva de la decepción:

> Un día nuestra generación lo puso sobre el pedestal. Abrasados y entusiastas ardíamos al calor de sus páginas incitantes. Desde su balcón aprendimos a contemplar, meditabundos y emocionados, el espectáculo que nos ofrecía el alborear de nuestra época. En esa hora Ortega era para nosotros el profeta cairológico que nos anunciaba la plenitud y la altura de los tiempos. Nos parecía entonces el hombre de la túnica de una sola pieza.
>
> Andando los años llegó una hora como el tremedal del trópico. En ella los hombres fueron pesados, no por lo que decían sino por lo que eran. En esos días fue menester que los espectadores embalconados se lanzaran a la arena. Era el momento de la decisión. En aquella hora Ortega fue pesado en balanza y hallado falto. Y cayeron, como de los de Saulo, escamas de nuestros ojos. Aquella mañana vimos por vez primera el perfil contrapuesto del centauro. [...] Su obra intelectual, sin embargo, no basta para redimirle como hombre ni como español en la hora de las exigencias definitivas. No se puede calzar sandalia profética ni ceñir cíngulo apostólico, si no se es capaz de honrarlos, no con unos cuantos renglones de ideas más o menos luminosas, sino con la lealtad íntegra y sacrificial de toda una vida.[30]

Esto lo escribía Marrero a fines de los cuarenta, pero pocos años más tarde no dudaría en dar terminante prueba de su integridad intelectual en un artículo publicado en 1956 con motivo de la muerte de Ortega; artículo en que rectifica los conceptos citados previamente.

Marrero reconoce que Ortega, al volver a España, "mantuvo la castidad de una distancia entre su gestión magistral y el estado vigente", y que por eso fue precisamente que fracasó el Instituto de Humanidades en el que había puesto tantas esperanzas. Marrero señala que si tuviera que revisar su libro sobre Ortega muy posiblemente no volvería a utilizar con respecto a la gestión pública de éste el símbolo del centauro.

> Entiendo que años atrás yo le pedía a Ortega lo que él no podía dar. Desde luego que fueron sus mismos trabajos los que me llevaron a pedirle que encar-

[30] Domingo Marrero, *El centauro. Persona y pensamiento de Ortega y Gasset,* Editorial Universitaria, Universidad de Puerto Rico, 1974, Colección UPREX, 2ª edición, pp. 13-14.

> nara en todas las instancias de su vida los ideales que preconizaba. Él, en cambio, se refugió en el silencio. Y como según sus propias palabras un filósofo no puede mentir, se mantuvo en una decorosa distancia de toda posición que le comprometiera públicamente. Éste es también un género de heroísmo intelectual que entonces yo no entendía y que ha sido reconocido por la inquieta y dolorida juventud española.[31]

Pero este reconocimiento vino en momentos de su muerte, y en 1942, al abandonar Ortega la Argentina, el resentimiento y el rencor estaban a la orden del día.

En Argentina, León Dujovne, filósofo argentino que había escuchado las conferencias de Ortega en su segunda y tercera visitas y que había trabado amistad con el filósofo español, escribiría posteriormente un libro sobre la concepción orteguiana de la historia. A pesar de que este extenso libro sumamente objetivo peca quizá por ser más bien una exposición de los diversos escritos al respecto de Ortega, Dujovne, de ascendencia judía, condenaría en algunos párrafos la neutralidad y el silencio de Ortega frente al nazismo y al holocausto, como también sus expresiones en Alemania luego de la guerra:

> ...durante la segunda Guerra Mundial y después de ella, cuando habló (Ortega) de "la terrible catástrofe" alemana, de la derrota de Alemania, daba a los alemanes unos consejos de tranquilidad, de dignidad y aun de elegancia frente a la derrota. ¿A qué catástrofe, a qué derrota se refería Ortega? ¿A la causada por las fuerzas militares aliadas o a la que Alemania gobernada por Hitler se causó a sí misma con los asesinatos de millones de civiles en Europa, particularmente con el exterminio de seis millones de judíos en "campos de concentración"? No hay noticia de que Ortega haya opinado sobre ello, a diferencia, por ejemplo, de dos alemanes tan "arios" como Thomas Mann y Karl Jaspers.[32]

En otro pasaje vuelve Dujovne a este asunto, al relacionar las afirmaciones de Ortega de que la misión del intelectual es la del profeta de "clamar en el desierto", desde su radical soledad, su propio desierto, invitando a los demás a ingresar en su propia soledad. Ortega afirma aun que los primeros intelectuales hebreos fueron los profetas. Pero Dujovne señala que Ortega se desentiende de que los profetas nunca fueron testigos contemplativos de los acontecimientos que se limitaban a enunciar catástrofes. Y sin mencionar explícitamente a Ortega, escribe con mucha indignación:

[31] Domingo Marrero, "El constructivismo orteguiano y las categorías de la vida", en *Asomante*, San Juan, Puerto Rico, año 12, vol. 12, núm. 4, octubre-diciembre de 1956, pp. 34-35.

[32] León Dujovne, *La concepción de la historia en la obra de Ortega y Gasset,* Rueda Filosófica, Buenos Aires, 1968, pp. 172-175.

> Evocaban el pasado, eran con frecuencia jueces muy severos de su tiempo, de su actualidad y asociaban a sus prédicas de justicia una visión del futuro [...] tenían sentido de la historia y no se puede objetar la designación de "intelectual" aplicada a los profetas. Pero no todos los intelectuales son profetas. Los profetas sabían indignarse. No eran observadores neutrales de los acontecimientos humanos.[33]

Estas citas, que son apenas un reflejo de la decepción y de la indignación frente al paso dado por Ortega, y que no siempre le hacen justicia, merecen ser mencionadas por sí mismas, puesto que reflejan la dimensión emotiva que fue precisamente la decisiva en esos momentos, y que se manifiesta en función de los elementos de índole política, ideológica y moral. Además, ilustran el enorme influjo de una obra escrita que, inclusive, a pesar de estas reacciones, continuará expandiéndose en los círculos culturales latinoamericanos, y en algunos lugares, en los cincuenta y sesenta, con renovados ímpetus. Es cierto que el mismo Ortega quedó aislado de los círculos oficiales franquistas, y en momentos de su muerte se convirtió inclusive en un símbolo de la juventud contra el franquismo. Es cierto también que hubo algunas voces que intentaron comprender su vuelta a España en 1942, pero el hecho es que ni su marginación por los círculos académicos en Argentina durante su tercer viaje, ni su vuelta a España detuvieron la continuidad de su decisiva influencia sobre la cultura hispanoamericana. Quizá porque ello apunta a una relativa autonomía del ámbito intelectual o el cultural con respecto al ideológico-político, como asimismo a una relativa autonomía del ámbito cultural general con respecto al profesional académico; quizá, también, porque la posterior gestión de Ortega en España frente al franquismo dio lugar necesariamente a una reconsideración de lo político propiamente dicho.

Eduardo Ortega y Gasset, escribiendo sobre su hermano José, se refiere también a su tercera estadía en Argentina y a su regreso a Lisboa, primero, y luego a Madrid. Cree que su retorno a España fue un error, pero considera también que en este caso "la alteza de su intento y la magnanimidad de su secreto sacrificio son innegables". Agrega aun que, a su vuelta, su hermano vivió en España rodeado de hostilidad y que nunca se inclinó ante el poder, y nos recuerda que se prohibió la publicación de la *Revista de Occidente*, que no aceptó la cátedra que ganara por oposición en la universidad y que no mantuvo el menor contacto oficial.

Tres razones se dieron, escribe Eduardo Ortega y Gasset, para que su hermano volviera a España. La primera fue el amor a sus hijos, que resi-

[33] *Ibid.*, pp. 195-196.

dían en Madrid; la segunda, su concepto de vieja tradición latina del emigrado, y la tercera, la esperanza de utilizar su autoridad como puente y transición hacia la normalización de la vida en España. En lo que se refiere a la segunda causa, Eduardo Ortega y Gasset cita unos párrafos escritos por su hermano en 1922, y que por tener relación con su tercera experiencia en Argentina transcribimos a continuación parcialmente:

> Todo lo que hay de incitante y existente en el tránsito por un país extraño, desaparece cuando a él trasladamos el eje y la raíz de la vida. Los antiguos tenían fina percepción de esa parálisis íntima en la que cae el transplantado y por ello era para ellos una pena del rango parejo a la muerte, la del destierro. No por la nostalgia de la patria le será horrendo el exilio, sino por la irremediable inactividad a que los condenaron. El desterrado siente su vida como suspendida: *exul umbra*, el desterrado es una sombra, decían los romanos. No puede intervenir ni en la política, ni en el dinamismo nacional, ni en las esperanzas, ni en los entusiasmos del país ajeno. Y no tanto porque los indígenas se lo impidan sino porque, todo lo que en derredor acontece, le es vitalmente heterogéneo, no repercute dentro de él, no le apasiona, ni le duele, ni le enciende. [...] Las potencias vitales se le han envaguecido y, en el secreto fondo de sí mismos, sienten su persona radical e irremediablemente humillada.[34]

En fin, no cabe duda de que en este sentido Ortega se sintió en Argentina en el exilio. El gran europeizante se vio completamente imposibilitado para asumir su nueva circunstancia latinoamericana. Para él fue en todo momento el exilio. Algo diametralmente opuesto de lo que sucedió con algunos de sus alumnos más prominentes que, como lo expresara José Gaos, se sintieron transterrados y no exiliados. Pero si se dio una determinada dosis de automarginación, no menos cierto es que, inclusive como exiliado, estuvo muy lejos de contar con la admiración y las celebraciones que antes fueron patrimonio suyo en la Argentina. Se topó, ya lo vimos, con la marginación.

En fin, la tercera fue la del rechazo enojado por su silencio y la protesta iracunda por su vuelta a España, la de su marginación de los círculos académicos y la de la continuidad, a pesar de todo esto, del auge cultural de las numerosísimas ediciones de sus numerosos libros. La ideología política y la academia no pudieron mantener en medio del momento histórico la separación y la autonomía de sus criterios propios, a pesar de que Ortega nunca se pronunció desde el punto de vista político y al final de cuentas era un exiliado en momentos en que en España ésos eran los años del auge franquista; en el ámbito cultural más amplio la

[34] Eduardo Ortega y Gasset, "Mi hermano José. Recuerdos de infancia y mocedad", en *Cuadernos Americanos*, año XV, vol. 87, núm. 3, mayo-junio de 1956, pp. 205 y 206.

obra de Ortega continuó siendo altamente valorada de acuerdo con su valor intrínseco, tal como lo testimonian las rotativas editoriales. Como ya lo hemos mencionado al comienzo de este capítulo, la influencia cultural se da en función de la relevancia de los mensajes para las circunstancias específicas del medio receptor, y éstas son sumamente complejas, siendo posible que lo que sea decisivo en un determinado momento para la recepción de tal o cual influencia cultural, sea un elemento de índole en gran medida extraña al contenido específico del mensaje (índole política o ideológica, por ejemplo, con respecto a una influencia cultural), aunque ello no implica necesariamente la nulificación de la relevancia de los elementos receptores de la misma índole del mensaje, mismos que pueden hacer gala de una autonomía relativa (los culturales, por ejemplo, en nuestro caso).

Pero pasemos ahora del gran exiliado a los transterrados que tanto hicieron en América por la difusión del pensamiento orteguiano.

José Gaos, el alumno: maestro de maestros

En 1938, con la llegada de los exiliados españoles empieza, muy especialmente en México, una nueva etapa de la influencia orteguiana, llegando ésta a ser decisiva para el desarrollo de diversas expresiones de la cultura mexicana y latinoamericana en general.

En primer lugar, debemos recordar en México a José Gaos, quien fuera rector de la Universidad de Madrid durante un año en medio de la Guerra Civil, y que en esos momentos era considerado como el alumno predilecto de Ortega. Joaquín Xirau, José María Gallegos Rocafull, Luis Recaséns Siches, Eugenio Ímaz y Eduardo Nicol, fueron también ellos importantes filósofos que se fueron a vivir a México. Otros como Adolfo Sánchez Vázquez y Ramón Xirau, que estudiarían en México y se convertirían en importantes representantes de la filosofía, llegaron aún muy jóvenes. Hubo también filósofos, como María Zambrano y Juan David García Bacca, que residieron durante algunos años en México para salir posteriormente hacia otras costas; Zambrano residiría en Cuba durante diez años y García Bacca pasaría a Venezuela.

También en otros ámbitos académicos llegaron exiliados de categoría al país mexicano, y cualquier lista que presentáramos haría injusticia a los que no se incluyeran en la misma. En historia, Ramón Iglesias y José Miranda, y también aquí jóvenes que estudiarían y harían notorias carreras académicas en México, como Carlos Bosch García, Rafael Segovia Canoso o Juan Antonio Ortega y Medina. En arqueología, Pedro Bosch Gimpera, quien había creado la escuela arqueológica de Barcelona, y así podríamos continuar casi en todos los planos de la actividad académica.[35]

A Venezuela llegaron Domingo Casanovas, quien fundó la Facultad de Filosofía y Letras junto con Eugenio Ímaz, García Bacca (definitivamente desde 1947) y un grupo de venezolanos. Posteriormente llegaron a este país también, entre otros, Federico Riu, Juan A. Nuño, Guillermo Pérez Enciso y Bartolomé Oliver.

En Puerto Rico, el rector Jaime Benítez inició en 1942 una reforma universitaria intentando conservar y fortalecer la herencia cultural nacional en medio de su situación tan especial bajo el dominio estadunidense. En este espíritu se dieron también las invitaciones a distinguidos profesores españoles, exiliados o residentes en España, pero liberales demócratas. Entre ellos, por cierto, orteguianos importantes como el notorio caso de Antonio Rodríguez Huescar, quien fue alumno de Ortega de 1931 a 1936, y que luego de llegar invitado a Puerto Rico en 1956 enseñó en este país durante largos años. También Pedro Salinas, Jorge Guillén y Juan Ramón Jiménez. Como profesores invitados, cabe destacar la estadía de José Luis Abellán de 1961 a 1963, y las numerosas visitas de Julián Marías a partir de 1956. Abellán se convertiría posteriormente en uno de los más prominentes historiadores de las ideas españolas, escribiendo también sobre Ortega y Gaos y sobre la presencia de América en el pensamiento español. Julián Marías tendría a través de los años un amplio e intenso contacto con los países latinoamericanos, ya sea por medio de sus visitas y conferencias o por medio de sus artículos publicados regularmente en *El Nacional* de Buenos Aires a partir de 1952. Amén de ello, en medio de una profusa obra filosófica, escribiría tres libros sobre Ortega, y su propia filosofía intenta ser un desarrollo y complementación de la obra del maestro español en el espíritu del mismo.

Los alumnos de Ortega que se encontraron entre los exiliados españoles y los profesores visitantes constituyeron un nuevo e importante conducto de la transmisión y difusión de la obra de Ortega, y muy especialmente de la profundización en su estudio y comprensión dentro de los círculos profesionales. Inclusive la propia obra de estos alumnos de Ortega exiliados en la América hispana, marcada en menor o mayor grado con el sello orteguiano, debe considerarse como parte de la creación cultural de sus respectivos países.

En México, dada la gran categoría de los maestros españoles, y debido a que sus alumnos mexicanos se convertirían en maestros de nuevas ge-

[35] Para este tema, véase *El exilio en México. 1939-1989,* Fondo de Cultura Económica, México, 1982. Para los filósofos exiliados en América, véase José Luis Abellán, *Filosofía española en América, 1936-1966,* Ediciones Guadarrama S. L. con Seminarios y Ediciones, S.A., Madrid, 1967.

neraciones, en esos momentos se abrió no solamente una nueva etapa de la influencia orteguiana, sino también un nuevo periodo en el desarrollo académico del país.

A continuación nos centraremos en la figura de José Gaos, cuya decisiva influencia se dejó sentir no sólo en México sino también en sus alumnos provenientes de otros países, y quien nunca dejó de reconocer en todo momento su enorme deuda intelectual con Ortega, aun después de que se encontró algo distanciado de éste en momentos de su vuelta a la España franquista.

Y así lo expresa de un modo terminante el mismo Gaos:

> Precisar en todos los puntos hasta dónde lo que pienso es mera reproducción de esta filosofía —la de Ortega— o prolongación, reacción, ocurrencia mía, fuera interesante en una doble dirección inversa: reconocerle lo suyo y no achacarle lo que no querría aceptar. Pero tal puntualización me es imposible. Durante años he vivido en convivencia frecuentemente diaria con él. He sido el oyente de palabras o el interlocutor de conversaciones en que se precisaban sus propias ideas en gestación, he leído originales inéditos. Así, ya no sé si tal idea que pienso, si tal ejemplo o expresión de que me sirvo, lo he recibido de él, se me ocurrió al oírle o leerle a él, o se me ocurrió aparte o después de la convivencia con él. Alguna vez ha sucedido comprobar que tal idea o expresión que consideraba como mía me la había apropiado de él, asimilándomela hasta el punto de olvidar su origen.[36]

Y si éstas son las palabras del mismo Gaos, se nos hace meridianamente claro que su cátedra y sus escritos se encontraran preñados por el espíritu y por los fundamentos filosóficos orteguianos. Ello sin desmedro de su propia creación filosófica, su "filosofía de la filosofía", que desemboca en un personismo que radicaliza terminantemente el circunstancialismo y el perspectivismo orteguiano, y modera en cierta manera el historicismo al resaltar el peso decisivo de la persona y de su perspectiva singular en el quehacer filosófico.

Es claro que la labor de Gaos vino a profundizar la influencia orteguiana que ya existía, como lo hemos visto ampliamente. El importante historiador mexicano Eduardo O'Gorman, discípulo y admirador de Gaos (encontramos una gran foto de Gaos en su sala de trabajo), nos dijo que, en lo que se refiere a Ortega, Gaos vino a "llover sobre mojado".[37] También Leopoldo Zea, el alumno por excelencia de Gaos, nos relata que había estudiado previamente a Ortega en las clases de filosofía de Ramos,

[36] Citado en José Gaos, *Confesiones personales,* Fondo de Cultura Económica, México, 1958, pp. 74-75.

[37] Entrevista del autor con Eduardo O'Gorman, México, 3 de febrero de 1989.

y también en las de literatura. Este conocimiento, nos dice, le sirvió mucho cuando tomó las clases de Gaos.[38]

La catedra de éste vino, entonces, más bien a posibilitar la profundización de la filosofía orteguiana, pero, claro está, a través de la propia perspectiva de Gaos. Aquellos elementos del pensamiento orteguiano que Gaos no acepta o no considera de modo especial, o que lo hace de modo crítico, como en el caso de la teoría de las generaciones, no prenden en esos años en México en los alumnos de Ortega y no se expresan en su obra. Gaos no se ocupó de la teoría de las generaciones, e inclusive en un artículo en el que defiende precisamente a Ortega de un serio ataque de Eduardo Nicol, coincide con éste en su crítica a la teoría de las generaciones.[39]

En cambio, el circunstancialismo, el perspectivismo y el historicismo orteguianos calaron en estos años profundamente en la obra de sus alumnos, aunque éstos a su vez neutralizarían los elementos de la filosofía personista del mismo Gaos. Y esto es algo sumamente interesante que viene a plantarnos frente al hecho de que el conducto, en este caso el alumno-maestro Gaos, tiene la capacidad de neutralizar o filtrar ciertos elementos del mensaje orteguiano, pero a la vez puede revelarse como imposibilitado para introducir elementos centrales de su propio mensaje, en este caso la filosofía de la filosofía y el personismo.

He aquí planteada nuevamente la problemática de la razón de ser de la influencia cultural: ¿por qué tal elemento o teoría sí y la otra no? ¿Por qué el generacionalismo, que había sido empleado en los veinte y en los treinta para justificar el debut cultural y político de una nueva generación mexicana, deja de encontrarse seriamente en la obra de los alumnos de Gaos en los cuarenta y los cincuenta? ¿Sólo por el filtro del maestro transterrado? ¿Y si es así, por qué el perspectivismo, el circunstancialismo y el historicismo orteguianos son captados y aplicados ampliamente en este periodo, pero desentendiéndose, por lo general, de las aportaciones de la filosofía personista del mismo Gaos?

En estas interrogantes aparece y se repite el concepto de instrumentación, y con él la clave de la respuesta. La presencia de una figura intelectual en el mundo de las noticias no es equivalente a la influencia de la misma o de sus ideas. Esta última se da en función de su relevancia para la realidad del contexto receptor, o sea, de la medida en que es significativa para la confrontación de los hombres con su problemática propia. Claro está que se da la posibilidad de que, como sucede a menudo en el caso de Ortega, la influencia se exprese precisamente en tanto proble-

[38] Entrevista del autor con Leopoldo Zea, México, 6 de febrero de 1989.

[39] José Gaos, "De paso por el historicismo y el existencialismo. Parega y Paralipomena", en José Gaos, *Sobre Ortega y Gasset*, Imprenta Universitaria, México, 1957, p. 218.

matización de una determinada temática convirtiéndola así en centro de investigación y debate. Pero para que ello sea real y perecedero se debe tratar de la problematización teórica de *un problema real,* o sea, de la concientización de una problemática real que no había sido elevada al plano teórico. De no ser real, de no ser una urgencia vital, será, en el mejor de los casos, una moda fugaz que no podrá echar ancla en el ámbito intelectual y se desplazará con los nuevos vientos.

El generacionalismo fue instrumentado con motivo de la necesidad de una justificación para la acción política y cultural de los jóvenes que se encontraban algo desarmados frente a los generales que habían hecho la Revolución de 1910 y que dominaban por completo la escena nacional. Pero a fines de los treinta la Revolución ya se había institucionalizado con Cárdenas, y con Ávila Camacho y Alemán se postula un proyecto de modernización nacionalista que buscará la unificación nacional más allá de las disputas y confrontaciones clasistas y de generaciones.

Los intelectuales van incorporándose en las instituciones académicas oficiales, y algunos de ellos transitan también a los cargos públicos. Se busca más bien acentuar la comunión y la integración a la vez que un nacionalismo que también toma en ocasiones serios ribetes antimperalistas. La lucha de las generaciones ya no parece relevante para el nuevo contexto nacional como lo había sido anteriormente. Si se sigue tomando en cuenta la conceptuación generacional, se deja en cambio a un lado el elemento de la confrontación. En este sentido es sumamente ilustrativo un breve artículo, al que ya nos hemos referido, escrito por Octavio Paz en 1939, en el que, escribiendo sobre su revista *Taller*, recuerda ampliamente la teoría de las generaciones de Ortega. Pero Paz escribe que una etapa humana no se mide solamente por generaciones biológicas, sino por sus obras, y que la tarea de su generación es la de *profundizar* la renovación iniciada por las anteriores. Y finaliza, como ya lo señalamos, afirmando que *Taller* no quiere ser el sitio en donde se liquida una generación, sino el lugar en que se construye el mexicano y se le rescata de la injusticia, la incultura, la frivolidad y la muerte.[40]

En la nueva situación nacional se imponen el circunstancialismo, el perspectivismo y el historicismo orteguiano, que justifican filosóficamente la reivindicación de la creación cultural nacional y el reconocimiento de su valor universal.

Y en este marco de reivindicación nacionalista de un México que recientemente había pasado por su enorme revolución popular es donde el personalismo gaosiano parece algo irrelevante. Y por ello tampoco prende seriamente el existencialismo que Gaos había enseñado con minucio-

[40] Octavio Paz, "Razón de ser", *op. cit.*, pp. 157-162.

sidad en sus clases, muy especialmente el de Heidegger. Cuando a principios de los cincuenta se adopta una versión sartreriana en determinados círculos, como en el de Zea y el grupo Hiperión, se trata de un experimento fugaz. Zea escribió en 1952 que si bien la fenomenología les había ofrecido métodos para estudiar la realidad propia elevándola a campos más abstractos, ello había sido con respecto a la posibilidad de estudiar al ser del hombre, pero de "un hombre tan concreto como lo es el mexicano".[41] Y agrega aun que la descripción fenomenológica no puede tener otro fin que el de tomar conciencia de la realidad para posibilitar la elaboración de los instrumentos que permitan su transformación.[42] El mismo Zea abandonaría luego de dos o tres años el experimento existencialista y se aventuraría por otros senderos muy diferentes.

Debido a ello, en medio de este empuje nacionalista y modernizante, pletórico de entusiasmo y confianza en el propio destino, no fueron adoptados en este periodo, por lo general, los sentimientos de frustración, angustia y desesperación que predominaban en el pensamiento existencialista. Es verdad que en Eduardo O'Gorman se manifestarán con fuerza los elementos propios de la filosofía heideggeriana en su apreciación del ser de América, pero esta línea historiográfica no tuvo continuidad notoria.

En fin, Gaos creó un importante grupo de alumnos-maestros en el espíritu orteguiano de acuerdo con la relevancia de los fundamentos filosóficos de Ortega para la problemática mexicana; y la misma irrelevancia de algunos de sus propios fundamentos filosóficos hizo que éstos no prendieran significativamente en el ámbito profesional y cultural mexicano.

Pero debemos detenernos de todas formas en la obra filosófica de Gaos, profusa y profunda por igual, por tres razones principales: *1*) toda ella, al igual que su magisterio, se encuentra traspasada por el espíritu orteguiano; *2*) si bien el personismo o la filosofía de la filosofía no prendieron en México, en cambio, no cabe duda de que el profundo humanismo esencial a los mismos se hizo patrimonio de sus alumnos, que al volcarse a la reivindicación de la cultura mexicana nunca cayeron en el mero chauvinismo, y *3*) su propia obra es ejemplo de la influencia de Ortega en la creación cultural hispanoamericana, y el mismo Gaos se ve como un "transterrado" que encontró en México su patria de destino, y que escribió ampliamente sobre ella y sobre la América hispana en una labor que se prolongó durante 30 años. Pasemos, entonces, al análisis de la obra de Gaos, y primeramente a sus ideas filosóficas en el momento de su arribo a México.

[41] Leopoldo Zea, *La filosofía en México*, Libro-Mex, 1955, vol. II, p. 255.

[42] Leopoldo Zea, *Conciencia y posibilidad del mexicano*, Editorial Porrúa, México, 1978, p. 47.

En octubre de 1939 Gaos dio en México una serie de conferencias en *La casa de España en México*, en las que expuso sus ideas acerca de la filosofía de la filosofía.

Gaos explica que a lo largo de su historia la filosofía ha tenido como temas la naturaleza, Dios, el hombre, la ciencia y también a sí misma; y que del mismo modo que hablamos de una filosofía de la naturaleza o de la religión, podemos hablar de una filosofía de la filosofía.

En un supremo esfuerzo de síntesis, Gaos expone en apretados conceptos lo esencial de su visión filosófica:

> En la actualidad, el vocado de filosofía, a quien su vocación por ésta lleva a hacerse profesional de ella, esto es, a erigirla en principio de su vida, de su ser, de él mismo, *decepcionado* de la filosofía, esto es de su principio, de su vida, de su ser, de sí mismo, se *obstina* en la filosofía, esto es en su principio, vida y ser, en sí mismo, en la doble forma de una *reflexión* sobre sí, sobre su ser, su vida y el principio de una y de otro, y de una *exposición* —historia, cuento y confesión— de esta reflexión, siguiendo las cuatro etapas de la vocación, profesión, decepción y obstinación.[43]

Tratemos de aclarar esto viéndolo algo más detalladamente. En su *comienzo* la vocación filosófica aparece *motivada por el objeto,* como un afán de saber absoluto del mismo, necesario y posible. Por medio de un análisis de corte existencialista, con mucho de Ortega y no poco de Zubirí, Gaos escribe que se trata de un saber para la vida, que resulta también un saber para la muerte. Un saber para la vida, porque necesitamos el saber para "llevar a cabo" nuestra única vida; pero también un saber para la muerte, puesto que ésta es, al fin y al cabo, lo único definitivo de la vida, y lo que le confiere precisamente su carácter de algo definitivo. Pero debido a que la muerte puede ser el momento inmediato al que vivimos, resulta que la vida es continua inminencia de su fin, y entonces es urgente vivirla. La filosofía se manifiesta de este modo como un saber capaz de decir su última palabra en este mismo momento, como un saber de urgencia. Pero Gaos nos dice que se trata también de un saber de salvación, puesto que la vida, que nos impone la urgencia del saber filosófico, es sentida asimismo como perdición de la que tenemos que salvarnos: perdición en tanto la desorientación de la vida, la falta de todo punto cardinal. Por ello no es nada sorprendente el que "...el saber de salvación (la filosofía) se presenta como el descubrimiento de algo sustante a que agarrarse, a que subirse, en que echarse. Se presenta como el

[43] José Gaos y Francisco Larroyo, *Dos ideas de la filosofía. Pro y contra la filosofía de la filosofía,* La Casa de España en México-Fondo de Cultura Económica, México, 1940, pp. 15 y 16.

descubrimiento de las sustancias..." De este modo, la posibilidad del saber filosófico se ve reducida a un saber de los principios, mostrando precisamente lo sustancial.[44]

Pero resulta que luego de pasar una rápida revista de la historia de la filosofía en sus constantes y continuos desacuerdos, el filósofo de hoy en día, Gaos específicamente, se encuentra ante una interrogante crucial: "¿Cuál es la situación del que habiendo profesado la filosofía, ha hecho la experiencia histórica de ella como un círculo de excentricidad y perdición? ¿Qué sentido puede encontrársele a la filosofía, después de haber hecho esta experiencia y encontrándonos en la situación que es consecuencia de ella?"[45]

Y sucede que se da entonces *una doble decepción:* en primer lugar la doctrinal, puesto que el afán de saber principal, como postulación de unidad, se nos aparece en tanto una pluralidad histórica de principios y filosofías; y además se da la decepción vital por la incongruencia creciente de la filosofía en tanto abstracción de la vida, por un lado, y el carácter crecientemente concreto de la propia vida del filósofo hasta su madurez, por otro. Y entonces "...el profesional de la filosofía arriba así, justo en el momento central de la madurez de su vida, en el momento que debiera ser plenitud de ella, a una situación vital en que aquello que ha informado su vida, que constituye su propio ser, se le hace cuestión. *Su propio ser se le hace cuestión*".[46]

Pero resulta que es imposible quedarse en la mera decepción, puesto que "...el ser la vida —urge— insta. Hay que persistir en el ser o dejar de ser". El persistir en la decepción del propio ser es una situación insostenible, pero el mero hecho de que se exprese en forma de interrogante sobre el propio ser, viene ya a superar "la resignación inerte y el abatimiento abyecto", y se comienza a dar la idea de un nuevo saber.

Mas ahora se trata de una situación diferente, en la que el filósofo ve frustrada su concepción original de la filosofía como motivada por el objeto y por el afán del saber absoluto del mismo. A la pregunta sobre lo que es la filosofía, el filósofo responde ahora enfrentándose a lo que Gaos considera los verdaderos motivos de su vocación filosófica, no ya en función del objeto del saber, sino en la de una filosofía de la filosofía que se centra en el carácter y en la personalidad del sujeto, del filósofo mismo. Y, en medio de su análisis fenomenológico, Gaos señala la soberbia como el momento subjetivo central del afán de saber filosófico; soberbia de una filosofía que había venido buscando infructuosamente una verdad única.

[44] *Ibid.*, pp. 16-23.
[45] *Ibid.*, p. 30.
[46] *Ibid.*, pp. 34-35.

En medio de este análisis, Gaos se refiere en forma sumamente interesante a lo que considera como el significado último de este afán del filósofo de una verdad única y de su correspondiente resistencia a la idea de la verdad plural. Vale la pena la cita:

> Por parte de la masa [se da] el gregarismo y el parasitismo humanos, la salvación a costa ajena, o simplemente la comodidad, el confort, como en la técnica, la física, la matemática en lugar de la salvación por sí, ya que en sí. La verdad una es el fenómeno intelectual, la entidad ideal propia de un ente que puede degenerar en grey. Cuando nos afanamos, no por una *verdad*, sino por la verdad *una*, nos portamos como cabeza, sí —pero de ganado—. Por fortuna no somos forzosamente rebaño. Tenemos *historia*, que es en lo que se diferencian las especies *gregarias* de los animales de la especie humana histórica. Por parte del filósofo se da el afán del poder y dominación indirectos sobre la masa gregaria por medio de los principios abstractos y la unidad que confieren a la realidad y a la verdad.[47]

En fin, Gaos considera que es precisamente en estos problemas de la verdad y la realidad humana, tan dramáticos en esos momentos, donde se revela el sentido último de la filosofía y la soberbia por igual. El ser humano no tiene como los demás entes un ser dado, sino que es ente del ser-que-hacer-se. Esto implica "una contextura de doblez" que se manifiesta en la estructura de la vida humana en tanto centro de con-centración y tendencias ex-plosivas de descentralización hacia los límites. Se trata de los límites de "la superhombría, el afán y la soberbia", por un lado, y "la infrahumanidad, el tedio y la abyección", por el otro. Y es en este contexto que Gaos considera a la filosofía como la manifestación extrema del ser del hombre oscilando entre ambos extremos:

> En suma, la filosofía, la soberbia, es el choque contra el límite, que lanza de nuevo hacia el centro y la recuperación del equilibrio. El filósofo, lejos de ser el lugar del universo en que Dios se concibe a sí mismo (Aristóteles-Hegel), es el lugar de la Humanidad en el que el hombre hace la experiencia de sus límites, de su finitud, y en este sentido se concibe a sí mismo. El filósofo es el hombre que muestra al hombre sus límites, su finitud, y ejerce así una función regulativa de la existencia humana. En cuanto esta función devuelve al hombre el centro más estable de sí mismo, el filósofo es salvador del hombre. Y éste es el punto en que se encuentran una vez más humanidad y filosofía. Entre la abyección de la humanidad en la publicidad una y gregaria, en la insustancialidad a que ha llegado la vida contemporánea, y el intento de superación extremoso de la filosofía en la reflexión hasta los límites infranqueables de la conciencia, [aparece] la conjunción de una vida privada rica y pro-

[47] *Ibid.*, p. 44.

funda y el retroceso de la filosofía hacia esta misma vida bosqueja la forma del futuro.[48]

Si recordamos que esto fue dicho a fines de 1939, comprendemos el grado en que para Gaos la filosofía de la filosofía se identifica con un profundo humanismo, y este humanismo con la salvación de la vida individual, propia, en oposición total al rebaño que corría desenfrenadamente en esos momentos por Europa. La decepción historicista se resuelve en un profundo humanismo del que, en medio de la filosofía orteguiana en general, surgiría también la simiente de la autorreivindicación nacionalista, como en el caso de la escuela de Zea. Pero, por sus mismos orígenes orteguianos y gaosianos, una reivindicación humanista desprovista de toda soberbia o desprecio por los demás.

El punto al que hemos llegado con la filosofía de la filosofía de Gaos es también el de su personismo. Para Gaos el desconocimiento de la persona humana, su menosprecio, omisión y atropello, constituyen "el hecho más hondo y decisivo del momento actual", y si los hombres conocieran las soluciones a este problema central denominarían tal saber "filosofía de la persona".[49]

Gaos llega también por otra vertiente al personismo, al señalar que la filosofía de su tiempo no ha escapado al historicismo, y se presenta entonces en forma de filosofías, en plural, distintas entre sí y que Gaos considera como filosofías personales. Pero no sólo esto, sino que Gaos considera que esta constitución histórica, pluralista, personalista de la filosofía puede comprenderse solamente por medio de una filosofía de la persona. De este modo, la filosofía de las cuestiones más urgentes de su momento histórico y la filosofía de la filosofía convergen en la dirección de una filosofía de la persona, en función de la vigencia del problema y del historicismo perspectivista estirado hasta lo personalista por Gaos. "Una filosofía de la persona es una filosofía que concibe la realidad constituida, si no exclusiva, en todo caso principalmente, por personas, y que reconoce en los valores de la persona los valores más altos, y en el valor mismo de la propia persona el valor supremo, el tradicional *Sumo Bien*."[50]

Veamos ahora otro aspecto fundamental de la filosofía gaosiana, que reside en la crítica de la fenomenología husserliana desde el punto de vista orteguiano, y que es muy importante para ilustrar definitivamente el espíritu orteguiano, que a nuestro parecer traspasa toda su enseñanza.

[48] *Ibid.*, pp. 46-47.

[49] José Gaos, "La filosofía actual y el personismo", en *Filosofía de la filosofía e historia de la filosofía*, Stylo, México, 1947, p. 203.

[50] *Ibid.*, p. 209.

Husserl había llegado a la conclusión, en medio de su crítica del psicologismo, que las leyes lógicas no son leyes de hechos, y que los objetos lógicos no son hechos ni de conciencia ni de ninguna otra clase. Los objetos lógicos deben tener los mismos atributos que las leyes lógicas, esto es, ser inmutables, universales, intemporales o eternos; tratándose, entonces, de objetos de una existencia ideal. De esta idealidad de los objetos lógicos, Husserl, y con él Scheler y Hartmann, pasan al ámbito de la ética y de la estética, llevando a cabo una diferenciación filosófica de varios reinos acorde a sus diferentes clases de objetos: físicos, psíquicos, ideales, y también el reino de los valores, que a veces es identificado con el de los objetos ideales y otras como una clase más con objetos propios. Y es aquí donde Gaos entra en polémica con aquellos que consideran que la filosofía no tiene nada que ver ni con los objetos físicos, ni con los psíquicos, ni con los ideales, sino solamente con los valores. Las ciencias naturales, la psicología, las matemáticas se ocuparían de sus respectivos objetos, y la filosofía sería el conjunto ideal o *sui generis* de los valores y los juicios ideales sobre ellos. De este modo, la filosofía pasaría, según Gaos, de ser el término expresivo de una realidad humana, mudable, individual, temporal, a ser el término expresivo de una idealidad inmutable, universal, intemporal o eterna.

Y entonces, desde sus fundamentos orteguianos, Gaos sale tajante contra esta visión de la filosofía y contra esta filosofía por igual:

> Los filósofos que reducen la filosofía al conjunto ideal de los valores y de los juicios sobre ellos no hacen más que repetir, desde muy lejos, desmayadamente y sin conciencia ya de su sentido, el platónico gesto de asco —con olvido, descuido y negligencia de esta vida y de la actividad en que consiste.[51]

Ahora bien, Gaos recuerda que toda la filosofía de los objetos ideales se encuentra fincada en la concepción de los objetos psíquicos y físicos como mudables, individuales y temporales; y sin ello no habría fundamento para su distinción de los objetos ideales. Lo que otorga a los objetos físicos y psíquicos su facticidad es en último término, para Gaos, su temporalidad. Ésta los individualiza como hechos distintos los unos de los otros; y se expresa como el principio y el fin con que se dan en el tiempo, limitados por otros hechos del mismo género.

Sin embargo, resulta que la vida humana individual, la vida humana colectiva o la especie humana son consideradas como "hechos" en el mismo sentido que los físicos y los psíquicos. Y entonces también la temporalidad de la vida humana es considerada como similar a la de tales hechos.

[51] José Gaos, "Filosofía, personalidad", en *Filosofía de la filosofía e historia de la filosofía*, p. 167.

Gaos comienza su crítica afirmando que los hechos psíquicos y físicos constituyen ellos mismos *abstracciones* del concreto del mundo físico. El hecho físico no es real sino en su concreción *con los demás integrantes de este mundo,* y lo mismo es verdad en lo que se refiere a los hechos psíquicos respecto al resto de los demás integrantes del mundo psíquico. Estos hechos son abstraídos de su concreción, que se da en medio de su relación con el resto de la naturaleza o de la psique, y es precisamente a esta abstracción que se deben la individualidad y la temporalidad con que se concibe la facticidad que las define. Del mismo modo, la vida humana individual y el individuo humano se consideran como una abstracción del concreto de la vida, que en su misma constitución es convivencia.[52]

Pero el hecho es que nosotros nos encontramos ya en convivencia con los demás, y este convivir no se nos presenta como un hecho físico objetivo, sino que *el mismo convivir es vivido como vida propia,* como la propia vida. La individualidad y la temporalidad de nuestra vida son *sui generis*, distintas de las de los hechos físicos y psíquicos. La individualidad de nuestras vidas no se da en función de su distinción respecto a otras, sino en su unidad (la convivencia), con la simultánea exclusión o inexistencia de otras; y su temporalidad no reside en darse con un principio y un fin relativos a algo homogéneo exterior, en un tiempo excedente de estos límites, sino que la temporalidad de nuestra vida reside en *el ser vivida transcurriendo en forma de tiempo*, dentro de sus propios límites absolutos.

Y es entonces que Gaos observa críticamente que la abstracción individualizadora de nuestra vida, representada al modo de otra especie natural cualquiera, implica el que nos abstraemos de vivirla como propia, representándonosla como si no la viviéramos, como extraña, ajena, objetiva. Y Gaos concluye: "...la realidad de la vida humana está en la concreción de las vidas humanas individuales en la humana convivencia, vividas aquéllas y ésta como vida propia de cada *uno de nosotros*".

Resulta, entonces, que la factualidad de nuestra vida es tan *sui generis* como nuestra individualidad y nuestra temporalidad. Nuestra vida es un hecho porque la vivimos efectivamente con su tiempo, pero es un hecho del que los hechos físicos y psíquicos son hechos parciales, en el que están fundados, al que son relativos, en suma, del que son abstracciones, abstracciones nuestras; mientras que, en cambio, el hecho de nuestra vida es total, absoluto, concreto, real, fundamental.[53]

[52] *Ibid.*, p. 173.
[53] *Ibid.*, p. 178.

> El vivirnos conviviendo es el hecho único, absoluto, al que los demás se refieren, del que dependen en determinado sentido todos los demás hechos [...] la vida humana, en su solo sentido real, el sentido concreto de la humana convivencia; según su índole propiamente humana, el ser vivida como propia: nuestra vida —el hecho por excelencia, el único hecho en sentido absolutamente riguroso y fundamental.[54]

Así, luego de esta reconsideración filosófica de nuestra vida, como realidad radical, Gaos se permite la reconsideración de los mismos objetos ideales, afirmando que su misma universalidad y eternidad radican en el carácter absoluto del *hecho concreto, pero también absoluto de la vida.* O sea, que la facticidad de la vida humana no es opuesta a los atributos de la idealidad, al grado de que estos atributos ideales son precisamente emergencia y expresión de la facticidad de la vida humana. Y, por otro lado, los mismos objetos ideales se encuentran, concretos, en la concreción de la vida humana.

Gaos concluye este análisis del siguiente modo:

> El entender la facticidad en el sentido exclusivo de la facticidad de los hechos físicos o psíquicos es liza común a los que hipostatan la idealidad y a sus adversarios realistas o empiristas. La justa ha versado sobre la reducción o la irreductibilidad de los objetos ideales a los hechos. La argumentación del idealismo consiste en mostrar la irreductibilidad de la idealidad a la factibilidad de los hechos. La crítica del idealismo, en mostrar la inexistencia de los objetos ideales a distinción de los hechos. La distinción entre la facticidad de los hechos físicos y psíquicos y la del hecho de la vida humana permite renovar el torneo y concluir, con nuevas y muy al parecer convincentes razones, la reducción de lo ideal a lo real, que es sólo el concreto de nuestra vida —con su mundo— en cuanto tal.[55]

Como vemos, en los párrafos anteriores y en el debate todo, la idea orteguiana de la vida en tanto realidad radical se halla presente en cada momento y en cada concepto. Claro que hemos expuesto someramente sólo algo de su pensamiento filosófico, pero, ¡cuánto hay del de Ortega!, y cuánto habrá en toda su enseñanza y en todos sus escritos.

Ahora, luego de haber visto algo de la filosofía gaosiona-orteguiana, debemos dirigir nuestra mirada a la otra gran vertiente de la profusa y profunda obra escrita por Gaos en México, y nos referimos a su historia de las ideas, que implica asimismo una filosofía de la lengua española. Esta vertiente viene también a conjugarse con el fluir de su filosofía perso-

[54] *Ibid.*, pp. 179-180.
[55] *Ibid.*, p. 185.

nista, al expresar su doble preocupación vital con su circunstancia de nacimiento y su circunstancia de destino. Se trata de una de las aportaciones capitales de Gaos a la cultura mexicana y latinoamericana en general, y todo ello con base en los fundamentos filosóficos orteguianos, inclusive cuando el mismo Ortega no hubiera aceptado muchos de los desarrollos filosóficos e historiográficos que se dieron en América.

En la introducción a su *Pensamiento de lengua española,*[56] Gaos intenta demostrar, ante todo, la unidad de tal pensamiento hispanoamericano y español. El filósofo "transterrado" afirma que España y América no sólo tuvieron una evolución conjunta en la época colonial en medio de la estructura imperial, sino que también, a partir del siglo XVIII, se dio un mismo proceso en España y en sus colonias americanas. En España se trató de un movimiento de revisión y crítica de un pasado que había desembocado en la decadencia española; y en las colonias, paralelamente, un movimiento de renovación e independencia culturales con respecto a la metrópoli, que condujeron a la independencia política.

Ambos procesos se originaron en la filosofía de la Ilustración, y Gaos opina que en el caso de España, en su capa más radical, también se trató de un movimiento de independencia espiritual respecto al pasado propio. Ambos movimientos son considerados, entonces, como movimientos de independencia contra el pasado imperial y contra el mismo pasado metropolitano-colonial. Sin embargo, esta tesis de Gaos se nos hace algo problemática si recordamos los esfuerzos de España, incluyendo los de los liberales, por mantener íntegro su imperio. Sin lugar a dudas, estos dos movimientos de revisión del pasado colonial fueron inspirados por las ideas de la Ilustración, pero también tuvieron dos perspectivas diferentes en lo que se refiere al futuro del imperio.

En América este movimiento logró consumarse en la independencia política, en tanto que en la península, según Gaos, fue consolidándose como un movimiento espiritual, a la vez que se tradujo también en movimientos políticos, como los constitucionales, liberales y republicanos, que se resolvieron finalmente en la primera y segunda repúblicas. Aunque esta última, para su pesar, sufría en esos mismos años la derrota militar y política a manos del franquismo: "España es la última colonia de sí misma, la única nación hispanoamericana que del común pasado imperial queda por hacerse independiente, no sólo espiritual, sino también políticamente."[57]

Un pasado común, y también según el parecer de Gaos, y por lo menos parcialmente, un presente y un futuro comunes, puesto que considera

[56] José Gaos, *Pensamiento de lengua española,* Editorial Stylo, México, 1945.
[57] *Ibid.*, p. 28.

que en esos momentos las naciones hispanoamericanas podían influir decisivamente en el logro de la independencia final de España, la que en su opinión dependía del desenlace de la Guerra Mundial. En fin, no puede reprochársele a Gaos el haber sido incapaz de imaginar que, unos años más tarde de la derrota nazi y fascista, los Estados Unidos y el mundo occidental le abrirían sus brazos al régimen franquista en medio de una común postura anticomunista.

Se trata para Gaos, entonces, de un proceso único del pensamiento de lengua española en la península y en América, y por ello puede remitirse al análisis de sus características comunes, que consisten especialmente de dos fundamentales: lo estético en lo que se refiere a sus formas (ensayo, artículo, conferencia, etc.), y la filosofía ideológica en sus temas (políticos en la amplia concepción del término).

En la medida que se le compare con las filosofías metafísicas en sus contenidos, y sistemáticas y científicas en sus formas, se verá que se trata evidentemente de un pensamiento ametafísico, asistemático y "literario". Pero Gaos señala que ello no le resta nada de su carácter filosófico, puesto que en la historia de la filosofía se dieron también filosofías tales, "de hecho y de derecho", y "de hecho y de derecho" sale Gaos a la reivindicación de la esencia filosófica del pensamiento asistemático, ametafísico y literario en lengua española.

Gaos recuerda una numerosa lista de los grandes nombres de la filosofía hispanoamericana y española, para llegar a la afirmación final de que esta línea de pensamiento científica-filosófica-política culmina en la época contemporánea con José Ortega y Gasset. Es el "yo soy yo y mi circunstancia y si no la salvo a ella no me salvo yo", que hace patente la necesidad de la salvación del pueblo por la cultura y la filosofía, precisamente por medio de la meditación filosófica. Se trata de salvar la circunstancia propia, que es la española, por y para la cultura y la filosofía.

"La salvación de las circunstancias por 'el espectador' se concretó como 'tema de nuestro tiempo': racionalización de la vida por una 'razón vital' –izada. El vivir ha de ser objeto de un ver que a su vez ha de ser en la raíz un vivir."[58] Y esta vida ha venido siendo abarcada por Ortega en su concreción circunstancial, en medio de un programa de salvaciones de las circunstancias españolas, por medio precisamente de una filosofía española.

Este logro de la filosofía orteguiana era relevante, según Gaos, también para la filosofía hispanoamericana en general, en función de lo que considera como la unidad de la circunstancia hispanoamericana. También aquí puede discutirse la afirmación de Gaos en lo que respecta a la

[58] *Ibid.*, p. 74.

unidad de las circunstancias en el continente y en la península, pero ello es irrelevante en lo que se refiere a la fecundidad de las ideas orteguianas para el desarrollo de la filosofía latinoamericana. Su "yo soy yo y mi circunstancia" es relevante para todo yo y su correspondiente circunstancia. Pero no sólo esto, sino que Gaos inclusive llega a reconocer que si bien el pensamiento de salvación se da como teoría consciente sólo con Ortega, la primera práctica monumental del mismo, "de monumentalidad última hasta ahora", se da en *Civilización y barbarie.*[59] Esto es, este tipo filosófico alcanzó ya en el siglo XIX su momento cumbre, precisamente en la América hispana.

Ahora bien, implícito en el carácter político de la filosofía americana se encuentra su carácter pedagógico. Una filosofía política de la salvación de las circunstancias implica de hecho un espíritu y una obra pedagógica, que es lo que también viene a explicar, a final de cuentas, las formas estéticas.

Para Gaos se trata, entonces, de un pensamiento que no es metafísico, sino aplicado a esta vida y a este mundo; un inmanentismo aplicado particularmente a la circunstancia política en tanto comunidad cultural. Es por ello que este pensamiento lleva inherente la fe en su potencia histórica cultural, "una fe en la virtud política de la ética y de la estética".

Esta conceptualización del pensamiento hispanoamericano por Gaos se origina de su visión general de la historia de la filosofía occidental, a la que considera "una gigantomaquia entre trascendentismo e inmanentismo", en tanto que para él el pensamiento hispanoamericano contemporáneo es "una promoción voluminosa y original" del pensamiento filosófico inmanentista actual.[60]

Pero, al ser la vida misma el tema de este pensamiento, resulta que va implícito en el mismo el imperativo de definirse entre su pasado, su presente y su futuro, y por ello el tema del pensamiento hispanoamericano vendría a ser a final de cuentas él mismo, en su pasado, presente y futuro.

Ahora bien, la decisión de los pensadores contemporáneos en pro de una filosofía inmanentista conlleva, tanto la decisión de continuar con una filosofía tal, como también la reivindicación de la categoría filosófica del pensamiento pasado hispanoamericano, puesto que se le reconoce como tal. "La filosofía del pasado será filosofía o no según las decisiones de la futura. Los maestros son hechos por los discípulos. El pasado por el presente. [...] El pensamiento hispanoamericano del pasado será lo que decida el del presente y el del futuro."[61]

[59] *Ibid.*, p. 82.
[60] *Ibid.*, pp. 97 y 99.
[61] *Ibid.*, p. 105.

Menudo programa de salvación para las nuevas generaciones hispanoamericanas. No sólo la creación cultural de su presente para el futuro, sino también una creación cultural que lleva consigo la reivindicación cultural de su pasado.

Y esta salvación se daría en el doble aspecto de continuar en la línea de la filosofía que en algunas de sus corrientes más importantes también es, de acuerdo con la definición de Gaos, "inmanentista", ideológica y estética, y además se expresaría también como historia de las ideas, salvación que es rescate y explicitación del valor de las mismas.

De hecho, Gaos se ve abocado en su filosofía e historia de las ideas a una labor de salvación multiple: de sí mismo, en tanto filósofo español transterrado a México; de su circunstancia propia (España, México, Hispanoamérica); dentro de esta circunstancia propia, de salvación de su maestro, Ortega y Gasset, y finalmente, salvación del pensamiento hispanoamericano mismo. Las cuatro salvaciones, claro está, se encuentran implícitas la una en las otras y convergen en una única labor. Su salvación personal implica la de su circunstancia, y a la salvación de ésta le es inherente la salvación-reivindicación tanto del pensamiento hispanoamericano con sus peculiaridades propias, como la salvación de la filosofía de su maestro, que constituye, precisamente, el punto de culminación de un tipo de filosofía que caracteriza a tal pensamiento.

La filosofía personista y la filosofía de la filosofía de Gaos, aunadas a su gran impulso a la historia de las ideas en la América hispana, expresan claramente las facetas de la salvación personal y de la salvación de sus circunstancias, pero en lo que se refiere a la salvación de Ortega es necesario aún agregar algunas palabras.

La interpretación de Ortega por parte de Gaos, postulándolo como punto de culminación de la filosofía hispanoamericana actual, conlleva evidentemente la conceptualización de su filosofía como una filosofía inmanentista, carente de metafísica y de ontología. De este modo, Gaos se opone a otras interpretaciones del pensamiento de Ortega, como, por ejemplo, la de Julián Marías, que encuentra en Ortega una renovación antitradicionalista de la metafísica. Estas ideas ya habían sido explicadas por Gaos en España, en 1935, en una conferencia que dictó en medio de los actos que se celebraron con motivo de las bodas de plata de Ortega en su cátedra universitaria, y por cierto que no le hicieron gracia alguna a Ortega. Pero es que de eso se trataba precisamente: del intento de Gaos de salvar a Ortega a pesar de sí mismo. Y así lo dice Gaos: "Que no se salva a nadie tratando de hacer de él lo que no fue, aunque él mismo quisiera serlo. Sino tratando de hacer valer lo que realmente fuera, aun a pesar suyo."[62]

[62] *Ibid.*, y José Gaos, *Sobre Ortega y Gasset,* p. 84.

Gaos considera que, a pesar de que Ortega fue la encarnación de la idea de que de la vida, de la existencia, no hay sistema, se empeñaría de todas formas en una sistematización que era opuesta al sentido tanto de su obra como de sí mismo. Y ello en vez de "...racionalizar su propia obra, vida, personalidad, con una conciencia de ellas y de sí mismo, conciencia reivindicativa de los valores que le eran peculiares frente a los que le son extraños".[63]

El mismo Gaos se aboca de inmediato a esta labor de salvación de los valores propios del pensamiento mexicano y latinoamericano en general, y sus artículos se van sucediendo rápidamente, con atención especial al pensamiento de Vasconcelos, de Caso, Justino Fernández, O'Gorman, Ramos, etcétera.

Un ejemplo en que más patentemente se expresa esta labor de "salvación-reivindicación" del pensamiento mexicano es el artículo escrito por Gaos sobre el libro de Samuel Ramos, *El perfil del hombre y la cultura en México*, mismo que ya hemos analizado previamente. El libro de Ramos repercutiría especialmente en los ámbitos culturales mexicanos sólo después de que el famoso discípulo de Ortega le otorgara el prestigio de su reconocimiento intelectual. Gaos escribe que lo primero que le llamó la atención en el libro de Ramos fue la similitud con *Las meditaciones del Quijote* de Ortega, en lo que se refiere al problema planteado, a la manera de plantearlo y tratarlo en busca de una solución, y la confrontación con el problema de la cultura nacional actual y futura. Claro está que se dan diferencias importantes entre ambas obras, mas Gaos considera que las similitudes hacen patentes las afinidades objetivas entre los temas y la originalidad y autenticidad con que ambos pensadores confrontan su circunstancia nacional, y en esto, precisamente, reside en su opinión "el valor filosófico de las obras".[64]

Gaos apunta la existencia de tres capas superpuestas en la estructura del libro del filósofo mexicano: una superficial formada por la exposición de los hechos históricos y sociales; una segunda de más profundidad, que implica una filosofía de la cultura en su análisis de las características y las circunstancias colectivas y estables; y finalmente una tercera capa, más profunda y que se refiere al alma humana como sostén de todo lo anterior. Estas tres capas se estudian en su evolución histórica hasta el presente, y a partir de éste se les proyecta idealmente en el futuro como previsiones y proposiciones para el cambio del mexicano y de su cultura.[65]

[63] *Ibid.*, p. 85.
[64] *Ibid.*, p. 170.
[65] *Ibid.*, p. 171.

En fin, sirva lo anterior como ilustración de los muchos artículos —no todos alabatorios, por cierto— que Gaos escribió salvando-reivindicando-estimulando a filósofos tanto del pasado como del presente hispanoamericano. En 1945 publicaría, en medio de este esfuerzo, dos voluminosos tomos de su *Antología del pensamiento de lengua española en la edad contemporánea,*[66] que serían de gran provecho para numerosos estudiantes, maestros y lectores en general.

Como vemos, nada de exilio. A su "patria de nacimiento" agrega Gaos lo que llamó su "patria de destino". Un "transterrado", diría.

Otros maestros orteguianos: sociología y filosofía

Veamos a continuación a algunos otros prominentes filósofos y sociólogos españoles, que llegados a las costas americanas luego de la Guerra Civil ejercieron su magisterio y escribieron libros y artículos para difundir el pensamiento del maestro español, con especial énfasis de cada uno de ellos en lo que era esencial para su propia obra. Es digno de mención que muchos de estos intelectuales, en medio de la crisis española y mundial, prestaron especial atención al estudio de la sociedad en crisis. Sus escritos sociológicos y filosóficos no fueron simplemente un ejercicio académico, sino un esfuerzo por comprender esa dramática y trágica encrucijada de la historia en la que se encontraba inserta su propia existencia.

Luis Recaséns Siches es uno de esos transterrados que fieles al pensamiento orteguiano lo expresaron en su obra escrita, ya sea directamente en artículos sobre el maestro, ya sea en la asimilación de sus ideas en el desarrollo de su propio pensamiento, o desde la cátedra universitaria.

Recaséns Siches había sido alumno cercano de Ortega en Madrid, y cursó también estudios en Alemania y en Austria, básicamente en el área de la filosofía jurídica, y acusando la influencia de Scheler y de Hartmann entre las de otros filósofos prominentes. Según el mismo Recaséns Siches, él se encontraba entre los cinco discípulos de Ortega (García Morente, Xavier Zubirí, José Gaos, Julián Marías y Recaséns Siches),[67] que estuvieron en un contacto espiritual más íntimo con "el gran maestro". En una carta escrita desde México en 1940, Recaséns Siches le relata a Ortega que acaba de publicar un libro titulado *Vida humana, sociedad y derecho*, señalando que "si se digna usted prestarle alguna atención encontra-

[66] José Gaos, *Antología del pensamiento de lengua española en la edad contemporánea*, Universidad Autónoma de Sinaloa, México, 1982. Publicado originalmente en 1945.

[67] Luis Recaséns Siches, "Gaos y José Ortega y Gasset", en *Dianoia*, UNAM, México, 1970, p. 280.

rá en gran número de sus páginas la huella de las enseñanzas y orientaciones que he recibido de usted". Y agrega aún: "Constituye un ensayo de fundamentación de la filosofía del Derecho enraizada en la Metafísica según los principios de la razón vital."[68] Y esto lo escribió también públicamente en diversas ocasiones, estipulando que "en parte muy principal" debía a Ortega la inspiración básica para su teoría sobre las objetivaciones de la vida humana y entre ellas la teoría de los modos colectivos de conducta.[69]

Recaséns Siches considera a la obra de Ortega como una de las más fecundas creaciones producidas durante el siglo XX, y en forma muy especial su metafísica según los principios de la razón vital.

En lo que se refiere al tema de la sociología, al que se abocaría muy especialmente, Recaséns Siches advierte, por cierto correctamente, que la sociología en Ortega, a lo que aún nos relacionaremos detalladamente, se entronca en el mismo meollo de su filosofía.[70] "Mi vida" es la que constituye la realidad primaria y radical dentro de la cual se dan todas las otras realidades, y ella misma se da como inseparable coexistencia, recíprocamente condicionada entre el sujeto y los objetos, el yo y la circunstancia. Pero si bien yo "coexisto" con las cosas, con los otros seres humanos "convivo", y es a partir de ello que Recaséns Siches señala que se da el desarrollo orteguiano de la sociología en función precisamente de la metafísica raciovitalista.

También la teoría del derecho de Recaséns Siches se encuentra fincada en la metafísica orteguiana. El derecho, para Recaséns Siches, no pertenece ni a la naturaleza física ni a la realidad psicológica, ni tampoco puede considerarse como una pura idea o valor, y por ello considera que su comprensión es posible solamente en la medida que lo localicemos dentro de la vida humana en su acepción filosófica orteguiana.

En fin, en este filósofo se dan también otras influencias, pero la orteguiana es decisiva, clara y reconocida, y se manifiesta especialmente en los fundamentos metafísicos raciovitalistas de sus propios desarrollos teóricos.[71]

También el filósofo y sacerdote republicano José María Gallegos Rocafull produjo en México, paralelamente a su labor como profesor de filosofía, una voluminosa obra escrita dedicada tanto a la problemática

[68] Carta de Recaséns Siches (México) a Ortega y Gasset (Argentina), 5 de junio de 1940.
[69] Recaséns Siches, "Gaos y José Ortega y Gasset", pp. 279-280.
[70] Recaséns Siches, "Sociología, filosofía social y política en el pensamiento de Ortega y Gasset", en *Cuadernos Americanos*, año XV, vol. 85, núm. 1, 1956, p. 87.
[71] Véase al respecto José Luis Abellán, *Filosofía española en América (1936-1966)*, Ediciones Guadarrama S. L. con Seminarios y Ediciones S. A., Madrid, 1967, pp. 123-138.

filosófica religiosa como a la filosofía de la historia, la historia del pensamiento mexicano y la sociología.

Gallegos Rocafull acusó la influencia de Ortega especialmente en lo que se refiere al estudio sociológico de la crisis de su tiempo, en cuyo análisis y comprensión instrumenta muchos de sus elementos teóricos y conceptuales. Ello se hace evidente en especial en el libro que publicó en 1944 con el muy orteguiano título de *Personas y masas. En torno al problema de nuestro tiempo.*[72]

En este libro Gallegos Rocafull intenta encontrar la explicación a la catástrofe de la guerra mundial que tenía lugar en esos momentos y al por qué del nazismo y del totalitarismo en general. Enfrentándose a las teorías que resaltan en especial el papel de "las fuerzas históricas", Gallegos Rocafull afirma que es necesario recordar que al final de cuentas son los hombres los que otorgan el impulso que las pone en movimiento.

> Mi tesis es que, a pesar de todos sus rodeos a través de instituciones, ideas o hechos colectivos en los que los llamados movimientos históricos adquieren sus verdaderas dimensiones, su auténtica fisonomía es la que les da su doble calidad de ser manifestación y resultado de una manera especial de ser hombres, y conducir de inmediato o a la larga a otro nuevo tipo humano. Las diferencias entre estas diversas maneras de ser hombres provienen, en definitiva, del distinto grado en que unos y otros llegan a ser personas y es, por tanto, a través de ellas como trato de ver y comprender lo que actualmente está pasando. Esquemáticamente y en los términos más simplificadores, sería la lucha entre uno o muchos hombres que han dejado de ser personas para convertirse en masas y los que tratan de mantener, extender y elevar su nivel de personas.[73]

Con los conceptos orteguianos de *La rebelión de las masas*, y elogiando explícitamente el análisis de Ortega de tal fenómeno, Gallegos Rocafull va tejiendo sus propias teorías en las que el valor de la persona ocupa el lugar central. En realidad encontramos una sola, aunque importante, diferencia con Ortega. Gallegos Rocafull considera que Ortega, al valorizar la rebelión de las masas como el hecho más importante de la vida pública europea del momento, se desentiende del hecho más primario y fundamental de la misma existencia de las masas. No nos parece que haya lugar para esta observación, puesto que Ortega habla del fenómeno de las minorías selectas y de las masas como de un fenómeno constitutivo que caracteriza el desarrollo de la sociedad humana a lo largo de su historia, y lo de la rebelión viene a caracterizar un momento específico.

[72] José Gallegos Rocafull, *Personas y masas. En torno al tema de nuestro tiempo,* Ediciones del Valle, México, 1944.
[73] *Ibid.*, p. 12.

Pero en la observación crítica de Gallegos se expresa lo que es para él el problema fundamental, y éste está muy lejos de ser el de la rebelión puesto que es el del mismo proceso de masificación:

> ¿Cómo es que la humanidad ha dejado de estar integrada por personas, esto es, por singularidades íntimas, conscientes, capaces de trascenderse a sí mismas y de captar y realizar valores, para no ser más que un todo amorfo, blando indiferenciado, que recibe de fuera su forma y su destino? ¿No serán las teorías y las prácticas del totalitarismo la brutal aceptación, llevada a su última consecuencia, de que los hombres no son más que masa, que el Estado corta, moldea, cuece y destina como el panadero la masa de harina?[74]

Como vemos, si bien Gallegos Rocafull asimilará e instrumentará los elementos sociológicos presentes en *La rebelión de las masas,* no coincide con Ortega precisamente en el aspecto esencial de su concepción, o sea, en la necesidad de hacer volver a las masas y a las minorías selectas a sus funciones específicas. Por el contrario, la misma existencia de las masas, y no su rebelión, le parece un fenómeno histórico pernicioso al cual es necesario combatir.

Gallegos Rocafull entra entonces a una interesante caracterización crítica del "hombre-masa", el hombre despersonalizado que puede ser sustituido por cualquier otro sin que nadie tenga conciencia del cambio. Si bien la sociedad constituye el medio indispensable para que el hombre se convierta en persona, nos dice, tal sociedad también puede funcionar como "una gran apisonadora que aplasta y asfixia la personalidad de sus miembros llenándolos tan por completo de la vida colectiva que no les queda ni medios ni ganas de construirse una vida personal".[75]

Gallegos Rocafull considera que no cabe agregar prácticamente nada a lo "magistralmente" dicho por Ortega al respecto, refiriéndose evidentemente a la descripción del fenómeno y no a su valorización esencial, a excepción de una única faceta del problema en la que es preciso insistir porque es precisamente en ella que se expresa, en su opinión, el indicio más claro de la despersonalización del hombre-masa: la faceta religiosa.[76] Para Gallegos Rocafull todas las religiones sufrían en esos momentos una grave crisis de adeptos, y en lo que se refiere al cristianismo, explica que el descenso de religiosidad coincidía precisamente con el descenso en la personalidad. "El hombre-masa no siente jamás la inquietud del misterio."[77]

[74] *Ibid.*, p. 24.
[75] *Ibid.*, p. 26.
[76] *Ibid.*, p. 48.
[77] *Ibid.*, p. 49.

En suma, ya hacia el final del libro, en medio del análisis de la grave crisis de la jerarquía de los valores y del proceso de despersonalización, Gallegos Rocafull vislumbra una posible solución en términos que son también de clara raigambre orteguiana: la necesidad de que surja un grupo con la plena conciencia de que debe cumplir con una misión histórica.[78] Claro está que, luego de haber rechazado la idea de Ortega relativa a la posición de masas y minorías selectas, se impondría aquí algún desarrollo o explicación de este último punto, pero ello no se da. De todas formas, la existencia de minorías directoras no implica necesariamente el de las masas despersonalizadas, y no debemos ver en esto incongruencia alguna en las ideas expresadas a modo de conclusión y esperanza por Gallegos Rocafull.

La temática y la concepción sociológicas de la obra de Ortega se expresaron también decisivamente en los escritos y en la labor docente de Francisco Ayala.

Francisco Ayala cursó durante la década de los veinte sus estudios universitarios en la Facultad de Derecho de Madrid, periodo en que se encontró vinculado al grupo de Ortega y a la *Revista de Occidente*. En esta revista escribió nada menos que en 24 oportunidades, especialmente en el marco de la crítica y el ensayo literario. En 1939 llegó a Argentina, donde enseñó sociología en la Universidad del Litoral y en el Colegio Libre de Estudios Superiores, y en 1949 viajó a Puerto Rico para organizar los cursos básicos de ciencias sociales dentro de un programa de estudios generales que tenía mucho que ver con las ideas orteguianas sobre la universidad.

La problemática, el aproximamiento y el espíritu orteguiano se dejan sentir en la obra de Ayala, que por sí misma adquiere dimensiones propias, especialmente en el campo de la sociología. Su orientación sociológica tiene mucho que ver con la problemática de la crisis de la cultura occidental, tan dramática y trágicamente ilustrada por la Guerra Civil española (Ayala fue representante diplomático de la República) y por la segunda Guerra Mundial, y tan central en la obra de Ortega.

Ayala considera que la sociología es la disciplina que puede medirse con la crisis del momento y superarla; pero, a la vez, rechaza los métodos científicos naturales instrumentados por la sociología. Fincado fuertemente en el pensamiento orteguiano, Ayala pregunta retóricamente:

> El ser humano, concebido como objeto de tales ciencias, como campo de aplicación de sus métodos, se encontraba tan distante del propio ser humano que los aplicaba funcionando como sujeto de conocimiento, que la incongruencia

[78] *Ibid.*, p. 183.

debía resultar palmaria. ¿Cómo identificar a aquel ser todo lo complejo que se quiera, pero sujeto a determinaciones y susceptible de analizar y descomponer en sus últimos resortes, con la indiscernible unidad de la conciencia que, por un movimiento espontáneo, se pone a investigarlo y que, plantada frente al mundo, se hace interrogaciones a sí propia?[79]

Frente a esta interrogante Ayala decide centrarse en la conciencia del sujeto, donde considera que se da la unidad del sujeto que conoce y del objeto conocido. Y de este modo, al enfrentarse el hombre a sus productos culturales, se vendría a topar también con las "formas sociales" que constituyen el verdadero objeto de la sociología.[80]

No es extraño, entonces, que José Luis Abellán escriba que "la actitud de Francisco Ayala ante la sociología no es la del técnico ni la del especialista, sino la de un profesor humanista, y concretamente heredero del humanismo español..."[81]

La presencia de la influencia orteguiana se hace patente en la problemática de la crisis, y asimismo en la conceptualización de la sociedad de masas como el aspecto más relevante para la comprensión de nuestra sociedad. En su *Introducción a las ciencias sociales,* versión taquigráfica, apenas reelaborada, del curso básico que impartió en la Universidad de Puerto Rico, Ayala dedica dos importantes capítulos a la formación de la sociedad de masas y a sus rasgos generales. Destaca en primer lugar la importancia de *La rebelión de las masas*, al señalar que para ese 1951 el libro mantenía su validez, y que esto se debía a que describía el fenómeno fundamental de la sociedad de nuestro tiempo.[82]

Todos los grandes problemas de nuestro tiempo derivarían, según Ayala, del hecho de que nuestra sociedad es una sociedad de masas, y por ello considera que si nos proponemos solucionarlos, o por lo menos conocerlos, es necesario lograr una clara noción de la misma. Ayala comienza por examinar el proceso histórico de la conformación de las masas y del hombre-masa, con su psicología peculiar, a partir de la Revolución Industrial y de la revolución política democrático-liberal de fines del siglo XVIII.

Éste aproximamiento histórico implicaba ya de antemano una divergencia esencial con Ortega, en cierto modo similar a la que encontramos en Gallegos Rocafull. Ayala señala que Ortega considera que la psicología peculiar del hombre-masa se ha dado siempre y en todo momento y

[79] Francisco Ayala, *Tratado de Sociología,* Aguilar, Madrid, 1961, p. 103. Citado por José Luis Abellán, *op. cit.*, p. 155.

[80] *Idem.*

[81] José Luis Abellán, *op. cit.*, p. 155.

[82] Francisco Ayala, *Introducción a las ciencias sociales,* Círculo Universidad, Barcelona, 1989, pp. 266-267.

que lo que caracterizaba a esos años era solamente la rebelión de las masas. Ayala, en cambio, afirma que no se trata de un tipo psicológico permanente sino del producto de determinadas circunstancias históricas:

> ...sobre la base natural de los impulsos o tendencias elementales del alma humana y de sus estructuras típicas generales [...] las mentalidades son formaciones históricas, cambiantes, de tal modo que no puede hablarse con propiedad de un *hombre de la masa* si no es justamente dentro de una sociedad de masas y como correlato psicológico individual de esa sociedad de masas.[83]

En sus conclusiones Ayala apunta en especial al proceso de uniformación al que contribuyen todos los factores de la vida moderna, desde los principios igualitarios de la democracia política hasta las necesidades técnicas de la industria, el consumo uniforme y la propaganda. Y Ayala especifica aun que se trata tanto de una uniformación interna, mental, de las ideas, las emociones y las reacciones, como externa, ya sea en los uniformes del totalitarismo o en las modas que se lanzan al mercado.[84]

Ayala profundiza en su análisis, especialmente en lo que respecta a las características más novedosas del fenómeno (exceso de libertad y tiranía, abundancia de dispositivos técnicos y vacío mental, dominio racional sobre la naturaleza y sensación de inseguridad total), pero lo expuesto es suficiente para ilustrar el influjo orteguiano en sus preocupaciones fundamentales y en el tratamiento académico de las mismas, lo que también se hizo patrimonio de sus alumnos argentinos y puertorriqueños.

En Venezuela nos encontramos con la importante figura de Juan David García Bacca, sobre quien José Luis Abellán escribió, en 1966, que "es la mente filosófica más poderosa de todas las que tenemos en América y una de las primeras figuras de la filosofía en lengua española de todos los tiempos".[85] Y el mismo José Gaos no dudó en escribir que "desde que anda por América lleva publicados un conjunto de volúmenes que mueven a pensar que 'corre el peligro' de ser el español más digno del nombre, que es renombre, de filósofo desde Suárez".[86]

Estos juicios se originan tanto en su gran producción filosófica como en la amplitud y profundidad de sus conocimientos, que van desde la lógica matemática y la lógica científica hasta la literatura, la antropología, la filosofía de la ciencias, la metafísica y la teología.

En relación con Ortega, lo recordamos especialmente por el excelente capítulo que escribió sobre su filosofía (141 páginas) en el libro que dedi-

[83] *Ibid.*, p. 286.
[84] *Ibid.*, pp. 309-310.
[85] José Luis Abellán, *op. cit.*, p. 195.
[86] *Idem.*

có a nueve grandes filósofos de su época (Bergson, Husserl, Hartmann, Unamuno, Ortega, Whitehead, Scheler, Heidegger y James).[87] Se trata de una profunda y original interpretación de la filosofía orteguiana, en la que apuntala por lo general las conclusiones de Ortega con los hallazgos de las investigaciones científicas y matemáticas de esos años. Sin lugar a dudas, la originalidad y la amplitud de los conocimientos científicos de García Bacca convierten este estudio suyo en páginas excepcionales dentro de todo lo escrito sobre Ortega.

García Bacca hace evidente en cada línea su admiración por Ortega, a quien considera "el máximo paladín" de la filosofía de la vida, y así escribe al final del ensayo:

> Esta exposición de algunos puntos básicos de la filosofía de nuestro Ortega y Gasset está guiada por aquel "afán de comprensión" de que él mismo nos habla en *Meditaciones del Quijote*. Y retocando a propósito la frase que a continuación de la dicha inserta Ortega, "habría henchido todas mis pretensiones si hubiera conseguido tallar en una mínima porción de mi alma española", que tan al alcance he puesto de las obras del maestro, algunas facetas nuevas de la sensibilidad hacia la vida.[88]

El ensayo de García Bacca es demasiado denso y profundo para que podamos relacionarnos al mismo detalladamente en el marco de este apartado, en especial cuando es necesario resaltar que, quizá precisamente por tales cualidades, no tuvo especial resonancia en lo que se refiere a la influencia de Ortega en Hispanoamérica y a la difusión de su filosofía.

García Bacca parte de la crítica de lo que considera como la característica fundamental de la vida intelectual filosófica desde Platón a Husserl. Esta característica consiste, en su opinión, en el análisis hasta sus límites de los elementos constitutivos de todos los seres, reduciéndolos a la categoría de átomos ideales, y dejando entonces que se sedimenten según su gravedad y su densidad, según el peso de sus esencias, en estratos lógicos y en sistemas de categorías ontológicas. "Universal-particular, general-especial, formal-concreto, he aquí la ley filosófica correspondiente a la vulgar física de 'altura inversa a la densidad'."[89] O sea, que lo universal, general y formal fue situado a un nivel superior al de lo particular, especial y concreto.

Ahora bien, para García Bacca es claro que si la vida se viera forzada a tener que estratificar sus elementos (carbono, oxígeno, hidrógeno, hierro, etc.), según este orden de densidades toda organización vital o todo tipo

[87] Juan García Bacca, *Nueve grandes filósofos contemporáneos y sus temas,* Ministerio de Educación Nacional en Venezuela, Caracas, 1947, 2 vols.

[88] *Ibid.*, p. 186.

[89] *Ibid.*, p. 47.

de cuerpo viviente resultaría imposible. "La vida sería asesinada radicalmente por la física."[90] Es por ello, afirma, que apenas se puede hablar con sentido de *vida* intelectual durante los siglos que lleva funcionando la inteligencia, puesto que la razón se ha dedicado precisamente a pulverizar el universo y a "aventarlo con soplos de espíritu, con aire de lógica, con cernederas de abstracción, y dejar que las cosas tomen 'su' nivel, el entitivo, el de sus densidades de ser".[91]

Frente a este proceso de siglos, García Bacca considera que Ortega adopta una perspectiva completamente diferente y con plena conciencia vital organiza las ideas y las cosas en virtud de la vida y no en función del supuesto grado de universalidad o concreción de su ser. Si la escolástica diferenció entre el *ordo generationis* (orden con que se presentan en el tiempo las cosas) y el *ordo rei* (orden de las cosas, las esencias o las ideas mismas), Ortega postula en cambio el *ordo vitae* que dispone a su manera esencias y cosas. Y no sólo esto, sino que García Bacca afirma también que Ortega y su razón vital se encontraban años luz más avanzados que la razón histórica de Dilthey, y que "...sólo la razón vital, según el plan esbozado por Ortega, es capaz de dejar a la vida tomar su sedimentación propia, organizar todo no en forma de 'vida invertebrada', sino de vida especificada y especificable en siempre nuevas *especies*, ninguna definitiva".[92] A partir de esta afirmación García Bacca entra a su demostración a lo largo del ensayo, reforzando con argumentaciones originales las conclusiones de Ortega y abundando en sus planteamientos paradójicos.

Así, por ejemplo, en lo relativo a la ciencia García Bacca afirma paradójicamente que sólo la razón vital es capaz de descubrir aquel programa que haga posible la ciencia pura, o sea *la ciencia como separada de la vida*. De este modo se daría la paradoja de que ni la razón pura ni la razón histórica descubren el verdadero programa de la ciencia pura, de una ciencia en sí de los objetos; y que es sólo la razón vital, al ser consciente de sí misma, la que sabe y puede separar y postular este *instrumental científico*. "La razón vital es, pues, más objetiva, más objetivante u objetivadora que la razón pura y la histórica."[93] García Bacca señala que para la razón pura la estructura de la ciencia física es estructura de la razón misma, órgano de sí misma, condición de posibilidad de la experiencia y condición, a la vez, de posibilidad de los objetos de la experiencia. Pero resulta que todo esto, continúa diciéndonos, ya había sido refutado, no por cierto por los filósofos idólatras de la razón pura, sino

[90] *Idem.*
[91] *Ibid.*, pp. 47-48.
[92] *Ibid.*, pp. 48-49.
[93] *Ibid.*, p. 56.

por la más moderna física.[94] Esto es, que el pensamiento físico moderno constituía una ilustración terminante de la razón vital.

> ¿Cuánto tiempo tardarán ciertos filósofos en enterarse que han muerto? ¿Qué será menester hacer para que caigan en cuenta de que la crítica de la Razón pura, de Kant, se murió a manos de Einstein, de Planck, de Heisenberg, de Schroedinger, de Broglie? Y en el fondo la Razón pura se muere cuanto la Razón vital hace que el esqueleto de una ciencia, de un tipo de ciencia —aquí el clásico newtoniano—, que estaba haciendo de estructura de la razón, sea eliminado de la vida y quede ahí fuera como esqueleto de museo. Y esta expulsión que la Razón vital hace de estructuras temporales que la razón pura tiende a darse y tomar como definitivas, resulta en resumidas cuentas en beneficio de la ciencia misma.[95]

García Bacca agrega aun en este punto que ello se ve confirmado también por el programa axiomático de toda la matemática moderna que hace posible diferentes tipos de matemáticas, y no uno sólo, como supuso la razón pura. De este modo "la ciencia gana en pureza", escribe García Bacca, "y en eficacia, cuando la construye la Razón vital, poniéndola a máxima distancia de sí y de la inteligencia contemplativa, intuitiva...; y pierde en pureza científica y en eficacia cuando, ¡quién lo dijera!, la construye la Razón pura".[96]

García Bacca considera que las ideas de Ortega relativas a los cuatro componentes de toda ciencia de realidad (y para García Bacca de toda ciencia), publicadas en 1928, coinciden con la formulación conseguida por la teoría cuántica más moderna, misma que no fue formulada antes de 1932, cuando se publicó la obra de Broglie. Y en Ortega se trata ya en 1928, según García Bacca, del plan científico que es el propio de la física más moderna, más avanzado no solamente que el clásico de Newton, Leibniz, Jacobi y Laplace, sobre los que se fundó la *Crítica de la razón pura* de Kant, sino que también más avanzado que el programa científico propuesto por Einstein, al cual vendría a corresponder la razón histórica.

Recordemos someramente los cuatro puntos señalados por Ortega:

> Toda ciencia de realidad se compone de estos cuatro elementos:
> *a)* Un núcleo *a priori,* la analítica del tipo de realidad que se intente investigar.
> *b)* Un sistema de hipótesis que enlaza ese núcleo *a priori* con los hechos observables.
> *c)* Una zona de inducciones dirigidas por esas hipótesis.

[94] *Ibid.*, p. 62.
[95] *Idem.*
[96] *Ibid.*, pp. 62-63.

d) Una vasta periferia rigurosamente empírica, descripción de los puros hechos o datos.[97]

García Bacca escribe que en *El tema de nuestro tiempo* Ortega habla de la razón histórica, debido a que la teoría de Einstein pertenece a tal estadio, pero el programa postulado por el mismo Ortega encaja ya en la razón vital, "cuyos síntomas se comienzan a advertir en la forma novísima de la teoría cuántica".[98]

Otra ilustración interesante de lo escrito por García Bacca en este ensayo es su paradójica afirmación de que el plan ontológico general de Ortega se asemeja nada menos que al plan clásico de Aristóteles y Santo Tomás, puesto que presenta el *ser* con analogía de atribución, comenzando por señalar un ser central que tendrá que formar parte de la esencia o definición de las demás cosas para que puedan ser susceptibles de la denominación de seres.[99]

García Bacca diferencia con respecto al *ser* entre los predicados universales y las analogías de atribución. Los primeros imponen a todos los sujetos un trato igualitario abstrayéndose de sus diferencias y conservando lo común. Así, por ejemplo, "todos los hombres son mortales". De este modo, especialmente desde Suárez y Descartes, el concepto del *ser* se predicaba de igual manera que todos (Dios, criaturas, números), y era el "universalísimo" por excelencia. Pero en la filosofía medieval tomista se sostenía que el concepto del *ser* no era de universalidad uniforme y de predicación igualitaria, sino que se consideraba como un concepto "análogo" con analogía de atribución. Esto implicaba que el concepto *ser* se refería a un ser central y por antonomasia que era Dios, y sólo por predicación o atribución más o menos impropia se aplicaba este concepto al resto de las criaturas.

Ahora bien, García Bacca sostiene que la filosofía moderna va precisamente tratando de hacer del concepto del *ser* un concepto predicado con analogía de atribución, un concepto "con universalidad centrada", pero ahora ya no en Dios sino en el hombre. Lo único que es *ser* con propiedad es el hombre mismo, y las demás cosas serán *seres* solamente por participación en él. Del mismo modo como para Santo Tomás, Dios tenía, en tanto ser por antonomasia, que entrar próxima o remotamente en la definición de todos los demás seres, García Bacca afirma que en la filosofía moderna el *ser* no es comprensible ni definible sin el hombre.

Siendo Dios el centro de referencia en la analogía de atribución, no había necesidad de diferenciar entre *ser* y *cosas*, y por ello los identificó

[97] Citado en *Ibid.*, p. 55.
[98] *Ibid.*, p. 57.
[99] *Ibid.*, p. 77.

la ontología tomista. Pero en lo que se refiere al hombre, a pesar de ser centro no es el creador de las cosas, y Ortega debe distinguir entre *cosa y ser*, escribiendo que *ser* es algo que le sucede a las cosas cuando un sujeto pensante entra en relación con ellas.[100] Aunque, claro, que García Bacca se apresura a hacer notar que este sujeto que se constituye en un nuevo centro no es de ningún modo el sujeto trascendental kantiano, sino "la vida humana o el hombre como razón vital".

En fin, contentémonos con estas breves ilustraciones del aproximamiento de este gran filósofo español que enseñó y escribió en Venezuela y que tanto admiró al pensamiento orteguiano.

[100] *Ibid.*, p. 75.

IV. CRISIS EUROPEA, REIVINDICACIÓN DE AMÉRICA Y FILOSOFÍA ORTEGUIANA: LAS DÉCADAS DE LOS CUARENTA Y DE LOS CINCUENTA

Crisis, humanismo y reivindicación

En 1942 José Gaos escribía que la historia de Europa se había venido desplazando hacia el occidente y que con la guerra mundial se vendría a centrar en el continente americano. Así lo veía desde la perspectiva de su nuevo terruño mexicano, y en esto coincidía con una forma de ver y de sentir que ya se venía dando seriamente en América Latina a partir de la primera Guerra Mundial, y a la que escritores como Spengler, con su idea de la decadencia de Occidente, contribuyeron seriamente. Y cuando no se pensaba en una América que tomaba el lugar de Europa, la crisis de esta última abría las puertas, por lo menos, para la reivindicación de los valores propios de una América que, hasta esos momentos, había sido considerada en lo cultural como una marginada sucursal del mundo europeo. Reivindicación que también se venía dando en función del desarrollo de un nacionalismo antimperialista en reacción principalmente a la política norteamericana, y asimismo, en función de la creciente politización popular en medio del problemático proceso de la democratización.

Con la segunda Guerra Mundial el mismo mundo europeo que había sido fuente de inspiración y modelo de imitación para la América Latina se convertía en la arena de la más increíble negación de lo humano, lo racional y lo moral. Y es este momento de crisis total el que constituye el horizonte histórico y el punto de partida para no pocos historiadores y filósofos latinoamericanos que, desde fines de los treinta, promoverían tanto el estudio de las ideas propias de su pasado cultural como la conformación de una filosofía auténtica, acorde a las circunstancias peculiares y desde su propia perspectiva.

La conciencia de esta conexión entre la crisis europea y la reivindicación de la cultura americana fue expresada con claridad en aquellos mismos años por parte de diversos pensadores latinoamericanos. El peruano Antenor Orrego, quien dedica en 1937 su libro *Pueblo continente* a la juventud de Perú y de América, recuerda en el mismo que en sus años de juventud la cultura americana se encontraba anclada en las aguas europeas y sus personajes más prominentes se habían sumergido en las mismas; y comenta al respecto:

> Era un itinerario fascinante, pero un itinerario que no era el nuestro [...] Se extravía y naufraga, también, el viajero, en un país de maravilla, donde el alma desolada, sin conexiones vitales con la tierra extraña, no puede encontrar la sabiduría profunda de sí misma. Un paisaje dorado y riente bien puede ser un sepulcro. [...] ¡Estábamos deslumbrados y, por ende, estábamos ciegos!

Pero los fines de los años treinta eran ya otra cosa, y Orrego escribe que en ellos se dio el viraje decisivo: "La estridencia trepidante del Viejo Mundo os ha descubierto sus rajaduras irremediables, y descubriéndolas ha desvanecido vuestro deslumbramiento. Sois una promoción histórica privilegiada porque el desencanto de lo ajeno y de lo extraño ha traído la fe y la esperanza en vosotros mismos."[1]

Y el mexicano Leopoldo Zea se expresa en forma similar en 1942, en uno de sus primeros artículos sobre América:

> América vivía cómodamente a la sombra de la cultura europea. Sin embargo, esta cultura se estremece en nuestros días, parece haber desaparecido en todo el continente europeo. El hombre americano, que tan confiado había vivido, se encuentra con que la cultura en la cual se apoyaba le falla, se encuentra con un futuro vacío, las ideas a las cuales había prestado su fe se transforman en artefactos inútiles, sin sentido, carentes de valor para los autores de las mismas. Quien tan confiado había vivido a la sombra de un árbol que no había plantado se encuentra en la intemperie cuando el plantador lo corta y echa al fuego por inútil. Ahora tiene que plantar su propio árbol cultural, hacer sus propias ideas...[2]

Es así que, en el momento en que América se encuentra desprovista de sus muletas europeas, se plantea el desafío y la responsabilidad de un ponerse a andar por sí misma, el desafío de una auténtica creación americana. La crisis de Europa trae consigo la crisis del eurocentrismo, y ésta, a su vez, un reforzamiento definitivo de los esfuerzos en pro de una revalorización de lo propio; revalorización que es, *a priori,* reivindicación, puesto que ese pasado cultural se convierte en objeto digno de investigación y se le estudia como creación propia del sujeto histórico latinoamericano. Pero más aún, dado que ésta es una decisión del propio sujeto (filósofo, historiador) latinoamericano, viene a implicar también su autoconciencia en tanto sujeto histórico, y el rechazo de su categoría de espejo nativo que meramente refleja los esplendorosos rayos europeos.

Mas ya hemos aclarado previamente, al estudiar a Gaos, que la reivindicación de la cultura propia y la prominencia que se le otorga a la perspectiva particular no se encontraban reñidas con la dimensión de un humanismo universal, sino que, por el contrario, se implicaban mutuamente. Y por ello, cuando hablamos aquí de crisis y reivindicación en los

[1] Antenor Orrego, *Pueblo continente,* pp. 9 y 10.

[2] Leopoldo Zea, "En torno a una filosofía americana", en *Ensayos sobre filosofía en la historia,* Stylo, México, 1948, p. 166.

alumnos que se nutrieron en el pensamiento de Ortega y de Gaos no hablamos exclusivamente de la reivindicación de lo específicamente latinoamericano. La nueva autoconciencia y reivindicación de lo latinoamericano se dará como una visión de lo humano que no deja lugar para representantes privilegiados de tal condición humana, considerando que todos somos iguales en nuestro común derecho a ser diferentes. Y es en función de este profundo humanismo que se dará la reivindicación de la dimensión plenamente humana de lo latinoamericano sin caer en chauvinismo alguno. Reivindicación humanista que se anclaría, especialmente en México, en la concepción del hombre implícita en el historicismo orteguiano.

El fondo humanista de la autorreivindicación latinoamericana se hace patente ya en los primeros escritos del mexicano Leopoldo Zea, quien a comienzos de los cuarenta, al tiempo de "En torno a una filosofía americana",[3] escribía también "El sentido de la responsabilidad en la filosofía actual",[4] donde expresa su preocupación frente a los peligros que asechaban en esos momentos a aquello que consideraba como la esencia del hombre como tal: su libertad.

Esta preocupación fundamental de Zea por la libertad y sus escritos al respecto se encuentran basados principalmente en la ontología humana y en la concepción de la historia de Ortega. En 1941, Zea publica un artículo bajo el título "Ortega y la historia", en el que estudia especialmente *La historia como sistema,* publicado en Madrid en ese mismo año, y en el que se refiere explícitamente a la ontología del ser humano subyacente en la concepción de la historia de Ortega. Y así cita e interpreta Zea a Ortega en este tópico esencial de su humanismo, el de la libertad:

> La naturaleza humana es una naturaleza que el hombre mismo va haciendo, a diferencia de las cosas, que es una naturaleza hecha. "Frente al ser suficiente de la sustancia o cosa, la vida es ser indigente, el ente que lo único que tiene es propiamente menesteres." En este ser indigente, menesteroso, está la libertad del hombre, que es libre porque no tiene hecha su vida, su ser. Las cosas carecen de libertad en cuanto tienen hecho su ser. "Ser libre quiere decir carecer de identidad constitutiva, no estar adscrito a un ser determinado, poder ser otro del que se era y no poder instalarse de una vez para siempre en ningún ser determinado."

O sea, que en su misma esencia el hombre es libertad, y "al hombre sólo le es propio hacer su vida".[5]

En su artículo sobre el sentido de la responsabilidad de la filosofía actual, Zea se centra inclusive, básicamente, en la problemática europea,

[3] *Idem.*

[4] Leopoldo Zea, "El sentido de la responsabilidad en la filosofía actual", en *Ensayos sobre filosofía en la historia.*

[5] Leopoldo Zea, "Ortega y Gasset y la historia", en *Ensayos sobre filosofía en la historia,* p. 141.

afirmando que el mundo sufría en esos años de la segunda Guerra Mundial el predominio de los superhombres, la masa amorfa y los individualistas. Los primeros, escribe, se consideraban salvadores de la humanidad y pensaban que esa salvación radicaba en el ciego acatamiento a sus directrices; los segundos, la masa en la que los superhombres encontraban su complemento, que carecían de toda individualidad, hacen lo que hacen los demás, no innovan sino que repiten, "...instrumentos deshumanizados con los cuales los dominadores van cerrando, día a día, la circunstancia del *hombre*". Y finalmente los individualistas, que se preocupan exclusivamente por sus intereses particulares, considerando que los mismos no tienen nada que ver con los demás, con los de la sociedad toda, y por lo tanto, "han ido sacrificando a estos *demás* en las fauces del monstruo insaciable, con la esperanza de salvarse".

Y frente a este peligro del absolutismo deshumanizador que se cernía y se concretaba en la realidad del continente europeo, pero que era también problema del gran reivindicador de lo latinoamericano que es Zea, éste afirma que la salvación residía en la conciencia y en el sentido de responsabilidad:

> Se quiere que todo hombre sea responsable de sus actos, porque sólo en la responsabilidad se puede encontrar la verdadera libertad [...] la salvación del hombre está en su individualidad, en lo que le es propio, y al hombre sólo le es propio el hacer su vida. Sólo siendo cada hombre responsable de sus actos es como se evita caer en los extremos que hemos señalado, porque tanto la masa, como el dictador y el individualista son irresponsables. La masa es tal porque no quiere responder ante nadie, por eso busca un responsable. El dictador no responde ante nadie, es a su vez un instrumento, el instrumento de una idea fija. El individualista rehúye toda responsabilidad, no quiere dar cuentas de sus actos, ni que se le den de los actos de los otros.[6]

En fin, reivindicación de lo propio en medio de la crisis europea, pero reivindicación humanista, preocupada también por el destino de la humanidad europea y basada en la visión orteguiana y en la enseñanza de Gaos. Una reivindicación de la plena condición humana del latinoamericano en función de un humanismo fundamental.

No es un hecho casual que filósofos como el mexicano Samuel Ramos y el peruano Antenor Orrego, por ejemplo, escribieran por esos años, también ellos, sendos libros que llevarían respectivamente como título *Hacia un nuevo humanismo*[7] y *Hacia un humanismo americano.*[8]

[6] Leopoldo Zea, "El sentido de la responsabilidad en la filosofía actual", pp. 114-115.
[7] Samuel Ramos, *Hacia un nuevo humanismo,* La Casa de España en México, 1940.
[8] Antenor Orrego, *Hacia un humanismo americano,* Librería Editorial Juan Mejía Baca, Lima, 1966.

MÉXICO: HISTORICISMO, AUTORREIVINDICACIÓN E HISTORIA DE LAS IDEAS

Bajo la dirección de Gaos surgieron en esta época, en México y en otros países, historiadores, historiadores de las ideas principalmente, que se volvieron al estudio de su propio devenir histórico. El historicismo, que ya venía calando en el continente, se constituyó casi naturalmente en el sustrato filosófico de la respuesta americana al desafío histórico y cultural de la crisis del eurocentrismo. Pero también en este momento crucial se dio con evidencia el influjo del pensamiento europeo.

El uruguayo Arturo Ardao, uno de los más importantes historiadores de las ideas en América Latina, expresa esto en forma sumamente feliz:

> ...por gracia de sus tesis capitales, el historicismo actúa, de hecho, como invocador de la personalidad filosófica de América. [...] Su pensamiento (de América) ha tendido espontáneamente a reflejar el de Europa, pero cuando ésta, por su propio curso, desemboca en el historicismo, la conciencia de América, al reflejarlo, se encuentra paradójicamente consigo misma, invocada en lo que tiene de genuino. Se vuelve entonces autoconciencia, su reflexión se hace autorreflexión. La propia filosofía europea viene así a prohijar o suscitar la personalidad de la filosofía americana, proporcionándole el instrumento de la emancipación, su herramienta ideológica.[9]

La conexión cultural con Europa durante los siglos era patente, como lo era también el que América se había nutrido de la cultura europea constantemente; pero el historicismo, muy especialmente en su versión circunstancialista y perspectivista, venía a negar *a priori* la idea de la mera copia e imitación. El desarrollo del pensamiento americano dejaría de ser estudiado como un mero y pálido reflejo del pensamiento europeo. No se le trataría ya como un simple espejo colonial o provinciano, sino que se le analizaría en función del mismo proceso histórico latinoamericano, especificando sus orígenes y sus peculiaridades culturales en medio de sus circunstancias propias. Esto sería así en especial en la historia de las ideas, tal como se desarrolló en México bajo la dirección de Gaos, aunque también se da en la obra de sus alumnos de otros países, como por ejemplo, en el prominente caso del peruano Augusto Salazar Bondy o de Monelisa Lina Pérez Marchand en Puerto Rico.

El circunstancialismo y el perspectivismo orteguiano se vieron canalizados en la vertiente gaosiana hacia una historia de las ideas en la América hispana, que muy posiblemente no había sido prevista por el mismo Ortega en lo que se refiere a ésta, pero que sin lugar a dudas se encontraba implícita en lo esencial de su mismo pensamiento.

[9] Arturo Ardao, "El historicismo y la filosofía americana", en *Filosofía de la lengua española. Ensayos*, Editorial Alfa, Montevideo, 1963, pp. 64 y 68.

Leopoldo Zea, quien ocupa un lugar de honor en el desarrollo de la historia de las ideas en América Latina en las décadas de los cuarenta y los cincuenta, se vio impregnado de un profundo historicismo, básicamente de inspiración orteguiana. En 1944 dio un curso en El Colegio de México, que posteriormente se publicaría bajo el título de *Introducción a la filosofía* y que es una acertada expresión del historicismo orteguiano. En el prefacio mismo al libro, Zea rechaza terminantemente la presentación de la historia de la filosofía como la historia de una serie de filosofemas abstraídos de los hombres que los originaron y del mundo cultural del que son expresión. El pensador mexicano niega las filosofías que se postulan como verdades eternas y permanentemente válidas para todos los hombres con independencia del lugar o del tiempo en que éstos se encuentran, y afirma en lugar de ello el carácter circunstancial de toda filosofía:

> La historia de la filosofía es la historia de la conciencia del hombre. En ella se expresa el conflicto interno del hombre, la pugna entre el yo y el mundo, que ha hecho posible la cultura, dando origen a esa serie de hechos que llamamos historia de la humanidad. En esta historia la concatenación de la historia no se realiza entre filosofemas o ideas abstractas, sino entre una serie de problemas concretos cuya solución se convierte, a la postre, nuevamente en problema [...] Creo que a la filosofía no se entra sino se penetra, simultáneamente, en esa vida concreta de que es expresión. Todos los sistemas filosóficos, aun los más difíciles, se hacen asequibles si se capta su sentido humano. De otra manera sólo se presentan como palabras huecas y juegos racionales, sólo buenos para la pedantería.[10]

Y en verdad en su primer y clásico libro, *El positivismo en México,* Zea hace ya meridianamente claro en el mismo título que no se trata de la filosofía positivista solamente, sino de tal filosofía en medio de la circunstancia que es México.

> No es posible saltar la barda de la historia —escribe Zea—. Cuando cambia la historia, necesariamente tiene que cambiar la filosofía, puesto que ésta no puede ser sino filosofía de una realidad y esta realidad es histórica. Así, no es posible desligar la historia de la filosofía, ni la filosofía de la historia. Cada historia tiene su filosofía, es decir, una forma de expresión conceptual que le es propia; y cada filosofía tiene *su* historia, es decir, un contenido o realidad que le es propio.[11]

Zea afirma que el positivismo puede ser una doctrina con pretensión universal, pero la forma en que ha sido interpretada y utilizada por los

[10] Leopoldo Zea, *Introducción a la filosofía,* UNAM, México, 1974, 5ª edición, p. 6.

[11] Leopoldo Zea, *El positivismo en México*, Fondo de Cultura Económica, México, 1978, p. 21.

mexicanos es mexicana. Esto es, que acorde con este aproximamiento la peculiaridad de lo propiamente mexicano, lo auténtico y original, se dará en el proceso de instrumentación, proceso que no sólo se da en función de un contexto diferente y con diferentes objetivos, sino que además imprime su propio sello al mismo cuerpo teórico de la filosofía positivista. Así, por ejemplo, Zea señala que la diferencia de las circunstancias se expresa desde el principio en la forma en que el positivismo es adaptado en México. Comte, por ejemplo, había visto en las ideas de la Revolución francesa la expresión del espíritu metafísico, crítico y revolucionario, pero un espíritu que una vez cumplida su misión histórica se había convertido en negativo y destructivo, y debía dejar su lugar en la historia al estadio positivista. Luego que el estadio teológico fue destruido por el liberalismo metafísico, llegaba el momento de la construcción positivista, esencialmente del orden y del progreso. Pero resulta que en México, en cambio, son los liberales los que acababan de triunfar a mediados del siglo XIX, y Gabino Barreda se ve compelido a señalar que la revolución triunfante, la liberal, constituye precisamente la expresión del espíritu positivo. Contrariamente a la expresión original de la doctrina en Europa, el espíritu metafísico revolucionario se capta como consciente de su misión, o sea, la destrucción del orden teológico opuesto al progreso (clero y militarismo), pero también consciente de la urgente necesidad de crear un nuevo orden. Más aún, Gabino Barreda, tomando en cuenta la preponderancia política de los liberales en esos momentos, cambia el lema de Comte, y en lugar de "Amor, orden y progreso" implanta el de "Libertad, orden y progreso".[12]

En la investigación de Zea surge claramente la reivindicación de lo propio implícita en su programa de la historia de las ideas. Y en este espíritu escribió numerosos e importantes libros, como *La filosofía en México*[13] o *Dos etapas en el pensamiento latinoamericano.*[14] Como vemos, siempre se trata del "en" que viene a apuntar a la circunstancia histórica y a las perspectivas propias de los pueblos latinoamericanos.

También el mexicano Francisco López Cámara hace explícita esta reivindicación de lo auténticamente mexicano a través de sus investigaciones de la historia de las ideas en México. En un importante libro, dedicado por cierto a su maestro Gaos y titulado *La génesis de la conciencia liberal en México,* López Cámara señala que el objetivo de la investigación no es el de rastrear la fuente próxima o remota de determinadas teorías,

[12] *Ibid.*, p. 69.

[13] Leopoldo Zea, *La filosofía en México,* Ediciones Libro-Mex, México, 1955.

[14] Leopoldo Zea, *Dos etapas en el pensamiento latinoamericano,* El Colegio de México, México, 1949.

ni las formas en que fueron llegando a México las corrientes de pensamiento que habrían de alimentar ideológicamente al pensamiento liberal. Por el contrario, su objetivo es el de percibir en el contexto histórico que va de las postrimerías de la Colonia a la consumación de la independencia de México, "la dialéctica mental interna" que hizo posible la aparición de una nueva conciencia política y social en la que descubrimos el fondo subyacente del liberalismo mexicano.[15]

De este modo, López Cámara considera que el tema de las influencias, los antecedentes o las afinidades es en verdad relativamente ajeno a los hechos sociológicos determinantes de los conflictos sociales y políticos en los que intervienen los diversos sectores de una sociedad, y que son los que vienen, a final de cuentas, a explicar mejor el proceso de configuración de diversos modos de afrontar ideológicamente tales conflictos.

Desarrollando este aproximamiento a la historia de las ideas, López Cámara llega a la conclusión de que hay que invertir los términos de la ecuación tradicional:

> ...los mexicanos no se hicieron liberales porque un buen día hubiesen leído libros "liberales" o llegase hasta ellos la influencia de las nuevas ideas, sino, al revés, leyeron tales libros o aceptaron semejante influencia porque justamente eran ya, en su actitud mental y en su experiencia concreta, verdaderos liberales.[16]

También aquí una historia de las ideas proyectada hacia la reivindicación de la peculiaridad y autenticidad mexicana, y ello sobre el fundamento de un historicismo que fue en México básicamente orteguiano.

Otro de los grandes historicistas orteguianos, que fue también discípulo de Gaos, es el importante historiador mexicano Edmundo O'Gorman, quien se aboca, con un aproximamiento muy personal y también muy influido por la filosofía heideggeriana, a la historia de la idea de América.

En una larga plática que mantuvimos con O'Gorman, éste comenzó por estipular claramente su deuda con Ortega: "No lo conocí personalmente, pero lo considero mi maestro." No tiene esto nada de raro, puesto que O'Gorman había sido durante largos años alumno de Gaos, inclusive ya siendo profesor universitario. Con él profundizó en la filosofía orteguiana y también en la de Heidegger, que se encuentran entre los componentes básicos de su aproximamiento histórico. O'Gorman había comenzado a asimilar a Ortega aun antes de la llegada de Gaos, puesto

[15] Francisco López Cámara, *La génesis de la conciencia liberal en México*, UNAM, México, 1969, 3ª edición, pp. 11 y 12.

[16] *Ibid.*, p. 13.

que había sido alumno de Samuel Ramos, quien había enseñado ampliamente a Ortega, como ya lo hemos anotado.

Ortega influyó en O'Gorman principalmente con su perspectivismo, que según el historiador mexicano es otra forma para decir historicismo. "El hombre no tiene naturaleza, tiene historia", nos dice O'Gorman; "ésa es la gran lucha de Ortega contra la idea del esencialismo de que la historia pasa pero no influye en su ser". Y continúa:

> Ortega con sus ensayos y muy en especial con *El tema de nuestro tiempo,* siendo aún yo muy joven, me abrió la luz en el sentido de un camino distinto a lo que se cultivaba en México, que era una historia documentista, esencialista, neopositivista, tradición de archivo documentista. Todo ello sin reflexión sobre la misma tarea histórica y su sentido.[17]

Estas ideas de O'Gorman se manifestaron muy claramente en un libro que publicó en 1947 y cuyo título es muy expresivo al respecto: *Crisis y porvenir de la ciencia histórica.*[18] Aquí O'Gorman se aboca a la revisión de la historia de la historiografía y al análisis crítico de sus métodos, y ello para postular finalmente los principios en que debe fundarse, en su opinión, una auténtica ciencia de la historia.

O'Gorman critica la historiografía científica positivista y apunta que el error de Ranke y los que fueron y van en pos de él reside en el intento de considerar el devenir histórico con los presupuestos y los medios propios de las ciencias naturales. De ese modo, el pasado histórico se convierte en algo separado de la vida, en la suposición de que los métodos lógicos matemáticos captan lo permanente, estable y racional. El pasado es separado del presente y de tal modo se posibilita supuestamente su análisis objetivo, imparcial y desapasionado. Pero O'Gorman observa que este intento no ha tenido éxito puesto que es absurdo abstraer la historicidad de la historia cosificándola y considerando que el pasado se encuentra separado de la vida, o sea, desentendiéndose del hecho de que el pasado es constitutivo de nuestro presente.

La crítica de O'Gorman se da precisamente desde la perspectiva del historicismo orteguiano y de su concepción de la vida personal como la realidad primaria y radical: "...el pasado humano no es un pasado cualquiera sino el pasado nuestro, propio, muy propio nuestro y nada extraño".[19]

La falta capital de los historiadores modernos reside, según el historiador mexicano, en aceptar todo como cosa hecha y en no abocarse ex-

[17] Entrevista del autor con Eduardo O'Gorman, México, febrero de 1989.

[18] Eduardo O'Gorman, *Crisis y porvenir de la ciencia histórica,* Imprenta Universitaria, México, 1947.

[19] *Ibid.*, p. 109.

presamente al tema de la historia de la historia, o sea, en no captar precisamente la historicidad específica de la misma. En realidad O'Gorman irá realizando una especie de aplicación a la historia de los principios y de la argumentación de Gaos en su filosofía de la filosofía, misma que se encontraba fundamentada, como recordamos, en una historia de la filosofía. También O'Gorman, por su parte, comenzará con una historia de la historiografía para aclarar lo que es el conocimiento historiográfico, y al rastrearla llegará también él, como Gaos previamente con la historia de la filosofía, a su decepción de la misma; y finalmente, también como Gaos con respecto a la filosofía, intentará fundamentar la historia desde la perspectiva de la vida misma en su sentido orteguiano.

O'Gorman inicia su rastreo histórico señalando que durante el periodo del Renacimiento el hombre, despertando a su individualidad y a su vida en este mundo, se interesó por el pasado con el objeto de ponerlo al servicio de las exigencias prácticas del presente. La historia se convirtió entonces en "la maestra de la vida", registrando las hazañas de los hombres del pasado para servir de ejemplo y guía a los hombres del presente. Pero esta orientación individualista se convertiría rápidamente en un pragmatismo político que sería la base del desarrollo de un poderoso sentimiento nacionalista, o sea, que se dio la instrumentación pragmática y utilitarista de la historiografía.

Por lo general se considera que esta instrumentación continuó hasta que la historiografía se convirtió finalmente en ciencia formal, pero O'Gorman afirma que ello sólo vino a aumentar, por medio de un supuesto cientificismo y una supuesta imparcialidad, la eficacia utilitaria de la historiografía. Y aquí se dará nuevamente la recordada decepción.

Leopolde von Ranke creyó dejar a un lado la instrumentación explícita y tendenciosa de la historiografía elevándola a su categoría científica. Verdades científicas que se fundan en pruebas empíricas irrefutables y que poseen valor universal y no dejan lugar a parcialidad alguna. Pero, se pregunta el historiador mexicano, ¿acaso es lícito objetivar el pasado humano de la misma manera que la geología objetiva una piedra, viéndolo como un objeto natural, ajeno y separado del hombre? Al considerar el pasado como desconectado del presente, resulta que para Ranke, escribe O'Gorman, "el pasado está bien muerto y la historia consiste en lograr interesarnos por el cadáver".[20] Ranke cosifica la historia, y el hombre debe interpretarse, entonces, a sí mismo (a su historia) en términos de naturaleza y sustancia. Y así, al desconectarse pasado y presente, parecería que se hace posible la exigencia de ajustarse a los hechos, de neutralizar la personalidad propia del historiador y la del utilizamiento de las técnicas adecuadas para la crítica de las fuentes documentales.

[20] *Ibid.*, p. 56.

Pero O'Gorman observa críticamente que con este aproximamiento el pasado queda predeterminado por el método, de tal modo que sólo existiría en el pasado lo que pueda captarse por el método, que es el que fijaría lo constitutivo del ser del pasado. Pero como este método es un medio de captación lógico-matemático que apresa exclusivamente lo estable, lo permanente y lo racional, vendría a negar de antemano la contradicción y el cambio en la historia, convirtiendo el errar histórico del hombre en la historia en un "error" humano. La labor del historiador, por el contrario, reside para él en el intento de captar el mismo desarrollo histórico de la sociedad, el errar y no el error de la misma en el tiempo; captar ese errar que implica una determinada forma humana del ser en una determinada época; expresión humana que no puede resumirse a lo captado por medio de la lógica matemática y a los hechos físicos.

O'Gorman, asimismo, considera que el positivismo historiográfico invalida el testimonio de los autores de las fuentes secundarias, negando de este modo el hecho de la historia de la historia y con ella su historicidad.

> Cuanto en historia se nos presenta como un error interpretativo, "Colón descubrió América", por ejemplo, no es un error, es un errar, es decir, mostración palpitante de que el pasado vio-vivió las cosas de diversa manera a como las vemos, vivimos, nosotros, y que por eso no somos ya los mismos que aquellos hombres cuya es esa interpretación.[21]

El historiador no debe ocuparse de algo "susceptible de corrección", sino de algo que debe comprenderse significativamente.

> La misión del historiador consiste en dar explicaciones por los muertos, no en regañarlos [...] comprenderlo todo es comprender humanamente. Pero esta máxima de la misericordia, condición primera de la inteligencia, ha sido duramente combatida por más de un siglo de historiografía naturalista, la cual, en nombre de qué sé yo absolutismos, hace del anónimo e impersonal poseedor del conocimiento historiográfico el juez despótico de la causa universal del hombre, pues que en eso convierte a la Historia.[22]

O'Gorman concluye que con el naturalismo las posibilidades de la historiografía tradicional se habían agotado al llegar a su colmo, perfección y agotamiento; lo mismo que le había sucedido antes a Gaos con la historia de la filosofía. Y frente a esta decepción O'Gorman cree encontrar la posibilidad de su superación al abocarse al ser mismo de la realidad tal como lo descubrimos desde nuestra existencia, fundando en y desde nuestra existencia la misma verdad; lo mismo que hizo Gaos, quien,

[21] *Ibid.*, pp. 9 y 10.
[22] *Ibid.*, pp. 10 y 11.

luego de su decepción del examen de la evolución de la historia de la filosofía, había llegado a fundar la filosofía en el mismo sujeto filosófico. Y claro está, tanto Gaos como O'Gorman se basaron en Ortega.

La convicción tradicional de que es posible alcanzar la verdad absoluta condujo fatalmente a los supuestos de la historiografía científica, y la salida vital de esta aporía residía, para nuestro historiador mexicano, en el relativismo de la conciencia historicista. Pero no se trata para O'Gorman de un relativismo en sí, sino de un relativismo referido sólo a la postura tradicional a que estamos habituados. O'Gorman considera que al desprendernos de la cosificación del pasado y de la supuesta verdad absoluta, propias de la historiografía naturalista, desaparece también el relativismo, puesto que el pasado deja de ser un término de comparación para convertirse en nuestro pasado, único, propio, constitutivo de nosotros mismos.[23] Nosotros a través de nuestra evolución a través del tiempo.

En el contexto de estas premisas historiosóficas, O'Gorman se abocará en sus libros básicamente al análisis del ser de América, que fue concebida tradicionalmente como una cosa en sí descubierta por Colón, y afirmará la idea de que no existe en lo histórico la cosa en sí, sino que *es la historiografía la que le otorga sentido, lo hace comprensible y lo convierte en hecho histórico.* Somos nosotros quienes otorgamos tal sentido en medio de nuestra evolución histórica.

En fin, sirvan estos conceptos para ilustrar la forma en que el historicismo orteguiano influyó de forma decisiva en México en la reconsideración del quehacer historiográfico, en medio de la confrontación con la historiografía dominante en esos momentos. Sin embargo, es claro que, a pesar del expreso reconocimiento de la influencia orteguiana por parte de O'Gorman, la obra del historiador mexicano se vio influida notablemente también por el pensamiento heideggeriano, y todo ello a través de la enseñanza y el pensamiento propio del mismo Gaos.

Es necesario señalar que en otras partes del continente también somos testigos de escritos sobre la historia de las ideas durante este periodo, y aun en la década previa de los treinta, como en los casos de Ingenieros, Korn, Sánchez Reulet y Romero en la Argentina, o lo escrito por el boliviano Guillermo Francovich sobre los filósofos brasileños, o la obra de Salazar Bondy (por cierto, alumno de Gaos), en el Perú. Pero fue en México donde Gaos fundó una verdadera escuela histórica al respecto y donde la influencia orteguiana fue explícita, importante y reconocida.

[23] *Ibid.*, pp. 106 y 107.

Hacia una filosofía mexicana y latinoamericana

En pos del desarrollo de la historia de las ideas en América Latina, se comenzó también a dar paulatinamente en las décadas de los cuarenta y los cincuenta la aparición de una filosofía latinoamericana que venía a hacer manifiesto el sentido del desarrollo del pensamiento latinoamericano a través de su historia. Se pasaba así de la historia de las ideas filosóficas a la filosofía de la historia.

Leopoldo Zea es el principal promotor de esta corriente y a la vez su representante más notorio. Ahora bien, así como encontramos en este filósofo mexicano la fundamentación orteguiana de la historia de las ideas, encontramos también tal fundamentación en lo que se refiere al pasaje a la filosofía de la historia.

No sólo se encontró el historicismo circunstancialista en la raíz de sus investigaciones, que vinieron a dar con la situación de dependencia desde la cual se partiría a una filosofía de la liberación, sino que también la conceptualización de lo humano en tanto libertad (básica en la concepción de la evolución del pensamiento americano como un proceso de confrontación con la dependencia) se nutre del pensamiento orteguiano. Esto se manifiesta inclusive cuando Zea instrumenta también la dialéctica hegeliana para conceptualizar el proceso de la conformación de la conciencia mexicana, puesto que lo hace postulando el carácter concreto de la conciencia y negando toda abstracción metafísica u ontológica que pudiera otorgársele en medio de la filosofía hegeliana.

En *América como conciencia* Zea comienza su paso de la historia de las ideas a la idea de la historia y a una filosofía de América Latina. El concepto de dependencia, surgido de sus estudios de las ideas, lo conduce en este libro a relacionarse en el plano histórico a una circunstancia que va más allá de lo mexicano y lo americano: la circunstancia mundial del sistema colonial y neocolonial en la totalidad de sus componentes.

Pero, ¿cómo es posible hablar de la circunstancia cuando ésta se estira hasta incluir prácticamente a todo el contexto mundial? Al medirse con esta interrogante, intentando justificar la evolución de su pensamiento sin abandonar su compromiso con el circunstancialismo orteguiano, Zea se ve compelido a describir diferentes grados de circunstancialidad y de verdades acordes con los mismos:

> Así como existen verdades válidas para un grupo de hombres permitiendo la convivencia, la comprensión, así también existen verdades que pueden valer para toda la humanidad, para todos los hombres; se trata de verdades que por su generalidad pueden estar al alcance de todo hombre. Esto puede entender-

> se fácilmente si no se olvida que la verdad expresa una forma de la realidad, la cual es siempre circunstancial: los hombres participan de una circunstancia personal —un punto de vista que les es propio—, pero esta circunstancia personal participa a su vez de una circunstancia más amplia, de una circunstancia en la cual se encuentran otros hombres, la circunstancia social —la cual permite la convivencia—, pero esta circunstancia social participa a su vez de otra más amplia, por medio de la cual todos los hombres, cualquiera sea su circunstancia personal o social, se identifican como hombres, como género hombre; esto es lo que podemos llamar circunstancia humana. Todos los hombres, para ser hombres, participan de una circunstancia que les es propia: humanidad.

Y Zea agrega aún, citando prácticamente a Ortega, que "...hay una y absoluta realidad, lo que no es absoluto son los puntos de vista, lo que no es absoluto son los puntos de vista desde los cuales esta realidad puede ser captada".[24] Diversos grados de circunstancialidad, desde lo más concreto a lo más general, y una misma realidad global pero siempre captada en función de la circunstancia particular.

En medio del debate de esta problemática implícita en el paso de un filósofo circunstancialista de la circunstancia particular al contexto mundial, paso imprescindible para el análisis de la dependencia, Zea también se sirve del perspectivismo orteguiano para erigir uno de los elementos fundamentales de su visión humanista y antimperialista. Zea afirma que la filosofía aspira en último término a resolver los problemas de la circunstancia humanidad, aspirando al alcance de verdades universales más allá de las circunstanciales; pero, como el filosofar es obra del ser humano en medio de sus circunstancias particulares, Zea afirma que estas últimas, que son las que hacen del hombre una persona y le otorgan su individualidad, se le presentan al filósofo como *límites particulares en su afán de universalidad.* Ahora bien, esta conciencia de la limitación esencial también implica un freno definitivo al deseo de toda imposición universal de nuestra perspectiva particular, por lo que Zea resume sagazmente que "podemos concluir que el límite de nuestras ambiciones y el conocimiento de tal límite será también el conocimiento de los límites de todo hombre". O sea, que la limitación que se debe reconocer como propia es una limitación universal propia de todo hombre como tal: el circunstancialismo y el perspectivismo vienen, entonces, de antemano, tanto a reivindicar la individualidad nacional como a desbaratar las aspiraciones de imperialismo cultural o de toda índole.

Más aún, en *América como conciencia* Zea también instrumenta el circunstancialismo en su análisis de la problemática de la dependencia cultural y de la identidad en el pensamiento hispanoamericano. El punto

[24] Leopoldo Zea, *América como conciencia,* pp. 43 y 44.

central de esta problemática reside para Zea en que los americanos han deseado adaptarse a la cultura europea en lugar de adaptar a ésta a su propia circunstancia, la circunstancia americana. Este fenómeno vendría a surgir del hecho de que el reconocimiento de la preponderancia de la circunstancia propia frente a los ideales europeos implicaría precisamente su autorreconocimiento como americanos, que es justamente lo que no estarían dispuestos a reconocer. Esto es lo constitutivo de lo que Zea denomina como el fenómeno del criollismo.

El criollo es captado por Zea como un inadaptado con un esencial problema de identidad: "América le parece poco, Europa demasiado." La asunción de la propia circunstancia como tal, la conciencia de una realidad propia a la que habría que adaptar las ideas europeas, implicaría precisamente la conciencia de su diferencia específica y con ella de su inferioridad de acuerdo con los patrones europeos. "En el fondo este hombre sufre un gran vacío. Siente que no puede alcanzar lo que anhela; que no puede hacer de América otra Europa. América, pese a todos sus esfuerzos, se resiste siempre a ser lo que no es."[25] Y en esta negativa a reconocerse en tanto americanos Zea ve la raíz misma de la dependencia cultural de América, dependencia que viene así a expresar en el contexto americano la autonegación y la valorización propia en función de los criterios europeos.

El constante fracaso del hispanoamericano residiría precisamente, para el filósofo mexicano, en ese empeñarse en realizar lo que no le es propio: "La historia del hombre americano está formada por ese querer vivir en el futuro; por ese negarse a reconocer que tiene una circunstancia que le es propia; por ese empeñarse en ser utopía europea, por ese negarse a ser americano."[26]

Pero los estudios de la historia de las ideas de Zea hicieron patente lo irreductible de una realidad siempre presente, y en esa "irreductible americanidad", que se hace evidente en el fracaso constante de las utopías europeas o sajonas, Zea cree poder detectar la posibilidad de un camino propio que, partiendo de una toma de conciencia de la particularidad específica de la circunstancia americana, pueda elevarse también como un aporte a la cultura universal.

Y esto es sumamente importante en la filosofía de Zea, puesto que en lugar de desesperar frente al fracaso histórico de diversas utopías importadas, pone sus esperanzas en la asunción de las circunstancias propias, en la confrontación a partir de las mismas y en función de las mismas. "Yo soy yo y mis circunstancias y si no las salvo a ellas no me salvo yo." No negarlas, borrar y partir de cero, sino asumirlas, salvarlas.

[25] *Ibid.*, pp. 54 y 55.
[26] *Ibid.*, p. 56.

En fin, sean estas ideas de Zea suficientes para fundamentar nuestra afirmación del modo en que la influencia orteguiana continuará haciéndose presente en sus trabajos filosóficos sobre América Latina, más allá de lo que constituyeron sus investigaciones en la historia de las ideas en México y en América.

Otra de las manifestaciones de la filosofía de Latinoamérica en las décadas de los cuarenta y los cincuenta fue la de una serie de escritos ontológicos que se centraron en el ser de lo americano. Sobresalen en ese sentido el chileno Félix Schwartzman con *El sentimiento de lo humano en América,*[27] el venezolano Ernesto Mayz Vallenilla con *El problema de América,*[28] y los argentinos H. A. Murena con *El pecado original de América*[29] y Alberto Caturelli con *América bifronte.*[30] También en estas filosofías se hace presente la influencia orteguiana de diversos modos, aunque no con la prominencia que hemos señalado en el caso de Zea, y a veces agregándose marginalmente a la influencia determinante de la filosofía hegeliana o heideggeriana. La influencia de Ortega en estos casos no reside tanto en su circunstancialismo perspectivista, sino más bien en su interpretación y difusión de las ideas hegelianas sobre América; y además de ello, en su temeraria y primera aplicación a la realidad argentina a fines de la década de los veinte.

Se trata básicamente de la ubicación que hace Hegel de América en la prehistoria natural, y su idea de que es el continente del porvenir, aunque, claro está, aún no es lo que va a ser y lo que puede ser. En palabras de Ortega, América en tanto "un todavía no" o "una madrugada de humanidad". América viene así a ser, para Hegel, Naturaleza aún no tocada por el Espíritu, caracterizada por la inmadurez, la insuficiencia y la debilidad.[31] Recordemos que Ortega, por su parte, había señalado que el alma argentina tenía como característica esencial precisamente el ser promesa.

El venezolano Mayz Vallenilla, en medio de un complicado análisis existencialista, habla del ser del hombre americano como "un no-ser-siempre-todavía" expresado fundamentalmente en "la expectativa" como su carácter fundamental. El chileno Félix Schwartzman escribe, también, de la presencia interior en el hombre latinoamericano de "...lo originario y desprovisto de historia" que enlaza románticamente con la naturaleza y

[27] Félix Schwartzman, *El sentimiento de lo humano en América. Antropología de la convivencia,* Universidad de Chile, Santiago, 1950 y 1953, 2 tomos.

[28] Ernesto Mayz Vallenilla, *El problema de América,* Caracas, 1959.

[29] H. A. Murena, *El pecado original de América,* Sur, Buenos Aires, 1954.

[30] Alberto Caturelli, *América bifronte. Ensayo de ontología y filosofía de la historia,* Editorial Troquel, Buenos Aires, 1961.

[31] Ortega y Gasset, "Hegel y América", en *OC,* pp. 569-572.

que confiere especial fuerza "al sentimiento del futuro". El argentino Alberto Caturelli, por su parte, dedica un artículo especial de su mencionado libro a las ideas de Hegel, Ortega y Keyserling sobre América, concluyendo que los tres están de acuerdo en la afirmación expresa o implícita de "la radical inmadurez de América". Y Caturelli escribe que puede subscribir, sin temor alguno, que "...América, considerada en sí misma, es decir, lo americano puro, lo americano como americano, es el no-realizado, lo puramente virtual, lo inmaduro, lo esencialmente primitivo".[32]

El historiador y filósofo argentino Arturo Andrés Roig señala acertadamente que estas ontologías que se plantearon la cuestión del hombre americano concluyeron atribuyéndole "...una historia defectiva, reducida a una futuridad, o en una negación de historicidad, teniendo todas como punto de partida, casi sin excepción, ciertas pretendidas experiencias originarias de la temporabilidad y una afirmación del ser de América como vacío".[33]

Pero no es nuestro objetivo el referirnos al pensamiento de estos filósofos y ensayistas que desarrollan sus teorías en diversos sentidos, y en los que predomina básicamente la influencia hegeliana o existencialista, sino el limitarnos a señalar sucintamente el modo en que también en ellos se refleja la labor de Ortega. En estos casos, más su labor de difusión de Hegel a través del prisma orteguiano, que la misma filosofía del maestro español.

"Misión de la Universidad"

Entre los incentivos fundamentales del despertar filosófico hacia la problemática de la realidad nacional se encontró, sin lugar a dudas, el desarrollo académico que tuvo lugar en algunos de los países latinoamericanos, principalmente a partir de los cuarenta. Tanto los viajes de estudio a Europa como la llegada de los transterrados españoles fueron relevantes para este fenómeno, pero también lo fueron los escritos del mismo Ortega, y muy especialmente "Misión de la Universidad".[34]

Este texto tuvo amplia difusión en los países hispanoamericanos, y no sólo estimuló el debate de tal problemática y postuló un ideal de cultura universal, sino que se reflejó directamente en la concepción adoptada por diversas universidades hispanoamericanas al abocarse a su estructuración, a la definición de sus metas y a la definición de sus estatutos.

[32] Alberto Caturelli, *op. cit.*, p. 41.

[33] Arturo Andrés Roig, *Teoría y crítica del pensamiento latinoamericano*, Fondo de Cultura Económica, 1981, p. 139.

[34] *OC*, II, pp. 311-353.

Más aún, este artículo de Ortega fue también central para contribuir a la reivindicación del intelectual y de su responsabilidad como parte de un país. Esto se expresa de manera clara en el artículo escrito en 1941 por el importante filósofo argentino Risieri Frondizi sobre la función social de la Universidad. Preguntándose cuál era la fuerza espiritual que guiaba por ese entonces a la sociedad, Frondizi cita al Ortega de "Misión de la Universidad" que afirma que son los periodistas quienes la hacen, a pesar de su "espiritualidad ínfima" o de su "antiespiritualidad". Y entonces, siguiendo a Ortega, Frondizi escribe que si la Universidad no toma sobre sí esta tarea de dirección espiritual, "deberá soportar el peso muerto de una sociedad sin rumbos, deberá luchar en contra de un estado caótico o contemplará la sociedad envilecida destruyendo los productos más caros al espíritu humano". Y luego Frondizi, en función de las ideas de Ortega que aún veremos con algo de detalle, escribe que la Universidad debe formar a los dirigentes del país y que los universitarios deben dejar traslucir su formación universitaria, "no por el alarde de una erudición libresca y pedante, sino por su comportamiento ante problemas vitales y su sano espíritu de comprensión y de sacrificio".[35]

Estas palabras de Frondizi ilustran la influencia del maestro español en lo que se refiere a la conceptualización de la función de los intelectuales y su tarea decisiva en la comprensión-salvación de las circunstancias nacionales, pero antes de continuar veamos algo de lo escrito por el mismo Ortega en este artículo.

En su ensayo sobre la Universidad, Ortega observa que en España la enseñanza superior en esos momentos consistía en la enseñanza de las profesiones intelectuales, la investigación científica y la preparación de nuevos investigadores, y afirma terminantemente que es necesario cambiar esta situación e incluir en primer lugar y ante todo la enseñanza de la cultura. Y de inmediato, al definir Ortega a la cultura, la finca en su filosofía raciovitalista:

> La vida es un caos, una selva salvaje, una confusión. El hombre se pierde en ella. Pero su mente reacciona frente a esa sensación de naufragio y perdimiento: trabaja para encontrar en la selva vías, caminos; es decir: ideas claras y firmes sobre el universo, convicciones positivas sobre lo que son las cosas y el mundo. El conjunto, el sistema de ellas, es la cultura en el sentido verdadero de la palabra [...] Cultura es lo que salva del naufragio vital, lo que permite al hombre vivir sin que su vida sea tragedia sin sentido o radical envilecimiento [...] Cultura es el sistema vital de las ideas en cada tiempo.[36]

[35] Risieri Frondizi, "Función social de la Universidad", en *Ensayos filosóficos,* Fondo de Cultura Económica, México, 1986, pp. 354 y 355.

[36] *OC,* IV, p. 321.

Resulta, entonces, que esta cultura es algo radicalmente diferente de la formación estrictamente profesional, diferente del profesional que puede ser más sabio que nunca, pero también puede ser más inculto que nunca en la acepción orteguiana del término, al grado de que Ortega lo denomina "el nuevo bárbaro". Y es también algo diferente de la ciencia (aunque se nutra la cultura de la misma), puesto que, entre otras razones, el régimen interior de la actividad científica no es vital como lo es el de la cultura. La ciencia posee su propia escala de necesidades y exigencias estrictamente científicas, avanza acorde a las mismas y se detiene allí donde sus métodos no le permiten continuar, esperándose a veces cien años, escribe Ortega, para que otro investigador complete las investigaciones iniciadas. La cultura, en cambio, dada su urgencia vital, necesita poseer una idea completa del mundo y del hombre, y no puede detenerse en función de las exigencias de un rigor teórico que casualmente pueda haber llegado a sus límites. "...La cultura va regida por la vida como tal, y tiene que ser en todo instante un sistema integral, completo y claramente estructurado. *Es ella el plano de la vida,* la guía de caminos por la selva de la existencia".[37]

Y para completar la aclaración de los conceptos Ortega diferencia también entre profesionalismo y ciencia, especificando que ciencia en su propio y auténtico sentido es sólo investigación. La ciencia se plantea problemas y trabaja para llegar a su solución, pero todo lo que se haga posteriormente con la solución ya no es ciencia. "Por eso no es ciencia aprender una ciencia ni enseñarla, como no es usarla ni aplicarla." De aquí que los maestros no deben ser para Ortega necesariamente científicos, y que pueda haber excelentes maestros que no son investigadores, maestros que sepan su ciencia y estén enterados de sus verdades, pero que no sepan investigar y descubrir las verdades o demostrar los errores por sí mismos. Del mismo modo es ridícula para Ortega la pretensión de hacer del hombre medio que es el estudiante un científico, y por ello considera que la investigación científica no pertenece de una manera inmediata y constitutiva a las funciones *primarias* de la Universidad.

En fin, luego de todas estas especificaciones esenciales no es nada sorprendente que Ortega resaltara la necesidad de crear una Facultad de Cultura que fuera el núcleo de la Universidad y de toda la enseñanza superior. La función "primaria y central" de la Universidad sería la de situar al hombre medio a la altura de los tiempos, haciendo de él un hombre culto al enseñarle las grandes disciplinas culturales.

Éstas son cinco: *1.* La imagen del mundo (física); *2.* Los temas fundamentales de la vida orgánica (biología); *3.* El proceso histórico de la es-

[37] *Ibid.*, p. 343.

pecie humana (historia); *4.* La estructura y funcionamiento de la vida social (sociología), y *5.* El plano del Universo (filosofía).[38]

Esto implica, según Ortega, la necesidad de crear amplias síntesis y sistematizaciones de estas disciplinas que hagan posible su enseñanza en la Facultad de la Cultura; lo que a su vez implica la necesidad de la generación de una nueva especialización, la del talento integrador, la de profesores que se especialicen en la integración y en la sistematización.

En lo que se refiere a la ciencia, debido a que la cultura y las profesiones necesitan la "incesante fermentación" de la ciencia y de la investigación, Ortega considera que en torno a la "Universidad mínima" deben instalarse los laboratorios, los seminarios y los centros de discusión científica. "Conste pues: *la Universidad es distinta pero inseparable de la ciencia*. Yo diría, la Universidad es, *además,* ciencia."[39]

Todas estas ideas se relacionan también con lo que Ortega denomina "el principio de la economía de la enseñanza", tomando en cuenta lo limitado de la capacidad de aprendizaje de los alumnos, y acentuando la necesidad de partir del estudiante y no del profesor o del saber. Para Ortega la Universidad tiene que ser, en este sentido, la proyección institucional del estudiante, cuyas dos dimensiones esenciales son la escasez de su facultad de aprendizaje y lo que necesita para vivir.

Contentémonos con esta apretada síntesis, y consideraremos ahora unos de los ecos de este importante ensayo en los países latinoamericanos. En Puerto Rico su influencia fue decisiva, y reconocida categóricamente por Jaime Benítez, rector de la Universidad de Puerto Rico desde 1943, y quien había escrito en 1939 su tesis de maestría sobre el pensamiento filosófico y político de Ortega y Gasset. Benítez escribe que la vasta reforma académica iniciada en la Universidad en 1943 "se fundamentaba explícitamente y con orgullo sobre las tesis planteadas por Ortega en su 'Misión de la Universidad' de 1930".[40] La importancia de este hecho sobresale en especial si recordamos que esta Universidad se fundó en 1903, ampliando la Escuela Normal de Maestros, en un Puerto Rico que era considerado como una colonia norteamericana. Esta Universidad se creó con el objetivo de que tales maestros difundieran la pedagogía y la ideología de los Estados Unidos, en un intento por rehacer a un Puerto Rico acorde a la imagen estadunidense.

En 1943, según Jaime Benítez, la reforma universitaria por él conducida intentó adoptar una perspectiva más occidental que norteameri-

[38] *Idem.*
[39] *Idem.*
[40] Jaime Benítez, "Ortega, Puerto Rico y su Universidad", en *Revista de Occidente,* núm. 24-25, mayo de 1983, p. 31.

cana, y asimismo, se comprometió a abocarse al estudio y esclarecimiento de los propios problemas nacionales. Ortega fue su principal fuente (la Facultad de Estudios Generales fue fundada con dos años de cursos básicos antes de seguir cualquier especialidad), pero no sólo en lo que respecta a la misión y estructuración de la Universidad, sino también en otros aspectos no menos importantes en medio del mencionado contexto colonial.

Benítez consideró que la Universidad era la institución privilegiada para contribuir a que Puerto Rico conservara su propia identidad cultural, y en ello el idioma español ocupaba un lugar muy especial. En la Universidad el vehículo de la enseñanza era el idioma inglés y, según Benítez, existía el problema de la falta de desenvoltura de los grupos dirigentes en Puerto Rico en el manejo del idioma profesional y culto, lo que no sólo entorpecía la comunicación y el pensamiento sino que también "menoscababa nuestra propia estimación". En este sentido la lectura de la obra de Ortega en los cursos universitarios fue de gran importancia, y principalmente los pasajes específicos en los que Ortega resalta el significado, la importancia y la trascendencia del idioma; textos que Benítez recuerda que leían y releían "con la emoción puesta en sus posibles implicaciones inmediatas".[41]

La influencia directa sobre la estructuración de la Universidad en función de las disciplinas culturales se manifestó asimismo en la labor del doctor Palacios, rector de la Universidad de La Plata, en Argentina, y en las universidades de Costa Rica, Uruguay, Chile y México.

Ya nos hemos referido al libro escrito por el rector de la Universidad Nacional de México, en el que se da toda una interpretación histórica con base en el generacionalismo orteguiano, agregándosele al abocarse a su propia época la conceptuación social de *La rebelión de las masas*. Pero aquí debemos agregar que tal libro de Chico Goerne incluye, luego de su descripción histórica, el Estatuto de la Universidad y asimismo las Bases Constitutivas de la Asociación Internacional de Universidades, de tal modo que la disertación orteguiana viene a funcionar como base histórico-teórica de los documentos mencionados.

En México cabe señalar aún, entre otros posibles ejemplos, la influencia de las ideas universitarias de Ortega sobre Fernando Salmerón, lo que es significativo puesto que éste se desempeñó como rector de la Universidad Veracruzana y posteriormente como rector de la Universidad Autónoma de México. Aunque debemos señalar que la influencia de Ortega sobre Salmerón se dio principalmente en su época estudiantil y cuando fungió como director de la Facultad de Filosofía.

Es interesante e ilustrativo de la gran difusión del pensamiento or-

[41] *Ibid.*, p. 38.

teguiano el que Salmerón, aun siendo alumno universitario en Xalapa, Veracruz, conociera ya bastante seriamente la filosofía de Ortega e inclusive escribiera sobre su pedagogía. Siendo director de *Mensaje,* el órgano mensual de los estudiantes de Veracruz, Salmerón escribió en 1946 un artículo titulado "La pedagogía de Ortega y Gasset".[42] En este artículo presentó los fundamentos de la filosofía orteguiana como una superación del realismo y del idealismo que venía a parar en la concepción de la vida humana, en su acepción biográfica, como la realidad primaria y radical, y en la sustitución de "la razón pura" por la "razón vital". Salmerón concluye que con lo expuesto era suficiente para comprender que en esos tiempos la cultura daba un nuevo sesgo, pasándose al ordenamiento del universo desde el punto de vista de la vida. El joven Salmerón pasa entonces a la exposición de algunos textos pedagógicos de Ortega y de su escrito sobre la Universidad, y ante el hecho de que las ideas orteguianas en este campo no habían logrado aún el eco debido entre los pedagogos del momento, finaliza su artículo orteguianamente señalando que el hombre no puede seguir sordo al llamado de la historia y que "la pedagogía, al igual que toda la cultura, ha de ordenarse desde un solo punto de vista: la vida. Éste es el tema de nuestro tiempo".[43]

Un año más tarde, en la misma revista, Salmerón escribe junto con otros dos estudiantes un artículo, titulado "Unidad o disparidad", en el que arremetían contra el intento de crear la Facultad de Medicina fuera de la ciudad de Xalapa, y en el que se describen las diversas funciones de la Universidad en términos netamente orteguianos, según "La misión de la Universidad", con citas explícitas del pensador español. Salmerón, por ejemplo, acepta la definición de Ortega de la cultura como el sistema de las ideas en que nos apoyamos para vivir, y escribe en pos del maestro español:

> ...es precisamente en esta característica de ser la cultura idea vital, y por ende, perentoria y urgente (hay que recordar que la vida no espera), en lo que se separa la ciencia, que se halla colocada al margen de esa urgencia, que es el sello que la vida impone a todo lo que le sirve de apoyo en su trayectoria. De este modo, puede concluirse que es la conservación y transmisión de la cultura pináculo de la actividad universitaria y que, dentro de tal actividad, las tareas docentes e investigadoras forman, con otras, las diversas gradaciones de un vasto proceso.[44]

[42] Fernando Salmerón, "La pedagogía de Ortega y Gasset", en *Mensaje,* Xalapa, Veracruz, núm. 4, julio de 1946.

[43] *Ibid.,* p. 16.

[44] Fernando Salmerón, "Unidad o disparidad", en *Mensaje,* Xalapa, Veracruz, julio de 1947, y en *Cuestiones educativas y páginas sobre México,* Universidad Veracruzana, México, 1962, p. 237.

En fin, todos estos datos son sumamente interesantes en su relación con la ramificada y profunda influencia de Ortega en la formación de los estudiantes mexicanos, inclusive en el interior del país, por esos años.

La influencia de Ortega en la conceptualización de la problemática universitaria se agrega, de este modo, a sus influencias filosóficas, que fueron de gran importancia en lo que hemos considerado como la reivindicación humanista de la cultura latinoamericana, especialmente a partir de los cuarenta.

V. CONTRA ORTEGA Y SOBRE ORTEGA: LA POLÉMICA DE LOS CUARENTA Y LOS CINCUENTA

LAS REACCIONES: UN ESPECTRO MUY MATIZADO

YA DESDE 1916, cuando Ortega llegó a las costas americanas por primera vez, no dejaron de escucharse las críticas que contenían el rechazo parcial o total de sus ideas. A veces se trató de críticas netamente profesionales, como la de los positivistas argentinos en aquel 1916, cuando frente al asalto total de Ortega al positivismo respondieron también con el rechazo total; otras veces, al problematizar Ortega una temática determinada, esta misma problematización implicaba el debate inmediato y la interpretación de sus ideas de diversos modos, con la consecuente polémica general, como en el sobresaliente caso de *La deshumanización del arte;* en otras oportunidades se aceptaron sus aciertos teóricos, pero matizándolos fuertemente con observaciones que se imponían en función de las circunstancias latinoamericanas, o extrapolando elementos del mismo contexto orteguiano, como en el caso de *La rebelión de las masas.*

La admiración, la adhesión crítica, el diálogo, el rechazo parcial y el rechazo total caracterizaron en diferente grado el espectro de la reacción frente a la obra de Ortega a lo largo de los años. Su presencia intelectual nunca fue ignorada, ni en los núcleos profesionales ni en los círculos de la periferia cultural y social, y permaneció generalmente en un primer plano hasta los sesenta, años en que en algunos lugares del continente la ola marxista fue tan grande que no pocos de los intelectuales más influyentes en la cultura latinoamericana pasaron en muchos países a un segundo plano o desaparecieron por completo.

En este capítulo nos abocaremos al análisis de la polémica alrededor de la obra de Ortega en las décadas de los cuarenta y los cincuenta (años más, años menos), polémica en la que se manifiesta su influencia profesional, cultural, social y política.

Trataremos las críticas que se dieron desde diferentes perspectivas cristianas, veremos algo de la arremetida de la izquierda y las críticas de los mismos historicistas, y asimismo el reconocimiento y el agradecimiento al morir Ortega en 1955. Amén de ello, prestaremos atención a diversos libros que se escribieron por esos años sobre la obra de Ortega y Gasset, intentando hacer una exposición e interpretación estrictamente académicas. Es necesario recordar que en este periodo también fueron publicados otros importantes libros, a los cuales nos hemos referido al escribir sobre los alumnos de Ortega en América, como los de Gaos, Bacca, Gallegos Rocafull, Ayala, etcétera.

Para esos años la profusión del debate y de lo escrito sobre Ortega, ya en forma de libros y no solamente de artículos, dan una clara pauta de lo ineludible de su presencia y de su influencia intelectual, y del hecho de que evidentemente se había convertido en un componente definitivo de la cultura hispanoamericana. El ninguneo o la marginación de que fue objeto por parte de sus colegas argentinos en los círculos profesionales filosóficos durante su tercera visita a Argentina no pudieron evitar la enorme difusión de su obra escrita en ese país sudamericano, ni los numerosos artículos y libros sobre la misma en el continente entero. En la periferia cultural y social su influencia siguió siendo enorme en los cuarenta y los cincuenta, y también encontramos en diversos profesionales, especialmente de las ciencias sociales y de la jurisprudencia, el claro influjo orteguiano.

En 1955, al morir Ortega en España, se publicaron de inmediato numerosos artículos y libros reconociendo su valía y su contribución a la cultura latinoamericana, aunque no faltaron los que se escribieron en su contra. Mas la polémica venía cobrando cuerpo ya desde antes, y por ello no nos centramos solamente en el debate luego de su muerte, sino también en el previo a la misma en las décadas de los cuarenta y los cincuenta.

Desde las perspectivas religiosas

Las críticas a Ortega por parte de escritores latinoamericanos desde posturas cristianas son diversas y de muy diferente categoría. Las hay superficiales, basadas en tal o cual artículo de Ortega y sin conocimiento real o aproximado de su obra, y hay también las que se dan después de un análisis serio y profundo. Hay críticas que son virulentas, verdaderamente violentas e insultantes, en tanto otras hacen gala del respeto y la corrección que también pueden y deben ser parte de la polémica.

Pero si bien debemos distinguir entre los neotomistas recalcitrantes y agresivos, por un lado, y aquellos otros filósofos cristianos que llegaron a identificarse con elementos esenciales de la teoría orteguiana, en lo que se refiere a la problemática específicamente religiosa nos encontramos con diversos grados de consenso en el rechazo de lo escrito por Ortega al respecto. Algunos ven en Ortega a un ateo peligrosísimo por su prestigio, en tanto otros consideran que Ortega llegó a desarrollar una antropología filosófica esencialmente cristiana, pero fue inconsecuente con la misma al no dar el paso definitivo hacia lo Divino, reprochándosele, de hecho, que haya sido filósofo y no teólogo.

Es importante tener en cuenta que en 1942 comenzaron a publicarse en España una serie de libros y artículos contra Ortega, siendo conducido tal asalto por el jesuita español Joaquín Iriarte. Pero aun antes, en el periodo que aquí nos ocupa, el padre Ventura Chumillas había publicado un libro en Argentina, con seis artículos escritos por él en *El Pueblo* en ocasión de las conferencias dadas por Ortega en 1939 sobre "El hombre y la gente" en Amigos del Arte,[1] aunque Chumillas no se ocupa de las mismas, y se refiere a ellas sólo marginalmente a través de los resúmenes de los periódicos. Chumillas dice haber leído las "Obras completas" de Ortega, pero sorpresivamente se basa exclusivamente en dos artículos del maestro español: "Las dos grandes metáforas", al que considera el más grande escrito filosófico de Ortega, y "Meditaciones del Escorial". Eso es todo, y de ahí parte sin duda alguna a sus conclusiones. Pero lo interesante es que muchas de sus "conclusiones" serán similares a las de otros escritores cristianos que sí intentaron fundamentarlas seria y ampliamente, lo que quizá pueda ser un indicativo del grado en que también en este caso las conclusiones, independientemente del nivel de la crítica, se encuentran, en gran parte, condicionadas ideológicamente.

Para Chumillas, Ortega es sólo un pensador que trata temas secundarios y triviales y que no puede ser considerado como un filósofo de altos vuelos porque no se encara directamente con "los tradicionales y perennes temas de la metafísica". Ortega no ha escrito, según Chumillas, ningún tratado verdadero de filosofía, no tiene ninguna filosofía sistemática u original, y a final de cuentas es más un literato que un filósofo.[2]

Chumillas también considera que en "Las dos grandes metáforas" es dable constatar que Ortega es en verdad un "idealista integral", e inclusive va mucho más allá que Kant puesto que ni siquiera reconoce la existencia del nóumeno.[3]

Y luego de creer haberle cortado las alas filosóficas, con algunas tijeras algo groseras, Chumillas se centra en el problema de Ortega y la Divinidad. Refiriéndose a la afirmación de Ortega de que la divinización es la idealización de las partes mejores del hombre y de que Dios es una idea general, Chumillas afirma que Ortega diviniza a las criaturas al suponerlas hechas del mismo Ser Divino, y entonces degrada al Ser Divino reduciéndolo a la vil condición de las cosas de este mundo. Ortega

[1] Ventura Chumillas, presbítero, *¿Es don José Ortega y Gasset un filósofo propiamente dicho?*, Editorial Tor, Buenos Aires, 1940.

[2] *Ibid.*, p. 22.

[3] *Ibid.*, p. 9.

vendría a confundir de este modo el ser teológico con el ser ontológico, convirtiéndolos entonces en una sola e indivisible unidad panteísta. Pero como Chumillas considera que si se le niega a Dios su carácter personal y trascendente de hecho se niega su existencia, llega entonces a la conclusión de que el panteísmo de Ortega, como todo panteísmo, es un mero ateísmo disfrazado.[4]

Si el libro de Ventura Chumillas es superficial y no cabe ninguna sospecha de conocimiento serio de la obra de Ortega (a sus críticas aún nos referiremos posteriormente), en 1943 nos encontramos en México, en cambio, con la publicación de un voluminoso libro de 357 páginas que revela un conocimiento más serio y extenso de la obra de Ortega y aspira a un análisis crítico de la misma. A pesar de ello, hay en él todas las conclusiones de Chumillas. Se trata de la obra, traducida también al inglés, de José Sánchez Villaseñor titulada *Pensamiento y trayectoria de José Ortega y Gasset. Ensayo de crítica filosófica.*[5] Sánchez Villaseñor ingresó a la Compañía de Jesús, se doctoró en filosofía y teología en la Universidad Gregoriana de Roma y posteriormente en filosofía en la Universidad Nacional de México. Luego se desempeñaría como director de la Facultad de Filosofía de la Universidad Iberoamericana en México.

En su libro sobre Ortega, Sánchez Villaseñor recuerda desde el principio que "un ilustre crítico español", Joaquín Iriarte, ha escrito lo que en su opinión constituye uno de los más penetrantes ensayos sobre la obra de Ortega, negándole originalidad en filosofía y trascendencia en metafísica. Sánchez Villaseñor también recuerda elogios otorgados a Ortega, pero no tardará en identificarse militarmente con la opinión de Iriarte. Su libro se divide en dos partes: una de exposición de la obra de Ortega y otra de crítica de la misma. Pero pocas veces se hace tan patente hasta qué punto toda exposición es interpretación, y más aún cuando la crítica se ejerce desde el primer momento en la misma exposición, y los calificativos degradantes abundan a la par de las pretensiones de objetividad y ecuanimidad.

Si Chumillas había "acusado" a Ortega de ateísmo, Sánchez Villaseñor hace lo mismo, pero mucho más a fondo, puesto que considera a ese ateísmo como uno de los mayores responsables de la catástrofe mundial de esos momentos, en medio de la segunda Guerra Mundial. Ortega en el banquillo de los acusados y con semejante acusación.

Sánchez Villaseñor considera que las filosofías predominantes en esos momentos, con su relativismo y su escepticismo, introdujeron la confusión y el desprestigio de la razón y de sus normas; y, además, elevaron la

[4] *Ibid.*, pp. 41-42.

[5] José Sánchez Villaseñor (S. J.), *Pensamiento y trayectoria de José Ortega y Gasset. Ensayo de crítica filosófica*, Editorial Jus, México, 1943.

vida al grado de valor supremo y con ello impusieron la fuerza y el desencadenamiento de los instintos vitales. Por ello considera que el virus que destruye los centros vitales de la civilización en medio de la segunda Guerra Mundial no es solamente político, económico o social, sino ante todo de carácter ético y religioso.

El diagnóstico del error orteguiano, como el de la época en general, es, según el filósofo mexicano, el de un antropocentrismo que implica la divinización del hombre y el olvido consciente de Dios. Lo mismo da que se divinice la razón, la ciencia o la vida, puesto que los efectos son idénticos: inmoralismo en ética y caos en metafísica, el repudio de los supremos valores y el abrazo de lo mutable y lo efímero. Un antropocentrismo que implica, simplemente, una inversión esencial de los valores.[6]

Sánchez Villaseñor afirma que es precisamente en esta ausencia de Dios que radican todos los errores de la obra de Ortega, y que las consecuencias de ello son mucho más graves en este caso por tratarse de un escritor de fama mundial que en su más recóndita intención propugna la legitimización del ateísmo trágico.

> Asistimos a la última fase de la crisis del seudohumanismo. Somos actores y espectadores de la magna catástrofe. Quiera Dios que el hombre de la posguerra, purificado por una experiencia sin ejemplo, vuelva sobre sus pasos y retome el camino de la casa paterna. A la actitud antropocéntrica deberá oponer la concepción católica del mundo y de la vida. Al racionalismo y existencialismo, incapaces de integrar jerárquicamente el intelecto y la vitalidad, la grandiosa síntesis de la filosofía perenne.[7]

No tiene entonces nada de extraño que, contando con esta perspectiva fundamental, Sánchez Villaseñor comience la exposición de la obra de Ortega señalando lo que considera como sus incongruencias y sus continuos cambios de opinión: idealista en sus mocedades, aunque inclusive entonces tocado por la duda escéptica; perspectivista luego, rindiéndose por completo al relativismo historicista; vitalista pragmático, realista e idealista otra vez a final de cuentas. En fin, concluye Sánchez Villaseñor, Ortega no tiene derecho a quejarse de ser incomprendido.

> ¡Triste destino el de Ortega! Después de tantas vacilaciones, marchas y contramarchas, se llega a perder de vista su auténtica trayectoria. Dárselas de poeta en filosofía es arriesgado albur. Se dice, por ejemplo, antidealista, y sus escritos, aun los más recientes, a gritos proclaman un radical idealismo. Condena en una parte el escepticismo, para alabarlo en otra. Rechaza de palabra el agnosticismo, aunque de hecho lo profese.[8]

[6] *Ibid.*, p. 327.
[7] *Ibid.*, p. 335.
[8] *Ibid.*, p. 217.

En México Gaos decidió no relacionarse ni siquiera al libro de Sánchez Villaseñor,[9] en tanto Zea, en una reseña del libro, escribió que no se podía discutir, ni menos aclarar la importancia de una obra partiendo de prejuicios, y que Sánchez Villaseñor se veía imposibilitado para tal labor por su formación religiosa. Zea afirma que no es posible que nadie que se sienta sostenido en las verdades de su fe entienda la filosofía de quien se ha quedado angustiado con no más soporte metafísico que la propia vida. Surge entonces el desconcierto y la incomprensión frente a una filosofía que busca en qué apoyar al hombre, sabiendo tal crítico que existe tal apoyo. Pero Zea señala que si algo importa discutir y tratar de resolver es, precisamente, el problema de por qué el hombre ya no cree en la verdad de la filosofía perenne y prefiere las relativas verdades de las que la filosofía contemporánea es una expresión: "El historicismo, el relativismo, la filosofía de la vida, el existencialismo, son los temas a discutir en la obra de Ortega, pero desde el punto de vista de sus problemas, y no desde el punto de vista de una filosofía que ya los tiene resueltos."[10]

Pero la confrontación a fondo con las críticas de Sánchez Villaseñor se daría en un libro escrito por Julián Marías en 1950 y publicado en Buenos Aires. Marías, que era por esos años el discípulo por excelencia de Ortega, sale a la defensa no sólo de su maestro y de su filosofía, sino también del catolicismo, puesto que considera que no existe contradicción alguna entre la metafísica de la razón vital y el catolicismo.[11]

El libro de Marías está enfilado contra el asalto a Ortega por parte de diversos escritores católicos españoles, y agregado a ellos el mexicano Sánchez Villaseñor. Marías lleva a cabo un análisis incisivo y detallado de los métodos utilizados en el asalto a Ortega, y concluye que se trata de una verdadera intriga intelectual en la que se echa mano de citas tendenciosas para llegar a conclusiones que nada tienen que ver con la versión original, citas en las que se incluyen términos que no se encuentran en el original, se utilizan improperios, etcétera.

La crítica de Marías es sumamente incisiva y por lo general irrefutable en lo que se refiere al armazón lógico y la insidia de las argumentaciones analizadas, aunque claro está que esta crítica se da desde una determinada interpretación de la obra de Ortega y del catolicismo. Aquí nos interesa sólo su objeción al libro de Sánchez Villaseñor, el único latinoamericano al que se refiere en su libro.

[9] Raúl Cardiel Reyes, "La filosofía", en *El exilio español en México. 1939-1982,* Salvat-Fondo de Cultura Económica, México, 1982, p. 217.

[10] Leopoldo Zea, en *El Hijo Pródigo,* II, octubre-diciembre de 1943; III, enero-marzo de 1944, México, pp. 435-436.

[11] Julián Marías, "Ortega y tres antípodas", *Revista de Occidente,* Buenos Aires, 1950.

En primer lugar Marías rechaza como falsa la afirmación de que Ortega, al definir a Dios como la absoluta objetividad, desprovista de un recinto íntimo y carente de conciencia, es en verdad panteísta. A pesar de que al final de tal observación de Sánchez Villaseñor aparece una nota que da a entender que se trata de una cita de la fuente orteguiana, Marías señala que ello no es así. Ortega escribe en realidad que Dios es "la absoluta objetividad", pero no que no posee intimidad o que es carente de conciencia, como da a entender Sánchez Villaseñor. Más aún, Marías señala que en verdad la absoluta objetividad, la total potencia, no excluye la intimidad; y precisamente la noción aristotélica de *energeia* fue considerada en principio para concebir el ser de Dios en tanto aquello que es precisamente todo actualidad, todo realidad patente, sin mezcla de potencia o latencia alguna. Inclusive, Marías señala que en la teología católica, muy especialmente con Santo Tomás, se ha utilizado muy ampliamente esta noción traducida como *actus puro*.[12]

Un segundo punto rechazado por Marías es la afirmación del filósofo mexicano de que Ortega define a Dios por medio de un vulgar naturalismo al afirmar que "lo divino es la idealización de las mejores partes del hombre". Como recordamos, también Chumillas se había referido a este punto. Marías cita el párrafo de Ortega anterior al mencionado y desbarata la afirmación y la conclusión de Sánchez Villaseñor:

La religión, escribe Ortega previamente,

> no se satisface con un Dios abstracto, con un mero pensamiento; necesita de un Dios concreto al cual sintamos y experimentemos realmente. De ahí que haya tantas imágenes de Dios como individuos: cada cual, allá en sus íntimos hervores, lo compone con los materiales que encuentra más a mano. El riguroso dogmatismo católico se limita a exigir que los fieles admitan la definición canónica de Dios; pero deja libre la fantasía de cada uno para que lo imagine y lo sienta a su manera.

O sea, que teniendo en cuenta este contexto se trata de algo muy lejano de lo afirmado por Sánchez Villaseñor, y más aún, escribe Marías, no se trata de nada relacionado con Feuerbach o Marx, sino más bien con San Agustín y Santo Tomás.[13]

Marías también rechaza la acusación de que la división valorativa entre hombres pusilánimes y magnánimos es un plagio de la doctrina de Nietzsche sobre una moral de esclavos y otra para los señores, y señala, por su parte, que esta división procede de Aristóteles en su *Ética a Nicómaco*.[14] Siendo esto verdad, de cualquier manera no quita nada a la

[12] *Ibid.*, p. 61.
[13] *Ibid.*, p. 62.
[14] *Ibid.*, p. 64.

apreciación de la influencia de Nietzsche
contexto de "el asalto a Ortega" al anál
que es dable detectar en el mismo, no de
en el reconocimiento de la influencia del p

Pero lo decisivo en apariencia es el rechazo
chez Villaseñor del idealismo de Ortega, y aquí con
con Marías en que todo el análisis del filósofo mexican
co de la oposición clásica entre el idealismo y el realis
Ortega se refiere críticamente a uno de estos extremos, Sánc
ñor considera de inmediato que ello implica la identificación con
De este modo, Sánchez Villaseñor afirma que Ortega oscila ent
idealismo y el realismo, cuando el raciovitalismo orteguiano implica pre
cisamente el intento de la superación de ambas posiciones y de la problemática clásica.[16]

Sánchez Villaseñor escribiría un segundo libro en el que se dedica en gran medida a intentar defender su tesis sobre el idealismo de Ortega debido que tal tesis fue rechazada por parte de sus colegas, inclusive sus colegas católicos.[17]

Otro escritor católico que escribió en México contra Ortega es Agustín Basave, especialmente en su libro sobre Unamuno y Ortega publicado en 1950.[18] Doctorado en España en filosofía, con posiciones políticas propias de un liberal de derecha, contaba con la simpatía de Vasconcelos, quien también escribió el prólogo del citado libro. Fue rector de la Universidad regiomontana, y con el tiempo desarrollaría una filosofía existencialista católica que no era ni heideggeriana ni cercana a Marcel.

En su obra es posible detectar también una determinada influencia de Ortega, a quien recuerda o cita en diversas ocasiones en escritos posteriores;[19] e inclusive en este primer libro suyo sobre Ortega no duda en señalar los aciertos de éste en lo que se refiere especialmente a su vitalismo. Basave se identifica desde un principio con la crítica de Sánchez Villaseñor a Ortega, a la que considera como "un profundo y estructurado análisis visto desde el promontorio de la filosofía perenne", y que, en

[15] En lo que se refiere a las fuentes de Ortega, véase Nelson R. Orringer, *Ortega y sus fuentes germánicas*, Gredos, Madrid, 1979.

[16] José Sánchez Villaseñor, *La crisis del historicismo y otros ensayos*, Editorial Jus, México, 1945.

[17] Julián Marías, *Ortega y tres antípodas*, pp. 67-71.

[18] Agustín Basave, *Miguel de Unamuno y José Ortega y Gasset. Un bosquejo valorativo*, Editorial Jus, México, 1950.

[19] Agustín Basave, *Filosofía del hombre*, Espasa-Calpe Mexicana, México, 1988, 6ª edición, pp. 177 y 178, y 245-246, entre otras citas.

...ión, en su parte combativa siempre se clava en el blanco. Pero, ...ra parte, echa de menos en la obra del jesuita "la mano piadosa" ...ogre sacar de la obra de Ortega sus evidentes aciertos.[20] En fin, tenga... entonces piedad de Ortega y veamos qué logra sacar Basave del ...ismo a la par de su rechazo.

Para Basave el punto de partida de Ortega es irrebatible: el realismo afirma solamente el fragmento de las cosas y el idealismo es el fragmento formal del pensamiento. Basave coincide también con Ortega en que las cosas reales o ideales, los pensamientos y los valores, se dan de lleno en la vida de cada uno, que es la que constituye el hecho radical dentro del que se dan todos los demás. No hay vida en abstracto, y el mundo es un horizonte cuyo centro es el individuo, siendo ésta la perspectiva primaria y básica de la vida. Y no sólo esto, sino que Basave afirma que se trata de una idea que ni Aristóteles ni Descartes comprendieron nítidamente y que fue descubierta por Ortega antes que Heidegger.[21]

Pero si bien estas ideas serían decisivas para el posterior desarrollo de una antropología filosófica existencialista del mismo Basave, ellas son expresadas muy brevemente en tres contadas páginas de un libro que se centra básicamente en el rechazo de la obra de Ortega.

En lo que se refiere al mismo vitalismo, Basave considera que el error de Ortega consiste en que no se limita a tomarlo como punto de arranque sino que además lo postula como valor supremo. Frente a la vida considerada como fin de sí misma, Basave antepone la vida considerada como medio en la búsqueda del Bien Absoluto, y reflejando una gran influencia de Joaquín Xirau, afirma con él que la vida plenaria es un constante "no vivir", un desvivirse y proyectarse más allá de la propia existencia en un afán insaciable de salvación.

Coincidiendo con Sánchez Villaseñor en que el antropocentrismo constituye una inversión esencial de los valores, Basave afirma que Ortega, haciendo de todo valores vitales subjetivos e inmanentes, diviniza a final de cuentas una vida que, destroncada de Dios, lleva fatalmente a un desilusionado vivir, y afirma que "auténticamente esto se llama: inmoralismo".[22] En fin, quizá no esté de más recordar que ya en 1923 Ortega había publicado "Qué son los valores", artículo considerado como el punto de partida de la concepción objetivista y absolutista de los valores en el mundo intelectual hispanoamericano.

O sea, que Basave parte del reconocimiento de lo que considera el vitalismo orteguiano (a pesar del ya recordado artículo de Ortega "Ni vitalismo, ni racionalismo"...), y finaliza caracterizando su desarrollo por parte

[20] Agustín Basave, *Miguel de Unamuno y José Ortega y Gasset*, p. 132.
[21] *Ibid.*, p. 133.
[22] *Ibid.*, p. 88.

de Ortega en tanto inmoralismo. Algo similar ocurre al señalar Basave su identificación con Ortega en lo que se refiere a la misión de la Universidad. También en este tópico acepta en un principio las ideas orteguianas, pero expresa muy prontamente su insatisfacción porque la auténtica misión de la Universidad queda en su opinión trunca en el pensamiento del maestro español. Y Basave vuelve a explicitar el punto final en que fracasan, en su opinión, todas las teorías orteguianas, punto finai que viene a ser también el punto de partida de su propio análisis crítico y que implica por ende un rechazo *a priori:* "Añoramos una integración jerárquica en la cumbre de la cual estén enseñorados los valores religiosos. Más allá de una visión vital echamos de menos la dirección hacia una realidad trans-vital. Nuestro pensamiento concluye en teología, y el destierro de esta cátedra de la Universidad es fraude y deserción."[23]

Y aquí se acerca Basave un poco a la violencia verbal de Sánchez Villaseñor y hace patente el peligro que parecía acrecentarse a sus ojos en la figura intelectual de Ortega. También cuando se asimilan los que se consideran como sus aciertos, se le teme desde una determinada trinchera católica, y se le ataca.

A lo largo del libro de Basave nos vamos topando, una tras otra, con las críticas que ya hemos encontrado en diversos críticos de Ortega en general, y con la de sus objetores católicos en particular. En primer lugar, los zigzagueos en la marcha de su obra huyendo de las actitudes decisivas (léase religiosas) y manifestando su incapacidad para formular una metafísica (léase escolástica). El raciovitalismo orteguiano es de abolengo nietzscheano y proclama (ni más ni menos) el predominio de la vida inferior, de las ciegas fuerzas vitales no "enturbiadas" por la razón. Y para salvarse de esta inevitable caída al "superbestia a que nos ha llevado con solapadas piruetas", Ortega propone su doctrina del punto de vista.[24]

El historicismo orteguiano de *La historia como sistema* no corre con mejor suerte, e implica para Basave un escepticismo letal, puesto que considera que de este modo el hombre va de la pérdida de la fe en Dios a la pérdida de la fe en la razón, y yendo de desilusión en desilusión no le queda sino su desilusionado vivir y el refugio en su historia. Se trata de un historicismo relativista que nos viene a convertir en náufragos que navegan en cualquier rumbo. Y pareciendo querer ilustrar con su ejemplo el diagnóstico crítico de Zea al reseñar el libro de Sánchez Villaseñor (las dificultades de los prejuicios religiosos), Basave estipula que la salvación del naufragio orteguiano reside solamente en Dios: "El Bien Supremo del que todos proceden y el fin último al que todos implícita o

[23] *Ibid.*, p. 115.
[24] *Ibid.*, p. 89.

explícitamente se ordenan, es la Realidad divina, origen de toda realidad y ejemplar de todo ideal. No hay otra manera para salvarse del naufragio que ahoga a Ortega, que anclar en raíces de eternidad."[25]

Basave advierte en Ortega vacilaciones que finalizan con un Dios profano y laico, pero el filósofo mexicano es piadoso con él y no puede creer en el ateísmo oculto que le impugna Sánchez Villaseñor, y por ello, a su decir, deja correr su intuición por si quizá llegue a descubrir que Ortega es como un pagano oriental, que siempre cree en Dios pero no ha logrado aún exteriorizar una creencia que tiene un sentido confidencial...[26]

Desde una perspectiva diferente a la de estos dos críticos católicos mexicanos, y rechazando categóricamente sus críticas a Ortega, el protestante Domingo Marrero escribe en Puerto Rico en 1951 un libro que incluye tres ensayos sobre Ortega y su obra: *El centauro. Persona y pensamiento de Ortega y Gasset.* El primero de tales ensayos, "Ortega o el centauro", fue premiado por el Ateneo Puertorriqueño en 1948; el segundo, "Contorno del centauro", se refiere a la biografía y a la formación intelectual de Ortega, y el tercero se titula "El centauro ante el altar", y se refiere al desarrollo de la temática religiosa en la obra de Ortega.

Marrero considera que el ataque de los católicos a Ortega exigiéndole una profesión de fe neotomista equivale a renunciar a entender el sentido de su obra. El neotomismo persiste en la postulación de la capacidad del intelecto como última instancia en la problemática del vivir humano, y ello implica, según Marrero, el volverle la espalda a la doctrina orteguiana según la cual el supuesto de nuestra vida es precisamente la creencia.

Es cierto que debemos utilizar nuestra razón, pero también lo es que tarde o temprano llegamos a una zona transracional donde se detiene la razón, pero no la vida. Identificándose con esta postura orteguiana, Marrero agrega que el problema del hombre es racionalmente insoluble, y que no es la razón sino la paradoja la que nos puede adelantar en su solución.[27] Claro está que Ortega, que no se encaminó por el sendero escolástico, tampoco lo hizo por el camino de los misterios y las paradojas, pero Marrero considera que, al elaborar su pensamiento, el maestro español llega a una metafísica existencialista que implica una verdadera antropología cristiana.

Marrero considera que a partir del momento de la presentación del perspectivismo se sientan las bases de una teoría de la historia y del ser, que constituye "la piedra angular de la metafísica existencialista orte-

[25] *Ibid.*, pp. 131-132.
[26] *Ibid.*, p. 119.
[27] Domingo Marrero, *El Centauro. Persona y pensamiento de Ortega y Gasset,* pp. 24 y 25.

guiana".[28] Ortega postula el condicionamiento de la vida humana por las circunstancias como el dato radical del universo, y ello implica para Marrero que no existimos sino que coexistimos. Ahora bien, según Marrero, el examen de Ortega de esa coexistencia en su más íntima estructura óntica va haciendo surgir las categorías básicas de la existencia humana, de cada "mi vida". Pero en tal proceso no fue suficiente la razón pura ni la lógica formal, y por ello desde un principio Ortega clama por una razón vital, misma que posteriormente se presentaría como una razón histórica.

Marrero coincide con Ortega en que la vida personal constituye el dato radical, la estructura óntica más profunda del universo, y que con ello logra la superación de la concepción clásica del ser en tanto idéntico a sí mismo; y asimismo que, para poder fijar las categorías de tal existencia de la persona captada dinámicamente y en tanto posibilidad, se hace necesaria una nueva lógica y una nueva epistemología.

El filósofo puertorriqueño considera que Ortega postula en su obra, aunque no en medio de un análisis sistemático, 12 categorías existenciales: autoconciencia, intencionalidad, quehacer, circunstancia, decisión, futuración, imaginación, posibilidad, preocupación, creencia, tiempo e historia.[29] Pero, a final de cuentas, teniendo en mente en especial el estudio *Ideas y creencias* de Ortega publicado en 1940, Marrero señala que el núcleo fundamental de esta estructura categorial son las creencias, o sea, las ideas-sostenes desde donde vive el hombre y que son las que le permiten a Marrero afirmar que la ontología orteguiana posee un fundamento fideísta.

De aquí que Marrero concluya que para Ortega la categoría fundamental del ser no es ni el estar ni el pensar sino el *contar con,* y que los grandes cambios en la historia son los cambios de las creencias vitales, cuando éstas entran en crisis y se problematizan los fundamentos mismos de la vida.

La filosofía viene así a surgir del sentimiento del naufragio, y Marrero considera que el análisis existencial de Ortega ha sido de gran valor para los que, "...desde la existencia náufraga, aspiran a esclarecer el sentido esencial de su dramático vivir".[30]

Hasta aquí camina en común acuerdo con Ortega, a cuyo pensamiento prefiere llamar coexistencialista en lugar de raciovitalista. Pero Marrero no puede conformarse con el mirador raciovitalista de Ortega y con el desentendimiento por parte de éste de la vocación de trascendencia eterna que cree propia del hombre anclado en el vivir histórico. Marrero considera que el hombre es un ser precario, con necesidades y sed de utilidad

[28] *Ibid.,* p. 18.
[29] *Ibid.,* pp. 133-138.
[30] *Ibid.,* p. 140.

y de sentido, y que ello es así debido a que hay *alguien* capaz de satisfacer tal trascendental demanda. Pero en su opinión es imposible que esto pueda ser considerado y analizado auténticamente por alguien que no haya sentido tal fe, puesto que de lo que se trata es precisamente de una entrega total "que se siente y se explica en el camino". Marrero le echa en cara a Ortega el que se haya quedado en un existencialismo historicista. A los neotomistas les reprocha el que le exigieran a Ortega la profesión de fe neotomista y se pusieran de espaldas a la filosofía orteguiana sin poder analizarla y comprenderla; pero en su propio caso parecería considerar que su exigencia o su crítica a Ortega viene a legitimarse en los propios términos de la filosofía orteguiana. Marrero coincide con el análisis orteguiano de "mi vida" y con la idea de la fe como fundamento radical de la misma, y lo que le reprocha es el que no haya ahondado en el análisis de la sed de trascendencia, propia también ella de la existencia humana, y que de ésta no se haya elevado a la fe en Dios.

Para nuestro teólogo todo hombre culto, preocupado por las interrogaciones radicales, tarde o temprano debe enfrentarse con las cuestiones radicales que surgen del problema del sentido y destino del hombre sobre la tierra. La confrontación con esta problemática es propia de la condición humana por ser el hombre un ser precario y finito que se encuentra frente al misterio, al infinito y lo desconocido. En su lucha por trascender su finitud y por encontrar sentido y destino a la vida, "siente aguijón de eternas interrogaciones", escribe Marrero, lo que viene a hacer del hombre un ser teleológico y en cierto modo religioso. Ahora bien, cuando un filósofo considera el problema de la realidad última se está planteando, según Marrero, un problema de naturaleza religiosa. Pero la crítica de la problemática religiosa por parte de Ortega es una crítica externa que no se da en función de la propia vivencia de lo que es lo religioso: "Son críticas de ciego sobre cosas de ver."[31]

Esto vendría a manifestarse muy especialmente cuando Ortega se refiere a la mística. Marrero señala que es completamente imposible el intento de Ortega, quien, con su afán de transparencia, quiere hacer de la experiencia mística una filosofía y espera que el místico le cuente su secreto y le diga lo infalible:

> ...hay cosas, señor Ortega, que no se pueden ver desde el balcón, y mucho menos sentirlas. El espectador tiene sus límites. Si algún día usted se lanzase por esas vías, cuando llegare la hora decisiva, usted, tan locuaz, tan exquisito maestro de claridad, se tornaría también taciturno y oscuro. Los ciegos tienen que ser muy discretos cuando hablan de visibilidades.[32]

[31] *Ibid.*, p. 221.
[32] *Ibid.*, p. 223.

En general, Marrero considera que a lo largo de toda la obra de Ortega late en realidad una preocupación teológica, pero no de carácter religioso sino filosófico. En su opinión esto se debe a la enorme penuria espiritual en que se desenvolvió la experiencia religiosa de Ortega en sus mocedades con los padres jesuitas de Miraflores de Palo, y Marrero advierte que Ortega manifiesta en sus escritos una franca actitud anticlerical. Pero cuando Ortega trata de solucionar por su parte filosóficamente el problema de la realidad última, de Dios, no logra hacerlo con ninguna de las fórmulas que ensaya.

Para Marrero "Dios a la vista" es el ensayo decisivo para comprender el problema religioso de Ortega. Éste lleva en su corazón un anticlericalismo juvenil que, según Marrero, le ha obliterado las vías de aproximación a lo Divino, y es por ello que en este ensayo habla de un Dios laico para oponerlo al Dios monopolizado por la Iglesia. Pero Marrero le echa en cara a Ortega el haber olvidado que la Reforma ha proclamado el principio del carácter sagrado de la integridad de la vida y la abolición de la polaridad laico-sagrada; y en este contexto señala que es inexacto hablar del flanco laico de Dios, puesto que toda la vida es igualmente santa. Sólo cuando la Iglesia subvierte su posición instrumental como medio para allegar las almas al sentido de Dios y acapara el oficio de Dios en su relación con el hombre, constituyéndose en intermediario entre Dios y el hombre, aparece el fraccionamiento de la vida en los dos comportamientos de que habla Ortega: el religioso y el laico. Es por estas razones de índole psicológica y por su desentendimiento de la Reforma, dice Marrero, que Ortega queda en un "mero" existencialismo historicista.

"Pero el Centauro", escribe Marrero refiriéndose a Ortega, "no ha visto la cruz por dentro. Como el turista que observa reliquias históricas, así se acerca él a la cruz".[33] Ortega considera al cristianismo como la respuesta histórica a la crisis del siglo I, y define al cristiano como un ser indigente, incompleto, que necesita un ser sustante para que su vida tenga sentido. Lo ve históricamente como algo que fue y dejó de ser. Pero Marrero afirma que la concepción historicista no excluye necesariamente una serie de absolutos que se dan siempre en el devenir histórico, y el cristianismo no debe identificarse con una determinada forma histórica. El cristianismo es para Marrero eterno en la historia, no en el sentido de trascendencia sino de recurrencia, "una forma eterna en la historia que reta perpetuamente hacia la más cabal realización de las formas de existencia".[34]

El cristianismo incluye la doctrina, la liturgia, el culto, una ética personal, pero todo ello no define al cristianismo. El cristianismo, escribe

[33] *Ibid.*, p. 273.
[34] *Ibid.*, p. 277.

Marrero, es el resultado de una vida, de una personalidad, la de Cristo. En una época de crisis él fue la vida y la esperanza, la verdad abstracta y absoluta que un día se hace carne, se hace historia en la persona de Cristo. Coincidiendo con Morrison, Marrero afirma que el cristianismo es Dios haciéndose conciencia y espíritu en el único plano que juzga virtual: en el plano de la persona. "El cristianismo no está hecho de ideas. Está hecho de personas. Tiene las ideas que tienen las personas cuyas vidas son perpetuamente retadas por otra vida, vida radicalmente plena, la de Nuestro Señor."[35] Frente al Centauro Marrero considera a la Cruz como la culminación de la vida, es la vida negándose y trascendiéndose a sí misma.

Posteriormente, Marrero escribiría un artículo, que ya hemos mencionado, retractándose de su ataque a Ortega por su regreso a Madrid, pero en lo que se refiere a su apreciación de la filosofía orteguiana, su gran contribución y sus limitaciones desde el punto de vista de la religión, Marrero queda fiel a sus ideas y creencias esenciales.[36] Su apreciamiento crítico, empero, no le impide, en momentos de la muerte de Ortega, escribir que "fue el maestro de filosofía del mundo hispánico".[37]

En Chile el mundo católico prestó atención a la obra de Ortega y se le estudió ampliamente en el marco de los cursos en las universidades católicas. Tres libros publicados sobre Ortega a principios de los sesenta por religiosos católicos constituyen evidentemente una clara ilustración de la importancia que se le dio.

Dos de estos libros se publicaron en 1962 bajo el título genérico de *La metafísica de Ortega y Gasset*. El primero de ellos, *La génesis del pensamiento de Ortega,*[38] es del jesuita Hernán Larráin Acuña, y tal como lo expresa su título, se ocupa de la conformación del pensamiento de Ortega hasta 1928, en el tiempo de sus primeros contactos con la filosofía heideggeriana. Larráin Acuña fue por esos años director de la Escuela de Psicología de la Universidad Católica de Chile y director de la importante revista cultural *Mensaje*. Su libro intenta dar respuesta principalmente a la interrogante de la originalidad de la filosofía de Ortega. En el segundo de los libros, *El sistema maduro de Ortega,*[39] Arturo Gaete comienza cronológicamente en el momento que finaliza el libro de

[35] *Ibid.*, p. 280.

[36] Domingo Marrero, "El constructivismo orteguiano y las categorías de la vida", en *Asomante,* San Juan, Puerto Rico, año XII, vol. 12, núm. 4, octubre y diciembre de 1956.

[37] *Ibid.*, p. 46.

[38] Hernán Larráin Acuña, *La génesis del pensamiento de Ortega,* Compañía General Fabril Editora, Buenos Aires, 1962.

[39] Arturo Gaete, *El sistema maduro de Ortega,* Compañía General Fabril Editora, Buenos Aires, 1963.

Larráin Acuña, e intenta presentar una exposición de la noción del ser de Ortega, considerar la categoría filosófica del pensamiento del maestro español y, asimismo, aclarar cuál debe ser la posición de un filósofo católico frente a la misma. En ambos casos se trata de dos investigaciones serias y competentes.

Larráin Acuña, con un amplio conocimiento y cuidadoso uso de las fuentes orteguianas, intenta una interpretación de la génesis del pensamiento de Ortega tratando de hacer gala de un aproximamiento objetivo, lo que por lo general logra mantener. No puede ocultar, empero, sus simpatías por el pensamiento del maestro español y el que se deslicen, de vez en cuando, frases de identificación con el mismo. Por otro lado, Larráin Acuña logra salvarse de las exigencias dogmáticas propias de las críticas de otros católicos. Lo máximo que expresa al respecto de la postura de Ortega frente a lo religioso, y ello en una única oportunidad, se da al referirse a las ideas presentadas por éste en "Dios a la vista": "Nada más dice Ortega, pero ya es algo. No sólo no hay negación sino que se entrevé una tácita afirmación. ¡Lástima que Ortega se haya contentado con gritarnos desde la cofa: ¡Dios a la vista!, y no se haya *acercado* como filósofo al 'acantilado de la divinidad'!"[40]

Pero la pregunta principal con que se mide Larráin Acuña en su libro es la de la categoría filosófica de Ortega y la de la originalidad de su pensamiento con respecto a ideas similares que encontramos en Heidegger y en Dilthey. El padre jesuita concluye que bajo el ropaje literario se oculta un pensamiento novedoso, profundo y coherente, una auténtica y reveladora intuición filosófica, y que Ortega es "un genuino y original filósofo".[41]

Larráin Acuña considera que a partir de "Adán en el paraíso", en 1910, aún balbuceante e idealista, se da en Ortega una intuición básica que se convertirá en objeto de toda su posterior reflexión filosófica. Se trata de su rechazo del idealismo abstracto y deshumanizado (*la* Conciencia, *la* Idea, o *la* Cultura de Cohen, por ejemplo) y de su intento de superarlo llegando a la comprensión de que previo a la razón y a la conciencia está "mi vivir". Mi vida es la realidad radical, y esto es lo que constituye el punto de partida de toda filosofía y de toda metafísica. Y a partir de ello se da la reflexión orteguiana, aunque Larráin Acuña no deja de precisar que durante el periodo por él estudiado, hasta 1928, se echa de menos lo sistemático y lo metódico en la reflexión orteguiana; pero "si bien el 'método' está al alcance de muchos, no lo está la auténtica intuición filosófica".[42]

[40] Larráin Acuña, *op. cit.*, p. 235.
[41] *Ibid.*, pp. 241 y 242.
[42] *Ibid.*, p. 252.

Monseñor Derisi, tomista argentino que publicó numerosos libros de filosofía en los cuarenta y los cincuenta, escribió en *Sapientia* una reseña sobre el libro de Larráin Acuña. En esta reseña se elogia la labor del escritor chileno, pero se agrega también el rechazo y la crítica de Ortega. Derisi aclara que no tiene la intención de negarle "toda" originalidad a Ortega, pero afirma que del hecho de que Ortega haya formulado al menos en germen su "psicovitalismo" antes de la aparición del libro fundamental de Heidegger no se sigue necesariamente la originalidad de su filosofía. Las ideas esbozadas en este primer periodo por Ortega es dable encontrarlas en otros filósofos anteriores a él y a Heidegger, muy especialmente Dilthey y Nietzsche. Derisi le reconoce a Ortega sus dotes de ensayista brillante, pero tiene sus dudas en lo que se refiere precisamente a lo que son las conclusiones de Larráin Acuña: su profunda originalidad que se expresa en una verdadera intuición de la realidad en numerosos libros de filosofía, y el que haya sido un filósofo en la plenitud de tal término. Más aún, Derisi no puede evitar repetir las críticas de otros tomistas a Ortega, y considera paradójico el que Ortega nunca haya abordado a fondo la metafísica y los problemas fundamentales de la filosofía, ocupándose en cambio de "la realidad efímera de la vida y de la situación histórica del hombre sobre la tierra desvinculado de toda trascendencia". Le molesta a Derisi que "de Dios, del alma, de su inmortalidad, de su destino eterno, de los fundamentos de la moral... nada o sólo esporádicas alusiones en su voluminosa obra".[43]

El segundo de los libros mencionados, el que completa el de Larráin Acuña, es el de Arturo Gaete, doctor en filosofía por la Sorbona, y profesor de filosofía en la Universidad Católica de Valparaíso y en la Facultad de Filosofía de los jesuitas en San Miguel, en Buenos Aires. Su tesis doctoral, por cierto, versó sobre el tema "Vida, razón e historia en el pensamiento de Ortega y Gasset".

También en esta segunda parte vemos el intento de objetividad y el reconocimiento del valor filosófico de Ortega, pero debido a que esta vez no se trata del problema de su originalidad sino de la exposición de la doctrina del ser de Ortega, y de lo que implica la filosofía del mismo para un cristiano, nos encontramos con la confrontación crítica desde las posiciones del neotomismo.

Para Gaete el error decisivo de toda la concepción de Ortega, del que también derivarían la mayoría de sus otros errores fundamentales, se encuentra en su epistemología. El punto clave atacado por Gaete es la idea de Ortega de que la inteligencia constituye una forma particular de

[43] Octavio Nicolás Derisi, *Sapientia,* año XVII, núm. 66, octubre-diciembre de 1962, p. 318.

la fantasía, consecuencia de su consideración de que todo conocimiento es imaginación. Y así escribe en verdad Ortega al respecto: "Las sensaciones se precipitan en imágenes, que son recuerdo de aquéllas, por tanto imágenes memoriosas, pero con estas imágenes memoriosas, tomadas como material, puede el hombre construir imágenes 'originales', nuevas, y en el sentido fuerte de la palabra, fantásticas." Y lo que es completamente inaceptable para el tomismo de Gaete es la consecuente afirmación de Ortega de que los principios metafísicos no son sino *hipótesis* de trabajo inventadas por nosotros para tratar de aprisionar en sus mallas una realidad fluyente que se nos escapa por todos lados.

Gaete, desde su realismo tomista, considera que las ideas epistemológicas orteguianas implican una extraña simbiosis de rasgos propios del empirismo y del idealismo. Con el empirismo, Ortega consideraría que los materiales con los cuales trabaja el espíritu provienen de la sensibilidad, y con el idealismo, consideraría que la experiencia le da sus materiales pero no le da sus normas, y que el hombre construye sus objetos por sí mismo puesto que el espíritu es norma de sí mismo. El espíritu definiría sus conceptos por decreto, sin consultar a la experiencia, y precisamente de estas definiciones surgirían para Ortega las relaciones necesarias y universales. Es claro que esta interpretación de la epistemología de Ortega lo viene a identificar con Kant, y entonces Gaete se topa con la dificultad, que reconoce explícitamente, de que uno de los elementos básicos del pensamiento orteguiano reside en su afirmación de que las construcciones del espíritu no son simples proyecciones sobre la realidad, sino que en cierto modo vienen a revelarla. Más aún, ya hemos recordado la afirmación de Ortega de que en medio de su perspectivismo el tiempo y el espacio volvían a ser, contra la tesis kantiana, formas de lo real. Pero si ésta es la postura de Ortega, Gaete se pregunta cómo es posible entonces explicar la correspondencia o adecuación entre la realidad de tal o cual tipo y las ideas científicas o filosóficas (hipótesis de trabajo), y considera que Ortega no da respuesta alguna a esta interrogante.[44] No es nada raro el que Gaete no la haya encontrado, puesto que considera que cuando Ortega se mide con el desafío epistemológico de conjugar pasividad, actividad y realismo, fracasa necesariamente porque solamente el tomismo posee la solución a tal problemática. Por cierto, Gaete lamenta que Ortega no haya seguido por el "verdadero camino", y lo lamenta tanto por Ortega como por el mismo tomismo, que en su opinión se hubiera enriquecido con el aporte de uno de los espíritus más originales y más egregiamente dotados del siglo.

[44] Arturo Gaete, *op. cit.*, pp. 234-239.

Pero todo este debate no era meramente epistemológico, sino que se encontraba vinculado, en último término, a la metafísica y a la problemática del *ser,* cuyo tratamiento por parte de Ortega era tan temible para los neotomistas. Gaete considera tomísticamente que al concebir Ortega la idea como imagen niega la posibilidad de hacer una metafísica verdadera, porque a la imagen se le escapa siempre una gran parte del contenido cognoscible de las cosas: el sentido puede ver un objeto ya constituido, pero no las partes metafísicas que lo constituyen, o sea, las relaciones recíprocas dentro del objeto.[45]

Gaete escribe que para Ortega la idea del "ser" se refería a algo más allá de las cosas, pero que como Ortega no creía que hubiera nada más allá, consideró al eleatismo, y con él a toda la metafísica subsecuente, como una mera "logización" de la que era necesario liberarse. Pero esto no es cierto, observa Gaete, precisamente porque la imagen sensible no es el único medio de conocimiento. El intelecto, afirma en la línea tomista, nos permite discernir las partes metafísicas en aquello que nos presenta la imagen: la sustancia y el accidente.

De este modo, a partir de sus críticas básicas a la epistemología de Ortega, Gaete va negando sus ideas filosóficas fundamentales, especialmente aquellas conectadas con la idea del ser. Veamos algunos ejemplos.

"Al hombre no le es dado absolutamente nada, sólo la necesidad de hacerse su vida", es una de las afirmaciones fundamentales de Ortega rechazadas por Gaete. Éste opina que el maestro español no distingue la causa final de la eficiente, y al ponerlas en el mismo plano las opone. También el tomismo acepta que el hombre tiene la necesidad de hacerse su vida, sin que ello excluya sino precisamente implique la capacidad de hacérsela: "Son las tesis de la prioridad del acto y del principio de causalidad que Ortega desconoce." Del hecho de que yo no tenga conciencia de la pura potencia no se sigue que ésta no sea un componente metafísico real que puede ser inferido en virtud del principio de casualidad. Y continúa al respecto: "A él (Ortega) le llama la atención de que nada de lo que encuentra en sí mismo le ha sido dado *hecho* y de allí concluye que nada le ha sido dado, entonces piensa que nada *simplemente* le ha sido dado. No es lo mismo. Su mentalidad sensista lo habituó a no ver los componentes metafísicos."[46]

En la misma lógica tomista, Gaete también rechaza la afirmación de Ortega de que el hombre no tiene ni naturaleza ni esencia sino historia.[47] La visión del hombre como un ser histórico es esencial para la antropología cristiana, pero el problema con Ortega surge para el tomismo en

[45] *Ibid.*, p. 246.
[46] *Ibid.*, p. 251.
[47] *Ibid.*, p. 252.

lo que se refiere al rechazo de su naturaleza, oponiendo sustancia e historia. Por el contrario, Gaete señala que como la sustancia no es para los tomistas estática, no es naturaleza, y por ello no se opone a la historia, sino que ambas se implican mutuamente.[48]

Ya en sus conclusiones, Gaete no tiene problemas para considerar de todas formas al pensamiento de Ortega como un pensamiento filosófico y original, tal como lo había estipulado Larráin Acuña.[49] Sin embargo, este reconocimiento no convierte al pensamiento orteguiano en algo relevante para el mundo cristiano. Por el contrario, Gaete considera que todo filósofo cristiano, aun cuando no se identifique con las soluciones de corte tomista, aceptará las críticas que él le ha hecho a Ortega. Pero no sólo ello. Gaete mismo señala que es completamente imposible el expresar en fórmulas orteguianas los dogmas cristianos, como el de la trinidad, el de la encarnación o el de la eucaristía. Y entonces su conclusión es terminante: "El dilema es claro: o se renuncia a la filosofía de Ortega o se renuncia a pensar a fondo el dogma cristiano."[50] O sea que, a final de cuentas, la filosofía orteguiana no deja opción alguna para la formulación de una teología cristiana, y por ello ésta no deja opción alguna para la filosofía orteguiana.

Pero a pesar de esta contundente conclusión Gaete se resiste a considerar a Ortega como un filósofo anticristiano o acristiano sin más. Contrariamente a los casos de Sartre o Merleau-Ponty, cree que "...en Ortega resuenan todavía muchos ecos de la casa familiar". Su amor de la vida en tanto amor de la perfección; el esfuerzo como inmanente al intento de alcanzar la perfección; el esfuerzo como lo propio de la vida noble frente a la vida inerte y vulgar; incluso el goce es concebido por Ortega en forma que supone disciplina y superación. Y más aún: la vida concebida como algo personal en medio de un profundo respeto por la persona, lo que Gaete considera que se desconocía antes y después del cristianismo. No se trata de un yo autónomo, creador de sus propios valores, sino de un yo con innumerables ventanas abiertas a la trascendencia. La vocación es una misión que pone la vida al servicio de valores distintos a ella, y el hombre no inventa ni su vocación ni los valores, que les son dados. Y al escuchar todas estas cosas Gaete tiene la impresión de que Ortega no ha abandonado totalmente la "tierra cristiana".[51]

Pero en lo que Gaete considera como la "obra noble y bella" de Ortega existiría ese punto triste y trágico que la echó a perder en su raíz. Temprano en la vida perdió la fe y se quedó solo, sin Dios, sin Iglesia y

[48] *Idem.*
[49] *Ibid.*, p. 261.
[50] *Ibid.*, p. 264.
[51] *Ibid.*, pp. 264-266.

sin contacto vital suficiente con su pueblo. Con la fe, afirma Gaete, se le escaparon siglos de historia que se habían esforzado por formular de un modo filosóficamente coherente la experiencia cristiana. De este modo, la tragedia de Ortega consistió para Gaete en que, conservando un alma en muchos aspectos cristiana, no tuvo los medios para expresarla intelectualmente, y por ello se da, en su opinión, una inadecuación notable entre el alma de Ortega y sus intuiciones más profundas y su formulación filosófica. Y Gaete expresa su admiración y su decepción por la obra de Ortega: "¡Cuántas intuiciones profundas encerradas en fórmulas metafísicamente raquíticas! Ortega tenía una fabulosa capacidad creadora: hubiera podido perfectamente integrar sus ideas en la herencia de la filosofía cristiana, habría ensanchado los horizontes de ésta y también de sus ideas."[52]

Algo más allá de nuestro límite cronológico en este capítulo, en 1965 se publica un libro de Osvaldo Lira (S.C.), editado por la Pontificia Universidad Católica de Chile. Se trata de un testimonio imponente de la importancia otorgada a Ortega por los católicos en América Latina y muy especialmente en Chile: dos tomos de 405 y 443 páginas, respectivamente. Pero también un testimonio más de lo violento de la confrontación y del peligro que significó para muchos católicos la obra de Ortega, quizá como el resultado de la simpatía con que fue recibido el pensamiento orteguiano por no pocos eclesiásticos.

Así lo reconoce y explica el mismo autor:

> Más de una vez hemos recurrido a calificativos extremadamente duros sobre el pensador español. Ello se debe al hecho de que, sin necesidad ninguna de su parte, ha insultado él a la Iglesia Católica Romana, expresándose en forma venenosa, grosera e impía acerca de los valores que a todo católico, por el solo hecho de serlo, le resultan los más caros y venerados. [...] Nadie que sea bien nacido podrá soportar impasible y sereno que se insulte a su madre...[53]

En este tenor continúa Lira en su breve prólogo. El libro mismo fue en su origen un curso sobre Ortega dictado por el autor en 1953 en la Universidad Católica de Valparaíso, en el marco de las asignaturas de metafísica y teodicea. Lira, agreguemos antes de pasar al análisis de su libro, era un tradicionalista opuesto militantemente a la democracia liberal y al liberalismo en general.

El libro de Lira, en sus dos tomos, intenta analizar críticamente desde la perspectiva tomista toda la obra de Ortega. En el primero de los libros

[52] *Ibid.*, p. 269.

[53] Osvaldo Lira, *Ortega en su espíritu, I: Metafísica y Estética*, Pontificia Universidad Católica de Chile, Santiago, 1965, p. 8.

se ocupa de la metafísica y de la estética, y en el segundo de la psicología, la gnoseología y la política; todo ello incluyendo numerosos subcapítulos.

En lo metafísico, lo psicológico y lo gnoseológico, el rechazo de Ortega será total y por momentos violento, en especial cuando trata específicamente los temas religiosos; y escribo "específicamente" puesto que lo religioso se encuentra presente en todo momento y es lo que a final de cuentas provocará en opinión de Lira el fracaso de Ortega, inclusive en aquellos ámbitos, como la estética y la política, donde Lira se permite concordar con algunas de las teorías orteguianas.

La perspectiva del análisis es la de un tomismo fanático cuyo punto de partida es el de que "el cristiano es el único, en efecto, capaz de apreciar en su justo valor, libre de espejismos y engaños, cualquier realidad, sea espiritual o material...", o que sólo el ser católico —"a diferencia del ser budista o mahometano"— significa un verdadero acrecentamiento ontológico del ser humano identificado con el estado de gracia.[54]

Desde estas alturas ontológicas y cognitivas poco podía esperar Ortega del análisis y del veredicto de Lira. La exigencia es clara: o pensar como Tomás de Aquino o quedar condenado al error. Al comienzo de cada capítulo Lira, por lo general, presenta una sucinta exposición del tema por tratar desde el punto de vista del tomismo. Se comienza por la metafísica puesto que Lira considera, recordando a los escolásticos y a Aristóteles, que ésta ha constituido siempre "la piedra de toque" para aquilatar rigurosamente la envergadura de un pensador y de su obra. Lira considera que el raciovitalismo de Ortega tiene "pretensiones metafísicas", pero sólo pretensiones, puesto que "al metafísico lo constituye como tal el *habitus* correspondiente, esa virtud de entendimiento especulativo conocida con el nombre de *sabiduría,* y es evidente a todas luces que Ortega se vio privado de él del modo más absoluto que es posible concebir".[55] Su parentesco con la metafísica tradicional, que es la única verdadera, es casi imperceptible o no existe en realidad. Ortega demuestra claramente "su desconocimiento absoluto del pensamiento aristotélico-tomista", y "una ignorancia abismante de la doctrina escolástica, propia de un mal escolar secundario".

Al comenzar a referirse al concepto de metafísica, Lira escribe, acorde con el realismo escolástico, que para ser digna de su nombre la metafísica debe establecer contacto efectivo con el ser, y que por ser no se refiere al mero ser lógico o conceptual, sino al real, al existencial. De ninguna realidad meramente posible o intramental puede decirse *strictu sensu* que es un ser. La metafísica moderna se encuentra, según Lira, corroída

[54] *Ibid.,* pp. 187-188 y 194.
[55] *Ibid.,* p. 12.

por "el virus logístico", pero afirma que sin la convicción de que las cosas se encuentran frente a nosotros sin debernos su existencia es imposible lograr un verdadero saber metafísico. El espíritu moderno, continúa el religioso chileno, intenta desvincular la metafísica de cualquier tipo de ontología puesto que no puede aceptar el calificativo de absoluto con que los escolásticos han distinguido siempre al ser. De aquí, precisamente, la difícil situación de la metafísica en estos días como consecuencia del proceso relativizador del ser, y es en este sentido que Ortega se le aparece como un pensador típicamente moderno.[56] Lira intenta encontrar contradicciones e incongruencias en las definiciones básicas de la metafísica y la filosofía por parte de Ortega, y con un bisturí muy escolástico las busca inclusive donde no hay ninguna causa para ello; pero en realidad su análisis consiste, por lo general, en la búsqueda de algún error o supuesto error que abra los compartimientos para el torrente de sus propias y amplias exposiciones tomistas.

Al centrarse en las opiniones de Ortega sobre el ser, Lira recuerda la afirmación del filósofo español de que "se es lo que se hace", y señala que, al considerar al ser un quehacer, le niega las notas de invariabilidad y permanencia con que se presenta revestido ante el pensamiento tradicional. De este modo, Ortega se encontraría relacionado con la ontología de Heráclito o de Bergson. El quehacer se encuentra emparentado con el fluir, y éste con el movimiento, que es precisamente lo que tiene menos dosis de ser, de consistencia. Lira afirma que Ortega se desinteresa, por no haber llegado a comprenderla en todo su alcance, de la identidad que un ser determinado debe guardar consigo mismo, y se interesa sólo por sus condiciones subjetivas de existencia. Pero es precisamente por este ser idéntico a sí mismo por lo que un ser puede *strictu sensu* moverse, o sea, comenzar a ser lo que no era sin dejar de ser el que era. Y esta observación tan obvia, señala Lira, no se la hace nunca Ortega. Al concluir su análisis del ser en Ortega, Lira concluye que la metafísica de éste falla básicamente por ser una metafísica sin ser, sin realidad, sin cosas y sin mundo. (Es claro, no está de más el recordarlo, que éstos son todos y cada uno elementos esenciales del pensamiento orteguiano a los que Ortega se refiere explícita y ampliamente, aunque con un significado completamente diferente del de los tomistas.) Quizá lo único que tenga es circunstancia, escribe Lira, pero afirma que así no se puede ascender al tercer grado de abstracción, y tal vez ni siquiera al primero. De ello surgirían todos los errores de Ortega en todos los otros ámbitos de la metafísica, y entre ellos, "sus monstruosas incomprensiones" acerca de Dios y de la noción aristotélica y tomista sobre el Motor inmóvil.[57]

[56] *Ibid.*, p. 20.
[57] *Ibid.*, p. 133.

Como otros críticos del maestro español, Lira no se da cuenta de que intenta apresar el pensamiento orteguiano por medio de las mismas categorías que éste intenta cancelar, y entonces lo considera como "un fundamental indeciso" que parece oscilar entre el realismo y un subjetivismo del que no logra desprenderse. Sin embargo, Lira considera que a final de cuentas, y muy especialmente en sus últimos escritos, Ortega ve "infectados" sus textos en forma desmesurada por el idealismo, y por ende, debe considerársele como tal.[58]

En lo que respecta a Dios, en Ortega haría crisis el mismo concepto de Dios personal, coincidiendo así con los brotes historicistas y vitalistas del pensamiento contemporáneo. Pero Lira anota que en verdad Ortega no acaba de aclarar su posición con respecto a Dios, sino más bien la deja entrever y la sugiere.

Puede ser, opina Lira, que Ortega considere de buen tono no manifestar un sectarismo declarado, aunque éste resultaría "infinitamente menos nocivo —y enconado— que sus alusiones cargadas de irreverencia, inquina y agresividad".[59]

Una frase orteguiana le sirve a Lira, de modo algo sorprendente, por no decir forzado, de tobogán para dar el asalto a Ortega: "Usando nuestra terminología, el mundo del cristiano se compone sólo de Dios y del hombre frente a frente, trabados en una relación que podría denominarse puramente moral, sino que hubiera que llamarla mejor ultramoral." Veamos la labor del bisturí escolástico: en este caso Lira considera que el calificativo de moral sirve para excluir de la realidad toda condición extramental; se habla de vínculos morales de la religión por los que nos unimos con Dios, "como contraposición a los vínculos reales, entitivos, físicos, por decirlo así, por cuyo medio nos hallamos en absoluta dependencia como creaturas que somos de su infinito Poder creador". Y continúa:

> Al dar Ortega, pues, el carácter de moral a nuestros vínculos con el Creador [...] excluye todo tipo de dependencia real y física por parte nuestra respecto a Dios [...] desde este ángulo no puede reconocerse en Dios su influjo creador respecto de nosotros ni de ninguna creatura [...] Si nuestros vínculos con Dios son puramente morales, no son físicos. Si no son físicos no se puede dar ninguna dependencia nuestra respecto de Dios. Si no se da por parte nuestra ninguna dependencia física respecto de Dios, no se podrá dar tampoco ninguna soberanía por parte de Dios respecto de nosotros. Ahora bien, si todo esto no significa la exclusión por parte de Ortega de todo poder creador de Dios respecto de nosotros, no sabemos francamente qué cosa pueda serlo.[60]

[58] *Ibid.*, p. 46.
[59] *Ibid.*, p. 169.
[60] *Ibid.*, p. 168.

Nos permitimos la larga cita, y también la que enseguida vendrá, porque es necesario poner en evidencia este modo de actuar de Lira, quien a menudo toma una frase de Ortega que le sirve como mero pretexto, a veces muy forzado, para llegar a conclusiones que no sólo no se encuentran necesariamente en la frase analizada, sino que inclusive se desentienden por completo de las frases inmediatamente siguientes que refutan a dichas conclusiones. La frase de Ortega citada por Lira se da en medio del análisis del pasaje del pensamiento griego al pensamiento cristiano, y así se da en su contexto literal algo más amplio:

> Usando nuestra terminología, el mundo del cristiano se compone sólo de Dios y del hombre frente a frente, trabados en una relación que podría denominarse puramente moral, sino que hubiera que llamarla mejor ultramoral. Ninguna de las categorías cósmicas del griego sirven para interpretar y describir esta extraña realidad que consiste, no en ser esto o lo otro —como piedra, planta, animal y astro—, sino en ser una conducta. El supuesto de ésta es que *el hombre se siente dependiendo absolutamente de otro ente superior, o lo que es igual, se ve esencialmente a sí mismo como criatura.* Y para quien exista como criatura vivir tiene que significar no poder existir independientemente, por sí, por su propia cuenta, sino por cuenta de Dios y en constante referencia a Él.[61]

Los comentarios sobran.

Pero en fin, Lira considera que la raíz última de la incomprensión irreductible que Ortega manifiesta hacia los valores y las realidades cristianas obedece a su desconocimiento absoluto del misterio de la Unión Hipostática, conocido corrientemente con el nombre de misterio de la Encarnación. Lira afirma que por la Creación somos imágenes de Dios, y por la santificación del catolicismo somos, "en sentido estricto, hijos de Dios". Por ello el cristianismo no es sólo una religión, sino "ante todo, y sobre todo, ontología, la más divina ontología".[62]

Consideramos que es suficiente con lo que hemos expuesto hasta aquí en el plano de la metafísica y de la religión. En la estética el juicio de Lira es más benevolente y reconoce también grandes aportaciones de Ortega. Se trata, según Lira, de aportaciones "desarticuladas" pero de todas formas nada desdeñables, y es necesario quedarle agradecido por haber preparado el terreno para que otros mejor habilitados continuaran sus intuiciones, sistematizándolas para lograr conformar una doctrina estética con todas las de la ley. Y la ley en cuestión no puede ser otra sino "la ley entrañada del Ser".[63]

[61] Ortega y Gasset, *En torno a Galileo,* pp. 79-80.
[62] Osvaldo Lira, *op. cit.*, p. 188.
[63] *Ibid.*, pp. 238 y 448.

En el análisis de la psicología y de la gnoseología, Ortega sale tan mal parado como del de su metafísica, al grado de que Lira ya no puede contenerse y, al finalizar el capítulo sobre la psicología orteguiana, señala finalmente, luego de haber escrito unas 550 páginas sobre la filosofía de Ortega, que éste no es filósofo.[64]

Enseguida, en forma algo sorpresiva para el tenor general de la obra, pero no para las posturas políticas del autor, éste encuentra en la parte dedicada a la política grandes aciertos por parte de Ortega. Es evidente que inclusive éstos se dan en medio del hecho fundamental, según Lira, de que Ortega no tiene doctrina de ningún tipo y tampoco política, y de que se vio imposibilitado de tener doctrina política alguna porque nunca creyó, según el espíritu tomista, en la obligación en que se halla la persona humana de orientar sus actividades a la obtención de su último fin.[65] Pero se dan también las actitudes políticas de Ortega que son dignas de mención. En primer lugar, Lira señala la energía inquebrantable de Ortega al condenar "ese democratismo desorbitado que está corroyendo a casi todas las naciones contemporáneas".[66] En segundo lugar, la concepción orteguiana de la sociedad civil como un todo jerárquico y organizado, porque "destaca él la diferencia profunda existente entre el pueblo de las naciones medievales, agrupado orgánicamente en ese conjunto maravilloso de consorcios subordinados o subalternos, y la plebe de nuestros días, pulverizada e incapaz de hacer sus derechos verdaderos". Aunque en este último punto Lira señala que Ortega se limita al diagnóstico y no a la verdadera terapéutica. Y finalmente, recuerda Lira la subordinación en Ortega del Estado a la Nación, que viene a evitar los desbordes totalitarios. (No olvidemos que se trata de 1965, 20 años después de la derrota nazi.) Ortega vio con claridad que "estos polvos demoliberales trajeron los lodos totalitarios".[67]

Como hemos estudiado con respecto a los nacionalistas católicos de derecha en Argentina, allá por los cuarenta, también aquí nos topamos con la admiración de estos círculos (en los sesenta ya a fuerza antitotalitarios) por *La rebelión de las masas*. La concepción de Ortega de la aristocracia como esencial a la sociedad civil, escribe Lira entusiasmado, implica una declaración que no vacilaría en suscribir "el más recalcitrante de los tradicionalistas". Y, claro está, la diferenciación entre la minoría directora y la masa. Lira considera que estos pasajes del libro merecen la aprobación entusiasta de todo aquel que anhele una restauración de su sociedad de acuerdo con los principios católicos.

[64] Osvaldo Lira (S.C.), *Ortega en su espíritu. Psicología-gnoseología-política,* Pontificia Universidad Católica de Chile, Santiago, 1967, p. 147.

[65] *Ibid.*, p. 275.

[66] *Ibid.*, p. 276.

[67] *Idem.*

Ortega ha descubierto también otra verdad fundamental, escribe Lira: la aristocracia y la democracia no son antagónicas (Lira piensa, es claro, en la "democracia" orgánica), y cree que en esto Ortega, quizá sin saberlo, coincide con el doctor Angélico, para el cual la mejor forma de gobierno es la monarquía templada de aristocracia y democracia. Esto es, la forma político-social en que el depositario del poder supremo sea una sola persona, asistida de un conjunto de los *mejores* (aristócratas), extraídos de todas las clases sociales.[68]

Pero del mismo modo en que en capítulos previos los errores o supuestos errores de Ortega le venían a abrir el camino a la exposición de sus propias doctrinas, ahora la coincidencia y el elogio de estas ideas de Ortega vienen a posibilitarle el mismo resultado.

Lira rechaza la democracia liberal, puesto que la democracia verdadera implica en su opinión una visión clara y certera de la esencia y de las propiedades de la persona humana y de su congénita dignidad de imagen y semejanza de Dios. Para ello debe poseerse una clara visión de lo que es el fin último del hombre, y para ello se requiere de la colaboración de la Iglesia católica. Por ello Lira opina que los Estados religiosamente neutros de su época no pueden respetar los derechos de las minorías, y ni siquiera los de la mayoría. Es que no se quiere creer, se queja Lira, en la verdad de la Edad Media y del Renacimiento español, según la cual el poder político necesita de un fundamento trascendente con el fin de impedir que se desborde sobre los súbditos.[69]

En este espíritu continúa el análisis-desarrollo de Lira que no duda en calificar a *La rebelión de las masas* como "obra maestra".[70] La misma causa que provoca el ataque virulento contra la filosofía orteguiana, su enorme prestigio cultural en América Latina, es la que posibilita el elogio y la cita del mismo cuando se considera que se da la coincidencia con las ideas propias, que ganan así en legitimidad.

Entre el mar de condenas a Ortega podemos encontrar aún en Lira grandes elogios a sus escritos sobre la revolución, pero con lo escrito hasta aquí creemos haber dado una cabal ideal del ataque a la filosofía orteguiana desde esta perspectiva tomista extrema, paralelamente a los elogios que se le otorgan en lo que considera como sus posturas sociales y políticas de derecha.

[68] *Ibid.*, pp. 283-284.
[69] *Ibid.*, p. 292.
[70] *Ibid.*, p. 314.

CON LA MUERTE DE ORTEGA: LA JEFATURA ESPIRITUAL Y EL AMERICANISMO

Numerosos y prominentes intelectuales latinoamericanos respondieron a la muerte de Ortega en 1955 con la publicación de artículos y ediciones especiales de diversas e importantes revistas, haciendo público el reconocimiento a la obra del maestro español y de su contribución a la cultura latinoamericana. Lo más granado de los intelectuales latinoamericanos expresó este agradecido reconocimiento. Así, por ejemplo, *Atenea* en Chile, *Sur* en Argentina, *La Torre* y *Asomante* en Puerto Rico y en México *Cuadernos Americanos,* publicaron números especiales dedicados a Ortega. Recuerdos personales, estudios sobre diversos aspectos de su filosofía, de su sociología, de su estilo. Personajes que antes lo habían atacado violentamente escribían ahora ensayos sobre su pensamiento y en su honor, como en el caso de Guillermo de Torre, en *Sur*, o el de otro español, Luis Araquistáin, quien había escrito un artículo contra la reedición de *España invertebrada* en 1934. Este último, sin renegar de sus ideas de entonces, sale a la defensa de Ortega frente a los intentos de "los nuevos inquisidores" de la España teocrática de convertirlo en católico en los momentos de su muerte. Pero, además, no duda un momento en elogiar al "gran poeta en prosa", y exhorta a defenderlo como "hombre representativo de la España mejor", porque "defenderle es, pues, defender también el honor intelectual de la España libre a que él pertenecía".[71]

Muy posiblemente todo lo publicado con motivo de su muerte podría ser considerado como expresión del reconocimiento de lo que Francisco Romero denominó tan certeramente como su "jefatura espiritual". Pero, como veremos, existe un pequeño problema con esta calificación de Romero, y para completar la real conceptualización de Ortega en esos momentos, a mediados de los cincuenta, deberemos echar mano también de otra de Leopoldo Zea: Ortega el americano.

Al poco tiempo de la muerte de Ortega, Romero publicó en 1956 un artículo titulado "Ortega y Gasset y el problema de la jefatura espiritual",[72] intentando caracterizar al maestro español en función de tal concepto. Romero aclara de inmediato que este concepto no se refiere solamente a la jefatura en el ámbito intelectual, puesto que su irradiación va mucho más allá de lo que corresponde al intelecto específicamente. Se trata, en primer lugar, de cierta *universalidad,* en el sentido que atiende a cuestiones muy diversas e influye en una zona muy vasta de la cultura y la

[71] Luis Araquistáin, "En defensa de un muerto profanado", en *Sur,* núm. 241, julio de 1956, Buenos Aires, pp. 120-130.

[72] Francisco Romero, *Ortega y el problema de la jefatura espiritual,* Losada, Buenos Aires, 1960.

sociedad. En este sentido es lo opuesto al especialista, que se aplica exclusivamente a una determinada actividad, y que por grande que pueda ser su prestigio en su campo de especialización nunca llega a la categoría de jefe espiritual. El especialista puede ser de gran calibre, pero aquí es una cuestión de función, nos dice Romero, y no de magnitud.

Un segundo rasgo de la "jefatura espiritual" es el de la *autoridad,* o sea, un prestigio personal que no puede darse solamente en relación con la inteligencia y el saber, sino que requiere, nos dice Romero, de la consistencia moral y de cierta vocación innata para el mando. Y unida a esta *autoridad* vienen también las características de la *actividad* y la *energía,* o sea, la capacidad de realización y la fortaleza para sobreponerse a los inevitables contrastes en medio de una actividad que siempre es en gran medida pública. No sólo hombre de gabinete, sino "político de la cultura", hombres que enfrentan la publicidad y se ven involucrados en empresas que Romero califica como "la práctica de la cultura". Aunque, aclara el filósofo argentino, si bien el jefe espiritual es siempre en alguna medida un político de la cultura, no todos los que merecen llamarse políticos de la cultura, los grandes promotores y organizadores de empresas culturales, alcanzan la jerarquía de jefes espirituales, puesto que éstos cumplen también una función magistral de inspiración y orientación con respecto a los mismos contenidos de la vida espiritual.[73]

Otro rasgo esencial de la "jefatura espiritual" es el de la *postura renovadora o reformadora,* esto es, el reiterado llamado a adoptar una actitud distinta a la vigente, al tiempo que se aportan nuevos elementos, ya sean estos originales del jefe espiritual, proveídos por otra cultura considerada como superior, o ambos casos a la vez. Y, finalmente, aunada estrechamente a esta característica, se da también la de *revalorización,* que cambia no sólo las apreciaciones con respecto al presente, sino también en lo que se refiere a la perspectiva del pasado, o sea, una nueva visión historiosófica.

No puede uno menos que pensar en que el concepto propuesto por Romero se fue conformando según iba enumerando las características propias del maestro español.

Romero finaliza su análisis estipulando que para comprender los casos específicos de la jefatura espiritual no es suficiente con recordar solamente estas características personales, sino que es necesario, también, tomar en cuenta el contexto histórico. En un medio ambiente de intensa actividad cultural, el jefe espiritual deberá ante todo sacar a luz y acaudillar las fuerzas existentes, acrecentarlas, perfeccionarlas y dotarlas de

[73] *Ibid.*, pp. 10-11.

conciencia de sí. Pero la misión del jefe espiritual es completamente diferente cuando, como en el caso de Ortega, labora en un ambiente cultural empobrecido, notoriamente por debajo del nivel que él considera necesario y que constituirá la meta de su programa renovador.

En lo que se refiere a la España de Ortega, Romero escribe que el pasado inmediato además de ser pobre estaba abolido, y Ortega al volver de Alemania no asumió solamente la dirección del movimiento filosófico sino que llenó con su palabra y con su acción toda la escena cultural.

> Es el protagonista, pero el protagonista de un drama que cuenta con un único personaje [...] No era un profesor más, ni siquiera un filósofo más, sino el agente operante y responsable de la conciencia filosófica en aquel sitio y en aquel momento. [...] en la España de su tiempo, Ortega es, filosóficamente, mucho más que un filósofo. Es la filosofía.[74]

Asumiendo este puesto de jefe en lo puramente filosófico, Ortega lo extendería también hacia otros ámbitos para convertirse finalmente en el jefe espiritual. Todo ello acompañado por su esencial exigencia de rigor: en la introducción de nuevos conocimientos, en la práctica y en la enseñanza de un método de pensamiento terminante y exacto, en la elaboración del lenguaje. Y ello sobre el trasfondo de su crítica reiterada de los comportamientos inveterados, del patrioterismo, de los ídolos y mitos, de la pereza intelectual, de la ignorancia respecto a lo que sucede más allá de España, del culto al lugar común.

Y así finaliza el filósofo argentino su artículo, que es también su tributo a Ortega:

> La hora de la revisión crítica sonará para Ortega. Pero no adelantemos el reloj, no antepongamos la hora de la exégesis en detalle a la del reconocimiento del ingente esfuerzo de que todos le somos deudores, a la de la admiración y la gratitud. Con todos los reparos que podamos ponerle, es y seguirá siendo personalidad sin par en el inmediato pasado de la cultura hispana. Los azares de su país lo enterraron antes de tiempo, pero él parecería vengarse de ese sepelio prematuro destacando su efigie, como un estandarte, cada vez que un ansia de auténtica cultura y de libertad agita las aguas dormidas de la España de hoy.[75]

El análisis y la crítica de su obra, y después el reconocimiento agradecido en ese concepto acuñado y explicitado por Romero: el jefe espiritual.

Pero debemos poner un "pero" a todo esto en el contexto del tema que nos interesa. No sólo que el análisis crítico de la obra queda para otra

[74] *Ibid.*, pp. 21-22.
[75] *Ibid.*, pp. 30-31.

oportunidad, lo cual puede ser comprensible en las circunstancias específicas, sino que en el artículo la jefatura espiritual se menciona en el contexto exclusivamente español y no en el hispanoamericano. En el párrafo arriba citado Romero se declara en deuda con Ortega, y en otra frase escribe también que los que filosofan en español se acogen a la tradición filosófica iniciada por Ortega, lo que no es poco decir, pero con ello no se aclara que Ortega fue jefe filosófico también en lo que se refiere a Hispanoamérica. Sólo dos alusiones en todo el capítulo.

En otro ensayo publicado en el mismo año por Romero, titulado "Ortega y la circunstancia española",[76] no se le regatea el título de jefe espiritual para el mundo cultural hispanoamericano, pero tampoco se le explicita. No pocos argentinos habían entrado en conflicto con Ortega, y si bien con la muerte viene el reconocimiento público a su actividad, a veces en algunos artículos quedamos con la impresión de que también se da el esfuerzo por callar y no decirlo todo. También en el artículo publicado por Romero en el número dedicado por *Sur* a Ortega se dedica al análisis de "Ortega y el ausentismo filosófico español",[77] pero nada sobre Ortega e Hispanoamérica.

Por ello es imprescindible completar la conceptualización de Ortega en tanto jefe espiritual, tan bien definida por Romero, con las ideas de otro artículo publicado en aquellos días por el filósofo mexicano Leopoldo Zea y titulado, precisamente, "Ortega, el americano".[78]

No por casualidad en ese México que tanto se había servido del pensamiento orteguiano, y no por casualidad Leopoldo Zea, que tanto le debe al maestro español, escribe este artículo donde manifiesta la deuda con él por parte del mundo intelectual latinoamericano.

Nada menos que "Ortega, el americano", aunque desde el principio Zea aclara que ello es así a pesar del mismo Ortega. Zea considera que la simpatía de Ortega por América fue siempre limitada y llena de prevenciones; de ella conoció sólo a Argentina y siempre se resistió a entrar en contacto con el resto del continente. Su primer entusiasmo al visitar Argentina se disolvió en poco tiempo, y entonces ya no vio a América como español sino como europeo. "Frente a Europa es el español luchando por occidentalizarse, europeizarse; frente a nuestra América es el europeo que enjuicia nuestra 'minoría de edad' e inmadurez, nuestro fondo de 'barbarie'."[79]

[76] Francisco Romero, "Ortega y la circunstancia española", en *Ortega y Gasset y el problema de la jefatura espiritual,* pp. 33-42.
[77] Francisco Romero, "Ortega y el ausentismo filosófico español", en *Sur,* núm. 241, julio de 1956, pp. 24-28.
[78] Leopoldo Zea, "Ortega el americano", en *Cuadernos Americanos,* México, 1956.
[79] *Ibid.*, p. 116.

Sin embargo, a pesar de ello, Zea lo considera como "el americano" por lo que su obra representó y representa para los hispanoamericanos.

El filósofo mexicano considera que tanto su América como la España de Ortega se movieron en un contexto similar. América hispana tuvo desde los mismos comienzos de su independencia una preocupación que habría de ser común con la de España a partir de la derrota de ésta en 1898: occidentalizarse, "ser parte de ese mundo que había hecho de la razón que clarifica y distingue el pivote de su acción",[80] en la ciencia, la técnica, la política y la economía. Pero Zea apunta que tanto América como España se toparon con la oposición de fuerzas internas que, en la defensa de sus privilegios, se oponían a todo cambio, y también con la oposición de ese mismo mundo que les servía de modelo.

Ortega encontró en Alemania el mejor instrumental para vertebrar a España, para occidentarla, pero Zea observa que no se trató de ningún modo de una simple imitación, puesto que lo que Ortega intenta es salvar a la España de hoy negando a la España del pasado por medio de la asimilación y de la asunción de tal pasado. Llevarla viva dentro, pero como lo que habiendo sido no tiene por qué volver a ser. En la obra de Ortega, a partir de las *Meditaciones,* Zea ve un esfuerzo por lograr la asimilación del pasado mediante su toma de conciencia, conciencia de España que le permitirá entrar en la universalidad como parte de la gran totalidad que es la cultura de Occidente.[81] Es la famosa afirmación de Ortega de que su salida al universo se abre por los puertos del Guadarrama o el campo de Ontígola.

Precisamente, es en este sentido que Zea, que había ya ahondado en la historia de las ideas mexicanas y latinoamericanas y desarrollaba una filosofía latinoamericana, afirma que en Hispanoamérica los hombres preocupados por su realidad encontrarían en la obra de Ortega la justificación de su preocupación y se identificarían fácilmente con él. "La filosofía enfocaba, también, realidades tan concretas como el Manzanares español, para captar, a través de él, la universalidad de que formaba parte", y entonces también "...la realidad que la Revolución de 1910 había puesto a flote adquirió dignidad de meditación filosófica".[82]

Los iberoamericanos se encontraron, según Zea, al igual que Ortega, con una realidad muy semejante a la española, en la que también los muertos seguían imponiéndose a los vivos. El hispanismo y el indigenismo seguían siendo polos antitéticos inasimilables, y Cortés y Cuauhtémoc seguían siendo banderas de conservadores y liberales.

[80] *Ibid.*, p. 105.
[81] *Ibid.*, pp. 108-109.
[82] *Ibid.*, p. 110.

Aún no se les asimila, no forman parte del pasado, de la historia; no son experiencia realizada. Los hispanoamericanos a diferencia de los europeos no son coloniales, insurgentes, conservadores y liberales en la forma de haberlo sido, sino que son eso aún; aún no pueden dejar de serlo; aún no asimilan eso que sólo debería ser un pasado al servicio del futuro. El futuro sigue siendo bloqueado por el pasado, por los muertos. Por ello los hispanoamericanos, a semejanza de Ortega y apoyándose en el rico instrumental que les proporcionó, se han enfrentado y se enfrentan a su pasado, en la mejor forma de enfrentarle: tratando de comprenderlo, tratando de asimilarlo para convertirlo en historia, sin más; en experiencia rica en posibilidades para un futuro que no tiene por qué volver a repetirla.[83]

Pero no se trató sólo del aporte de Ortega en el sentido de esta orientación hacia lo propio y la reconsideración de un pasado opresor de tal modo que su toma de conciencia lo haga dejar de ser obstáculo para convertirlo en impulso renovador, no sólo la meditación sobre lo propio. Zea afirma, asimismo, que Ortega otorgó a la meditación sobre lo propio la dignidad filosófica de la ciencia occidental. Sarmiento, Lastarria, Bilbao, Mora, Rodó, Korn, Caso, Vasconcelos y otros muchos eran considerados como *pensadores,* nunca como filósofos. En América ibera y en España no se reconocía la existencia alguna de filósofos; la filosofía sólo podían hacerla los europeos occidentales. "En ellos, las meditaciones sobre el pasado se expresaban en filosofía de la historia del mundo; la reflexión sobre el ser del hombre en entrada a la ontología." Pero Zea observa que Ortega, y con él la misma filosofía de entonces, venían a mostrar cómo la historia sobre la cual había meditado el filósofo europeo era sólo una parte de la historia, la europea, a pesar de sus pretenciones de universalidad. Todas las meditaciones sobre el hombre y sus modos de ser no eran, ni podían ser, otra cosa que meditaciones sobre un hombre concreto, a pesar de todos los esfuerzos de abstracción que se hacían.

Y he aquí que gracias a Ortega llegaron de Europa las doctrinas filosóficas, especialmente el raciovitalismo y el historicismo, que justificaban y daban calidad filosófica a la meditación sobre la realidad americana, proporcionando también el instrumental para desarrollar sus ideas en la misma línea que los viejos *pensadores*. Y nuestro filósofo mexicano afirma que fue precisamente la coincidencia entre las nuevas filosofías y esta línea propia que venía dándose ya previamente en sus propios filósofos lo que hizo que los jóvenes filósofos hispanoamericanos se apasionaran por la filosofía de Ortega, tanto la propia como la que divulgó desde las páginas de *Revista de Occidente*.

[83] *Ibid.*, p. 111.

> Sus ideas sobre el perspectivismo y la circunstancia entusiasman a la nueva generación hispanoamericana de pensadores que no se atrevían a llamarse filósofos. [...] El hispanoamericanismo, a través de la obra de Ortega, pudo afianzar su ya vieja preocupación por la cultura y el hombre de esta América, y al mismo tiempo, sentirse justificado como miembro de la cultura en sentido más universal. [...] Ortega le ofreció un doble instrumental: el de su preocupación por las circunstancias españolas, que también podrían ser hispanoamericanas, y el de la filosofía contemporánea, cuyo método mostraba cómo era posible deducir de lo circunstancial y concreto lo universal, o viceversa.[84]

El reconocimiento de la jefatura espiritual de Ortega por parte de Francisco Romero se ve así completado por el reconocimiento de su contribución específica a la cultura latinoamericana por parte de Leopoldo Zea. Y ambos tienen razón en lo que acentúan primordialmente, puesto que uno lo hace desde la perspectiva argentina y el otro desde la perspectiva mexicana.

Con la muerte de Ortega: la izquierda arremete

Las posiciones propias e independientes mantenidas por Ortega en todos los ámbitos, aunadas a su enorme prestigio, lo hicieron objeto de ataques desde todos los ángulos posibles. Si la derecha, que asimilaba no pocas de sus teorías sociales y políticas elitistas, no podía perdonarle su actuación en la creación de la Segunda República y su falta de interés por "la filosofía perenne", los marxistas, en cambio, arremetían contra su silencio durante la guerra mundial y la Guerra Civil y contra su vuelta a España, y por lo general también contra sus posturas filosóficas que no tenían precisamente mucho que ver con el materialismo dialéctico, histórico o de ningún otro tipo.

Uno de los casos más interesantes, y también más resonantes a fines de los cincuenta, fue el del libro publicado contra Ortega, en Argentina, por Patricio Canto, entonces comunista y antes destacado miembro del grupo Sur.[85] El libro se publicó para salirle al paso a las alabanzas dedicadas al maestro español con motivo de su fallecimiento. Conversamos con su hermana, Estela Canto, miembro del mismo grupo, para tratar de comprender mejor el contexto del desmedido ataque a Ortega.

Según Estela Canto, hacia fines de los cincuenta entraron ella y su hermano al Partido Comunista por "estar asqueados" de la postura de la gente del Grupo Sur ante el peronismo. El peronismo les parecía horri-

[84] *Ibid.*, pp. 113-115.
[85] Patricio Canto, *El caso Ortega y Gasset*, Leviatán, Buenos Aires, 1958.

ble, pero los del grupo Sur no tuvieron consideración alguna para las capas populares y sus necesidades, y ello fue inaceptable para los hermanos Canto. "Entramos al Partido Comunista por rabia. Hay que estar un poco por el pueblo." Pero, finalmente, recuerda que al cabo de seis años abandonaron el partido porque llegaron a la conclusión de que no podrían influir desde adentro.

Ortega, continúa Estela Canto, fue atacado por Patricio precisamente como representante de ese mundo falso de esnobismo cultural y social de la alta oligarquía argentina y especialmente del grupo Sur.[86] La lectura del libro nos lleva a coincidir por completo con esta apreciación de Estela Canto; y efectivamente, Ortega, el español, se llevó toda la andanada de "piedras literarias" que Patricio Canto encaminó básicamente a sus amigos argentinos de ayer. Es que Ortega desde hacía mucho era en Argentina símbolo y personificación de muchas cosas; para Canto, por ejemplo, del esnobismo del grupo Sur.

El mismo Canto manifiesta desde un comienzo las razones y el carácter de su libro. Canto reconoce haberse encontrado entre los más rendidos admiradores de Ortega, pero para ese 1958 ya se permitía explicar sin duda alguna que la realidad se había encargado de desmentir el pensamiento orteguiano. Pero resultaba que tal pensamiento seguía influyendo de todas formas en el medio intelectual latinoamericano, al grado que Canto señala que Ortega era precisamente el escritor elegido por las "minorías selectas" de la América del Sur colonizada, "que tanto interés tiene en fingir una altivez que oculta la humillación real". Es por ello que Canto escribe el libro, con la esperanza de que quizá pueda tener alguna utilidad para quien quiera entender "las causas de la dimisión moral de los escritores de habla española en los últimos treinta años".[87]

O sea, el libro va encaminado contra tales escritores y contra Ortega por igual, y en él va explícitamente el reconocimiento de la influencia decisiva de Ortega en la cultura argentina, aunque sea en este caso para pesar del autor.

En cuanto a Ortega, el ataque se centra en su persona y en sus actitudes y comportamiento, y no en sus escritos. No cabe duda que se da mucho del rencor típico de quienes fueron antes rendidos admiradores de Ortega, y que luego expresan violentamente su desengaño. El mismo Canto escribe que se sorprende de no encontrar otra cosa que reproches para un escritor que antes había admirado. La causa de su amargura, nos dice, proviene del sentimiento de haber sido su víctima, puesto que por haber tenido fe en sus enseñanzas cayó en la confusión. La cita es

[86] Entrevista del autor con Estela Canto, Buenos Aires, 4 de septiembre de 1989.
[87] Patricio Canto, *op. cit.*, p. 11.

aquí imprescindible, y seguramente que tiene no sólo el valor de la justificación lógica o el valor anecdótico-histórico, sino también el de la comprensión del contexto psicológico de este tipo de reacciones. Desde las fuertes trincheras del marxismo se explica por qué no se encontró el autor en la misma situación antes, y se hace claro que la culpa no fue suya sino de Ortega. Y también de este paradójico modo se expresa la importancia decisiva de Ortega en la cultura argentina, puesto que sólo en él se puede buscar tal capacidad mágica de funestos resultados, a la vez que se le convertía en una especie de chivo expiatorio que purgaba las culpas propias.

> Ortega es el triunfo del fácil artificio sobre la difícil adquisición real, es el escritor que quiere contar con fascinaciones y adulación, y que disuade a los jóvenes de manifestar sus dudas espontáneas. En la medida que "nos toma" queda en nosotros sofocada toda intención de rebeldía espontánea, de posición honrada. Él impone una especie de veneración tácita que inhibe toda clase de crítica, como si la crítica fuera una grosería, una manifestación de ignorancia.[88]

Es claro que esta descarga de responsabilidades no puede ser aceptada sin más, especialmente si recordamos todas las críticas a Ortega y la polémica con él, o, por otro lado, las opiniones de un Germán Arciniegas. Un año antes, en 1956, el escritor colombiano, que residió en los cincuenta en Buenos Aires, escribía que la juventud había sido para los de su generación un girar alucinado alrededor de Ortega, entre otras cosas, porque se rebelaban contra él: "Pocos autores se leen tan en diálogo como Ortega. Provoca constantemente la contradicción [...] siempre encuentra el lector puntos en que discernir, pero el moverse a disentir es en cada caso un renacimiento, es un momento en que Ortega nos ha puesto a pensar sobre un punto que habíamos pasado por alto."[89] Ya hemos citado previamente estas palabras, mas el volver a hacerlo en este contexto se hacía imprescindible.

Pero volvamos a los reproches de Canto a Ortega por haberlo "paralizado" en su juventud. La habilidad de Ortega en este sentido consistía, precisamente, en presentar evidencias que nada tenían que ver con el tema que prometía tratar, y lograr fascinar a la gente con la aparente limpidez de tales evidencias haciéndole olvidar de sus reales necesidades espirituales. Es exactamente, nos dice Canto, lo contrario al marxismo, que explica que la lucha de clases constituye la última causa de los fenómenos sociales, aunque ello no sea evidente y parezca ser nega-

[88] *Ibid.*, p. 36.
[89] Germán Arciniegas, "Ortega, el tema de nuestro tiempo", p. 155.

do por la realidad inmediata. La "gran verdad del marxismo" es una realidad oculta y repelente que espontáneamente tratamos de ignorar, en tanto las verdades de Ortega, "y las de los que como él practican el pensamiento desinteresado", aparecen con suma claridad, bien formuladas y aparentemente innegables. El lector se siente entonces muy satisfecho "de quedar informado de una manera fácil de pasar ante los demás, y sentirse él mismo, *egregio*".[90]

Canto no se refiere en realidad a la obra misma de Ortega, a no ser para adjetivizarla negándole todo valor. De hecho, en la primera página del libro Canto dirige al lector que tenga interés por la evolución de las ideas de Ortega al libro de Eduardo Nicol, filósofo español residente en México, titulado *Historicismo y existencialismo,*[91] señalando que en el mismo se encuentra una exposición rigurosa del pensamiento de Ortega a la par de su crítica definitiva. Y Canto puede pasar entonces a abocarse al fenómeno cultural, social e ideológico que cree ver personificado en la figura de Ortega y en su conexión con la élite cultural argentina.

¿A qué se debe el influjo de Ortega en Argentina? Ésta es en verdad la pregunta con que se mide Canto. Su respuesta será meridianamente clara, y por tratarse de un hombre "de adentro", que también fue rabiosamente orteguiano, más allá del reproche y el resentimiento, creemos que se dan también no pocos destellos de verdades en lo que se refiere a amplias capas de esnobistas orteguianos.

> Ortega era un falso escritor europeo, y es natural que estimulara en el *snobismo* argentino su vocación de ilusión ornamental y más allá de toda precisión incómoda. [...] Ortega los halagó deliciosamente, les dijo lo que ellos más interés tenían en oír: "sois cosmopolitas, sois internacionales, vuestra cultura es universal..."[92]

Es obvio que esto no es tan fácil de aceptar si recordamos, por ejemplo, *El hombre a la defensiva...*

Canto está más cerca de la verdad cuando afirma que la constante de la obra de Ortega es la voluntad de aristocracia, y que ello es lo que tal vez lo volvió tan atrayente a las sensibilidades de la oligarquía y la clase media argentinas. Éstas habían abjurado de sus orígenes campesinos o aldeanos de la madre patria y aspiraban a copiar los modelos de la aristocracia británica, pero por el mero hecho de haber elegido un ideal extraño éste no había podido ser asimilado, y se le estaba presumiendo

[90] Patricio Canto, *op. cit.*, p. 37.

[91] Eduardo Nicol, *Historicismo y existencialismo. La temporalidad del ser y la razón*, Fondo de Cultura Económica, México, 1981, 3ª edición.

[92] Patricio Canto, *op. cit.*, p. 62.

constantemente. "Los astros eran favorables, pues, a la conjunción del 'aristocratismo' de Ortega y Gasset con la secreta incertidumbre y el *snobismo* de los rioplatenses."[93]

Pero ningún otro español hubiera logrado el milagro que logró Ortega, continúa Canto. En Argentina se consideraba al español como un aldeano inculto cuyas salidas daban origen a innumerables bromas populares, y sólo se admitía la elegancia de la sobriedad británica. Los argentinos de la clase media culta habían abjurado de su tradición de tosca aldea española; pero Ortega y Gasset, por su parte, era precisamente el pensador español que quería terminar con lo que España siempre fue.[94]

Más aún, la alta clase argentina veneraba las jerarquías, y Ortega hablaba incesantemente de minorías egregias y de almas selectas, y la semilla caía en tierra preparada para recibirla.[95]

Pero Canto señala que no sólo la clase alta y la clase media culta argentinas se beneficiaban de Ortega, sino que también éste se beneficiaba en alto grado.

> El aristocratismo de Ortega oculta una carencia de seriedad radical, de coherencia, de fe en sí mismo. Necesitaba elegir un receptáculo brillante para sus ideas (los públicos mundanos) porque en esa forma no tenía que enfrentarse realmente con los avatares de su pensamiento. Los señoritos y las "damitas en flor" aceptaban sus ideas para embellecerse, para ser más cultos, como objetos deliciosos que siempre mantenían su lozanía, pues nadie los usaba. Así, no pasarán a la historia del pensamiento, pero sí a la historia de las manifestaciones casuales y ciegas de la moda, como esas rosas no del todo abiertas, de larguísimos tallos y moderada fragancia, que hacia 1933 se dejaban, envueltas en celofán, sobre la mesita de cristal del blanco teléfono [...] Ortega, en cambio, buscaba en "la damita en flor" la opinión que Alberto Einstein no podía darle sobre *El tema de nuestro tiempo.*[96]

Es evidente que, a pesar de tratarse de un reciente comunista (lo que se deja ver en la falta de aplicación del arsenal conceptual e instrumental del marxismo), no podía dejar de darse de vez en cuando el elemento específicamente clasista. Un ejemplo de ello es cuando Canto, algo de paso, se refiere al carácter ideológico burgués del pensamiento de Ortega. Canto considera que lo que hace Ortega, a final de cuentas, en su filosofía es revestir de terminología filosófica a la secreta convicción del pequeñoburgués de que: "...sólo tengo esta vida que vivir y tengo que arreglármelas lo mejor que puedo para no dejarme sacar nada

[93] *Ibid.*, p. 19.
[94] *Idem.*
[95] *Ibid.*, p. 84.
[96] *Ibid.*, p. 53.

por los de abajo ni irritar a los de arriba".[97] Cuando Ortega habla de "la vida de cada cual" se refiere en verdad al egoísmo que una sociedad competitiva exige a cada uno de su miembros; y la "historia" y "la circunstancia" son en verdad la supuesta fatalidad del *statu quo.*[98]

El libro de Canto se ve saturado desde su principio hasta su final de resentimiento, reproches, ironías y cinismo, y llega quizás a sus extremos en algunas parodias de Ortega en que escribe cómo éste hubiera escrito sobre un determinado tema. El mismo Canto reconoce que se trata de un "ejercicio de malevolencia".[99]

Y, claro está, no podía faltar el ataque personal a Ortega en lo que se refiere a su postura política. Canto critica violentamente el "abyecto" "Epílogo para los ingleses", en el que Ortega explica que firmó un manifiesto de apoyo "a los comunistas de Madrid" con una pistola al pecho. El odio de Ortega a todo lo que oliera a pueblo hizo que en el momento decisivo "don José echó por la borda la única posibilidad 'real' (aunque no ideal) de renovación de su país y se plegó al 'tufillo de cocido y estofado' de la España negra".[100]

Canto escribe que "esta catástrofe moral" no fue muy comentada, puesto que Ortega nunca aceptó al régimen franquista taxativamente, aunque él mismo lo escuchó expresar en Buenos Aires en 1939 su deseo de que Benito Mussolini, ese estadista que "une al valor del león la sagacidad de la vulpeja", llevara a altos fines su gran empresa.[101]

El libro de Canto despertó ecos polémicos por parte de aquellos intelectuales que no pudieron menos que verse atacados en el mismo. El filósofo Juan Adolfo Vázquez escribió una pequeña reseña del mismo en *Sur,* haciendo notar que si Nietzsche había querido filosofar con el martillo, Canto quería filosofar con la hoz y el martillo: "No sólo golpea e insulta a todo lo que le parece burgués: también siega multitud de hechos y verdades que no le interesan o desfavorecen su simple filosofía de tornasol."[102]

Fernando de Elizalde no se conforma con una reseña sino que publica en *Ficción* su "Réplica a 'El caso Ortega y Gasset' ". En un análisis correcto y detallado, en el que no deja de reconocer las excelencias de la calidad literaria del autor,[103] De Elizalde va presentando una tras otra numerosísimas y flagrantes contradicciones en la exposición de Canto, a

[97] *Ibid.*, pp. 147-148.
[98] *Ibid.*, p. 148.
[99] *Ibid.*, p. 92.
[100] *Ibid.*, p. 108.
[101] *Idem.*
[102] Juan Adolfo Vázquez, *Sur*, núm. 257, marzo-abril de 1959, Buenos Aires, p. 84.
[103] Fernando de Elizalde, "Réplica a 'El caso Ortega y Gasset' ", en *Ficción,* Buenos Aires, núm. 19, mayo-junio de 1959, p. 20.

la par que lleva a cabo una decidida apología de Ortega, su conducta y su pensamiento. Pero del mismo modo que el ataque a Ortega por parte de Canto fue una incriminación a los "intelectuales burgueses" por medio de Ortega, aquí encontramos en la defensa de Ortega un ataque no sólo a Canto sino a los intelectuales marxistas en general.

En fin, pasemos ahora a otro tipo completamente diferente de ataque desde la izquierda, como es el caso del Dr. Juan I. Jiménez-Grullón, médico y sociólogo dominicano, exiliado de su país por el dictador Trujillo y posteriormente de Cuba por Batista. Jiménez-Grullón publicó en Cuba, en 1957, *Al margen de Ortega y Gasset (Crítica a "El tema de nuestro tiempo")*; en 1959 publicó en Venezuela *Al margen de Ortega y Gasset (Crítica a la "Rebelión de las masas")*, y un tercer tomo dedicado a *Crítica a "En torno a Galileo"*.[104]

En estos libros el escritor dominicano se ciñe a un detallado análisis crítico de los respectivos libros de Ortega, capítulo por capítulo, en función del materialismo histórico. Algo diametralmente opuesto a lo hecho por Canto, y mucho más cercano a lo hecho por el tomista chileno Oscar Lira, o sea, que en verdad cada error o supuesto error se convierte en una pequeña grieta por la que se introduce y pone en evidencia el dogma (tomista o marxista) propio.

El primer libro fue escrito por Jiménez-Grullón alarmado por los elogios a Ortega luego de su muerte. Éstos le hicieron patente la desorientación de las capas intelectuales, lo que consideró que se debía en gran medida a que se trataba de "un escritor sin par", en cuya lectura confiesa el mismo Jiménez-Grullón que encuentra siempre un hondo deleite.

Pero otra vez nos encontramos, como antes en Canto, con la idea de haber sido víctima de Ortega. En medio del goce estético pensamos que todo cuanto leemos es correcto y justo, pero luego, cuando comenzamos a meditar, despertamos totalmente a la realidad y "...nos convencemos de que fuimos víctimas del sortilegio de un artista con pujos de filósofo".[105] Y esto, claro está, es peligroso. De igual forma, el Dr. José Antonio Portuondo, profesor de la Universidad de los Andes en Venezuela, escribe en su prólogo al libro del escritor dominicano sobre *La rebelión de las masas* que la moda de "orteguizar", consecuencia de la magia estilística de Ortega, sedujo a numerosos escritores hispanoamericanos, y diarios y revistas se llenaron de falsas "meditaciones" y de más o menos

[104] Juan I. Jiménez-Grullón, *Al margen de Ortega y Gasset*, publicado en tres volúmenes: vol. I, *Crítica a "El tema de nuestro tiempo"*, Puentes Grandes, La Habana, 1957; vol. II, *Crítica a "En torno a Galileo"*, Universidad de los Andes, Mérida, 1959; vol. III, *Crítica a "La rebelión de las masas"*, Universidad de los Andes, Mérida, 1959.

[105] Juan I. Jiménez-Grullón, *Crítica a "El tema de nuestro tiempo"*, p. viii.

afortunadas "estéticas de tranvía". Ello no hubiera sido peligroso, y hubiera quedado como una mera y superficial moda seudofilosófica, de no haber sido por el hecho de que

> envuelto en la magia del estilo orteguiano no nos hubiera llegado el morbo de su entraña falaz y reaccionaria, si no estuvieran las deslumbrantes galas de su expresión literaria preñadas de veneno de mortal efecto en muchas débiles mentalidades hispanoamericanas que asimilaban, sin advertirlo, una concepción de mundo totalmente negativa, paralizadora, en una hora crucial de nuestra América y del mundo.[106]

En resumen, había que salvar a los intelectuales del Ortega mágico, hechicero y reaccionario.

El primer capítulo del libro de Jiménez-Grullón sobre *El tema de nuestro tiempo,* publicado en Cuba, donde la obra de Ortega había tenido gran difusión, entra de inmediato a la crítica de la idea orteguiana fundamental de "la sensibilidad vital" o "sensación radical ante la vida", negándole toda realidad concreta. Lo que sí hay para el dominicano, en contraposición a la teoría de Ortega, es "una psicología clasista". La sensibilidad nunca es "una integridad indiferenciada" sino polimorfa, sin unidad alguna en su naturaleza o en su proyección. Así, la del obrero jamás es idéntica a la del campesino acomodado, y la de cada uno de ellos no es igual a la del comerciante o a la del rentista ocioso.[107] Más aún, las ideas no son de ninguna manera las fuentes de las transformaciones políticas. Los ideales pueden aparecérsenos como los motores de la historia, pero su función es puramente instrumental, y se encuentran históricamente condicionados por la realidad socioeconómica. Entonces, "como éste es el pilar de la teoría de las generaciones, todo se viene abajo".

De este modo y en este espíritu Jiménez-Grullón irá abarcando punto tras punto, concepto tras concepto, el libro de Ortega y sus apéndices. A veces no podemos menos que recordar con una sonrisa las imputaciones de ateo por parte de los tomistas a Ortega, en especial cuando al tratar del perspectivismo Jiménez-Grullón destaca el apego de Ortega a Dios. Derecha e izquierda lo niegan acusándolo de todo lo que no es e identificándolo con sus enemigos. Es la teoría de los espejos que reflejan a nuestros enemigos exactamente el revés de lo que somos, pero aquí se trata de múltiples espejos, y a veces parecería que Ortega ha sido introducido en una de esas salas en que gran variedad de espejos deforman su figura en forma grotesca. Claro está que es legítima la crítica; a veces es certera, a veces no; pero la deformación grotesca se da, no cuando no

[106] Juan I. Jiménez-Grullón, *Crítica a "La rebelión de las masas"*, p. 15.
[107] Juan I. Jiménez-Grullón, *Crítica a "El tema de nuestro tiempo"*, pp. 7-10.

se intenta reflejar lo que Ortega es y luego criticarlo, sino cuando se le exige adaptarse a fuerza a las peculiaridades de espejos que es claro de antemano que implicaron su deformación. Algunos acrecentan las dimensiones de su flanco izquierdo, otros los de su flanco derecho, pero parece que ninguno logra minimizar su altura y convertirlo en un enano intelectual. Por el contrario, es el reconocimiento de su estatura el que produce la multiplicación de los diversos espejos recordados.

Estos pensamientos se nos ocurren al leer el análisis y las conclusiones de Jiménez-Grullón de aquella frase de Ortega en la que estipula que "Dios, como dice el catecismo, está en todas partes y por eso goza de todos los puntos de vista, y en su ilimitada vitalidad recoge y armoniza todos nuestros horizontes".[108] Para el escritor dominicano, Ortega presenta aquí un Dios que es el mismo que el del pensamiento teológico, un Ser omnisciente, panubicuo y omnipresente a través del cual, como escribe Ortega, va pasando poco a poco el Universo, que queda así impregnado de vida. Dios como el modelador del cosmos y el creador de la vida; y si el Universo es como es, se debe a que pasó por sus retículas. "¡Increíble!... Ortega necesitó largas disquisiciones filosóficas para llegar ahí... Está ahora en pleno regazo religioso. Impregnado por luz divina, que alza y estremece su alma, siente que su razón se desvanece."[109] Y entonces, observa Jiménez-Grullón, Ortega se sobresalta y trata de volver por los fueros de lo racional, afirmando que Dios ve las cosas a través de los hombres, que vienen a ser los órganos visuales de la divinidad. Pero entonces Ortega entra, según Jiménez-Grullón, en contradicción con sus afirmaciones previas en el sentido de que el Universo ha sido modelado por Dios, y por ende, es necesario reconocer en Él omnisciencia, y consustanciación con la verdad en todas sus formas.[110]

La verdad es que este análisis saca por completo las frases de Ortega de su contexto. Ortega escribe que esta omnisciencia o "razón absoluta" es la que *anteriormente* se atribuía a Dios, y utiliza esta idea para ilustrar el modo en que "tal razón absoluta" es dable de comprenderse en función precisamente del perspectivismo y no del racionalismo. Pero aun suponiendo que se puede inducir o comprender de aquí algunas alusiones realmente dirigidas a Dios a la par del pensamiento teológico, no es posible, para no expresarnos de modo más contundente, que Jiménez-Grullón cite una media frase de Ortega escribiendo que Dios es para él un Ser omnisciente "a través de cuyas infinitas retículas va pasando poco a poco el Universo, que queda así impregnado de vida",[111] y omita

[108] *Ibid.*, p. 150.
[109] *Ibid.*, pp. 160-161.
[110] *Ibid.*, p. 161.
[111] *Ibid.*, p. 160.

la primera parte de la frase que comienza del siguiente modo: "Dios es el *símbolo* del torrente vital, al través de cuyas infinitas retículas..."[112] Es evidente que la conceptualización de Dios como un símbolo debe dar a la interpretación de sus palabras un giro completamente diferente al que le impuso el escritor dominicano, pero éste simplemente, y tratándose de una misma frase, elimina intencionalmente la parte incómoda para su conversión de Ortega en un mero exponente del pensamiento teológico tradicional en este punto básico de su doctrina. La misma frase de Ortega le había permitido a Chumillas Ventura afirmar que Ortega era panteísta, y por consiguiente ateo.

Como era previsible, Jiménez-Grullón sale totalmente contra Ortega, inclusive más de lo que usualmente hace, cuando trata de su apéndice a *El tema...* titulado "El ocaso de las revoluciones". Ni qué hablar que su tesis es la diametralmente opuesta: "En vez de ser ocaso de revoluciones, nuestra época es matriz enorme donde ya se gesta la más profunda transmutación histórica."[113] En su opinión, desde el término de la segunda Guerra Mundial habían ido creciendo en Occidente el optimismo revolucionario y las ansias de profundas transformaciones, y no se habían plasmado en reformas institucionales solamente en los países en que como en España y Portugal la reacción dominaba tiránicamente.

Es claro que Jiménez-Grullón se dedica a rechazar sistemáticamente las ideas expresadas por Ortega al sostener su tesis sobre el ocaso de las revoluciones. Este rechazo se refiere tanto a las apreciaciones históricas de Ortega como a sus formulaciones teóricas, desde el rechazo de la afirmación de que en América no hubo revoluciones,[114] hasta el rechazo de ideas como la de que la verdadera esencia del espíritu revolucionario reside en la exigencia de que la vida se ponga al servicio de las ideas. El escritor dominicano estipula que es precisamente con la revolución que las ideas se ponen al servicio de la vida y abren nuevos caminos para el cumplimiento de las necesidades vitales, beneficiando a la vida en su conjunto y no sólo a minorías.[115] De este modo, nuestro crítico va analizando en este espíritu frase por frase el recordado ensayo de Ortega.

En su libro sobre *La rebelión de las masas,* Jiménez-Grullón continúa en la misma línea. Acepta el que es una minoría la que desempeña un rol orientador en las ciencias, las artes, la filosofía y la política, pero señala que el término adecuado para esta minoría es el de élite. Y frente a las élites no se trata de ninguna manera de la rebelión de la masa, sino del esfuerzo de los más calificados dentro de la mayoría para elevarse a las

[112] *OC.*, III, p. 203; las cursivas son nuestras.
[113] Juan I. Jiménez-Grullón, *Crítica a "El tema de nuestro tiempo"*, p. 205.
[114] *Ibid.*, p. 167.
[115] *Ibid.*, pp. 186-187.

posiciones que les corresponde dentro de la élite, que de este modo quedaría constituida verdaderamente de acuerdo con la capacidad de sus integrantes, y no en función de la riqueza o el abolengo.[116]

Jiménez-Grullón rechaza también la queja de Ortega con respecto a la existencia de una *hiperdemocracia* en que las masas deciden en los problemas públicos. No existe en Occidente ninguna *hiperdemocracia,* y mucho menos son las masas las decisivas, puesto que dentro del capitalismo lo que verdaderamente rige la democracia es el interés de la clase burguesa.

Es interesante en especial la crítica de Jiménez-Grullón a la afirmación de Ortega de que la rebelión de las masas conduce en el Estado contemporáneo a la conformación de una nueva forma de violencia. En un capítulo titulado "el mayor peligro, el Estado", Ortega estipula que el mayor peligro que amenaza a la civilización es el de la estatificación de la vida, el intervencionismo del Estado, la absorción de toda espontaneidad social por el Estado.

> El resultado de esta tendencia será fatal. La espontaneidad social quedará violentada una vez y otra por la intervención del Estado: ninguna nueva simiente podrá fructificar. La sociedad tendrá que vivir *para* el Estado; el hombre *para* la máquina del gobierno. Y como a la postre no es sino una máquina, cuya existencia y mantenimiento dependen de la vitalidad circundante que la mantenga, el Estado, después de chupar el tuétano a la sociedad, se quedará hético, esquelético, muerto, con esa muerte herrumbrosa de la máquina, mucho más cadavérica que la del organismo vivo.[117]

En 1928 Ortega trae en este capítulo, como ilustración de este proceso, el fascismo de Mussolini, pero para 1958, cuando escribe Jiménez-Grullón su libro, Mussolini ya pasó a la historia y nuestro crítico, en lugar de analizar estas brillantes ideas escritas por Ortega en los veinte, se cree obligado a salir a la defensa del Estado socialista soviético. Esto sólo por sí mismo viene a corroborar la profundidad de las ideas de Ortega en este tópico, y cuando uno escribe en 1990 no puede menos que volver a admirar la profunda comprensión de Ortega del mismo.

Para negar la tesis de Ortega nuestro crítico intentará demostrar que ha sido descalificada por el ejemplo de los Estados socialistas, aunque se ve forzado a mezclar los datos históricos, vistos a través de los anteojos marxistas, con suposiciones de lo que será el desarrollo del Estado socialista en el futuro.

La abolición de la propiedad privada, la destrucción de las clase sociales y la nacionalización de la tierra y de todos los medios de producción e in-

[116] Juan I. Jiménez-Grullón, *Crítica a "La rebelión de las masas",* p. 33.
[117] *OC,* IV, p. 225.

tercambio tendrán como consecuencia la subordinación del individuo al Estado. Pero para Jiménez-Grullón se trata de una subordinación completamente diferente a la del Estado fascista que queda en manos de la burguesía. El Estado socialista aparece como un Estado obrero que aspira a la supresión de la explotación del hombre por el hombre dentro de un mundo unificado, consagrado a la paz, el trabajo y el progreso. La coacción de un Estado tal, dado su sentido de justicia, será necesariamente efímera y tenderá a desaparecer.[118] Y para una mejor comprensión de la explicación viene el ejemplo del Estado soviético. Este Estado se convirtió en el único patrón y la comunidad trabajó para el Estado, y durante décadas el intervencionismo dictatorial se proyectó violentamente, debiéndose todo esto a la existencia de sus enemigos internos y externos. Pero con la muerte de Stalin los enemigos internos ya habían desaparecido (sin duda), el régimen se sintió relativamente seguro y disminuyó el poder coactivo, y a la postre irá en camino de su extinción total. Después de esto, Jiménez-Grullón llega a una conclusión crítica terminante: "...lo antedicho prueba hasta la saciedad que el intervencionismo estatal no significa inexorablemente que la sociedad viva para el Estado". En fin, en 1991 no es necesario comentario alguno.

En el ámbito del historicismo

Veamos a continuación tres críticas a Ortega en el mismo ámbito del historicismo, las tres precisamente en México, donde el historicismo orteguiano tuvo tanta resonancia. Se trata de Eugenio Ímaz y Eduardo Nicol, filósofos españoles "transterrados" a México, y de Abelardo Villegas, filósofo e historiador de las ideas mexicano que publicaba su primer libro a fines de los cincuenta. Muy posiblemente se objetará que Nicol no fue un historicista, y que precisamente desarrolló su obra filosófica como un intento de superar el historicismo y el existencialismo por igual, pero existen dos razones, de diferente peso, por las que lo incluimos aquí. En primer lugar, la superación a que aspira Nicol se da desde el historicismo y el existencialismo, y si bien puede ser discutible el que lo haya logrado, parece indiscutible la asimilación del historicismo dentro de su propio pensamiento filosófico. En nuestra opinión su inmersión en el historicismo y en el existencialismo es el hecho irrefutable, no tanto la superación de los mismos. Juliana González Valenzuela señala que Nicol desarrolla una teoría de la historicidad de la filosofía para demostrar que la historia no es una simple sucesión in-

[118] *Idem.*

conexa de etapas y de creaciones discontinuas, sino un todo orgánico y unitario, y que el quehacer filosófico consiste en un diálogo permanente y esencial con los filósofos de otros tiempos. Para Nicol la historia sería en realidad la comunidad interhumana a través del tiempo, lo que, afirma González Valenzuela, está manifiestamente en contra de la idea "historicista" de la historia que considera que cada etapa se abre y se cierra en sí misma, como si cada época constituyera una isla solitaria o solipsista cortada de su pasado y de su futuro.[119] Pero esa diferenciación nos parece más bien hecha entre la "historicidad de la filosofía" de Nicol y una caricatura del historicismo, o al menos una interpretación muy extrema del mismo. Teniendo en mente a Ortega, que es lo relevante para nuestro caso, es imposible negarle el diálogo permanente a través de toda su obra con los filósofos del pasado, y su interpretación de la historia de la filosofía está muy lejos de negarle coherencia y unidad temática y problemática. El papel que inclusive le otorga a la relación pasado, presente y futuro en su misma teoría, y no sólo en su labor filosófica, habla por sí mismo. Sin embargo, no podremos ampliar aquí un análisis de lo que consideramos los elementos historicistas absorbidos esencialmente en la teoría de Nicol y que, a nuestro modo de ver, son también decisivos en sus elaboraciones metafísicas.

La otra causa para la integración de Nicol en este apartado, de índole totalmente diferente a la anterior, es que nos parece importante presentar su crítica de Ortega, y consideramos que si el historicismo no es el apartado más apropiado por lo menos es, entre los que presentamos en este capítulo, el menos extraño para su pensamiento peculiar. Sea esta consideración, entonces, la relevante para aquellos lectores cuya apreciación del pensamiento de Nicol exigiría su tratamiento aparte.

La crítica a Ortega de los filósofos recordados será seria y profunda, pero por razones quizá de involucramiento personal la de Nicol se torna por momentos también extrema y hasta violenta, en tanto la de Villegas queda en todo momento dentro de la corrección del análisis lógico, a favor o en contra de acuerdo con lo que considera las conclusiones del mismo.

Ímaz, quien en una labor digna de todo encomio tradujo al español la obra de Dilthey, escribió también en 1946 un libro sobre el pensamiento del gran historicista alemán, y en un primer capítulo sobre el historicismo se refiere sucintamente al Ortega de *La historia como sistema*. Ímaz se opone a lo que considera la "sencilla fórmula" de Ortega de que el hombre no tiene naturaleza sino historia. Con esto Ortega quiere decir que el hombre no es una cosa como las que estudian las ciencias de la naturaleza, que no tiene un ser hecho de una vez para siempre, sino que

[119] *Ibid.*, pp. 157-160.

se está haciendo continuamente, que es su propia historia. Frente a esta afirmación, Ímaz estipula que desde hace tiempo las mismas ciencias de la naturaleza no estudian cosas sino procesos, que en sus reductos más elementales, los del átomo, ofrecen un carácter estructural, y que además de ello sus propias leyes no son invariables.[120] Ímaz agrega que toda la filosofía de Whitehead está montada sobre esta realidad científica fundamental. Estas afirmaciones de Ímaz puede que estén acertadas, pero no son relevantes para la raíz de lo variable e indeterminado del hombre en Ortega, o sea, su libertad, su calidad de sujeto.

Ímaz, que considera a la idea del hombre de Ortega como un excelente, aunque ya anacrónico, resumen del pensamiento historicista de cerca de una centuria, cree que la determinación negativa explicitada en esta idea (el hombre no tiene naturaleza) se debe al señorío del positivismo, del mismo modo como la determinación negativa expresada en el siglo XVIII (el hombre no es un ser depravado) obedeció al señorío de las creencias cristianas. Pero Ímaz observa que cuando prestamos atención a las determinaciones positivas del hombre en tanto ser circunstancial, obligado a elegir y a hacer lo que va a ser, limitado en su elección por lo que ya fue, montándose sobre todo el pasado, etc., resulta que se define la unidad de la especie humana con más caracteres de los que implicaba la mera perfectibilidad de los críticos del cristianismo. "También el historicismo entiende que el hombre es, radicalmente, en todas partes y siempre el mismo: *Toujours different et toujours le meme.*"[121] En fin, no creemos que en este punto Ortega no hubiera coincidido con la afirmación de que somos todos iguales precisamente porque somos todos diferentes, con nuestras propias perspectivas particulares, siendo patrimonio de todos el que precisamente cada cual tenga la suya.

Pero aparte de estas breves observaciones, no por ello menos sustanciales, Ímaz no se refiere a Ortega en el libro dedicado a Dilthey, y ello llama en especial la atención en el capítulo final del libro, que se titula "Dilthey y nuestro tiempo", donde apenas se da una casual referencia, aunque en verdad el capítulo es bastante general y reducido a la vez.[122]

En 1950 Nicol publica en México *Historicismo y existencialismo. La temporalidad del ser y la razón*,[123] cuya crítica de Ortega sería citada por diversos escritores hispanoamericanos. En 1960 aparecería una nueva edición del mismo, pero corregida, entre otros temas, en lo que se refiere a algu-

[120] Eugenio Ímaz, *El pensamiento de Dilthey,* El Colegio de México, México, 1946, p. 25.
[121] *Ibid.*, p. 26.
[122] *Ibid.*, pp. 309-345.
[123] Eduardo Nicol, *Historicismo y existencialismo,* Fondo de Cultura Económica, México, 1981, 3ª edición. Primera edición en 1950.

nas de sus expresiones relativas a Ortega, muy posiblemente como consecuencia de la reacción de José Gaos a la primera edición, de la que nos ocuparemos detalladamente.

Este libro de Nicol consiste básicamente en una exposición histórica del pensamiento filosófico en lo que tiene de esencial en la marcha hacia el historicismo y el existencialismo, filosofías que a su vez intenta superar con un pensamiento propio.

> El historicismo de Dilthey prescinde del carácter ontológico del ser histórico; el existencialismo de Heidegger prescinde de la dimensión histórica general de la existencia. Había que extremar todavía más el concepto de historicidad de lo humano para que abarcara incluso *la individualidad del ser.*[124]

O sea que es el mismo ser quien debe conceptualizarse como histórico. Nicol se preocupa por hacer patente que no habrá de darse paso filosófico alguno mientras no se haya llegado al nivel extremo de estas dos filosofías predominantes del historicismo y el existencialismo.[125]

Nicol considera que el ser es el ser mismo de lo fenoménico temporal específico. Así, en el hombre histórico no son solamente sus productos, sino que es él mismo en *tanto ser que se expresa* en diferentes estilos a lo largo de su historia. Es el mismo ser del hombre quien tiene historia. Pero, ¿cómo explicar que un ser que permanece esencialmente igual se exprese de modos tan diversos? Para explicarlo Nicol afirma que es necesario dejar de diferenciar entre el ser del hombre y su acción y comprender que el ser del hombre es acción, o sea, que

> las variaciones históricas de su estilo expresivo no son sino las variaciones históricas de su ser mismo. El ser no está detrás de la expresión; está en la expresión misma. El ser del hombre está a la vista; a la vista del propio historiador, aunque a éste no le corresponda sino describir el suceso de sus manifestaciones respectivas. Pero esta ciencia descriptiva se basa en una ontología del hombre como ser de la expresión, y ha de guiarse por ella.[126]

Para Nicol el hilo conductor de la historia del ser es el concepto de individualidad en conexión indisoluble con el concepto de comunidad. De este modo, las diferentes formas del ser del hombre, las grandes etapas de sus cambios reales, de su individualidad, vendrían a ser los diferentes modos de su integración en la comunidad. Y estos diferentes modos de integración implican diferentes estilos de vida.[127] En

[124] *Ibid.*, p. 330.
[125] *Ibid.*, p. 15.
[126] *Ibid.*, p. 332.
[127] *Ibid.*, p. 25.

este libro Nicol hace un adelanto de sus ideas sobre el carácter simbólico del conocimiento y otras ideas que anuncia desarrollar en una próxima obra titulada *Metafísica de la expresión,* y que en verdad sería publicada en 1957.[128]

Estas sucintas líneas sobre Nicol son necesarias porque es imposible simplemente identificarlo con tal o cual corriente, y además de ello, porque nos posibilitarán la comprensión de sus críticas a Ortega.

Éstas se manifiestan principalmente en dos capítulos: el VI, titulado "Existencialismo vitalista", en el que trata de la filosofía de Nietzsche, y el IX, titulado "La crítica de la razón: vitalismo e historicismo", dedicado a Ortega. Pero antes de entrar a estas críticas debemos hacer notar la violencia que las mismas adquieren por momentos. No se trata sólo de que afirme, con muchos otros críticos, la falta de sistema, método y originalidad de Ortega, al que califica inclusive de sofista. Aparte de ello, como expresa correctamente José Gaos, la apreciación que hace Nicol de Ortega es, a pesar de concesiones incidentales, "de menosprecio o desprecio global y constante", y no deja pasar oportunidad de dispararle "desde chinitas hasta pedruscotes".[129]

Los ejemplos que trae Gaos hablan por sí mismos. Veamos uno de ellos con el comentario de Gaos: se trata de la afirmación de Ortega en *El tema* de que la vida "segrega" los valores, pero éstos tienen que revertir en último término sobre la vida misma, lo que Nicol comenta del siguiente modo: "La vida, como los perros, se traga los productos de sus mismas secreciones." Y Gaos comenta:

> Lo curioso es que Nicol enseña por su parte —en otra parte, claro— esto: "El ser del hombre tiene la capacidad de transformarse históricamente porque sus mismas creaciones operan activamente sobre él. El hombre ingiere, digiere y asimila sus propios frutos." Pero aquí una balsámica imagen antropológica-carpofágica sustituye a la hedionda imagen cínico-coprográfica.[130]

Ya hemos señalado que quizá la violencia de la crítica a Ortega pueda ser el resultado de razones de índole personal. Entre éstas, que no quitan nada al posible valor de las críticas mismas, quizá se cuenten el hecho de que Nicol tomó parte en la Guerra Civil en Barcelona del lado republicano, y sólo en marzo de 1939 abandonó España; y además, el que su libro *Psicología de las situaciones vitales,* publicado en México en 1941, fuera comentado por Gaos quien, entre otras observaciones, hizo

[128] Eduardo Nicol, *Metafísica de la expresión,* Fondo de Cultura Económica, México, 1957.

[129] José Gaos, *Sobre Ortega y Gasset, y otros trabajos de historia de las ideas en España y la América Latina,* Imprenta Universitaria, México, 1957, p. 232.

[130] *Idem.*

notar la influencia de "la orientación toda e ideas y enseñanzas precisas de la filosofía de Ortega y Gasset y sus discípulos". Gaos recuerda que Nicol asistió a las clases de ellos en Madrid y tuvo relaciones personales con los mismos, y considera que es sin lugar a dudas sólo sobre la base y en la atmósfera de estos antecedentes que Nicol llegó a una psicología de las situaciones vitales, considerando a la psique como condicionada por una situación vital.[131]

Un ataque a Ortega como el que veremos tiene evidentemente sus fundamentos teóricos, pero al parecer su virulencia significa que su filiación orteguiana no puede ser considerada tan fácilmente como lo hizo Gaos con su primer libro, y Nicol en verdad se preocupa en el presente libro de recordar y rechazar "la imputación" de Gaos.

Pero dejemos esto, que por sí mismo no es tan importante, y que sólo sirve en el marco de la virulencia y el apasionamiento que, lo hemos visto, es patrimonio de no pocos participantes de la polémica con Ortega, como en el caso de neotomistas o escritores de izquierda. Si para éstos el prestigio de Ortega era un peligro para sus posiciones completamente opuestas, para Nicol parecería que el peligro residía en la posible identificación de sus ideas con las de Ortega o en la afirmación de la posible filiación orteguiana de las mismas.

La primera relación de Nicol con Ortega en este libro se da en el marco de su análisis de la filosofía de Nietzsche. Éste, escribe Nicol, anuncia una nueva vida como consecuencia de una transmutación de los valores, y considera que el promotor de la renovación histórica es el individuo de temple heroico. Marx, en cambio, considera que el héroe se encuentra tan condicionado por la ley interna del desarrollo histórico como el hombre común. De este modo, afirma Nicol, para Nietzsche el mundo futuro es libertad, en tanto que para Marx es necesidad.[132] Claro está que Nicol se ocupa de estas posturas en la medida en que libertad y necesidad vienen a ser expuestas como expresiones de la problemática esencial para él, la del divorcio tradicional del ser y el tiempo, y más concretamente aún, la del problema de la individualidad y la comunidad, que es donde el mismo Nicol afirma que se resuelve a final de cuentas (en su propia teoría) el problema de la historicidad del ser.

Ahora bien, nuestro escritor relaciona todo esto con la postulada posibilidad orteguiana de vaticinar el futuro. Tal vaticinio sería posible solamente si la historia se diera en medio de un desarrollo necesario e inevitable; en cambio, si es pura libertad creadora, evidentemente es imposible vaticinar un futuro que aún está por definirse.

[131] José Gaos, *Pensamiento de lengua española,* p. 328.
[132] Eduardo Nicol, *Historicismo y existencialismo,* p. 232.

Nicol mismo conceptúa la historia como una compleja concurrencia de necesidad, azar y libertad, cuya trama ofrece, en su opinión, suficientes factores indeterminables para que la predicción del futuro pregonada por Ortega resulte caprichosa o aventurada.[133] A la dialéctica de la necesidad y de la libertad Nicol propone agregar un tercer término, el de lo azaroso, apuntando que este concepto ha sido adoptado por la ciencia moderna bajo la forma de la imposibilidad intrínseca de determinación absoluta. Nicol señala sagazmente que lo que nos induce a fundamentar las condiciones de una anticipación profética es el afán de novedad futura; pero precisamente en la misma medida en que la anticipación pueda cumplirse, el porvenir resulta menos nuevo para nosotros. Sólo podría predecirse lo que de algún modo represente una repetición (sólo el pasado es lo calculable), y entonces resulta que cuanto más fundada se encuentre una profecía menor será la posibilidad de novedad futura. "El concepto de ley histórica, por ello mismo, tiene que adoptarse en todo caso con restricciones; de otra manera, lo calculable sería la totalidad del futuro, y éste no traería entonces novedad alguna."[134] Estas ideas de Nicol son sumamente sagaces, pero parecía que se desentienden de la necesidad del análisis del aproximamiento *dialéctico* de Ortega.

Nicol emprende la crítica de la teoría de las generaciones de Ortega sobre el contexto de estas ideas, en este capítulo dedicado supuestamente a Nietzsche. Según Nicol, el afán de futuro de Ortega, y su empeño en anticiparlo proféticamente, le imponen necesariamente el empleo del concepto de ley, y éste a su vez le replantea el problema de lo individual (libertad) y lo colectivo (necesidad) en tanto protagonistas de la historia. Es entonces, ante la necesidad de definirse frente a esta problemática, que Ortega resalta el concepto de generación evitando su identificación con cualquiera de los términos recordados.

Pero no se trata de ninguna manera de una solución como la de Nicol. Éste escribe que para Ortega los hechos históricos no son azarosos sino regulados por la ley en función de una necesidad histórica de orden psicológico; y que para Ortega comprender históricamente una situación es verla surgir necesariamente de otra anterior, siendo el vínculo de tal derivación de orden subjetivo, individual, psicológico. Por ello Nicol cree que podría presumirse que Ortega le atribuiría al héroe la función de protagonista de la historia, pero Ortega no se decide ni por el individualismo ni por el colectivismo. Con gran sagacidad, Nicol considera que Ortega desea mantener su principio psicológico, pero superando su carácter subjetivo e individualista, y debido a ello no prescinde ni del individuo ni de la colectividad: concibe, en cambio, la idea de las genera-

[133] *Ibid.*, p. 235.
[134] *Ibid.*, p. 242.

ciones. El tránsito de una situación histórica a otra como consecuencia de las variaciones de la sensibilidad vital que se presentan bajo la forma de una generación. Ni los héroes ni la colectividad informe de hombres masas, sino la generación en tanto un compromiso dinámico entre masa e individuo.

Pero nuestro filósofo español-mexicano crítica esta idea orteguiana debido a que considera que no aclara adecuadamente los problemas relativos a la formación y evolución de la individualidad, a los que Nicol ve como problemas históricos y ontológicos por igual. Los hombres no se encuentran igualmente individualizados en diversas épocas históricas, y ello no puede explicarse por el mero hecho sociológico de la pertenencia a una generación.[135] Más aún, Nicol señala que si la diferencia entre las generaciones es realmente psicológica, pues Ortega queda solamente en el reconocimiento de tal diferencia y no pasa a su explicación, al modo y el porqué de semejante cambio psicológico cada determinados años.

Además, Nicol observa que los ritmos de las generaciones en una comunidad no coinciden con el de una comunidad diferente, y no habría entonces un ritmo uniforme de la historia sino una multitud asincrónica de ritmos y la unidad del espacio histórico quedaría pulverizada en una diversidad incoherente de localidades. En fin, para Nicol el problema filosófico e histórico de las relaciones entre individualidad y comunidad no sólo no ha sido resuelto por la teoría de las generaciones de Ortega, sino ni siquiera planteado rigurosamente. Pero, lamentando con otros muchos críticos la "magia" de Ortega, Nicol señala que de todas formas esta teoría orteguiana se presenta en términos suficientemente abstractos para que, "en su concisión cautivadora", queden disimuladas las dificultades de quienes quieran aplicarla concretamente.

En este mismo capítulo sobre el "existencialismo vitalista" de Nietzsche, Nicol también analiza críticamente "el ideal dionisiaco, nietzscheano y donjuanesco" de Ortega que anuncia una nueva cultura, la cultura biológica. Nicol se concentra en *El tema de nuestro tiempo,* en el que Ortega escribe sobre la localización de la razón dentro de lo biológico supeditándola a lo espontáneo, y estipulando que la razón pura tiene que ceder su lugar a la razón vital. Nicol observa en especial que no comprende cómo siendo la razón constitutivamente vital puede o debe empezar a serlo desde este momento, mas no se explaya demasiado en el tema porque está consciente de que el mismo Ortega reconocería en obras posteriores que el concepto de vida en lo que se refiere al hombre no puede reducirse al de vida biológica, lo que por cierto nunca hizo en su acepción natural e inclusive llegaría a afirmar que el hombre carece de naturaleza.[136]

[135] *Ibid.*, p. 244.
[136] *Ibid.*, p. 252.

Pero, a pesar de este reconocimiento, al llegar al capítulo dedicado íntegramente a Ortega, Nicol comienza su análisis señalando precisamente que en la obra de Ortega persiste un dejo de aquel vitalismo de su primera época; Ortega cambió, pero conserva de todas formas un cierto matiz irracionalista que se manifiesta cada vez que trata el tema de las raíces vitales de la razón y de la filosofía general. Nicol cita al respecto a Ortega: "Toda filosofía se mueve en el ámbito de una prefilosofía [...] sólo después de elucidar esa prefilosofía, es decir esa creencia radical e irrazonada, resultan claras las limitaciones de las filosofías formuladas."

Nicol acepta que la filosofía debe incorporar al repertorio de sus temas principales el tema de sus propios orígenes, pero rechaza terminantemente la afirmación de Ortega de que la base irracional de la filosofía se encuentra integrada por suposiciones y creencias que constituyen el supuesto básico de toda actividad cognitiva.[137] Nuestro filósofo español-mexicano afirma exactamente lo contrario: la condición de posibilidad de una ciencia en general radica en el hecho de que la realidad se nos presente ante la experiencia primaria como un orden, como un cosmos, y no como un caos. Amén de ello, esta realidad es pensable y posee una consistencia tal que permite investigarla y representarla intelectual o racionalmente. Es claro que hay un orden en medio de la variedad de las cosas y de los fenómenos, y la filosofía no trata de averiguar si tal orden existe, sino en qué consiste; lo que la filosofía busca es la manera de formular tal orden adecuada y sistemáticamente en términos de una razón guiada metódica y lógicamente. O sea, para Nicol la racionalidad de lo real no es un supuesto, como piensa Ortega, algo fundado en nuestras creencias primarias, sino una evidencia primaria.

Más aún, en este punto esencial para su propia filosofía, Nicol rechaza la idea de Ortega de que proyectamos sobre la realidad la suposición del ser como una creencia irracional equiparable a la fe religiosa. El ser no es una fe de la existencia ni una suposición de la ciencia. Para Nicol, como ya lo señalamos, "el ser está a la vista: es la más elemental de las evidencias".[138] Lo que pasa, según nuestro filósofo, es que Ortega identifica confusamente el ser con el concepto del mismo que se comenzó a elaborar en la metafísica griega. Pero resulta que el concepto del ser como una "figura estable y fija", al decir de Ortega, es un concepto muy derivado y muy elaborado por la filosofía, y no es de ningún modo, escribe Nicol, una noción preconcebida que introducimos como un supuesto irracional en el dominio de la filosofía. Además, hay metafísicos que concibieron el ser de otra manera, como Heráclito en el pasado, y Bergson, Lavelle y Heidegger en el momento en que escribe Ortega.

[137] *Ibid.*, p. 344.
[138] *Ibid.*, p. 346.

La razón, precisamente por ser vital, afirma Nicol, ya es operante inclusive en la fase precientífica o prefilosófica del conocimiento, y los mismos mitos primitivos son precisamente productos de la razón vital con los que el hombre aspira a presentar una versión del orden universal.

En fin, a Nicol no le caben dudas de que el vitalismo debe "mantenerse bien embridado para que no se desboque hacia el irracionalismo",[139] pero como considera que Ortega se desboca, vuelve otra vez en el mismo espíritu al análisis crítico de su perspectivismo. Nicol se centra aquí en la idea fundamental de Ortega de que el hecho radical, el hecho de todos los hechos, es la vida de cada cual, y de que "toda otra realidad que no sea mi vida es una realidad secundaria, virtual, interior a mi vida, y que en ésta tiene su raíz y su hontanar".

Nicol afirma críticamente que las realidades ajenas al yo no son de ningún modo ontológicamente virtuales o secundarias en sí mismas; e inclusive no lo son con respecto al yo. Ese yo que es el sujeto de la vida se va formando y transformando precisamente en su relación con todo lo que no es él mismo, y por ello la autoconciencia es una experiencia tardía y en verdad lo que primero está presente es el no-yo. El sujeto debe evolucionar muy lentamente, tanto en el proceso histórico como en cada existencia individual, antes de llegar a vivir su propia vida con la conciencia de ser su protagonista definido y autónomo.

> El yo, por consiguiente —explica Nicol—, es el resultado situacional de una distinción progresiva entre él mismo y lo otro, por lo cual se perfila justamente este mismo que es el yo. Correlativamente, lo otro aparece entonces tanto más independiente y ajeno cuanto más *distinto,* cuanto más ajeno al yo que se distingue de ello.[140]

Nicol no puede dejar de reconocer que también para Ortega el hombre se va formando a sí mismo en la existencia, lo que vendría a neutralizar la crítica recién mencionada, pero señala que de cualquier modo el no-yo jamás tiene ni presenta en la experiencia ese carácter de "realidad virtual y secundaria", interior a la vida y radicada en ella. Nicol considera que en este punto se expresa notoriamente la inseguridad de la doctrina y la vacilación de Ortega entre el idealismo y aquello que permita superarlo, y señala que una cosa es la interacción e interrelación de dos realidades, y algo completamente distinto la dependencia ontológica de la una con respecto de la otra. Ortega, en este sentido, no habría distinguido adecuadamente entre el ser de la circunstancia y el ser de los en-

[139] *Ibid.*, p. 347.
[140] *Ibid.*, p. 348.

tes que forman parte de una circunstancia determinada. Estos entes tienen su entidad propia e independiente, y para ser lo que son no necesitan constituirse en objeto de mi circunstancia. Su carácter circunstancial es entonces lo que depende, en cierto modo del yo, pero no su ser.[141]

Llama la atención que Nicol no haga mención alguna de la diferenciación de Ortega entre *ser* y *cosa,* lo que le hubiera evitado esta interpretación de "dependencia ontológica" sin más. El recordar el siguiente párrafo de Ortega en *Filosofía pura. Anejo a mi folleto "Kant"* seguramente hubiera hecho la labor crítica de Nicol en este punto algo más compleja: "No hay un *moi meme* sino en la medida que hay otras cosas, y no hay otras cosas si no las hay para mí. Yo no soy ellas, ellas no son yo (antidealismo), pero ni yo *soy* sin ellas, sin mundo, ni ellas *son* o las hay sin mí para quien su ser y el haberlas pueda tener sentido (antirrealismo)." Claro está que esto fue escrito para 1929, luego de *El tema,* pero Nicol no se refiere a ello en general, a pesar de que cuando trata otros temas orteguianos sí menciona textos posteriores sin apegarse exclusivamente a lo cronológico, como cuando analiza el vitalismo biológico de Ortega. Inclusive, también el "yo soy yo y mi circunstancia" posiblemente hubiera sido suficiente para hacer más problemáticas las críticas de Nicol relativas a la dependencia ontológica unilateral de la circunstancia.

Pero Nicol continúa en la misma línea entrelazando nuevamente la problemática ontológica con la del vitalismo biológico, y rechazando el que la circunstancia sea para el hombre lo mismo que el hábitat para los demás vivientes, lo que en su opinión afirmó Ortega. Nicol considera que la más plausible interpretación del "yo soy yo y mi circunstancia" sería la de que la circunstancia es constitutiva del yo y no sólo aquello que lo circunda, pero opina que la fórmula orteguiana es escueta y ambigua, y además no incluye al otro-yo, al tú. En su opinión, la omisión del tú en Ortega trae consigo la incomunicación del yo, lo que es sumamente significativa puesto que diseña por anticipado los rasgos del perspectivismo orteguiano. Por ello, a pesar de la congruencia de los temas de la vida, la circunstancia y la perspectiva en el pensamiento de Ortega, el conjunto viene a expresarse, según Nicol, como un individualismo relativista. Y más aún, citando la frase de Ortega de que "el mundo es un horizonte cuyo centro es el individuo", afirma que estamos frente a un "vitalismo egocéntrico" que viene a ser una nueva versión del idealismo. A la reducción de todo a términos de conciencia postulado por el idealismo, vendría a corresponder en el perspectivismo la reducción de todo a términos de la vida humana de cada uno. Pero Nicol observa que el ámbito de la experiencia se ha dilatado tan sólo aparentemente, pues aunque la

[141] *Ibid.*, p. 349.

vida sea "la unidad de dinamismo dramático entre yo y el mundo", como lo expresa Ortega, de todas formas la relación del yo con su mundo es solitaria, y el propio mundo no es sino una perspectiva, irreductible por principio a cualquier otra.[142]

Nicol rechaza este perspectivismo orteguiano observando que podría ser verdadero si la verdad consistiera en un mirar, y no, como en realidad sucede, en un hablar, en el logos que es verbo, palabra. La simple visión nunca puede ser verdadera ni falsa, sino que lo son sólo las opiniones sobre las cosas vistas. Lo que se ofrece en perspectiva es el panorama, pero no la verdad. La verdad no se ofrece ni se capta por la percepción, sino que se busca por medio del logos. El más elemental hablar de las cosas, el mero diálogo constituye ya una efectiva trascendencia de la pura subjetividad, lo cual significa, concluye Nicol, que tal subjetividad pura no existe. Y más aún, acorde con su propio pensamiento, Nicol agrega que tampoco existe la pura individualidad colectiva —época o pueblo—, pues la historia es el diálogo de una época con otra, de un pueblo con otro. O sea que primero vino la crítica a la visión individual del perspectivismo orteguiano, y luego, como de paso y sin recordarlo explícitamente, frente al hecho de que Ortega también habla de la perspectiva de cada pueblo y cada época, más allá de la del individuo, viene también la negativa de Nicol de una visión particular de los mismos.

No entraremos aquí al análisis de la misma solución de Nicol, pero parece evidente que el mismo concepto de diálogo, tàn caro para él, implica la existencia de las diversas perspectivas particulares; y asimismo, es evidente que en la misma elemental fórmula orteguiana que se refiere al punto de vista, tanto de una persona como de un pueblo o una época, se encuentra implícita sin lugar a dudas la trascendencia de la subjetividad individual.

Parecería que Nicol no pudo desentenderse de estas evidencias, y entonces opina que cuando Ortega se da cuenta de que en su doctrina del punto de vista asoma la sombra del solipsismo, reconoce implícitamente que el conocimiento es válido o efectivo porque es supraindividual, y enseguida se ve obligado a buscar el modo de coordinar las diferentes perspectivas. Pero resulta que todas sus citas referentes a la coordinación de las diversas perspectivas son de *El tema de nuestro tiempo,* por lo que no vemos cuál es la razón para las críticas por separado por parte de Nicol al supuesto solipsismo de Ortega, cuando después, *basándose en el mismo texto,* habla de correcciones de la idea previa. Puede hablarse de contradicciones lógicas, ¿pero de evolución de una página a otra? Más aún cuando en la misma fórmula original ya se habla de la perspectiva del

[142] *Ibid.*, p. 351.

pueblo o la época que evidentemente no dejan lugar a solipsismo alguno. Es legítimo el hablar de la evolución de Ortega y de que vaya corrigiendo o cambiando tal o cual postura, ¿pero en el mismo texto a través de contadas páginas?

Mas continuemos con la crítica de Nicol a lo que considera como el solipsismo orteguiano, crítica que por cierto influiría también en otros filósofos del continente. Ortega se habría dado cuenta de que caía en el solipsismo y entonces afirma que el conocimiento es supraindividual y escribe el siguiente párrafo citado por Nicol: "La doctrina del punto de vista exige que dentro del sistema vaya articulada la perspectiva vital de que ha emanado, permitiendo así su articulación con otros sistemas futuros o exóticos." Nicol enseguida objeta: si hay articulación ésta tiene que ser originaria. Además, no basta articular la perspectiva vital con el propio sistema para que este sistema y esta perspectiva queden dispuestos a su vez para su articulación eventual con otros sistemas ajenos; "el punto de vista sigue siendo humanamente irreductible". Y es por ello, quizá, que Ortega sugiere, nos dice Nicol, que la articulación no es obra humana: "...la yuxtaposición de las visiones parciales produciría una visión omnímoda y ésta sería la visión divina", escribe Nicol en nombre de Ortega.

Aquí nos parece que la crítica de Nicol es bastante problemática. Todo lo escrito por Ortega en los párrafos citados por Nicol ocurre en medio del rechazo por parte del filósofo español del racionalismo, con su aspiración a una verdad única y absoluta, y lo que Ortega afirma no es solipsismo alguno sino precisamente la idea de que debe rechazarse esa falta de diálogo, para situarnos en lo que defiende Nicol, en la que cada filosofía considera su verdad como la verdad única y eterna. Cuando Ortega habla de la "articulación" no hay lugar para las especulaciones críticas de Nicol, puesto que lo único que está diciendo es que al afirmar nuestra verdad debemos ser conscientes y tomar en cuenta que se trata precisamente de *nuestra* porción de verdad en función de nuestras circunstancias específicas, y que esa conciencia es precisamente la que nos posibilita no sólo postular nuestra verdad sino también comprender que "la verdad integral sólo se obtiene articulando lo que el prójimo ve con lo que yo veo, y así sucesivamente". Nicol señala que la articulación debe ser originaria, pero es evidente que así lo piensa Ortega, sólo que considera que lo que no se dio fue *la conciencia* de que siempre captamos la verdad desde nuestro punto de vista circunstancial, desde nuestra propia perspectiva vital.

El perspectivismo es postulado en realidad como la posibilidad del diálogo, en función de la conciencia de que no somos, cada uno de nosotros por separado, ni cada filosofía por separado, los depositarios de la verdad única, absoluta, total. Y en lo que respecta a lo divino, en tanto la única posibilidad de articular todas las perspectivas, lo que Nicol omitió en su cita de Ortega es que la visión omnímoda propia de Dios es la de la yuxtaposición de *todas* las perspectivas, "este conocimiento de lo que todos y cada uno han visto y saben", y no hay aquí negativa alguna a la posibilidad del diálogo entre perspectivas diferentes. Y nada de teología, porque lo que quiere decir Ortega es que el conocimiento de una posible o imaginaria verdad absoluta tendría que encontrarse también él estructurado por los diversos puntos de vista y no por una visión abstracta y utópica, sin lugar y sin tiempo. En el contexto del ataque de Ortega al racionalismo utopista, es claro que lo que propone es un perspectivismo que hace precisamente posible el diálogo al imponer categóricamente la conciencia de la autolimitación.

Pero Nicol considera erróneamente que cuando Ortega escribe sobre la yuxtaposición de las perspectivas se refiere solamente a Dios, y se desentiende de la misma exigencia de Ortega, citada por él mismo, exigiendo la articulación de la perspectiva vital en el sistema propio para posibilitar entonces su articulación con otros sistemas. Nicol escribe que al afirmar Ortega que "cada individuo es un punto de vista esencial" (que dicho sea de paso lo escribió en el mismo párrafo que habla de la necesidad de la yuxtaposición),[143] quiere decir que nadie tiene la capacidad de yuxtaponer su visión a la visión ajena, pues esto implicaría salirse de la propia. "No hay mediación entre la perspectiva singular e irreductible y la visión total divina",[144] escribe Nicol, y la conclusión es que para Ortega la verdad es subjetiva y su valor es exclusivo para quien la profiere desde su respectiva y limitada perspectiva y desde su muy determinada situación. En fin, en esta conclusión Nicol agrega que la verdad es para Ortega subjetiva, y señala sus dificultades para superar el idealismo, lo que no puede escribirse simplemente sin más si recordamos que en el mismo décimo capítulo de *El tema de nuestro tiempo,* en que se basa especialmente Nicol, Ortega escribe con claridad: "El conocimiento es la adquisición de verdades, y en las verdades se nos manifiesta el universo transcendente (transubjetivo) de la realidad. Las verdades son eternas, únicas e invariables."

Pero después de convertir el perspectivismo orteguiano en solipsismo, Nicol no tiene problema en continuar haciéndole una serie de cargos desde la perspectiva de su propio pensamiento.[145] En fin, todo esto es crítica al Ortega de *El tema de nuestro tiempo,* publicado en 1923, y nos sorprende en especial que esta crítica haya sido tan terminante en la acusación de solipsismo cuando pocas páginas más adelante, al escribir sobre lo que

[143] *Ibid.,* p. 151.
[144] *Ibid.,* p. 353.
[145] *Ibid.,* p. 354.

Nicol considera como una etapa de transición de Ortega, cita el siguiente párrafo de *Las Atlántidas,* de 1924, apenas un año más tarde:

> La vida es esencialmente un diálogo con el contorno; lo es en sus funciones fisiológicas más sencillas como en sus funciones psíquicas más sublimes. Vivir es convivir, y el otro que con nosotros convive es el mundo en derredor. No entendemos, pues, un acto vital, cualquiera que él sea, si no lo ponemos en conexión con el contorno hacia el cual se dirige, en función del cual ha nacido.[146]

Nicol no deja, empero, de reconocer las contribuciones de Ortega a la evolución del pensamiento filosófico, y señala especialmente que el maestro español superó la filosofía de Dilthey aun antes de haberla conocido. Nicol apunta que todo el pensamiento de Dilthey reposaba sobre el supuesto de que la psicología podía ser el fundamento válido para los estudios históricos y del saber del hombre, pero que Ortega, en cambio, reconoció ya desde 1928 la necesidad de fundamentar ontológicamente la ciencia histórica. Nicol cita en particular al Ortega de *La filosofía de la historia de Hegel y la historiología,* señalando que aquí el maestro español ya no se contenta con una teoría psicológica del sujeto histórico, sino que maneja conceptos de orden ontológico al afirmar que la ciencia histórica debe fundarse en "una analítica del género de realidad" que intenta investigar, o sea, de lo histórico en tanto tal. Más aún, Ortega rechaza expresamente a Kant, y por ende a Dilthey, en este punto, y señala que "la primera condición de 'la posibilidad de la experiencia' o conocimiento de algo es que ese algo *sea,* y que sea *algo,* que no sea una mera 'forma del sujeto' que éste eche sobre las cosas".[147] Nicol constata con satisfacción que la ciencia histórica no es para Ortega manipulación sino, como lo considera el mismo Nicol, descubrimiento de realidades, y que debe partir de la realidad misma y mantenerse en contacto ininterrumpido con ella.

Pero si bien se da el reconocimiento en la coincidencia, Nicol vuelve a su crítica radical, especialmente al referirse al análisis de Ortega de la estructura de la intimidad humana en "Pidiendo un Goethe desde dentro". En este artículo Ortega presenta al hombre como proyecto de existencia, y a la vida como "la inexorable forzosidad de realizar el proyecto de la existencia que cada cual es". Este proyecto en que consiste el yo de cada uno no es para Ortega una idea planteada por el hombre y elegida libremente por él, sino que es anterior a todas sus ideas y decisiones y constituye nuestro *auténtico* ser, nuestro destino. Nuestra voluntad sería,

[146] *Ibid.,* p. 364.
[147] *Ibid.,* p. 369.

entonces, libre para realizar o no nuestro proyecto vital, que es lo que finalmente somos, pero no podría cambiarlo o prescindir de él.[148]

Nicol, sin necesidad casi de interpretar, sino prácticamente volviendo sobre lo expresado por Ortega, hace patente que éste dice que lo que soy auténticamente me es dado como destino, y en verdad soy libre sólo para no realizar mi ser necesario y auténtico. Si cumplimos el programa preestablecido para nosotros, "no se sabe por quién", escribe Nicol, perdemos en este cumplimiento nuestra misma libertad, puesto que nuestras posibilidades se reducen a una y la autenticidad se confunde con el destino. Y continúa Nicol interpretando a Ortega:

> Soy libre entonces para *no ser yo mismo,* para falsear mi autenticidad, para no hacerme lo que soy, para eludir mi destino, para dejar incumplido mi programa de existencia. No soy libre de hacerme, sino para deshacerme. El hombre es libre, en suma, para *no ser;* cuando es, auténticamente, no hay en la trama de su vida libertad ninguna, sino pura obediencia a un destino impuesto.[149]

Pero la verdad es que este tema es demasiado complejo para citar dos o tres frases y entrar de lleno a las críticas de las mismas. Ortega pregunta, en este artículo, quién es ese "yo" del que hablamos durante nuestra existencia, y responde que este "yo" se ha encontrado con un cuerpo, un carácter, un alma y una sociedad, pero no es "una cosa" por sí mismo, ni corporal ni psíquica. El yo es el que tiene que vivir entre y con las cosas (físicas, psíquicas, sociales); y más aún, es un proyecto existencial anterior a las ideas de nuestra inteligencia y a las decisiones de nuestra voluntad. O sea que se da aquí una superación del yo en tanto lo intelectual o lo ético, que pueden ser una mera racionalización secundaria a nuestra realidad radical, tal como lo es la cultura con respecto a la vida acorde a Ortega. Éste capta al yo como un proyecto que se da en su mundo concreto (destino exterior) y en su carácter propio (destino interior), y nos habla del hombre como una constante búsqueda de sí mismo, buscando su destino íntimo o huyendo de él. Podemos ser fieles o infieles a nuestra vocación, y nuestra existencia será entonces más o menos auténtica o inauténtica. Pero si vivimos inauténticamente ello implica necesariamente la certidumbre de una posible vida que sería nuestro auténtico proyecto, nuestro destino íntimo, y Ortega escribe que el hombre reconoce su yo, su vocación, por el gusto o disgusto que siente en cada situación. "La infelicidad le va avisando, como la aguja de un aparato registrador, cuando su vida afectiva realiza su programa vital..." *No se trata aquí de una apreciación filosófica sobre la vida sino desde la vida.* Este artículo se encuen-

[148] *Ibid.,* p. 371.
[149] *Idem.*

tra imbuido de su concepción filosófica de la vida como la realidad radical, y lo que analiza es la posibilidad de una vida auténtica frente a la supeditación de la misma a la cultura. Y, dicho sea de paso, Ortega escribe que "nuestra voluntad es libre para *realizar o no ese proyecto vital*" (con cursivas en el original). Pero el análisis crítico de Nicol en este caso se encuentra muy lejos de captar los diversos niveles de la exposición de Ortega y de relacionarse con los mismos. Quizá la causa de ello sea el que se preocupa por lo que le es importante en Ortega sólo para superarlo en medio de la conformación de su propia filosofía, y en este punto específico se trataría de la problemática de la libertad y el destino. Pero esto de traer agua para nuestro propio molino, evidentemente legítimo por sí mismo y casi esencial al quehacer cultural, a veces nos imposibilita para apreciar los verdaderos contornos del río de que la extraemos.

Finalmente, Nicol se refiere a lo que considera como el último paso teórico de Ortega, *La historia como sistema*, observando que en este libro el español continúa en su fundamentación ontológica del historicismo, sólo que ahora se deshace de su afirmación previa e insiste en que el sujeto mismo es el autor de su proyecto: "Lo único que nos es dado y que hay cuando hay vida humana es tener que hacérsela." Y más aún, Nicol señala que lo más notable que se da en este libro, en contraste con trabajos anteriores de Ortega, es "la dilatación extremada del concepto de libertad".[150] Nada fijo y hecho en el ser del hombre, el hombre como posibilidad y como casi pura libertad. En esto Ortega se encontraría en medio de la orientación no-eleática que había venido tomando en esos años la ontología general en función de la reabsorción del tiempo en la consideración del ser. Por ello Nicol considera que la orientación de Ortega es correcta, aunque no siempre rigurosa.[151]

Nicol está de acuerdo en que la historia es un sistema, pero considera que el hecho de que la historia como realidad no sea un puro desorden no convierte sin más a la historia, en tanto conocimiento, en una ciencia sistemática de la realidad radical. "*La ciencia sistemática de la realidad histórica no es la historia misma*, no es ni siquiera una ciencia positiva: es la ontología." Y agrega Nicol, definiendo su propia posición: "Si la realidad fundamental a que llega la historia es la realidad del hombre, tiene que ser el análisis de este hombre, en tanto que *ser*, el que nos ofrezca la clave de *su* devenir, en tanto que ser histórico. Pero la historia no podrá darnos jamás por sí sola esta clave."[152] Y finaliza Nicol con un último capítulo sobre Heidegger, pero dando en verdad atisbos de su propia filosofía en función de su intento de superación del historicismo

[150] *Ibid.*, p. 375.
[151] *Ibid.*, p. 376.
[152] *Ibid.*, p. 379.

y el existencialismo por igual. Es algo interesante, pero su análisis nos llevaría lejos de nuestro trabajo.

Hemos señalado críticamente las críticas de Nicol a Ortega. Sin lugar a dudas fue un libro que influyó seriamente, más allá de las fronteras mexicanas, en los círculos que buscaban en la América Latina fundamentos filosóficos para medirse con la filosofía orteguiana, y por ello nos detuvimos en algo del detalle y asimismo señalamos algunos de los problemas implícitos en la crítica misma. Quizá algunos de estos problemas puedan no ser tales para el lector, pero lo interesante es que cuando se recuerda su crítica a Ortega en esas épocas por parte de aquellos que salen contra el maestro español, como por ejemplo en el caso del argentino Patricio Canto, no se le critica nada al mismo Nicol, considerándose que la categoría filosófica del libro era ya garantía por sí misma de sus conclusiones. Claro está que aquellos que no lo aceptaron, como en el sobresaliente caso de Gaos, respondieron con artículos serios y prolongados que ya recordamos previamente.

En México debemos aún prestar atención a la crítica a Ortega llevada a cabo por Abelardo Villegas, filósofo e historiador de las ideas que cuenta entre sus libros importantes investigaciones sobre el pensamiento filosófico y político en México y en América Latina en general. En 1958 Villegas publicó su primer libro sobre la filosofía de lo mexicano, centrándose en el estudio de la misma en sus figuras más representativas, Caso, Vasconcelos, Ramos, O'Gorman y Uranga, y muy especialmente en la obra de su maestro, Leopoldo Zea.[153] Tanto en Ramos como en Zea, la posibilidad de una filosofía mexicana se fundamenta en el circunstancialismo orteguiano, y éste es criticado por Villegas en los mencionados casos y finalmente en el original. Veamos esta crítica directa al maestro español.

Al igual que Nicol, Villegas rechaza lo que considera el solipsismo propio del perspectivismo orteguiano, acusando a éste de subjetivista. Ya sabemos que Ortega afirma la verdad de la perspectiva por consistir precisamente en una adecuación a los objetos. Más Villegas insiste en lo suyo, y nos aclara específicamente a lo que se refiere: se trata de un subjetivismo que surge de la incomprensión por parte de Ortega del concepto de "objetividad".

Para Villegas la objetividad no es sólo un concepto que corresponde al objeto o que le pertenezca, sino que es también *la comunicabilidad* de la verdad, su necesidad, el hecho de que sea general, una verdad compartida por otros sujetos. Es por eso, nos dice Villegas, que el misticismo no es ciencia, puesto que las visiones del místico son incomunicables:

[153] Abelardo Villegas, *La filosofía de lo mexicano,* UNAM, México, 1979, 2ª edición.

puede narrarlas y es posible que sean ciertas en el sentido que Ortega le otorga al término, pero es imposible considerarlas en función del criterio de la verdad, puesto que no pueden ser sujetas a prueba, "les falta objetividad".

Villegas está dispuesto a conceder que el perspectivismo de Ortega intenta acabar con una especie de "terrorismo de la verdad" en el que se postula que todo el que no esté de acuerdo con "mi verdad" está equivocado; pero ¿qué sucede con el error? Si la verdad es un concepto que corresponde a los objetos, pero es incomunicable, a nadie se le puede entonces comprobar su error y "...nos encontramos en el mejor de los mundos posibles, en el mundo de la perspectiva en que nadie se equivoca".[154] De este modo, Villegas afirma que Ortega desemboca en un absolutismo no menos terrorífico que el tradicional. Debido a que la realidad es relativa para el sujeto, pero asimismo este conocimiento nuestro posee una validez absoluta, Villegas considera que la doctrina de Ortega se viene a definir en un nuevo terrorismo, "el terrorismo de la soledad", en el que cada uno queda con su verdad absoluta y... solo.[155]

Aquí debemos señalar que es verdad que Ortega concede un valor absoluto al conocimiento de la realidad desde nuestra perspectiva, pero es absoluto en relación con ese aspecto específico y limitado de la realidad que se nos aparece desde nuestra perspectiva. Además, debemos recordar de nuevo que Ortega precisamente considera que la conciencia de las limitaciones de toda perspectiva es aquella que debe impulsarnos al reconocimiento de otras verdades que se dan desde sus circunstancias específicas. Ésta es la labor que Ortega considera propia, entre otras, del raciovitalismo, dejando claro que el perspectivismo no nos introduce en solipsismo alguno, sino que conduce precisamente al diálogo y a la mutua comprensión en función del reconocimiento de las circunstancias que condicionan tanto nuestra perspectiva como la ajena.

En gran medida, parecería que con Villegas, como en el caso de Nicol, el perspectivismo orteguiano es forzado *ad absurdum* para rechazársele entonces en tanto mero solipsismo y subjetivismo. Pero en el caso de Villegas, la acentuación y radicalización de esta problemática reside en el hecho de que cuestiona la misma posibilidad de la filosofía de lo mexicano que se desarrolló en aquellos años de acuerdo con una filosofía circunstancialista, centrándose en el análisis de la problemática de la posibilidad de elevarse desde la misma a verdades filosóficas universales. En verdad, no sólo la crítica a la filosofía de Ortega, sino también su misma comprensión, se darán conforme a la problemática propia de los críticos mismos. Éstos encontrarán ampliamente en Ortega lo que buscan en

[154] *Ibid.*, p. 220.
[155] *Idem.*

función de su propia labor intelectual, ya sea para reforzar sus propias conclusiones, para conformarlas asimilándolo, para fortalecerlas en la confrontación o para superarlo yendo más allá del mismo.

Pero si bien Villegas rechaza el perspectivismo orteguiano y su supuesto subjetivismo solipsista, acepta en cambio lo que considera el subjetivismo de Ortega en el sentido de que la verdad es siempre pensada por el hombre, no por el hombre abstracto o la conciencia en general, sino por el individuo concreto. El hombre concreto es el "substentáculo de la verdad" y también el término a quien se comunica dicha verdad. Aquí, Villegas sale contra la objetividad en tanto consideración de que un concepto es objetivo cuando se conserva idéntico a sí mismo aunque nadie lo piense, o sea, contra las esencias. Villegas se pregunta cómo podemos saber nosotros que esa esencia se conserva idéntica a sí misma, y responde que la respuesta clásica es que cada vez que la pensamos se nos presenta igual, ya sea a nosotros o a personas de otras épocas. Pero Villegas considera que esta respuesta viene precisamente a corroborar su afirmación de que el "sustentáculo de la verdad" lo constituye el hombre mismo. Somos nosotros quienes pensamos, por ejemplo, la esencia del triángulo; en rigor, si nadie la piensa ésta no es verdadera, porque la verdad es para el hombre, es relativa al hombre concreto, individual. Villegas coincide con Ortega en la postulación del hombre concreto como fuente y destino del conocimiento, pero "no el hombre perspectiva, el hombre monádico o solipsista".[156] Villegas se sitúa así dentro de un historicismo que da lugar a la objetividad-comunicabilidad del conocimiento humano, historicismo que de acuerdo con su interpretación de Ortega viene a ser una alternativa al historicismo orteguiano.

[156] *Ibid.*, p. 221.

VI. DESDE LOS SESENTA: EL PÉNDULO DE LA INFLUENCIA ORTEGUIANA

Oscilaciones en ritmo menguante

A partir de los sesenta, a 50 años de la primera visita de Ortega a América, y una vez pasada la polémica y la ola de los numerosos escritos luego de su muerte en 1955, ya es necesario apreciar la influencia cultural de Ortega en términos de grados y formas de permanencia y de ausencia.

Los sesenta fueron años de vendaval para América Latina, con la ascensión al poder en 1959 de Fidel Castro y la declaración oficial en 1961 del carácter marxista-leninista del gobierno cubano. Regis Débray escribe *Revolución en la revolución*,[1] donde ofrece una especie de fórmula revolucionaria para todo el continente acorde a la teoretización de la experiencia revolucionaria cubana (la teoría del foco). La radicalización política e ideológica está a la orden del día; son los años de las guerrillas, del Che Guevara, de la protesta contra la agresión a Vietnam. El marxismo, en las más diversas fórmulas, logra enormes avances en los círculos universitarios e intelectuales latinoamericanos, especialmente en el ámbito de las ciencias sociales. Más aún, también son éstos los años en que se manifiesta la influencia de otra vertiente del marxismo: la teoría crítica de Horkheimer, Adorno y en especial la difusión de los escritos de Marcuse, prominentemente *El hombre unidimensional*.[2] Esto engrana con la ola de manifestaciones universitarias a lo largo de la década en Europa y en los Estados Unidos.

Por otro lado, penetran las filosofías analíticas en el marco específicamente académico, y miembros de grupos de orientación orteguiana, como el notorio caso de Luis Villoro del grupo Hiperión o de Fernando Salmerón en México, se adscriben a esta corriente filosófica. Abelardo Villegas parece simbolizar, en cambio, otra forma del abandono del historicismo con tintes orteguianos, puesto que, como él mismo lo escribe, el historicismo de Ortega abrió en gran medida el camino al marxismo en América Latina.

[1] Regis Débray, *Ensayos sobre América Latina*, Era, México, 1969.
[2] Herbert Marcuse, *El hombre unidimensional. Ensayo sobre la ideología de la sociedad industrial avanzada*, Editorial Joaquin Mortiz, México, 1968.

Asimismo, desde los sesenta ocurre la recepción en diversas universidades latinoamericanas de las teorías funcionalistas estadunidenses en el ámbito de la sociología y las ciencias políticas.

De este modo desaparece ya definitivamente el carácter hegemónico que detentó el pensamiento, o por lo menos el espíritu orteguiano, durante largos años en diversos países del continente; y con él desaparece también la polémica apasionada alrededor del maestro español. Pero nótese que sólo hablamos de la desaparición de lo hegemónico, puesto que la influencia de Ortega, aunque aminorada, a veces drásticamente, tendrá diversa suerte en diferentes países. El péndulo de la influencia orteguiana tendrá desde los sesenta diferente ritmo y altura en los distintos países latinoamericanos, pero en forma algo general podemos señalar que en los sesenta aún se mantiene en algunos lugares, especialmente Argentina y Chile, a un nivel significativo, no sólo en lo que respecta a su influencia difusa, sino también en lo que se refiere a la asimilación e instrumentación específica de su pensamiento o de partes determinadas del mismo. Gran parte de los que mantienen encendida en los sesenta la gajela orteguiana al publicar libros sobre Ortega son personas que se formaron previamente a su lumbre, como, por ejemplo, Dujovne y Clemente en Argentina, Salmerón en México, o Millas en Chile. Ello parecería insinuar que la influencia de Ortega ya no era sentida significativamente en las nuevas y últimas generaciones académicas. Pero, por otro lado, en países como Chile, por ejemplo, encontramos que durante la década de los sesenta fueron escritas, por lo menos, 20 memorias de tesis sobre Ortega,[3] y en Argentina encontramos destacados intelectuales que se formaron en la década de los cincuenta y acusan una profunda influencia orteguiana.

En los setenta el péndulo orteguiano parece encontrar su punto más bajo en todo el continente, y los libros y artículos sobre Ortega, o los que se relacionan explícitamente a él, casi desaparecen. En Chile, el marxismo llegaba al poder con Allende, y Pinochet daría su golpe de Estado. La radicalización política e ideológica no dejaba ámbito para el espíritu orteguiano, que en los sesenta aún se encontraba presente en este país, y apenas dejaba ámbito para espíritu alguno. En Argentina, los generales, la vuelta de Perón, los generales una y otra vez, "la guerra sucia", no eran el contexto en el que se podía meditar sobre Ortega. El exilio de los intelectuales más importantes de gran parte de los países que se encontraban bajo la bota de las dictaduras militares hizo que el páramo intelectual sólo diera lugar a raros frutos culturales, aunque ciertamente de cate-

[3] Udo Rukser, *Bibliografía de Ortega*, Ediciones Revista de Occidente, Madrid, 1971, pp. 159-163.

goría, y cuando éstos surgieron a menudo en el exilio, se encontraban esencialmente relacionados a su comprometida circunstancia. Las nuevas generaciones se conformaron lejos de la temática orteguiana. Parecería que las urgencias de lo político, lo social y lo ideológico, aunadas al auge del marxismo y de otras corrientes académicas ya mencionadas, neutralizaron en esta década casi todo influjo orteguiano; influjo de un Ortega que había vuelto su espalda a la política.

Pero debemos hacer otra importante observación en lo que se refiere a este descenso meteórico de la influencia de Ortega. El nuevo contexto no implicaba solamente los cambios ideológicos y políticos, sino también la evolución del nivel académico en aquellos países en que podía desenvolverse libremente, y ello en medio de una constante comunicación y un estrecho contacto con el mundo intelectual occidental. Además, muchos estudiantes continuaron sus estudios de posgrado en Europa y en Estados Unidos, y muchos exiliados llegaron también a estos países. Para entonces ya hacía años que una de las funciones más significativas llenadas anteriormente por la obra de Ortega había dejado de tener ya definitivamente significado alguno: la difusión del pensamiento y las ciencias europeas por medio de su obra en general y, muy especialmente, por el conducto vital de la *Revista de Occidente,* que por cierto había dejado de publicarse en 1936. Más aún, el gran desarrollo académico de los países libres del mundo occidental con los cuales estos jóvenes intelectuales entraban en contacto directo los hizo conocer y también adherirse a nuevas escuelas científicas en los diferentes ámbitos del quehacer académico. No cabe duda de que los setenta presencian el punto más bajo en el oscilamiento del péndulo orteguiano.

Pero ya en los ochenta, en gran parte alrededor de las celebraciones del centenario del nacimiento de Ortega en 1983, otra vez somos testigos en Hispanoamérica de una verdadera ola de artículos, conferencias y reuniones sobre la obra de Ortega. Y no se trató sólo de artículos celebratorios, sino de numerosos artículos profesionales donde se investigaban diversos aspectos de la obra de Ortega y de su trascendencia en diferentes direcciones. Muchos de ellos fueron publicados posteriormente en libros.

¿Abre esto un nuevo ventanal a la actualización de la influencia del pensamiento orteguiano en América, o se trata solamente de una conjunción de esfuerzos celebratorios con motivo del centenario de su nacimiento? El péndulo orteguiano ha vuelto a subir parcial y momentáneamente, pero en qué medida la influencia de Ortega continuará siendo asimilada, instrumentada, rebatida en Hispanoamérica, es algo que no podemos aventurarnos a predecir. Lo que sí es indiscutible es su permanencia entre los clásicos del pensamiento que ocupan ya definitivamente un lugar en el firmamento hispanoamericano. La presencia de los clásicos es perenne; su asimilación, instrumentación e investigación se dan ya en función de muchas variantes que son impronosticables.

El generacionalismo: una influencia persistente

Uno de los elementos del pensamiento orteguiano cuya influencia continuó manifestándose desde los sesenta hasta nuestros días, aunque más o menos con las variaciones pendulares que ya señalamos, es la teoría de las generaciones. Ésta fue instrumentada en los sesenta en especial en Argentina, y en menor medida, y sin que la conexión con Ortega fuera siempre explícita, en Perú. En los setenta desaparece por lo general, a no ser por dos excelentes historiadores mexicanos que la utilizan en sus investigaciones, y algún otro resabio en Perú. Para los ochenta algunos pocos escritores continúan en México y Perú la instrumentación de la teoría de las generaciones relacionada directa y explícitamente con Ortega.

En Argentina, la influencia de esta teoría se manifestó en forma muy especial en la década de los sesenta y la encontramos en estudios históricos, literarios y sociológicos. Es una de las razones que nos permiten ubicar en los sesenta el péndulo de la influencia orteguiana a una altura aún considerable en Argentina.

Para poder explicar este fenómeno debemos recordar, en primer lugar, una serie de precedentes inmediatos en los cuarenta y los cincuenta en lo que se refiere a la difusión de la teoría de las generaciones.

En primer término el mismo auge de Ortega en Argentina en los cincuenta, pero muy especialmente la publicación en 1947 del libro en que Ortega desarrolla la teoría de las generaciones que había propuesto en *El tema de nuestro tiempo*. Nos referimos, claro está, a *En torno a Galileo*, que fue elaborado en el curso impartido por Ortega en 1933 en Madrid, y que tuvo gran impacto en América Latina.

Pero el interés por una teoría de las generaciones que hiciera posible la investigación de la evolución histórica en los diversos ámbitos del quehacer humano ya venía manifestándose con seriedad antes de este libro de Ortega. Ya nos hemos referido a la influencia del generacionalismo a partir de la publicación de *El tema de nuestro tiempo*, pero es importante señalar la traducción al castellano, en 1946, del ensayo de Julius Paterson, "Las generaciones literarias",[4] que logró amplia difu-

[4] Julius Paterson, "La generaciones literarias", en Emil Ermatinger *et al.*, *Filosofía de la ciencia literaria*, Fondo de Cultura Económica, México, 1946.

sión, principalmente, en relación con los estudios literarios. Paterson estipula ocho factores que considera imprescindibles en la definición de una generación, y ellos son: la herencia (tradición), la fecha de nacimiento, los elementos educativos, la comunidad personal, la experiencia de la generación, el guía o el caudillo, el lenguaje de la generación y el anquilosamiento de la vieja generación. Este libro fue sumamente influyente en el continente, y en 1949, por ejemplo, Arturo Cambours Ocampo impartió en la Facultad de Humanidades de la Universidad Nacional de La Plata un curso sobre las generaciones literarias argentinas aplicando estos conceptos historiográficos, y asimismo, publicaría en 1952 dos libros basados en tal curso: *Indagaciones sobre literatura argentina*[5] y *Lugones. El escritor y su lenguaje.*[6]

De igual forma, en ese 1945 de la publicación en español del ensayo de Peterson salieron a la luz en España dos libros de Pedro Laín Entralgo, *Las generaciones en la historia* y *La generación del noventa y ocho,* que también fueron conocidos y valorados positivamente en Argentina.[7]

En Argentina misma, en 1947, Francisco Ayala, el sociólogo español que había establecido su residencia en dicho país, publicó en Buenos Aires su *Tratado de sociología,* en cuyo segundo volumen escribe sobre la teoría de las generaciones de Ortega, criticándola y elaborándola en algunos de sus componentes en función de sus criterios propios.[8] Ayala considera las generaciones como unidades histórico-sociológicas elementales definidas por un estilo de vida peculiar que les otorga una fisonomía propia y que se refleja tanto en actitudes vitales en lo individual como en arquetipos colectivos.

En 1949 Serrano Poncela, escritor español exiliado en Puerto Rico, publica en la revista argentina *Realidad. Revista de ideas* un artículo titulado "Las generaciones y sus constantes existenciales", en el que luego de una breve reseña histórica se centra en la idea de generación de Ortega, a la que considera la que más ha profundizado en el tema hasta llegar a su entidad filosófica.[9] Serrano Poncela propone por su parte, con base en su

[5] Arturo Cambours Ocampo, *Indagaciones sobre literatura argentina,* Albatros, Buenos Aires, 1952.

[6] Arturo Cambours Ocampo, *Lugones. El escritor y su lenguaje,* Buenos Aires, 1957.

[7] Pedro Laín Entralgo, *Las generaciones en la historia,* Madrid, 1945; y *La generación del noventa y ocho,* Madrid, 1945.

[8] Francisco Ayala, *Tratado de sociología,* vol. II: *Sistema de filosofía,* Buenos Aires, 1947, pp. 152-172; Ayala ha publicado recientemente un curso que impartió en los cincuenta en Puerto Rico, *Introducción a las ciencias sociales,* Círculo de Lectores, S. A., Barcelona, 1989, refiriéndose en diversas oportunidades a Ortega y escribiendo que *La rebelión de las masas* "sigue en pie, mantiene su validez, mantiene intactas sus virtudes de incitación para un estudio comprensivo de la sociedad actual y del mundo en que vivimos", p. 266.

[9] S. Serrano Poncela, "Las generaciones y sus constantes existenciales", en *Realidad. Revista de ideas,* Buenos Aires, año III, julio-agosto de 1949, p. 9.

exposición del pensamiento orteguiano, un esquema generacional provisional determinado por la presencia de cinco constantes existenciales propias de toda generación: la coincidencia de sus miembros en el planteamiento de una problemática filosófica y en la dirección de las respuestas; la coincidencia en la forma de interpretar el sentir nacional y de su integración en el mismo; la coincidencia en las formas de mantenimiento de una identidad histórica y su correspondiente fisonomía; la coincidencia en la postura psicológica adoptada frente a otros ámbitos generacionales extranjeros, y finalmente, la coincidencia en la personalización de la lengua como instrumento formal de expresión.[10]

En medio de esta difusión de las teorías generacionalistas, muy especialmente la de Ortega, debe otorgársele un lugar muy especial a la publicación en Buenos Aires, en 1954, del libro sobre la teoría de las generaciones del discípulo por excelencia de Ortega en esos años, Julián Marías. Este libro se ocupa de la historia de la teoría de las generaciones, de la teoría de Ortega en forma especial, y de las vicisitudes y problemas de la misma en el siglo XX. Se trata de un análisis muy detallado y sistemático, y también muy polémico. Marías analiza críticamente diversas ideas y teorías relativas a las generaciones, para finalizar concluyendo que la teoría de Ortega, a pesar de lo mucho que se ha escrito sobre el tema en Europa, no sólo es la primera, sino en rigor la única. Inclusive, afirma que no ha sido correctamente entendida en su integridad y justo alcance, puesto que es imposible captar verdaderamente la teoría de las generaciones si no se le centra en una teoría de la vida social e histórica fundada en una filosofía suficiente, único modo en que se puede comprender a Ortega.[11] Este libro de Marías contribuyó enormemente a la difusión de la teoría de las generaciones de Ortega y fue citado a menudo por los escritores hispanoamericanos.

Todo lo expuesto hace patente la previa difusión del tema en los cuarenta y los cincuenta que haría posible, como veremos a continuación, la aplicación posterior del método de las generaciones a la investigación histórica, literaria y sociológica en la Argentina.

Arturo Andrés Roig, filósofo e historiador de las ideas, que comenzó a escribir precisamente a fines de los cincuenta, recuerda la gran influencia del generacionalismo orteguiano en aquellos años, y recuerda que él mismo utilizó el método de las generaciones en algunos de sus ensayos.[12]

[10] *Ibid.*, p. 28.

[11] Julián Marías, *El método histórico de las generaciones*, Revista de Occidente, Madrid, 1961, 3ª ed., p. 133.

[12] Arturo A. Roig, *Filosofía, Universidad y filósofos en América Latina*, UNAM, México, 1981, Nuestra América, p. 49.

Las investigaciones de Roig se centraron al principio en el pensamiento argentino a nivel regional, publicando en 1966 *Breve historia intelectual de Mendoza,*[13] y dos años más tarde *La filosofía de las luces en la ciudad agrícola.*[14]

En este último libro, por ejemplo, Roig manifiesta el "claro sentido generacional" del grupo de jóvenes mendocinos de la clase propietaria que se llamaron a sí mismos "liberales" a comienzos de los años veinte del siglo XIX. Roig analiza la división dentro de la misma clase propietaria entre "jóvenes y viejos, entre 'pelucones empolvados' y 'revolucionarios de levita' ", y trae a colación numerosas citas en las que se expresa la autociencia por parte de los bandos en pugna del carácter generacional de la confrontación.[15] Roig, asimismo, conceptualiza la confrontación orteguianamente como un momento de crisis, un "cambio de modo de existir", en el que los jóvenes ilustrados mendocinos tomaban conciencia del cambio de valores que se daba en aquellos momentos; o sea que habla, de hecho, de la aparición de una "nueva sensibilidad vital".[16] Ya en sus conclusiones, señala como los componentes básicos de la crisis histórica analizada el "desentendimiento generacional y la escisión en partidos políticos".[17]

Posteriormente, Roig abandonaría el método de las generaciones, siendo su caso ilustrativo del proceso por el que se daría, ya en medio del nuevo ambiente intelectual e ideológico, la merma en la influencia y en la misma presencia de Ortega en la Argentina. Roig explica el abandono de la teoría de las generaciones de Ortega por haber llegado a la conclusión de que, más que ningún otro método, reducía el campo de estudio solamente a ciertas manifestaciones del pensamiento, en especial el de origen universitario, y de que sólo se interesaba en última instancia por el pensamiento de las élites. Según el parecer de Roig:

> Aquella metodología se relaciona con una historiografía que se organiza sobre el concepto, no siempre explícito, de "héroes del pensamiento", y que compatibiliza con el idealismo filosófico. La discusión del sujeto de la historia, que es en todos los casos sujeto de pensamiento, aun cuando éste no sea expresamente "filosófico", y un análisis ideológico del modo como se resuelve este problema, nos permitió descubrir el espíritu limitativo del método generacional.[18]

[13] Arturo A. Roig, *Breve historia intelectual de Mendoza,* D'Accurzio Impresor, Mendoza, 1966.

[14] Arturo A. Roig, *La filosofía de las luces en la ciudad agrícola,* Universidad Nacional de Cuyo, Mendoza, 1968.

[15] *Ibid.*, p. 17.

[16] *Ibid.*, p. 18.

[17] *Ibid.*, p. 19.

[18] *Ibid.*, pp. 49-50.

El máximo ejemplo de una identificación total con la teoría de las generaciones de Ortega, y no sólo en Argentina, es sin lugar a dudas el de Jaime Perrioux y su libro, publicado en 1970, *Las generaciones argentinas*. Jaime Perrioux conoció y frecuentó a Ortega durante la tercera estadía de éste en Argentina, convirtiéndose en su rendido admirador. Pero si no lo supiéramos y si no leyéramos ni siquiera el libro, tendríamos una idea sumamente clara de su orteguianismo incondicional con sólo leer la dedicatoria. Citemos por lo menos parte de la misma: "A la memoria de mi maestro venerado, don José Ortega y Gasset. A todos los argentinos que, generación tras generación, y citados o no en este libro, han contribuido, como minoría activa o como anónima masa, a que nuestro país sea lo que es..."[19]

El libro de Perrioux intenta aplicar la teoría de las generaciones a la historia argentina en la convicción que es la más satisfactoria de todas las formuladas hasta ese momento. En la misma introducción estipula que los resultados de su investigación confirman la teoría de Ortega "más allá de toda esperanza" y hacen mucho más inteligible la historia argentina. Pero Perrioux se apresura a manifestar que el mérito de tales logros no es suyo, puesto que han sido el resultado de la simple aplicación, "en serio", de la teoría de Ortega.[20]

El escritor argentino establece, asimismo, que no conoce ninguna obra completa sobre las generaciones argentinas como la que él ha realizado. Recuerda los intentos de Emilio Carrilla y de Mariano Grondona, quienes trataron de adaptar las ideas de Ortega, pero observa que el primero las aplicó sólo a las generaciones literarias y sin emplear el esquema generacional con rigor (o sea, sin fijar la diferencia de 15 años entre generación y generación), en tanto el segundo lo aplicó al estudio histórico, pero incurriendo en el mismo error.

Perrioux comienza por exponer la teoría de las generaciones de Ortega, y luego explica que su método consiste en tabular por fechas de nacimiento a los miembros destacados de las generaciones argentinas entre 1750 y 1940, refiriéndose exclusivamente a los hombres. El número de nombres que tabula es de 4 000, y además de la tabla general elaboró tablas especiales por campos de actividad. Para ver prácticamente en movimiento lo que califica como el verdadero *film* de las generaciones argentinas, Perrioux nos relata que inventó lo que bautizó en broma (?) como el "geneámetro", y que consistió en un bastidor sobre el cual se deslizaba en sentido vertical, movida entre dos grandes carreteles horizontales que rotaban gracias a un motorcillo eléctrico, una larga

[19] Jaime Perrioux, *Las generaciones argentinas*, Editorial Universitaria de Buenos Aires, Buenos Aires, 1970, VII.

[20] *Ibid.*, pp. 2-3.

tela en la que se encontraban inscritos los nombres principales de cada año de nacimiento. Una tela para la tabla general y seis más según las actividades y ocupaciones específicas de los personajes históricos.[21]

Perrioux distingue orteguianamente once generaciones argentinas con la exacta diferencia de 15 años, y al final del libro presenta también parcialmente las tablas de que se valió para llegar a sus conclusiones. Las esperanzas de Perrioux de que su libro sirviera de ejemplo para futuras investigaciones se verían frustradas, y tampoco faltó quien viera en este libro "una muestra evidente de las aberraciones a que puede llegarse con este método".[22] De todas formas hay aquí un detalladísimo recuento de los personajes históricos argentinos agrupados en generaciones estrictamente cada 15 años; el que no haya historia ya es otra cosa.

También en la sociología y en las ciencias políticas podemos observar en los sesenta algunos casos de la aplicación de este método, o por lo menos de aclaraciones y conceptualización en función de sus ideas fundamentales, como en los casos de José Luis de Ímaz y de Mariano Grondona. A ambos nos referiremos ampliamente en el análisis de lo que consideramos la influencia de las ideas sociológicas de Ortega.

De igual manera, en Perú es posible señalar en los sesenta la amplia difusión de la teoría de las generaciones de Ortega, y por cierto que también en este país el libro de Marías jugó un papel sumamente importante en este sentido. Ya en 1951 Jorge Puccinelli había publicado un primer trabajo generacional peruano, *Esquema de las generaciones literarias peruanas.*[23] En 1965 y 1966 se publicaron los libros de Augusto Tamayo Vargas, *Literatura peruana,* y Luis Alberto Sánchez, *La literatura peruana,* en los que se empleaban elementos del análisis generacional, aunque sin apegarse estrictamente a la visión orteguiana. Ambos autores rechazan el límite esquemático de los 15 años, y Tamayo Vargas sólo aplica el método generacionalista a parte de su obra, en tanto Sánchez, por su parte, postula la identificación de la generación con una determinada ideología.[24]

Ya en la década de los setenta nos topamos, salvo algunas excepciones, con un gran vacío en lo que se refiere a la influencia explícita del generacionalismo orteguiano en Argentina. Es en México donde destacan

[21] *Ibid.*, pp. 32-33.

[22] Horacio Cerruti Guldberg, *Filosofía de la liberación latinoamericana,* Fondo de Cultura Económica, México, 1983, p. 31 (nota).

[23] Jorge Puccinelli, "Esquema de las generaciones literarias peruanas", en *Letras Peruanas,* núm. 1, Lima, 1951.

[24] Augusto Tamayo Vargas, *Literatura peruana,* 2 vols., Universidad de San Marcos, Lima, 1965; Luis Alberto Sánchez, *La literatura peruana,* 5 vols., Ediventas, S. A., Lima, 1966.

especialmente en este sentido dos historiadores sobresalientes: Luis González y González y Enrique Krauze. Este último publica su primer e importante libro en 1976, titulado *Caudillos culturales de la Revolución mexicana.* El libro se aboca al estudio de siete personalidades de la generación de 1915, conocida en México también como la generación de "los Siete Sabios". Éstos eran Antonio Castro Leal, Alberto Vázquez del Mercado, Vicente Lombardo Toledano, Teófilo Olea y Leyva, Alfonso Caso, Manuel Gómez Morín y Jesús Moreno Baca. Al señalar Krauze, en la introducción, los límites de esta generación, apunta orteguianamente a otros personajes que pertenecían ya a una nueva generación "con una sensibilidad y unos proyectos distintos".[25] Claro está que el aproximamiento generacional se detecta sin problemas en el texto de la investigación y en su mismo tema, y el autor nos expresó haber adoptado tal aproximamiento luego de la lectura de *En torno a Galileo.* Consideramos que este libro de Krauze constituye uno de los intentos más logrados de la aplicación de la teoría de las generaciones en el campo de la investigación histórica. No es tanto el esfuerzo por el deslinde de generaciones y los cálculos matemáticos, sino una verdadera investigación histórica abocada al sujeto generacional específico, lo que Krauze denomina como una sensibilidad y unos proyectos distintos propios de la generación.

En otro libro, *Daniel Cosío Villegas. Una biografía intelectual,* Krauze se aboca a la figura y a la obra de este gran intelectual mexicano, y también aquí el contexto es generacional. Hacia el final del libro esto se expresa de manera clara, en unos párrafos que vale la pena citar porque reflejan la forma en que Krauze capta la evolución nacional en términos generacionales, inclusive más allá del tema específico de su libro:

> Igual que otros miembros distinguidos del grupo de 1915, Cosío Villegas padeció de una profunda soledad, una soledad generacional. Los herederos de aquella generación habitamos todavía el edificio institucional y aun ideológico construido por ellos, pero carecemos del aliento fundador que los caracterizó y nos reconocemos poco en sus obras. A la de 1915 siguió una generación conservadora que no conoció la tensión de crear y acertó sólo a estabilizar, a habitar, a administrar. Llegó después una generación crítica cuyo romanticismo, resentimiento y desdén por la técnica, pareció eximirla de buscar nuevas soluciones para el país. Y, al fin, una generación destructiva, que en las antípodas de la de 1915, sueña sólo con derrumbar, así sea sólo con palabras, el añoso edificio construido a partir de la Revolución. Generaciones de la comodidad, con quienes los hombres de 1915 no podían sino disentir o callar, pocas veces dialogar.[26]

[25] Enrique Krauze, *Caudillos culturales de la Revolución mexicana,* Siglo XXI Editores, México, 1985, 5ª edición, p. 11.

[26] Enrique Krauze, *Daniel Cosío Villegas. Una biografía intelectual,* p. 281.

En fin, Krauze considera a los cambios de sensibilidad y de proyectos generacionales como los ejes de los virajes de la historia mexicana contemporánea.

Luis González y González fue maestro de Krauze, autor del ejemplar libro de microhistoria *Pueblo en vilo,*[27] y Premio Nacional de Historia en México en 1983. En lo que se refiere al generacionalismo orteguiano, comentaremos dos de sus libros, uno de ellos publicado en 1979 y el otro en 1984. Ambos libros escritos con el estilo de Luis González y González, quien adrede se sacude la conceptualización y los términos académicos, sin que ello logre ocultar la gran erudición del autor y lo jugoso de su presentación e interpretación del proceso histórico. Dentro de lo poco que se manifiesta en este campo en los años setenta y ochenta, cabe señalar entonces a un historiador de la categoría de González y González en México.

En 1979 publica *Los artífices del cardenismo,* donde desde un principio anuncia que se centrará básicamente en el estudio de "la minoría rectora",[28] o "la minoría dirigente"[29] del cardenismo. Citando expresamente a Ortega y su teoría, González distingue las diferentes generaciones a partir de la de 1915; inclusive guarda la distancia de los 15 años, y estipula que durante el sexenio presidencial de Cárdenas se vieron inmiscuidos individuos de tres generaciones: los que se encontraban entre los 60 y los 75 años, los de 45 a 60 y los de 30 a 45.[30] A éstas las denomina, según este orden, la generación azul o modernista, la roja o revolucionaria y la verde, de 1915 o reconstructora.[31] El desarrollo del libro es un ejemplo de la aplicación de los conceptos generacionales al estudio histórico.

Sin embargo, González llega a su máxima expresión del generacionalismo orteguiano en la investigación histórica en el segundo de los libros que mencionamos, publicado en los ochenta, y que se titula nada menos que *La ronda de las generaciones.* Con el peculiar estilo de González, el libro comienza con una proposición al posible lector de que no lo lea a menos que esté de acuerdo con una serie de ideas, 16 en total, que son las que lo rigen. Entre ellas, las que reflejan estrictamente el generacionalismo orteguiano son presentadas claramente y constituyen en realidad el fundamento de toda la investigación. Una de las condiciones presentadas al lector propone que éste apruebe "la aplicación de esta

[27] Luis González y González, *Pueblo en vilo,* El Colegio de México, México,1979, 3ª edición.

[28] Luis González y González, *Los artífices del cardenismo,* El Colegio de México, México, 1979, p. 99.

[29] *Ibid.*, p. 100.

[30] *Ibid.*, p. 102.

[31] *Idem.*

especie de entretenimiento histórico-matemático que es la teoría de las generaciones a la historia mexicana moderna y reciente".[32]

Amén de esto, se espera que

> el lector acepte lo dicho por Ortega y Gasset en el sentido de que "las minorías dirigentes [...] forman cuerpos cuasibiológicos que se distinguen claramente de las clases mayoritarias a quienes dominan, de los cuerpos masivos destinados a trabajar y a obedecer, de las masas, de los trabajadores de un Estado-nación, de la muchedumbre inmersa en usos y costumbres".[33]

Espera también que acepte con Ortega el que las minorías rectoras de una nación están sujetas a un ritmo estacional, a un vaivén de vida media llamado generación, a un ritmo generacional de 15 años; que deduzca de este ritmo de años el hecho de la convivencia de "tres tandas de selectos" en las cumbres de la sociedad, la economía y la cultura. Y finalmente, expone, en estas ilustraciones de su absoluto orteguianismo, la necesidad de que el lector esté dispuesto a distinguir en cada generación "su voz característica, la altitud vital o la propensión íntima que pide Ortega..."[34]

Debemos señalar aún, empero, que González se preocupa también por establecer otra condición, según la cual no debe aspirarse a entender la vida de México exclusivamente por medio de este instrumento generacional tal como él lo ha utilizado en su libro. González escribe que enumera a cerca de mil líderes junto con su acción estelar, insiste en "la fuerza motriz" de seis minorías de sus respectivas generaciones, apunta algunas explicaciones y definiciones, "pero en ninguna página del libro se pretende decir la última palabra, dar con la llave de la vida de México".

Pero si bien destacamos aquí la adopción del método generacional orteguiano por parte de González, en especial, y también de Krauze, es necesario dejar bien sentado que éstos son casos excepcionales, de gran categoría, dentro de la historiografía mexicana contemporánea. México ha desarrollado de modo amplio y cualitativo su labor historiográfica en las últimas tres décadas, en gran parte con una influencia patente del marxismo, o por lo menos de la historia social y económica, y los historiadores que no se encuadran específicamente en estos aproximamientos no llegan por lo general tampoco al generacionalismo orteguiano. No obstante que hablamos de una profusa producción historiográfica.

Debemos aún señalar con respecto a la adopción del generacionalismo orteguiano, o de elementos del mismo, lo escrito a fines de los años se-

[32] Luis González y González, *La ronda de las generaciones*, SEP-Cultura, México, 1984.
[33] *Ibid.*, p. 5.
[34] *Ibid.*, p. 6.

tenta y ochenta en Perú. En este país encontramos una serie de trabajos sumamente interesantes en este sentido, y uno de estos investigadores, César Pacheco Vélez, escribe con acierto que "cualquiera que sea la suerte de las ideas de Ortega sobre las generaciones, lo cierto y comprobable es que el núcleo de su teoría se ha incorporado al caudal de recursos metodológicos en las ciencias sociales". Y agrega aún en espíritu orteguiano, que no será fácil prescindir de ella para estudiar, por ejemplo, la evolución de las ideas políticas y filosóficas, los cambios en la sensibilidad estética que determinan las etapas y los matices en las corrientes literarias y artísticas.[35]

Pablo Macera, historiador marxista, aplica el método generacional en *Trabajos de historia,* publicado en 1977, para estudiar las diferentes promociones de historiadores peruanos en el siglo XX. Macera utiliza el concepto generación-clase, entendiendo por tal la fracción de clase en un momento de su desarrollo y tal como actúa al nivel ideológico, o sea, que en una determinada sociedad pueden operar al mismo tiempo varias clases con sus respectivas generaciones e ideologías. Lo que hay son las clases, y dentro de ellas las generaciones, que implican diversos desarrollos ideológicos y misiones históricas. Macera manifiesta que intenta encontrar "un método que no excluya al de las generaciones, al revés de lo que ocurre con alguno de los 'generacionistas' furibundos que creyeron encontrar en la generación un concepto sustitutorio al de clase social". Existen tanto las clases como las generaciones como estructuras distintas y coexistentes, con diferentes funciones y actuando en diferentes niveles.[36] Marxismo y generacionalismo, conjunción que por cierto intentarían también otros escritores peruanos.

En los años ochenta es posible destacar aún, por lo menos, tres autores que aplican en Perú el generacionalismo orteguiano: César Pacheco Vélez, Luis Arista Montoya y Ricardo González Vigil.

César Pacheco Vélez, viejo orteguiano desde sus años de estudiante en la Facultad de Letras de la Universidad Católica de Lima a fines de los cuarenta, escribió un excelente artículo en 1983, titulado "Tres lecciones sobre Ortega y Gasset en el Perú", en el que lleva a cabo fundamentalmente un análisis de la influencia de Ortega en Perú a través de sus diversas generaciones, y en el que aclara que el estilo y el sistema de Ortega invitan a un recuento generacional que le sería más grato al maestro español que la difícil parcelación por temas.[37]

[35] César Pacheco Vélez, "Tres lecciones sobre Ortega y Gasset en el Perú", en *Homenaje a Ortega y Gasset,* Instituto Peruano de Cultura Hispánica, Ediciones Búho, Lima, 1983, p. 82.

[36] Pablo Macera, *Trabajos de historia,* Instituto Nacional de Cultura, Lima, 1977, tomo I: *Explicaciones*, pp. ix-lxxxvi. Citado en César Pacheco Vélez, *op. cit.,* p. 80.

[37] César Pacheco Vélez, *op. cit.,* p. 56.

También Luis Arista Montoya escribe, en 1987, un excelente artículo, precisamente sobre el maestro español, titulado "Presencia y proyección de Ortega en Perú",[38] donde sigue el aproximamiento generacional. Tanto Pacheco Vélez como Arista Montoya habían publicado previamente otras obras con la misma fundamentación. Ello es especialmente así en lo que se refiere a la investigación de Arista Montoya titulada *Crisis histórica y dialéctica generacional,*[39] en la que intenta una interpretación crítica de la teoría de Ortega sobre el problema de las crisis históricas como consecuencia de la dialéctica del cambio generacional. Por lo general, se trata de una exposición de las ideas de Ortega situándolas en el contexto teórico más amplio de las teorías de otros pensadores con respecto a los diversos temas tratados, con comentarios y observaciones críticas basadas en ideas marxistas, existencialistas, y con la influencia de pensadores peruanos como Basadre o Macera, y básicamente, podríamos decir, en función de las urgencias de su propia circunstancia. Así, por ejemplo, Arista Montoya considera que es arbitraria la idea de Ortega de que la generación juvenil, entre los 15 y los 30 años, posee un papel público pasivo, negándole a los jóvenes un rol protagónico dentro de la sociedad. El escritor peruano señala que el 70% de la población hispanoamericana es joven, en tanto en Europa sólo el 30%. Valga la diferencia.

Además, Arista Montoya señala que en todos los países los cambios históricos profundos han estado ligados a la vida universitaria, y que el estamento juvenil posee un rol protagónico de cuestionamiento en lo que se refiere al cambio de las estructuras. En este sentido nos recuerda la trascendencia continental de "la revolución universitaria de Córdoba", y sus proyecciones políticas.

Nuestro escritor tampoco acepta la afirmación de Ortega de que la generación anciana no posee ya valor histórico, y señala que en esos días, en 1979, Brezchnev y Tito superaban los ochenta, Mao Tse Tung se mantuvo en el mando hasta su muerte a los 84 años de edad, y Franco moría en el poder a los 74 años. El mismo Haya de la Torre muere a los 84 años, tras dirigir los debates de la Asamblea Constituyente del país un mes antes.[40]

Pero más allá de este tipo de observaciones críticas específicas, en medio de la coincidencia con lo esencial de la teoría de las generaciones orteguianas, Arista Montoya manifiesta una visión que implica la necesi-

[38] Luis Arista Montoya, "Presencia y proyección de Ortega en Perú", en *Revista de Occidente,* Madrid, núm. 72, mayo de 1987.

[39] Luis Arista Montoya, *Crisis histórica y dialéctica generacional,* Universidad Nacional Federico Villarreal, Lima, 1981, Serie: Trabajos de Investigación, 2ª edición.

[40] *Ibid.*, pp. 39-40.

dad de articular la teoría de las generaciones orteguiana con otras que dan cuenta de otros elementos de la estructura social. En su opinión, es riesgoso el plantear simplemente el cambio generacional como el motor de la historia de las sociedades, "puesto que cada generación está inmersa en un momento de un determinado tipo de sociedad, pertenecen sus miembros a una o diferentes (inclusive antagónicas) clases sociales, obedecen a motivaciones propias de su época, y tienen también sus peculiares proyecciones teleológicas".[41] El cambio generacional no surge espontáneamente o por azar de la historia, sino que ocurre para patentizar intereses y para poner en vigencia una determinada ideología e inaugurar un nuevo sistema de ideas y creencias. La disputa generacional no es, entonces, gratuita. Por otro lado, Arista Montoya estipula que el concepto de crisis histórica no puede ser explicado sin el concepto de generación, aunque señala que Ortega estudió por separado el problema de las crisis y el de las generaciones y, salvo apreciaciones sueltas, no presentó un estudio unitario, independiente y sistemático de estos dos problemas.[42]

Otro punto, que era de esperar que fuera presentado por este autor críticamente, es la opinión de Ortega que, en palabras de Arista Montoya, "niega la fuerza del pueblo que desde su anonimato genera cambios".[43] El escritor peruano acepta que es un hecho histórico el que la élite de una sociedad es la que manda y dirige; así ha sido siempre y siempre será así. Pero, identificándose con lo expuesto por Jorge Basadre, señala que al lado de las élites verdaderas existen también élites a medias, élites latentes, élites falsas y antiélites, que desvirtúan la verdadera misión de las mismas. La teoría de las élites no es reaccionaria para Arista Montoya, pero lo que es reaccionario y nefasto es que tales élites, del brazo con las oligarquías, actúen de espaldas al pueblo. Con Basadre, considera que la misión de la élite en relación con la masa consiste precisamente en ahondar y fortificar su conciencia colectiva, crear su unidad consciente interpretando y encarnando sus esperanzas, comprometerse con el pueblo y no traicionarlo. Se ha hablado mucho de la rebelión de las masas, vuelve a citar a Basadre, pero se ha olvidado con frecuencia el fenómeno de la deserción de las élites.[44]

En fin, en este escritor, como en los otros escritores comprometidos social y políticamente con las urgencias nacionales del Perú, encontramos en último término el reconocimiento del valor de la teoría orteguiana de las generaciones, pero también la necesidad de reformarla

[41] *Ibid.*, p. 51.
[42] *Idem.*
[43] *Ibid.*, p. 45.
[44] *Ibid.*, p. 46.

o complementarla en función de su propia experiencia nacional. En lo que hemos expuesto en este caso, por ejemplo, sobresale la reivindicación del rol histórico de la juventud y la necesidad de comprender de diferente forma el concepto de generación juvenil, el otorgamiento de una misión esencialmente social y popular a las élites dirigentes, y la necesidad de comprender la teoría de las generaciones en articulación con otros elementos teóricos sociales imprescindibles para la comprensión del proceso histórico.

También Pacheco Vélez intentó aplicar en diversos artículos el esquema generacional, especialmente referido a la caracterización histórica de la generación peruana del novecientos.[45] Pacheco Vélez plantea "una hipotética seriación" de 15 generaciones que arranca de la Túpac Amaru II (los nacidos entre 1737 y 1751) y llega hasta nuestros días. Pero Pacheco Vélez considera que las dicotonomías de Ortega deben multiplicarse porque así lo exige la complejidad del fenómeno social, y afirma que la actuación generacional es distinta en el centro y en la periferia, en la ciudad y en el campo, en la capital o en las provincias. De este modo, considera que la fatalidad del hecho generacional viene a quedar menguada y su estructura se ve enriquecida por una serie de variantes acorde no sólo con las diferentes perspectivas o puntos de vista, sino también con el hecho histórico en sí mismo en toda su complejidad.[46] Pacheco Vélez dibuja un esquema del cuadro de coexistencias y correlaciones generacionales según al periodo de los 15 años, pero considera que, más allá del mismo, ningún cuadro cronológico, ni ninguna hipotética seriación de las generaciones, puede violentar la sucesión de unas acumulativas y otras progresistas en alteración o continuidad imprevisible.

Este escritor peruano, a la par que acepta en sus rasgos básicos la conceptualización generacionalista de Ortega, también señala que esta coincidencia no implica que se trate de soslayar las tendencias ideológicas, los programas divergentes, las excepciones que obedecen a idiosincrasias individuales, ni el mismo papel del azar en la historia, "que juega, como la necesidad, un misterioso papel".[47]

Ya en los ochenta, debemos referirnos finalmente, en relación con el generacionalismo, al libro del sociólogo argentino Francisco Agulla *Dependencia y conciencia desgraciada,* publicado en 1985. En éste se presenta un análisis de la experiencia sociológica en América Latina y en la Argentina, y su segunda parte se centra específicamente en las generaciones de sociólogos argentinos.

[45] César Pacheco Vélez, *op. cit.,* p. 81.
[46] *Idem.*
[47] *Ibid.,* pp. 81-83.

Agulla diferencia dos grandes etapas en la evolución de la sociología argentina. La primera de ellas va desde 1898 (cuando se creó la primera cátedra de sociología en la Facultad de Filosofía y Letras de la Universidad de Buenos Aires) hasta 1957, y es la de la institucionalización de la sociología como ciencia. Dentro de ella Agulla distingue cuatro periodos históricos de 15 años cada uno y dentro de éstos analiza orteguianamente la producción sociológica según la generación de pertenencia de los sociólogos (mayor, madura y joven). La segunda etapa va desde 1958 hasta 1983, comprende dos periodos históricos de 15 años, y es la etapa de la institucionalización de la sociología como profesión. Ambas etapas se encuentran caracterizadas por "estilos sociológicos" diferentes, siendo la primera la Sociología Académica, y la segunda la Sociología Científica y/o Comprometida.

Se trata, entonces, de la aplicación por parte de Agulla de una perspectiva sociohistórica, periódica y generacional (que considera los 15 años orteguianos) al estudio del desarrollo de la sociología en Argentina.

> Las diferenciaciones generacionales de los sociólogos en cada momento del periodo histórico —escribe Agulla— permiten dinamizar el desarrollo del pensamiento sociológico en un *continuum* sociocultural de recepciones y de influencias teóricas. La coetaneidad de las generaciones sociológicas diferencia e integra la contemporaneidad de los sociólogos del periodo histórico (Ortega y Gasset).[48]

Al final del libro Agulla presenta una tabla de autores y sus publicaciones según generaciones.

Como vemos, en los ochenta aún podemos encontrar en Argentina casos como el de Agulla, que sin lugar a dudas es un importante sociólogo, aunque en este país se trata ya más bien de casos aislados y no de un fenómeno frecuente de una buena parte de la creación intelectual, como lo era aún en los sesenta.

En fin, en este tema específico del generacionalismo encontramos, inclusive en los ochenta, investigaciones serias que intentan aplicar la metodología orteguiana prácticamente en su integridad o con algunos cambios o complementaciones, pero haciendo claro en todos los casos la necesidad de su articulación con otros elementos conceptuales y teóricos. Es éste un elemento específico de la obra de Ortega que parece impulsar el péndulo de su influencia hacia arriba, pero debido a que buena parte de los escritores recordados (Agulla, Pacheco, González,

[48] Francisco Agulla, *Dependencia y conciencia desgraciada*, Editorial de Belgrano, Buenos Aires, 1984, p. 113.

Macera, Vélez) son personas que se formaron en el tiempo del auge orteguiano, no podemos predecir realmente la suerte de la teoría generacionalista. Quizá sea más acertado decir que la misma se ha visto absorbida tanto general como particularmente en el bagaje teórico y metodológico que se encuentra a disposición de los investigadores de las ciencias sociales en América Latina.

Asimilación y exposición de Ortega en los sesenta: filosofía e historia

En la década de los sesenta, año más año menos como en toda esta investigación, se publicaron diversos libros sobre Ortega en los que se exponen diferentes expresiones de su pensamiento, por lo general identificándose con el mismo o por lo menos valorizándolo como un gran aporte intelectual a cuya interpretación y difusión se dedican estos libros. Esto es así especialmente en Argentina y en Chile, países en los que estos libros son expresión de la continuidad de la influencia de Ortega durante esta década.

En México se publicaron en este periodo tres libros, aunque dos de ellos realmente al filo de la década anterior, en 1959 y 1960. También Gaos, Manuel Granell y Recaséns Siches, lograron mantener el tema orteguiano presente por medio de sus artículos, aunque de todos modos los sesenta presenciaron en México el descenso radical de la influencia específica de Ortega en las nuevas generaciones.

En Perú se publicó en 1960 un libro sobre Ortega, que por cierto fue el primero en publicarse en ese país; y en Venezuela además de numerosos artículos encontramos un libro sobre Ortega en 1958. En otros países en los que la influencia de Ortega había sido más bien difusa, la falta de publicaciones de libros sobre Ortega en los sesenta no constituye variante alguna, amén del hecho de que la publicación editorial en los mismos no había sido en general nada profusa.

En Argentina, a la par de continuar apareciendo gran cantidad de artículos sobre Ortega, en los sesenta fueron publicados también libros o partes importantes de ellos dedicados al pensamiento de Ortega. El péndulo aún se mantenía en este país a una altura considerable. Sobre su filosofía encontramos *El pensamiento de Ortega y Gasset* de Arturo García Astrada publicado en 1961; sobre el pensamiento político de Ortega y Gasset *La filosofía política de Ortega y Gasset* en 1966, del italiano Renato Treves, que en vísperas de la segunda Guerra Mundial había encontrado asilo en Argentina; sobre su pensamiento histórico *La concepción de la historia en la obra de Ortega y Gasset,* de León Dujovne, publicado en 1968; y en estética es necesario mencionar el libro publicado en 1960 por José Edmundo Clemente, *Estética del contemplador*, que además de encontrarse impregnado por completo del espíritu orteguiano, incluye también un ensayo titulado "La estética de la razón vital", mismo que ya se había publicado previamente como prólogo a un libro en que Clemente seleccionó diversos escritos de Ortega sobre la problemática artística.

El libro de García Astrada, posiblemente el filósofo argentino más influido por la filosofía orteguiana, es sumamente ambicioso e intenta abarcar todo el pensamiento de Ortega dedicando sus diferentes capítulos a los diversos ámbitos de su pensamiento. Pero García Astrada, que llegará finalmente a una filosofía cristiana, no se limita a exponer e interpretar, sino que considera, citando a Ortega, que exponer es complementar, y por ello lo que sea propiamente suyo aparecerá como un intento de complementación del pensamiento de Ortega. Pero lo que fue arte en la pluma de Ortega es seguramente algo muy difícil de emular.

García Astrada observa que la obra de Ortega es muy asistemática, pero que no debemos extender esta clasificación a su pensamiento en el que se advierte un desarrollo coherente a partir de una intuición originaria. Por ello afirma que "es lícito decir que su obra es una exposición asistemática de un sistemático pensar",[49] y en su libro los diversos capítulos se van centrando en temas específicos que generalmente conducen uno al otro: lógica, metafísica, antropología, ética, etc. García Astrada manifiesta un conocimiento detallado de la obra de Ortega y, por lo general, en nuestra opinión, una comprensión acertada de la misma. Claro está que sus complementaciones ya serán algo totalmente diferente.

El escritor argentino capta a la filosofía de Ortega como una reacción contra el idealismo y en especial contra Husserl, quien creyó encontrar la realidad primaria en la conciencia pura. Pero al advertir Ortega que la misma conciencia es obtenida por medio de la reducción fenomenológica, llega a la conclusión que el filósofo no la encuentra sino que la fabrica, y por lo tanto entra él en ella. El dato radical no es entonces una conciencia reducida sino un vivir con cosas, con la realidad. "No es un darse cuenta de su pensar, de su sentir, de su querer", escribe García Astrada, "sino que efectivamente piensa, siente y quiere, y al realizar estos actos se encuentra con las cosas mismas y con el mundo."[50] El pensamiento no es, pues, lo primario en Ortega, y si existe es porque hay un yo que piensa y un mundo en que se piensa. El objeto no es autocreación del sujeto porque sin objetos no hay sujeto; en la misma idea de subjetividad hay una referencia al mundo, el cual forma así parte de su estructura.

[49] Arturo García Astrada, *El pensamiento de Ortega y Gasset*, Troquel, Buenos Aires, 1961, p. 9.
[50] *Ibid.*, p. 222.

Pero luego de liberar al mundo de su dependencia de la conciencia Ortega no interpreta a la realidad como sustancia, continúa García Astrada, sino que el filósofo encuentra como dato primario la activa correlación entre yo y el mundo, la coexistencia con las cosas, y esta coexistencia es precisamente la vida. La vida en tanto realidad radical en la que se encuentra radicada toda otra realidad. Y es al llegar a este punto que García Astrada considera que su interpretación deberá ser también complementación de Ortega, y es entonces, también, que esta interpretación ya se hace muy cuestionable. García Astrada considera que en la unidad dramática entre yo y el mundo que Ortega considera que es la vida, éste advierte que ese yo, que es dentro de la vida, es lo previo en todo vivir, lo primero que es cuando es una vida. Ese yo se encuentra con estructuras psíquicas y corporales al encontrarse viviendo, se encuentra con una circunstancia y con un tiempo, pero el mismo trasciende a todo esto. "El yo está en una circunstancia determinada pero a ella no pertenece. El ser del hombre está allende la vida empírica y ésta es el escenario de una lucha por medio de la cual este ser puede realizarse."[51] Esto es escrito por García Astrada, claro está, interpretando a su modo la idea de Ortega de que el yo es un proyecto que el hombre debe cumplir, pero un proyecto que no es elegido por nosotros sino que lo encontramos ya al encontrarnos viviendo. Y aquí García Astrada llega a la conclusión de que la vida ya no tiene su fundamento en sí misma sino que supone algo previo: la vida como *factum* se fundamentaría desde la vocación. Para García Astrada estas ideas orteguianas (tal cual él las interpreta), "exigen que de ellas se extraigan todas sus consecuencias por un simple ahondar y continuar su pensamiento".[52] Aunque Ortega afirma estar disciplinando por Kant para no caer en una metafísica de causas finales, García Astrada considera que de todas formas con el concepto de vocación llega a "el reconocimiento de una causalidad final en el más estricto sentido aristotélico". La vocación orteguiana se le aparece al filósofo argentino como verdadera causa final de toda actividad que pretenda vivir a la vida de la manera más auténtica y propia. Limita empero su conclusión, puesto que comprende que lo que considera en Ortega un realismo ético no supone un realismo metafísico del tipo aristotélico, ya que no parte del conocimiento racional-teórico de la esencia del hombre para determinar su eticidad, y sería entonces sólo en la praxis que para Ortega el hombre puede reconocer su yo, su vocación.[53]

A partir de estos planteamientos García Astrada llega a la conclusión de que nuestra vida empírica se encuentra *religada* a algo que la tras-

[51] *Ibid.*, p. 223.
[52] *Idem.*
[53] *Ibid.*, pp. 79-80.

ciende, pero con una trascendencia que le es inmanente por ser su fundamento, por ser aquello que la hace ser. "La vida es religación", afirma García Astrada empleando el concepto de Zubiri y haciendo claro hacia dónde se enfilan sus conclusiones y cómo trata de complementar zubirianamente a Ortega. Interrogándonos por el fundamento de la vida, considera que llegamos a una frontera que en tanto tal pertenece a la vida, pero al mismo tiempo postula su trascendencia. En esta línea la ciencia de la vida y todas las ciencias encontrarían sus problemas últimos, pero en ella comenzarían también los primeros de la gran ciencia de Dios. Y en la última frase del libro García Astrada escribe que "siendo la vida fundamentalmente *religación,* toda actitud de ella es un tener que hacer, positivo o negativo, con la trascendencia".[54]

En fin, he aquí una "complementación" de Ortega algo similar en sus consecuencias a las que se desprenden del análisis del puertorriqueño Domingo Marrero unos diez años antes; y a la vez otro libro que se agrega a los escritos por esos años (en Chile especialmente) por religiosos católicos sobre Ortega. Éste es utilizado por determinados círculos católicos como un amplio ventanal que se abre para permitir la entrada de los vientos liberales del pensamiento crítico y tratar de depurar el aire del salón del sofocamiento fanático, al mismo tiempo que otros círculos católicos intentan precisamente salirle al paso, fanática y dogmáticamente, con sus escritos antiorteguianos.

En lo histórico debemos recordar en Argentina el libro de León Dujovne sobre Ortega, a quien había frecuentado durante su segunda y tercera visitas a Argentina, y a quien ya hemos citado en diversos contextos de esta investigación. Su interés por Ortega durante tantos años toma cuerpo definitivamente en su libro sobre la concepción histórica de Ortega. Dujovne escribe que la parte más original, valiosa y rica en sugestiones de la obra de Ortega es la que concierne a la historia, aunque todos sus escritos constituyen un aporte de consideración al pensamiento contemporáneo. El escritor argentino queda por lo general en el plano meramente expositivo de lo escrito por Ortega sobre la historia, y sólo propone algunas pocas observaciones críticas en la medida en que la exposición se acerca al estudio de la crisis de nuestro tiempo.

Ya hemos adelantado en un capítulo previo la crítica de Dujovne al silencio de Ortega con respecto a la guerra mundial y a que no se haya decidido a comprometerse. Más aún, parecería que lo que molestó en especial a Dujovne fue el inmediato aliento de Ortega a Alemania luego de la guerra, la misma Alemania del holocausto de los judíos sobre el

[54] *Ibid.*, p. 224.

que Ortega no se pronunció. Éste es en verdad el núcleo de la crítica de Dujovne, y en este mismo espíritu señala lo que considera como el progresivo abandono de Ortega de la política y de la idea del progreso, a la vez que se rinde a la idea de la historia humana como condenada a la fatalidad.

En su análisis de *Una interpretación de la historia universal* Dujovne considera que Ortega, contrariamente a lo que eran su actitud y sus opiniones en escritos anteriores, pierde en este ensayo toda esperanza y fe en el futuro, llegando a considerar que la civilización europea occidental tendrá el mismo destino (y por las mismas razones) del imperio romano, que se derrumbó por causa de su desintegración interna, de su ilegitimidad.[55]

Ya hemos visto que Ortega consideraba que el futuro era previsible porque era obra de los hombres, y bastaba un examen de conciencia profundo para que se descubriera lo esencial del futuro. Pero Dujovne afirma que el futuro se da también en gran medida en función de la política, y es por ello que considera que Ortega, al dejar de tomarla en cuenta, no pudo llegar a formular plenamente su filosofía de la historia.

Es verdad que en un principio Ortega fue liberal con interés por la actividad política y simpatías por algunas ideas de renovación social, pero gradualmente fue haciéndose indiferente ante la política y concluyó siendo hostil a ella. "¿Pero acaso", se pregunta Dujovne, "es posible prever el futuro sin un pensamiento político?"[56] Recordando que Ortega había escrito en su ensayo sobre Mirabeau que el político lo es de verdad cuando su mente se halla aguzada por formas de inteligencia totalmente ajenas a la política, porque sólo entonces posee una verdadera intuición histórica, se pregunta retóricamente Dujovne: "¿No le será también indispensable al intelectual una convicción política para que efectivamente posea una análoga intuición histórica? ¿Puede el intelectual prever el futuro si desdeña la política?"[57]

Dujovne lamenta que el gradual desdén de Ortega por la política y por la idea del progreso, trajera también consigo lo que considera como su indiferencia cada vez mayor frente a los acontecimientos más dramáticos de la vida pública en los treinta. "Hasta frente a sucesos espantables, se vuelve cada vez más sereno, más resuelto a no irritarse."[58] En 1927, escribe Dujovne, Ortega sin haber visto siquiera la Italia fascista escribió sobre ella en términos de franca repulsa, pero en 1934, frente al nazismo

[55] León Dujovne, *La concepción de la historia en la obra de Ortega y Gasset*, Rueda Filosófica, Buenos Aires, 1968, p. 137.
[56] *Ibid.*, p. 212.
[57] *Ibid.*, p. 213.
[58] *Ibid.*, p. 214.

alemán, por haber estado en Alemania sólo veinte días se limita a presentar lo que ocurría en Alemania simplemente como una manifestación del "furor teutónico" consistente en extremar la obsesión por la disciplina social.[59]

Debemos empero señalar que estas críticas de Dujovne se encuentran localizadas en el último capítulo del libro y en el de las conclusiones, pero los seis primeros capítulos y en parte también el séptimo, se encuentran dedicados por completo a la exposición de la concepción histórica de Ortega.

En los sesenta en México nos encontramos con un libro publicado en 1959 (como siempre, año más, año menos) por Fernando Salmerón centrándose, como lo especifica su título, en *Las mocedades de Ortega y Gasset.* El libro estudia la obra de Ortega anterior a *Las meditaciones del Quijote,* y los últimos trabajos del maestro español a los que se refiere llevan fecha del 23 de noviembre de 1913. Se trata de una seria investigación académica, fundamentada en todo lo escrito por Ortega en ese periodo, con un amplio conocimiento de la bibliografía sobre Ortega, y sintiéndose a menudo la influencia del maestro de Salmerón, José Gaos. Salmerón trata de escribir lo que denomina "la biografía de los temas capitales" y su destino en los trabajos orteguianos de juventud. Su conclusión es de que no se trata de un mosaico heterogéneo, sino que, por el contrario, la aparente heterogeneidad de temas y lo que a veces se ve como confusa mezcla de conceptos y de puntos de vista, se encuentran sujetos a un claro esquema de unas cuantas ideas centrales que le dan unidad y posibilitan ver la obra como un bloque bien articulado.[60]

A lo largo del libro Salmerón va analizando básicamente la preocupación fundamental de Ortega por el problema de la decadencia de España, con su pasaje de un temprano y fugaz casticismo a una postura europeizante; la cultura, la ciencia y el arte en relación con este problema fundamental, especialmente la idea de la ciencia de Herman Cohen, y otros temas que son rastreados en su evolución orteguiana. Desde 1910, escribe Salmerón, Ortega deja atrás los años de mayor actividad polémica, y sus escritos comienzan a presentar las primeras "salvaciones", aunque Ortega nos las denomine aún así. En *Adán en el Paraíso* y *Pedagogía social como programa político* Ortega ya parte de un tema español y meditando sobre él lo pone en relación inmediata con las corrientes fundamentales del espíritu. "La idea de la nacionalización de la cultura europea", escribe Salmerón, "de la necesidad de ver a España

[59] *Idem.*
[60] Fernando Salmerón, *Las mocedades de Ortega y Gasset,* UNAM, México, 2ª edición, 1971, pp. 28-29.

con ojos europeos, que será fundamento de las salvaciones, y la convicción de que se trata de una misión personal, se empiezan a expresar tímidamente".[61]

Posteriormente, en 1910, el esfuerzo por la europeización de España se convierte en lucha por su germanización, y Salmerón hace interesantes observaciones relativas a las influencias sobre Ortega en ese temprano periodo, y también señala elementos filosóficos que continuarán posteriormente a la par de elementos de estilo que serán superados.

Se trata aquí no sólo de la presentación del Ortega de los años jóvenes, sino de una investigación que, como lo considera acertadamente el mismo Salmerón, abre también el camino para una mejor comprensión del Ortega en la plenitud de su obra.

Otro libro publicado en los sesenta en México es el de Humberto Peña, analizando comparativamente los pensamientos de Ortega y de Unamuno. Se trata de un curso universitario dado a principios de la década que se publica básicamente como una exposición del pensamiento de ambos filósofos españoles, con prolongadas y numerosas citas de los mismos, y comentarios breves del autor. En este caso el valor es solamente el intento de difundir la temática dándola a conocer. Pero como se trata de un voluminoso libro de 454 páginas, la contribución a la difusión de las ideas de los filósofos mencionados es muy limitada, y más allá de ello no pretendió tampoco llegar el mismo autor.[62]

ASIMILACIÓN E INSTRUMENTACIÓN DE ORTEGA EN LOS SESENTA: CIENCIAS SOCIALES Y POLÍTICAS

En el ámbito de las ciencias sociales y políticas en la década de los sesenta, a pesar del predominio general de otras escuelas, especialmente las estadunidenses, aún es dable encontrar en Argentina importantes autores que hacen patente una gran influencia orteguiana en sus escritos.

Éste es el caso del sociólogo argentino a quien ya nos hemos referido previamente, Juan Carlos Agulla. Agulla salió a Europa en 1950 doctorándose en Derecho en España y posteriormente en Filosofía en Alemania, y al volver luego de 10 años a Argentina comenzó a desempeñarse como profesor de sociología.

Agulla nos relata que a comienzos de la década de los sesenta empezó a poner en duda diversos aspectos del funcionalismo sociológico (Parson)

[61] *Ibid.*, p. 302.

[62] Humberto Peña, *Unamuno y Ortega y Gasset (contraste de dos pensadores)*, Centro de Estudios Humanísticos de la Universidad de Nuevo León, México, 1965.

que estaba en boga por ese entonces, y en 1962 publicó un pequeño libro sobre la contribución de Ortega a la sociología. Agulla había leído a Ortega en su juventud y le había gustado mucho "por lo bien escrito; no era Hegel". En su opinión no hubo mayor originalidad sociológica en Ortega, pero en cambio le reconoce una gran capacidad de sistematización con mucho de Weber, Pareto, Simmel, Durkheim, aunque el maestro español no los mencione explícitamente. Pero Agulla no vacila en afirmar que Ortega no influyó en el desarrollo de la sociología, y cuando le hacemos ver que él mismo lo utilizó en diversas oportunidades nos dice que "no lo utilicé como un método de investigación sino como una estrategia de análisis".[63] En fin, de todos modos coincidimos con el sociólogo argentino en que la presencia de Ortega en el desarrollo de la ciencia sociológica se dio en la América Hispana por lo general marginalmente, aunque siempre podemos ubicar sociólogos de la categoría del mismo Agulla que sí acusaron su influencia de tal o cual modo. Quizás en alguna medida, aunque sea ella pequeña, tenemos la impresión de que más de un profesional, debido precisamente a la gran difusión y popularización de Ortega, se resiste a la clara identificación con el mismo. Agulla nos dice que "lo que más me molesta de Ortega son los orteguianos. Hay un orteguismo que es declamativo y gesticulante y sirve para los discursos y para decir las cosas. Quedaba muy bien citar a Ortega".[64] Y claro está que también en esto tiene mucho de razón.

Agulla publica en 1962 un pequeño libro titulado *La contribución de Ortega a la teoría sociológica*,[65] afirmando que en el pensamiento orteguiano hay aspectos que tienen relevancia con respecto a la sociología de esos momentos y constituyen un importante aporte a la teoría de la misma. Su libro se centra en dos escritos de Ortega, *El hombre y la gente*[66] y *España invertebrada*, considerando que el primero es importante por su contribución a la comprensión del "carácter general de la sociología", y el segundo lo es específicamente en relación con el mecanismo sociológico que afecta la subsistencia de la sociedad y las causas de su desintegración.

En *El hombre y la gente* Ortega intenta fundamentar la sociología desde una perspectiva filosófica, intentando aclarar los objetos de la sociología, o sea precisar los hechos específicamente sociales, irreductibles a cualquier otro tipo de hecho. Es por ello que Agulla se ve precisado a relacionarse primeramente a la misma filosofía orteguiana tal cual la

[63] Entrevista del autor con Juan Carlos Agulla, Buenos Aires, 7 de septiembre de 1989.
[64] *Idem*.
[65] Juan Carlos Agulla, *La contribución de Ortega a la teoría sociológica,* Cuadernos de la Revista de Humanidades, Universidad Nacional de Córdoba, Argentina, 1962.
[66] Ortega y Gasset, *OC,* VII, pp. 71-272.

presenta el mismo Ortega en el mencionado libro; en el que, dicho sea de paso, ya se hacen bastante notorias algunas influencias existencialistas. Y del análisis de los fundamentos filosóficos irá surgiendo la realidad de los mismos hechos sociológicos. Acompañemos a Agulla en su apretada exposición de lo que considera justificadamente como una importante contribución a la fundamentación filosófica de la sociología, viendo también de este modo uno de los escritos más importantes del maestro español al cual no nos hemos aún relacionado. Ortega murió antes de completar los últimos capítulos del libro acorde con el índice previsto y el manuscrito del mismo consiste básicamente en el texto preparado por él para el curso que impartió en 1949-1950 en el Instituto de Humanidades.

El sociólogo argentino comienza por señalar la postulación de la vida de cada uno como realidad radical por parte de Ortega. Pero por tratarse de una realidad radical, última, incuestionable, es a ella que han de aparecérsele todas las otras realidades, y entre ellas también la realidad social. La realidad radical de mi vida viene así a ser la "raíz" de la existencia de todas las demás, y sólo de ella se tiene la certidumbre de que radicalmente es. Y como esta realidad que es nuestra vida es única e intransferible, cada cual tiene que vivir la suya y Ortega señala que en este sentido cada vida es radical soledad. Pero como se trata de una vida propia que cada uno se ve forzado a ir haciendo en medio de una determinada circunstancia, el vivir implica también un estar fuera de sí mismo. De aquí que se da por un lado la realidad radical del "sí mismo" (de aquí el ensimismamiento), y por otro el ponerse en contacto con la circunstancia, con las cosas y los hombres (altruismo básico, apertura al *alter)*. El hombre es para Ortega, en un sentido existencialista, radicalmente altruista en el sentido de que su estar en el mundo es un "ser con".

Ahora bien, de estos fundamentos filosóficos de Ortega surge que las características apuntadas previamente son propias solamente de la realidad radical de la vida de cada uno, de "mi" vida, y las otras realidades que no posean estas características, entre ellas la social, serán realidades solamente en un sentido secundario, derivado y problemático. Se trata en este sentido de realidades extrañas al hombre, y las ciencias y la filosofía constituyen los medios para su conocimiento. Estas realidades secundarias existen en función de la vida de cada uno, aunque claro está que el mundo tiene su propio ser, y es por sí. Pero cuando se refiere a mi vida, cuando es el mundo en función de la vida de cada cual, Ortega no lo designa como mundo (lo que es "en sí" y "por sí") sino en tanto "importancia", "asunto", o "pragmata".

Y entonces Ortega empieza a estructurar el mundo de cada cual en tanto un sistema de "importancias" o "pragmatas" o "asuntos". Se trata del mundo que es instrumento y medio para hacerse la vida de cada cual, y que está organizado en campos pragmáticos, que está estructurado en una articulación de lados según el uso que se haga de él. Ahora bien, lo que se nos va apareciendo en este mundo a cada cual de nosotros (minerales, vegetales, animales, hombres) aparece en tanto "importancia" o "pragmata" para cada uno de nosotros, y ello implica un determinado y diferente comportamiento frente a ellos por parte de cada uno de nosotros. Ya en lo que se refiere a los animales la relación es bilateral e implica un plural; el tener que contar con una respuesta a una acción cualquiera implica una determinada reciprocidad y una co-existencia. Mas al relacionarnos con otros hombres se da ya la novedad de una "interrelación" que emana de dos o más egos semejantes; y aquí, según Ortega, nos topamos con el primer hecho que podemos considerar como un hecho social. La acción del hombre, entonces, es social cuando cuenta con la reacción del otro, quien a su vez ha contado con mi acción. Debemos recordar empero que la vida de cada uno es realidad radical e incomunicable, en tanto el ego y el *alter* sólo con-viven, creándose así la con-vivencia que es "matriz de todas las posibles relaciones humanas". La convivencia del ego y del *alter* hace posible la aparición de un mundo común y objetivo, un mundo de la convivencia en el que se vive la pseudo vida de la convencionalidad, en contraposición con la vida auténtica de cada cual. Y en medio de esa convivencia va surgiendo la primera forma de relación con el Otro, o sea la primera realidad social: el nosotros. Lo que cada uno hace con respecto al Otro es "algo que pasa entre nosotros". El conocimiento y la proximidad transforman al Otro en un próximo o en un prójimo, y porque "nos-somos", somos "nos-otros". Y en el grado de extrema proximidad Ortega considera que aparece la intimidad, y dentro del "nosotros" el Otro se convierte en Tú. De este modo se abre frente a cada uno de nosotros el mundo humano como una perspectiva de menor o mayor intimidad, un mundo que va a cumplir también una función esencial: a través de él cada uno va a descubrir su Yo. Precisamente la pseudo-vida de la convencionalidad, que es la contrapartida de la vida de cada cual, hace posible el descubrimiento del Yo, la vuelta a la realidad radical de cada uno.

En todos estos casos, que hemos señalado junto con Agulla, se trata para Ortega de acciones humanas que han emanado de un Yo personal; se trata de acciones "personales" que constituyen la vida de cada uno, misma que se debe hacer con las cosas y los hombres que se dan en la circunstancia de cada cual. La relación entre el Yo y el Otro, y el Yo y el Tú o los Tús, es una interrelación entre dos o más Yo individuales y concretos. Se trata entonces de un mundo humano que se da en función de la relación entre dos vidas humanas.

Pero he aquí que muchas de las acciones del hombre no emanan de ese Yo, y son acciones humanas por ser ejecutadas por el hombre, pero no en tanto sujeto creador y responsable. Se trata de aquellos casos, por ejemplo, en los que yo pienso y hablo solamente repitiendo "lo que se piensa u opina", o "lo que se dice". Se trata, nos dice Ortega, de una acción humana, pero de lo humano sin el hombre, sin el espíritu, sin el alma, "de lo humano deshumanizado". Ortega habla en estos casos de una acción "a-humana", de una acción impersonal puesto que el sujeto de esa acción no es personal. El sujeto que lo ejecuta es el pronombre impersonal "se". Es un acto, en este sentido, impersonal y extraindividual. Es una acción que no es de nadie en particular y que se le ejecuta coactivamente porque no hay más remedio, una acción inhumana, incomprensible e irracional. Y he aquí que Ortega nos dice que precisamente el hecho que emana de este tipo de acción constituye el "hecho social", extra-individual, coercitivo e irracional. Agulla observa acertadamente que las dos primeras características son también afirmadas por el sociólogo francés Emile Durkheim, aunque éste no señaló la tercera, lo irracional del hecho social.

Ahora bien, si el hombre es sólo el que ejecuta este acto, ¿quién lo hace, quién lo produce? Es el Yo quien lo ejecuta, pero quien lo hace es la gente. El hombre es en este sentido, nos dice Ortega, un autómata social, y la socialización es el modo en que el hombre queda afectado por la convivencia al ejecutar actos que no son creados por él sino por la gente. Y este tipo de acto social por excelencia es denominado por Ortega como el Uso, o sea un hecho extra-individual, coactivo e irracional que el hombre ejecuta. Los usos, entonces, como un tipo de realidad que forma parte de nuestra circunstancia, y con la que debo contar dentro del mundo social. "Los Usos son, *strictu sensu,* nuestro contorno o mundo social, son la Sociedad en que vivimos." De esto surge para Ortega la interesantísima conclusión de que lo social no aparece como opuesto a lo individual, sino por contraste a lo interindividual. Las relaciones interindividuales de los diferentes Yos en oposición a las relaciones sociales impuestas al Yo.

Estas conclusiones de Ortega son de gran importancia para Agulla, puesto que considera, entre otras cosas, que permiten trazar los límites entre la psicología social y la sociología, los mismos límites que Agulla considera que en esos años comenzaban a confundirse, muy especialmente en la sociología americana. Ortega vendría a distinguir de este modo, gracias a su análisis filosófico, dos tipos de realidades que no se confunden y que no deben confundirse.[67]

[67] Juan Carlos Agulla, *La contribución de Ortega a la teoría sociológica,* pp. 33-34.

Y luego de haber llegado a caracterizar a los usos como esa realidad *sui generis* que no debe confundirse con ninguna otra, Ortega pasa a la estructuración de la Sociedad a través de los Usos. Ortega escribe que encontramos a los Usos en nuestra circunstancia como "pragmatas" o "importancia", y debemos "hacer uso" de ellos, o "abusar" de ellos, o dejarlos en "desuso". El carácter coactivo del Uso compele necesariamente al hombre a que se haga cargo de él, de tal o cual manera.

Pero los Usos no sólo están ahí y nosotros los utilizamos de tal o cual modo sino que también están dentro del hombre, lo socializan, y lo llevan a hacer lo acostumbrado, lo habitual, convirtiéndolo en este sentido en un autómata social.

Ahora bien, el carácter impositivo del Uso implica "una presión social", la imposición de un poder, "el poder público". Este poder puede inclusive actuar a través de las represalias morales o físicas, y acorde con ello Ortega habla de Usos débiles y Usos fuertes. Entre los primeros cuenta Ortega a la opinión pública, entre los segundos, el Derecho.

En fin, sin entrar al detalle de la exposición, Ortega considera que la Sociedad se presenta como un conjunto de Usos, que se articulan y se basan los unos en los otros formando una arquitectura social determinada. De este modo la Sociedad se le viene a presentar a cada individuo bajo la forma de una serie de "pautas de comportamiento" para que pueda hacer su vida, permitiéndole prever la conducta de los Otros que no conoce. O sea que si en el mundo humano de las relaciones interindividuales la convivencia de los individuos se hace posible bajo la forma de nosotros, en medio de un menor o mayor grado de intimidad, en la Sociedad sólo es posible una cuasiconvivencia con el Otro, con el extraño, en medio de la posibilidad de prever el conocimiento de individuos que no se conocen. Y más aún, nos dice Ortega, el mundo social al ofrecerle al individuo un repertorio de acciones, ideas, normas, técnicas, etc., lo obligan a vivir a la altura de los tiempos. "Gracias a la Sociedad el hombre es progreso e historia. La Sociedad atesora el pasado."[68]

Éste es el desarrollo básico de la exposición de Agulla, por cierto acertada, de lo que considera como esencial en *El hombre y la gente,* y al final de la misma el sociólogo argentino hace un inventario de todo lo que considera de valor en este libro de Ortega para la sociología.

Agulla vuelve a resaltar el aporte fundamental de Ortega al fijar claramente el objeto específico de la ciencia sociológica, y asimismo el que la descripción del hecho sociológico por parte de Ortega posibilita el cancelamiento de lo que el sociólogo argentino considera como muchos problemas falsos con los que trabaja la teoría sociológica. Agulla se

[68] *Ibid.*, p. 41.

refiere especialmente a las dicotomías entre individuo y sociedad, al proceso de socialización, al discutido problema del "alma colectiva" o "el espíritu del pueblo", a la vigencia del Uso, etcétera.

Pero Agulla considera que no se trata solamente de que Ortega contribuye a aclarar falsos problemas, sino que también fija concretamente la problemática de la labor sociológica: el fijar y el aclarar la vigencia de los Usos. O sea, en otras palabras, que el sociólogo debe investigar las condiciones que hacen posible el carácter de vigencia social, de constitución y persistencia de los Usos.

Agulla también valoriza de modo especial las ideas orteguianas de "proximidad" y "conocimiento" en la explicación de las formas sociales de convivencia, distinguiendo al "mundo humano" de las interrelaciones del "mundo social" de las relaciones sociales.

Pero el sociólogo argentino apunta que todo lo hecho por Ortega es fundamentación de la sociología como ciencia, pero *no es sociología.* Ortega mismo no alcanzó a fijar las formas sociales de convivencia. Ortega ofrece un instrumental teórico que permite acercarse a la realidad social para conocerla, describirla y explicarla, pero él mismo no lo llevó a cabo. Esa es la labor del sociólogo, escribe Agulla, y sólo luego que se pruebe el instrumental teórico orteguiano en la realidad concreta se podrá valorizar en qué grado es útil y adecuada la aportación de Ortega.[69] Y esto es precisamente lo que Agulla pasa a hacer en la segunda parte de su libro con su análisis de *España invertebrada.*

A este libro de Ortega ya nos hemos referido oportunamente, y aquí nos limitaremos a señalar que Agulla considera que las conclusiones del maestro español son perfectamente plausibles, y que de ello se desprende que el mismo esquema teórico de Ortega puede tener cierto valor para la teoría sociológica de aquellos momentos. Claro está que este aproximamiento y tratamiento de la sociología orteguiana por parte de Agulla tendría que haberse hecho señalando y explicando el hecho nada trivial de que *El hombre y la gente* con la fundamentación filosófica de lo sociológico se escribió muy posteriormente a *España invertebrada,* que Agulla toma como ejemplo de aplicación de tales fundamentos teóricos.

Otro importante sociólogo argentino que reconoce plena y explícitamente la influencia de Ortega es José Luis de Ímaz. La plática que tuvimos con él fue verdaderamente relevante en este sentido. Nos dirigimos a Ímaz con la impresión de que en su libro *Los que mandan,* sentíamos una gran influencia orteguiana más allá de la asimilación de su generacionalismo, aunque Ímaz no se relacionara explícitamente con Ortega en forma especial. La respuesta de Ímaz fue contundente: "Ortega planea

[69] *Ibid.*, p. 45.

para mí en mi trabajo como planea el Evangelio. No tengo por qué citarlos. Es lo presupuesto. Me refiero a Ortega en el sentido de un sustrato metafísico en lo que viene a ser una reacción antipositivista; o sea lo del perspectivismo." Ímaz nos dice que lo del perspectivismo vital venía también a aunarse a su percepción cristiana de los valores, permitiéndole compaginar la sustancialidad de un valor (lo bello es) con la relativización de la percepción histórica de tal valor.

Es interesante recordar que Ímaz trabajaba con Gino Germani, que era profundamente anti-orteguiano puesto que era neopositivista y consideraba a Ortega como un metafísico.

Ímaz recuerda que entre los 22 años y los treinta y algo, entre los diez años que corren entre 1952 y 1962, se vio enormemente influido por Ortega. Y más aún: "Mi generación era toda orteguiana. Todos leían a Ortega y vivían de Ortega; juraban por Ortega."

Pero paralelamente a esto Ímaz también recuerda que Ortega fue para mucha gente muy paralizante y muy inhibitorio. "Era tan claro, lúcido, completo, que los dejaba inhibidos. Había un dogma orteguiano que paralizaba. Él nos había dado todas las claves del pensar. Había entonces tres escolásticas: la tomista, la marxista y la orteguiana." Y este fenómeno, nos dice Ímaz, era peligroso y nocivo puesto que hizo que muchos de sus colegas que eran orteguianos se quedaran en Ortega y no prosperaran por vía propia. El mismo Ímaz señala que paulatinamente fue desarrollando un espíritu crítico con respecto a diversos componentes del pensamiento orteguiano, especialmente a sus cautivantes dicotomías, al darse cuenta de que la realidad no era tan dicotómica, en relación con el hecho de que Ortega era "terriblemente eurocéntrico", o que se escapaba a muchos temas, etc. Pero Ímaz no llegó de ningún modo a las posturas de los desilusionados que se volvieron violentamente contra Ortega (recuérdese a Canto, por ejemplo); nos dice que no se vio defraudado sino que simplemente hizo conciencia de sus limitaciones.

Y finalmente debemos mencionar la opinión de Ímaz, que se viene a agregar a la de Agulla, de que en verdad Ortega no influyó en el desarrollo de la sociología argentina, aunque quizá sí en algunos sociólogos.[70]

Así, por ejemplo, Ímaz nos dice que la idea de élite que desarrolla en *Los que mandan* no la tomó de Ortega sino de otros sociólogos como Mills, Pareto o Michels, lo cual evidentemente es así puesto que éstos eran algunos de los componentes de lo que dominaba el ámbito sociológico del momento. Pero de todas formas, no sólo planeaba el espíritu de Ortega en este libro sino que además aterrizaba de modo muy con-

[70] Entrevista del autor con José Luis de Ímaz, Buenos Aires, 8 de septiembre de 1989.

creto en diversos campos. Ello se hace muy patente en el capítulo de las conclusiones: "Argentina sin élite dirigente".

Sin entrar a la investigación de Ímaz nos limitaremos a señalar algunos puntos en que consideramos que la influencia de Ortega se hace muy visible.

Ímaz llega a la conclusión de que no puede hablarse de una élite dirigente en Argentina. Claro está que nos aclara que desde un punto de vista estrictamente funcional siempre habrá una élite, pero lo que no se da en Argentina es la existencia de una élite real —no sólo funcional—, o sea, "la existencia de un grupo de individuos que concertadamente conduzca a la comunidad, la dirija en vista a la obtención de determinados fines, al alcance de ciertos logros, se rija por marcos normativos más o menos similares...". En Argentina no hay una élite dirigente en este sentido aunque haya una pluralidad de individuos que mandan, y de ahí el título del libro. Los hechos en la Argentina, escribe Ímaz y los ecos de Ortega ya son muy fuertes, evidencian la crisis en la conducción: "ha fracasado todo un grupo y toda una generación dirigente [...] lo que la Argentina necesita es una gran quijoteada colectiva. Y esta tarea no la podrá realizar sólo un grupo; será función de toda una generación".[71]

Ímaz afirma que al ser sustituidas las élites oligárquicas alrededor de los años veinte por las nuevas élites especializadas, o por "la primera camada de bárbaros especialistas", se empezó a pagar el precio de la inmadurez, de la inexperiencia, y también de la incomunicación debido a que sus integrantes no habían pasado por procesos de socialización similares.

Argentina debía esperar entonces la aparición de las élites reconstructivas, tal cual ha venido sucediendo en las sociedades industriales modernas, pero Ímaz considera que se trata de un problema generacional que difícilmente tendrá solución en la generación de dirigentes de su momento.[72] En fin, contentémonos con estas ilustraciones de la influencia orteguiana sobre este importante sociólogo argentino.

Tanto Agulla como Ímaz afirman que Ortega no tuvo mayor influencia en la sociología argentina, aunque como vemos sí la tuvo en algunos de sus más importantes representantes, como en sus respectivos casos. Casos éstos que, por ser excepcionales, vienen a aclarar que en los sesenta en el ámbito estrictamente profesional de las disciplinas específicas, a menudo se da un desentendimiento de Ortega a la par que en la periferia cultural éste aún puede tener un peso decisivo. Quizá sea la mutua influencia de núcleo profesional y periferia cultural la que pueda explicar

[71] José Luis de Ímaz, *Los que mandan*, Editorial Universitaria de Buenos Aires, Buenos Aires, 1973, 10ª edición, pp. 238 y 239.
[72] *Ibid.*, p. 247.

el que a pesar de todo también en el núcleo profesional se den orteguianos de importancia, puesto que éstos pasaron evidentemente una primera fase formativa en la que también participaron del clima cultural más general.

En las ciencias políticas se dio en los sesenta respecto a Ortega un panorama similar al que describimos en relación con la sociología. Uno de los ejemplos más ilustrativos de la formación y de la influencia orteguiana es el de Mariano Grondona, destacado profesor de Ciencias Políticas y activo publicista político.

En su libro *Argentina en el tiempo y en el mundo,*[73] publicado en 1967, Ortega se encuentra presente en el estilo, en los términos, en los conceptos, en la fundamentación teórica de la mayoría de las tesis, y en la constante y explícita referencia a las fuentes orteguianas. El libro se centra básicamente en la crisis nacional que atravesaba Argentina por aquellos años, y Grondona parte del análisis, en términos orteguianos, del mismo concepto de "crisis".

Toda crisis es crisis de situación, y estar en crisis significa no ser ya dueño de la situación. El hombre o el pueblo en crisis se sienten esencialmente desubicados, o sea expulsados de una situación anterior que dominaban y arrojados a otra nueva que desconocen. Y es precisamente el tiempo que va desde el azoramiento hasta la nueva toma de posesión el que denominamos como tiempo de crisis. Éste es, para Grondona, el tiempo argentino. Tiempo de desconcierto y de meditación. Agonía de "la inteligencia nacional", porque sabemos que algo nos pasa y no acertamos a comprender nuestra situación y sus exigencias. Y la crisis de la inteligencia nacional es también la crisis de "la minoría nacional": abatimiento, desconcierto y disolución de aquellos grupos cuya misión es entender, definir y proponer.

Y entonces viene una afirmación que es casi cita de los principios sociológicos expresados por Ortega en *La rebelión de las masas:* toda comunidad nacional puede ser imaginada como la articulación de una minoría rectora y una mayoría cuya función esencial es dar el consenso y ofrecer la colaboración. Y al igual que lo había diagnosticado Ímaz, a quien por cierto recuerda elogiosamente, Grondona concluye que la crisis argentina se presenta como una crisis de minorías, "porque es la función de comprender y de proyectar la que está detenida. Las mayorías, por más que quieran, no tienen ningún proyecto por respaldar y ninguna causa por la cual luchar".[74]

[73] Mariano Grondona, *Argentina en el tiempo y en el mundo,* Editorial Primera Plana, S. R. L., Buenos Aires, 1967.
[74] *Ibid.*, p. 19.

Pero, para Grondona, la crisis se encuentra relacionada también con la inserción de Argentina en el mundo. La Generación del Ochenta se insertó, "con su corazón y su inteligencia", en la periferia de Europa; elección acertada para Grondona, puesto que salvó a la Argentina de "la oscuridad del siglo XIX" en América Latina. Pero, amén de ello, añade, preparó la crisis nacional posterior. Al ingresar en la periferia de Europa, Argentina se convirtió en "un país alienado", un "país fuera de sí", orientado por patrones culturales y sociales extraños y reñidos con su propio ser. Se da entonces, escribe Grondona en un espíritu que recuerda mucho de lo escrito previamente al respecto en México, la copia y la constante asimilación de ideas e instituciones pensadas en otras circunstancias; y paralelamente se da el menosprecio de la realidad circundante porque se rebelaba contra los esquemas. Se trata de la esencial dualidad de un tipo de hombre que "es" una cosa y "pretende ser" otra, y que Grondona señala que fue descrita con "lenguaje duro y certero por Ortega en *El hombre a la defensiva*".[75] Ni más, ni menos. A casi 40 años de aquel polémico artículo de Ortega sobre los argentinos se le viene a recordar para caracterizar la esencia de la crisis por la que pasaba Argentina.

El momento crucial para la crisis argentina fue, según Grondona, el de la segunda Guerra Mundial, cuando la Europa de la que era periferia dejó de ser el eje del mundo y Argentina entró entonces en la esencial desubicación de la que no lograba salir. Volvió a la América Latina como a un exilio arrojada nuevamente del paraíso, recelaba del gigante del norte, entraba dificultosamente en las tensiones de la industrialización y de la masificación, en medio del imperialismo económico.

"Fue así como, por primera vez en su historia, la Argentina se quedó sola. Con su nuevo cuerpo, adulto y complejo. Y con el alma vacía de ideas y de proyectos. Con masas y sin minorías. Con potencia, pero sin destino."[76]

Pero el pensamiento orteguiano no se encuentra presente exclusivamente en el análisis de Grondona de la crisis, sino que lo está también en la búsqueda de la salida de la misma.

Debido a que Grondona considera que la esencia de la crisis reside en la existencia de una nueva situación y en la caducidad de las viejas ideas, considera que lo que hace falta es nada menos que "repensar" la Argentina. Volverla a imaginar en el mundo y proponer para ella una nueva inserción. Pero para llevar a cabo esta tarea nacional decisiva (que como sabemos es la que Ortega se había propuesto a sí mismo con

[75] *Ibid.*, p. 29 (nota 3).
[76] *Ibid.*, p. 24.

respecto a España), señala que será necesario sobreponerse a dos grandes obstáculos. En primer lugar, los argentinos, ocupados durante décadas en copiar e imitar, descubren que desconocen en realidad a la Argentina que deben dirigir hacia su solución. Y en segundo lugar, no sólo se debe investigar qué es esa Argentina, sino que además se debe llevar a cabo su crítica, analizando y demoliendo los hábitos mentales que no sirven ya para la nueva etapa. Y entonces, siguiendo los pasos de Ortega en esta labor de "salvación", Grondona afirma que la tarea de darle a Argentina un nuevo programa nacional no es para políticos o líderes solitarios, sino que es tarea de una generación y es eminentemente una tarea universitaria, "un menester intelectual".[77] Como aquel "Espectador" de aún antes de la década de los veinte que se ponía de espaldas a los políticos, o aquellas ideas orteguianas expresadas en "Mirabeau o el político".

Vienen luego los capítulos en los que el publicista y politólogo argentino trata de llevar a cabo tal labor de análisis de la realidad nacional, en su pasado y en su presente, y Ortega siempre presente. Así, por ejemplo, su análisis de la formación de la sociedad argentina se hace básicamente por medio del instrumental conceptual y teórico orteguiano de *España invertebrada*. Grondona considera que el signo original de la sociedad argentina es el particularismo. Diversos grupos de inmigrantes llegaron a instalarse en el país, pero no encontraron un "todo" nacional dentro del cual hubieran podido funcionar como "partes" armónicamente integradas. Simplemente encontraron frente a sí otros grupos, y todos se agruparon como pequeños "todos". Y no sólo esto, sino que estos "pequeños todos" no se limitaron a no ser mandados sino que quisieron también mandar, intentando imponer a los demás la obediencia que faltaba. Grondona hace patente sus fundamentos orteguianos al señalar las diferencias entre el particularismo argentino y el particularismo español al que alude Ortega en *España invertebrada*. El particularismo español es de carácter "residual", escribe Grondona, puesto que luego de varios siglos de nacionalidad, algunas regiones aún resisten su completa integración. El particularismo argentino, en cambio es, en su opinión, de carácter "original" puesto que precede a la Nación. Es más bien un "feudalismo", una fragmentación política y social anterior al Estado nacional.[78]

Y así sigue Ortega siempre presente. Al llegar a las ideologías argentinas el fundamento del análisis es el perspectivismo orteguiano explicado y postulado explícitamente por Grondona. En función del mismo éste clasifica a las ideologías en dos categorías: las excluyentes y las concu-

[77] *Ibid.*, pp. 26-27.
[78] *Ibid.*, p. 92 (nota 1).

rrentes. Las primeras afirman poseer la verdad y se niegan a dialogar o coexistir con las ideologías contrarias; su camino es el de la cruzada contra los que no piensan como ellos. También las ideologías concurrentes consideran estar en posesión de la verdad, pero aceptan la posibilidad de coexistir e inclusive colaborar con los que no piensan como ellos, y admiten implícita o explícitamente que sus adversarios puedan tener razón. Algo más o menos paralelo a la relación orteguiana al racionalismo absolutista y al perspectivismo admitiendo la porción de verdad de los diversos puntos de vista.[79]

Y luego de la aplicación del circunstancialismo, de las categorías sociales e históricas y de la filosofía perspectivista orteguiana, Grondona intenta también aplicar el generacionalismo orteguiano. Esto lo hace en medio del examen de lo que debe ser la misión nacional y la de sus minorías conductoras. La nación nace y renace a su misión con cada generación, y de este modo Grondona considera que "el rodar de las generaciones es el tejido, la trama de la historia nacional". Con su tema, sus años decisivos y sus arquetipos cada generación marcha por el tiempo. Y entonces viene la aplicación del esquema generacional al pasado argentino, aunque sin aceptar ortodoxamente los 15 años orteguianos. Grondona comienza con la generación de 1806, la de las invasiones inglesas, y al llegar al siglo XX distingue a la del radicalismo (1916-1930), la de las revoluciones (1930-1943), la generación peronista (1943-1955) y la generación posperonista (1955 hasta ese 1966), que Grondona considera que tiene como tema la integración de peronistas y antiperonistas en un nuevo acuerdo nacional. Y, debido a que Grondona observa que los plazos generacionales se van acortando (1916, 1930, 1943, 1955 y 1966), afirma que Argentina se encuentra en esos momentos en el límite de dos generaciones, y puede elegir entre la agonía de la etapa anterior (fin del régimen de Frondizi y ascención de Guido y de Illia) y la renovación de un nuevo tiempo.[80]

Y como misión de la Argentina y desafío de la generación Grondona establecerá a final de cuentas el contribuir a la liberación de América Latina del subdesarrollo. "La misión de la Argentina es, entonces, reinsertarse en el mundo a través de América Latina. Debe convertirse en el fermento y la levadura de la elevación de América Latina al nivel del resto de Occidente."[81]

[79] *Ibid.*, pp. 141-142.
[80] *Ibid.*, pp. 203-207.
[81] *Ibid.*, p. 224.

EN EL CENTENARIO DE ORTEGA: ¿EN EL FIRMAMENTO DE LOS CLÁSICOS U OTRA VEZ ORTEGA EN LA ARENA HISPANOAMERICANA?

Los setenta, con contadas excepciones, fueron años de ausencia de la presencia orteguiana de la arena intelectual latinoamericana. Mencionamos en México a Krauze y a González y González y no queda mucho más para recordar. Pero en 1983 llegó la fecha del centenario del nacimiento del maestro español, y las celebraciones se alternaron por todas partes, también en América Latina, con las publicaciones relacionadas con su obra. Artículos en los periódicos, ediciones especiales de revistas, compilaciones de conferencias dadas en convenciones celebradas sobre la obra de Ortega, compilaciones de artículos sobre y en honor de Ortega publicados como libros, y también libros analizando diversos aspectos de su pensamiento, o la totalidad del mismo.

Al recordar este verdadero festival orteguiano (que no orgía como en los veinte y los treinta) podría pensarse que todo fue trivial, superficial, meramente convencional. Todo lo contrario. Sorprende realmente la categoría y el nivel académico de la mayoría de las publicaciones.

En los años ochenta Ortega, ya lo hemos dicho, es parte de los clásicos que tienen su lugar propio en el firmamento cultural latinoamericano. Está en disponibilidad para su estudio, su asimilación, su aplicación, su renovada difusión. Está en mucho del lenguaje, los conceptos y las ideas sin saberse por parte del que las usa que son de raigambre orteguiana. Pero ¿son estas numerosas publicaciones con motivo de su centenario un indicativo de que vuelve a la misma arena intelectual hispanoamericana de todos los días?, ¿vuelve a ser parte habitual y explícita del diario quehacer académico, intelectual y cultural?

Debido a que la respuesta se refiere a nuestro futuro próximo, no puede ser terminante. Si quisiéramos juzgarlo por las últimas publicaciones y convenciones ya mencionadas, tampoco podríamos hacerlo. Y ello es así, en gran parte, porque al prestar atención a la mayoría de los autores de las publicaciones sobre Ortega en la América Hispana vemos que se trata principalmente de "viejos" orteguianos o de personas que se formaron en momentos de lo que hemos denominado "la orgía intelectual orteguiana" entre los veinte y los cuarenta. En los dos números publicados por *Sur* encontramos entre los autores latinoamericanos a José Edmundo Clemente, Arturo García Astrada, Manuel Granell, Juan Carlos Torchía Astrada, Leopoldo Zea, Eugenio Pucciarelli, Ernesto Mayz Vallenilla y Jaime Benítez.[82]

En 1983 también se publica en Argentina una compilación de las con-

[82] *Sur*, núm. 352, enero-junio de 1983, y núm. 353, julio-diciembre de 1983.

ferencias y los debates del encuentro organizado por la Fundación Banco de Boston, *Ortega y Gasset y el destino de América Latina.*[83] La lista de los participantes nos hace topar, otra vez, por lo general, con nombres ya conocidos para nosotros a lo largo de la historia que hemos venido viendo en este libro: entre otros, Eugenio Pucciarelli, Francisco Miró Quesada, José Edmundo Clemente, Máximo Etchecopar, Arturo García Astrada, José Luis de Ímaz.

En México encontramos en 1984 un libro titulado *Ortega y Gasset*[84] con artículos de Luis Villoro, Fernando Salmerón, Ramón Xirau y Alejandro Rossi, los tres primeros con un neto trasfondo formativo orteguiano allá por los cuarenta. Villoro había pertenecido al grupo Hiperión, Salmerón había escrito en 1959 un libro sobre Ortega al que nos referimos en este trabajo, y Xirau, llegado a México joven desde España, había publicado en 1983 *José Ortega y Gasset. Razón histórica, razón vital, Velázquez, Goya y otros temas.*[85]

Lo mismo en *Homenaje a Ortega y Gasset,* publicado en 1983 en Perú, con artículos de César Pacheco Vélez, Francisco Miró Quesada y Juan Manuel Ugarte Eléspuru. Este último recuerda que Ortega "vino a ser un maestro formador de mi ser intelectual" en la década de los treinta;[86] Miró Quesada, que escribió en un principio excelentes libros sobre lógica y filosofía de las matemáticas, ha escrito también sobre filosofía latinoamericana y ha dedicado no pocos artículos a Ortega o en los que se ocupa también del mismo; y Pacheco Vélez recuerda explícitamente su temprana admiración por Ortega a fines de los cuarenta.[87]

En Chile se publica en 1988 *Ortega y Gasset en Chile,*[88] con artículos que son testimonios de la visita de Ortega a Chile en 1928 y con otros publicados en ocasión del centenario. Y también aquí se trata principalmente de la vieja guardia de orteguianos o aquellos que se formaron en tal o cual medida a la luz del orteguismo o en polémica con el mismo: José Moure Rodríguez, Joaquín Edwards Bello, Armando Donoso, Alone, Luis Sánchez Latorre, Fernando Uriarte, Jorge Millas, Edmundo Concha.

En Venezuela, Federico Riu publica en 1985 *Vida e historia en Ortega y Gasset.*[89] Filósofo español y profesor de filosofía en la Universidad Cen-

[83] *Ortega y Gasset y el destino de América Latina,* Fundación Banco de Boston, Argentina, 1985.

[84] Alejandro Rossi, Fernando Salmerón, Luis Villoro, Ramón Xirau, *Ortega y Gasset,* Fondo de Cultura Económica, México, 1984.

[85] Ramón Xirau, *José Ortega y Gasset. Razón histórica, razón vital, Velázquez, Goya y otros temas,* El Colegio Nacional, México, MCMLXXXIII.

[86] *Homenaje a Ortega y Gasset,* p. 16.

[87] *Ibid.*, pp. 44-45.

[88] José Moure Rodríguez, *Ortega y Gasset en Chile,* Ediciones Logos, Chile, 1988.

[89] Federico Riu, *Vida e historia en Ortega y Gasset,* Monte Ávila Editores, Caracas, 1984.

tral de Venezuela que se formó intelectualmente en la década de los cuarenta.

Claro que es lógico y natural el que sean precisamente estos intelectuales los que se encuentren en medio de este acontecimiento celebratorio e intelectual por igual, pero ello no nos puede servir de indicativo alguno para el futuro. Por cierto, debemos señalar que también encontramos el interés por Ortega en algunos jóvenes académicos latinoamericanos que han comenzado a escribir también sobre diferentes aspectos de su obra, aunque es necesario escribir *algunos contados* jóvenes académicos.

De todas formas, tratándose de un clásico la posibilidad de la vuelta al mismo es constante, amén de lo mucho de Ortega que ya forma parte "natural", inclusive inconscientemente, del bagaje cultural hispanoamericano.

Veamos a continuación algunos de los libros escritos en estos últimos años. En Venezuela Federico Riu escribe su recordado libro sobre Ortega centrándose críticamente en la problemática del desarrollo de su pensamiento y polemizando con aquellos orteguianos que consideran que Ortega no sufrió el impacto del pensamiento heideggeriano, muy especialmente con Julián Marías. Riu considera que al comienzo de su carrera filosófica Ortega se situó básicamente en la corriente vitalista de Nietzsche y Bergson, aunque de un modo original puesto que rechazó tanto al irracionalismo como al intuicionismo. Su proyecto entonces fue el de la sustitución de la razón pura por una razón vital, aunque el profesor venezolano-español considera que Ortega nunca llegó a formular la teoría de la misma. Pero lo que es central para Riu es el hecho de que en 1928 Ortega descubriera *Ser y tiempo,* siendo uno de los primeros pensadores que tomaron conciencia de la gran importancia y trascendencia de este libro. Según Riu, Ortega no tomó de este libro la cuestión del ser sino su perspectiva antropológica, utilizando algunas de las categorías centrales del pensamiento heideggeriano para reinterpretar su propio pensamiento que había venido desarrollando a partir de *Meditaciones del Quijote;* y de este modo a partir de 1928 se dio un cambio sustancial en la concepción filosófica de la vida por parte de Ortega. En esto reside para Riu el gran error de Ortega, quien, en su opinión, debería haber continuado en la línea de *El tema de nuestro tiempo,* con una idea de la vida que aportaba el fundamento adecuado a su empresa de instaurar una nueva cultura, un nuevo tipo de razón y una nueva hermenéutica de las ciencias humanas. En lugar de ello fue virando hacia Heidegger y hacia una filosofía trascendental que lo situaba fuera de la historia.[90]

[90] Veáse, por ejemplo, *ibid.*, pp. 9-11 y 191-197.

Al hacer estas afirmaciones Riu entra a discutir lo escrito por el mismo Ortega en el sentido de que no debía nada o casi nada al filósofo alemán, y a discutir también las posiciones de los alumnos de Ortega que lo apoyan en esta idea, especialmente Julián Marías. Para Riu la postura de Marías en este punto constituye "un escándalo hermenéutico".[91]

En algunos de los trabajos publicados en los ochenta se da una revalorización de la obra de Ortega por parte de autores que lo habían abandonado hace ya mucho tiempo o que no habían adoptado previamente posturas filosóficas orteguianas. Este último es el caso del filósofo mexicano Alejandro Rossi.

Rossi no fue orteguiano, y recuerda haber pertenecido a una generación que en términos filosóficos consideraba a Ortega como un impreciso antecedente de Heidegger y de Sartre, pareciéndole el filósofo francés, en comparación con Ortega, "un científico de la existencia".[92] Rossi señala que el mismo Ortega aspiró siempre al *genus dicendi* sistemático y que al publicarse *El ser y el tiempo* intentó reinterpretar su propia filosofía desde el *genus dicendi* heideggeriano, cayendo así en la trampa de admitir a Heidegger como paradigma de comparación. Esta "pésima defensa" de sí mismo alentó entonces, según Rossi, a sus lectores filosóficos a abandonarlo para estudiar a Heidegger.[93]

Pero Rossi escribe que para nuestra suerte la reacción de Ortega se manifestó también en la publicación de los textos de algunos de sus cursos en los que encontramos al "filósofo ensayista cultural en pleno vuelo, no el metafísico, no el ontólogo, no el epistemólogo". Y aquí es donde Rossi encuentra al Ortega que admira. No se trata del Ortega de las demostraciones sistemáticas, cerradas e impecables, zona filosófica en la que cree que Ortega puede considerarse entre los filósofos respetables, pero no inmortales. Para Ortega, escribe Rossi, la ilusión por el *genus dicendi* sistemático fue una pesadilla insuperable. Es el Ortega en tanto ensayista filosófico cultural el que es admirado por Rossi, y ello es así en función de su propia visión de la filosofía. Rossi considera que la filosofía es "una disciplina desenfrenada" que carece de límites definidos claramente:

> De pronto es una reflexión sobre la ciencia y de pronto es un análisis sobre el concepto de "amistad". A veces es la invención de una supuesta prueba sobre la existencia divina y a veces es el intento obsesivo por probar que la mesa de enfrente en efecto está allí. La gloria de la filosofía es, precisamente, que no tiene tema, que se entromete en todo. Nadie sabe muy bien qué es, cambia máscaras continuamente, pero no desaparece. Es también desenfrenada y extravagante

[91] *Ibid.*, p. 11.
[92] Alejandro Rossi, "Lenguaje y filosofía en Ortega", en *José Ortega y Gasset*, p. 34.
[93] *Idem*.

en su forma. [...] La filosofía, en resumidas cuentas, no posee —como para su intranquilidad creyó Ortega— un estilo único. El *genus dicendi* sistemático es una de las tantas caretas que se ha puesto.[94]

Al finalizar su artículo Rossi expresa su opinión de que los nuevos tiempos manifiestan una mayor libertad acerca del *genus dicendi* de la filosofía, y por ello considera que serán propicios para Ortega y Gasset, y que sus nuevos lectores lo apreciarán de un modo más completo, sin obsesiones clasificatorias. Y Rossi también expresa su esperanza de que se vuelva a recoger el concepto de "salvación de las circunstancias" como un estímulo para hacer una filosofía que parta de cierta experiencia histórica e intelectual propia.

Pienso en la situación política de Hispanoamérica, pienso en la violencia que ha arrasado el continente en los últimos años, pienso en nuestros enredos ideológicos y pienso en el problema de los derechos humanos. Nuestra circunstancia nos ofrece un dramático y complejo *factum* ético. Considero un escándalo que éstos no hayan provocado aún un gran libro teórico. No olvidemos las lecciones de la historia: a la buena filosofía se llega siempre desde problemas *no* filosóficos. El resto es el laberinto profesoral. La lección de Ortega está viva.[95]

En México aún, Abelardo Villegas, cuya crítica al perspectivismo orteguiano a fines de los cincuenta ya hemos analizado, publica en 1984 un pequeño pero interesantísimo artículo en el que hace un balance de la influencia de Ortega en el continente y muy especialmente en México. Algunos puntos merecen ser destacados y algunas citas se imponen verdaderamente. En primer lugar su coincidencia con Rossi en la revalidación de Ortega frente al existencialismo:

...no cabe duda, ahora en los ochenta, que los desarrollos heideggerianos y su terminología abstrusa nos parecen excesivos y comenzamos a preferir el estilo elegante, claro y distinto de Ortega. Y advertimos también que a veces un prólogo, como el de las *Meditaciones del Quijote,* puede tener trascendencia para un continente entero, sin necesidad de que se constituya en un sesudo volumen germánico.[96]

Pero Villegas no se queda en el mero reconocimiento de la influencia orteguiana sino que, refiriéndose al modo de su instrumentación, escribe que los orteguianos mexicanos se percataron de que no podían aceptar

[94] *Ibid*., p. 38.
[95] *Ibid*., p. 40.
[96] Abelardo Villegas, "Ortega en México; dos trayectorias diferentes", en *Democracia y dictadura,* UNAM, México, 1987, p. 115.

sin más un proyecto de vida germánico u occidental. Por el contrario, Villegas apunta que precisamente los análisis llevados a cabo con el instrumental proporcionado por los mismos filósofos alemanes que tanto se esforzó Ortega por difundir, hicieron patente que la cultura occidental resultaba "casi inseparable de un ímpetu neocolonizador e imperial que debíamos rechazar". Y entonces llega a una conclusión que si bien puede que no aceptemos en todos sus detalles, sí es sumamente significativa e interesante en su esencia: "...el colonialismo mental resultaba ser una realidad tan patente como el económico y el político. Y eso nos diferenciaba radicalmente de Ortega. El filósofo español andaba en busca de una nueva grandeza, coincidiendo en esto con las ideas del fascismo y hasta con el degollismo. Nosotros buscábamos, buscamos la supresión de la dependencia".[97]

Aún en esta línea, Villegas cita a Ortega en su amonestación a los americanos: "...como los americanos parecen nadar con prisa para considerarse los amos del mundo, conviene decir ¡jóvenes, todavía no! Aún tenéis mucho que esperar y mucho más que hacer. El dominio del mundo no se regala ni se hereda. Vosotros habéis hecho por él muy poco aún. En rigor, por el dominio no habéis hecho aún nada". Y entonces viene la brillante observación de Villegas: "Extrañamente, tan agudo observador de la historia, Ortega no advirtió que los americanos no pensamos en términos de dominio sino de liberación."

Pero Villegas no deja de reconocer que también en este punto esencial el filósofo español otorgó las ideas fundamentales que guiarían el intento de la independencia cultural, y cita al respecto a Ortega: "...toda vida humana tiene que inventarse su propia forma [...] el imperativo de autenticidad es un imperativo de invención".[98] En fin, en los ochenta se van dando revalidaciones de todo tipo del pensamiento de Ortega, y a menudo, como en Rossi y Villegas haciendo patente su trascendencia para la cultura hispanoamericana.

Finalmente debemos hacer notar que aparte de los escritos dedicados a la obra de Ortega que encontramos en los ochenta alrededor de su centenario, podemos detectar asimismo en estos años no sólo la influencia difusa, que se asimiló y pasó a ser parte integral y sobreentendida de la cultura hispanoamericana, sino también la patente presencia de Ortega, manifiesta en las referencias a Ortega, en tal o cual punto, a veces en sólo una o dos páginas, a veces en contadas líneas, que encontramos en numerosísimos textos en medio del estudio de los más diversos temas, convir-

[97] *Ibid.*, p. 115.
[98] *Ibid.*, p. 116.

tiéndosele así en un punto de referencia usual. Quizá no sea esto menos significativo que las mismas obras dedicadas a Ortega. Veamos algunos ejemplos casi de modo casual.

La panameña Esther María Osses escribe en 1986 sobre la novela del imperialismo en Centroamérica, y se refiere también al Ortega de *La deshumanización del arte* y a algunas de sus ideas sobre la novela;[99] el nicaragüense Alejandro Serrano Caldera escribe en 1987 sobre filosofía y crisis histórica, y se refiere al Ortega del raciovitalismo;[100] el mexicano Miguel León Portilla escribe en 1984 un artículo que abrirá el gran debate sobre el significado y el nombre adecuado del descubrimiento de América, y lo comienza refiriéndose al circunstancialismo y al perspectivismo de Ortega;[101] el argentino residente en México Horacio Cerutti Guldberg escribe en 1983 sobre la Filosofía de la Liberación Latinoamericana, refiriéndose al generacionalismo de Ortega en medio de su análisis crítico del pensamiento de Enrique Dussel; y esta lista en verdad podría ser interminable.

Lo que comenzó en este libro como un "cometa… no fugaz" se inscribió definitivamente como un nuevo astro en el firmamento de los clásicos intelectuales de Hispanoamérica, y su luz seguirá siendo aprovechada en la misma medida que el mundo intelectual hispanoamericano vaya dilatando su retina en función de sus propias necesidades y de su propia evolución.

[99] Esther María Osses, *La novela del imperialismo en América*, Universidad Zulia, Maracaibo, 1986, pp. 17-18.

[100] Alejandro Serrano Caldera, *Filosofía y crisis*, UNAM, México, Nuestra América, pp. 62-65.

[101] "Encuentro de dos mundos", en Juan A. Ortega y Medina, *La idea colombina del descubrimiento desde México (1836-1896)*, UNAM, México, 1987, Nuestra América, pp. 129-130.

CONCLUSIONES

HEMOS seguido el proceso de la influencia orteguiana en los países hispanoamericanos y ha llegado el momento de escribir algunas líneas a modo de conclusión general.

Consideramos que es posible definir esencialmente la influencia orteguiana por medio de tres categorías básicas: eurocentrismo, autorreivindicación y humanismo.

Ortega fue sin lugar a dudas el gran difusor de la cultura europea, muy especialmente la alemana, entre 1916 y 1936 en Hispanoamérica. La *Revista de Occidente* cumplió al respecto una función histórica de importancia decisiva en la difusión de la filosofía, la sociología, la psicología y la literatura europeas, y a ello se agregaron las editoriales de Ortega o las dirigidas por él. También sus propios escritos fueron relevantes al respecto, como en el caso de su artículo sobre los valores, con el que introduce en Hispanoamérica la axiología objetivista, e inclusive lo fueron sus visitas, especialmente la de 1916 a la Argentina en la que dio a conocer la filosofía alemana del momento.

Ortega cargó sobre sus hombros la misión de difundir la cultura europea en España y a final de cuentas también en los países hispanoamericanos; se trataba de ponerlos a la altura de los tiempos... europeos. Ésta era una necesidad común tanto de España como de Hispanoamérica debido a su relativa marginación de la cultura europea. Los alumnos de Ortega, llegados a las costas americanas a partir de 1938, contribuyeron también a esta labor de difusión, conceptualizando por lo general la cultura europea a través del prisma orteguiano. De este modo llegó a estos países lo mejor de la cultura europea, y mediante la *Revista* a la brevedad posible (a veces inclusive como primicia), y en el idioma español, accesible, comprensible. Más aún, la misma obra de Ortega era europea, aunque evidentemente Ortega no era sólo Europa, sino también España, y en español.

Todo esto implicó ponerse al nivel de los tiempos en un doble sentido: por un lado, proporcionó los conocimientos y el nivel académico del momento; por otro, al considerar que se estaba al nivel de los tiempos europeos se tuvo la conciencia de una legitimización profesional y cultural que, a pesar de darse de acuerdo con la cultura europea, significaba la reivindicación de la categoría intelectual del profesional académico hispanoamericano. Y esto, aunado a la influencia del historicismo europeo y orteguiano en auge en los años treinta y cuarenta, nos viene a enlazar con la segunda de nuestras categorías: la autorreivindicación.

La crisis europea que persistía desde la primera Guerra Mundial, pasando por la crisis económica del 29, la toma del poder por parte de los partidos fascistas, y cuyo clímax llegó finalmente con el estallido de la segunda Guerra Mundial, convirtió a Europa, que había sido considerada por tantas generaciones intelectuales hispanoamericanas como la cultura por excelencia, en la arena en que se desplegaba frente a los atónitos ojos hispanoamericanos la irracionalidad y la barbarie en su máxima manifestación histórica. El desencanto coincidió con la búsqueda de la definición de una identidad propia por parte de diversos círculos intelectuales hispanoamericanos. Esta búsqueda ya se venía dando como consecuencia del proceso de integración nacional, del avance de la participación popular en medio de la democratización política, y también como reacción por parte de las élites culturales hispanoamericanas frente a la amenaza del imperialismo estadunidense.

En esta coyuntura fue de enorme importancia la recepción del circunstancialismo, el perspectivismo y el raciovitalismo orteguianos desde los años veinte. Todos ellos posibilitaron y legitimaron filosóficamente la vuelta hacia el estudio de la propia realidad nacional, que se convirtió en objeto digno de la reflexión filosófica o literaria. Los filósofos que se abocaron a dicha reflexión no perdieron por ello su categoría filosófica para convertirse en "meros" pensadores, y amén de ellos se desarrolló la historia de las ideas en un movimiento de reivindicación cultural (verdadera salvación en el sentido orteguiano) de los "pensadores" del pasado. O sea, que presenciamos la reivindicación intelectual y filosófica del hispanoamericano a lo largo de su historia. Y en medio de esta reivindicación se desarrollarían asimismo una filosofía nacional (muy especialmente en México) y una filosofía latinoamericana. De la historia de las ideas se pasó a la idea de la historia, en un esfuerzo por comprender el significado de la evolución histórica de la conciencia nacional tal como se manifestaba en la historia de las ideas.

El mismo Ortega escribió también diversos ensayos sobre la realidad nacional argentina, influyendo notoriamente en el desarrollo de este género literario, y sus numerosos e importantes escritos sobre España fueron motivo de inspiración para una labor paralela en América. Inclusive, su difusión e interpretación de lo escrito por Hegel sobre América impulsó también una serie de ontologías sobre lo americano.

A la reivindicación mencionada debemos agregar la del mismo idioma español. Esto fue de gran importancia en Puerto Rico, pero también en otros países se hizo claro que el idioma español constituía un medio adecuado para hacer filosofía a la altura de los tiempos; no era cuestión a discutir, ahí estaba Ortega y Gasset. Y no sólo filosofía, también literatura; ahí estaba, entre otros, el reconocimiento por Victoria Ocampo del decisivo ejemplo orteguiano en su caso personal.

Ahora bien, por lo general todo este movimiento reivindicatorio nacional y latinoamericano se basó en la reivindicación de la condición humana del latinoamericano, o sea, que se dio en función de un humanismo esencial y no de ningún chauvinismo de contragolpe. Sin duda, más allá del eurocentrismo orteguiano (que se manifestó por momentos en fuertes críticas a lo americano), su circunstancialismo y su perspectivismo portaron en América el mensaje de un humanismo esencial. Pocas filosofías más capacitadas que la orteguiana, y muy especialmente a través del conducto de José Gaos, para aportar las bases de tal humanismo en que todos seamos iguales de acuerdo, precisamente, con nuestro común derecho a detentar nuestras características particulares y nuestras diferencias específicas. Cada pueblo posee su propia perspectiva, y cada una de ellas es indispensable para el logro de la verdad. Y al Universo por el Guadarrama y los campos de Antíloga; pero también por el puerto de Veracruz o la corriente del Río de la Plata. No pocos escritores hispanoamericanos, influidos por Ortega, escribirían sobre un nuevo humanismo, con el ideal vasconceliano por delante y superando el supuesto humanismo hegeliano de corte eurocentrista.

Claro está que en algunos momentos parecería que el eurocentrismo condujo al maestro español a conclusiones nada reconfortantes sobre la realidad americana, variando a veces estas posturas según los vaivenes del destino europeo. Evidentemente, la acerba crítica de lo americano no está reñida con el humanismo de que hablamos, pero es obvio que a pesar de que todas las guerras intestinas en América Latina en conjunto no llegaban a los tobillos de la barbarie de alguna de las guerras mundiales, Ortega se recuperaba rápidamente de ello y volvía a inflar sus velas críticas al primero de los índices de recuperación europea. Aunque debemos reconocer que éstas se enfilaron también a su propio continente, y *La rebelión de las masas,* al fin y al cabo, se centra básicamente en el mismo. Pero su pensamiento filosófico fue, más allá de toda consideración de las actitudes personales, uno de los veneros más importantes del carácter humanista de la reivindicación latinoamericana.

Este ideal humanista, que tanto tomó de Ortega, se manifestó también en otras importantes facetas de la cultura hispanoamericana de esos años. Así, por ejemplo, en la valorización de la cultura como elemento esencial de la educación universitaria, aun antes que lo profesional y lo científico, aunque no sin ellos: "Misión de la Universidad". O, en cambio, en el estudio de la sociedad de masas y en la preocupación por el estudio de las crisis históricas que se abatían sobre la humanidad en esa fustigada primera mitad del siglo XX. Y el orteguianismo proporcionó asimismo a no pocos pensadores religiosos lo que consideraron como una antropología existencial que abría los cauces de un humanismo que debía finalmente conducir a la fe en Dios.

He aquí lo que escribíamos previamente, el eurocentrismo, la autorreivindicación y el humanismo como el hilo esencial de la influencia orteguiana en la cultura hispanoamericana. Y los tres entrelazados esencialmente. Autorreivindicación y humanismo es evidente, pero también eurocentrismo, y no sólo por la elevación del nivel académico y profesional de esta América, sino también por la trascendencia del historicismo europeo que funcionó, al decir de Arturo Ardao, como el invocador de la personalidad filosófica de América Latina.

Eurocentrismo, autorreivindicación americana y humanismo esencial, en otras palabras: los componentes fundamentales de la influencia de José Ortega y Gasset en la cultura hispanoamericana. Pero como la autorreivindicación nacionalista es en verdad el apelamiento a otro elemento esencial de la civilización europea, resulta que tanto el eurocentrismo como la autorreivindicación coinciden en el esfuerzo común de la integración al mundo occidental. Pero el humanismo desde la perspectiva latinoamericana otorga a esta conjunción un valor verdaderamente universal, más allá de las limitaciones geográficas heredadas del colonialismo y el imperialismo.

Mas debemos aún señalar algunos tipos de influencia que no se ven comprendidos en estos tres parámetros conceptuales fundamentales.

En primer lugar nos referimos a algo que se encuentra en la más flagrante oposición a lo que hemos señalado como elementos esenciales de la influencia orteguiana: su gran influencia en los círculos fascistas o seudofascistas, especialmente en lo que se refiere a su distinción sociológica e histórica de las minorías selectas y de las masas. En función de estos conceptos estos círculos captaron al pensamiento orteguiano como básicamente antidemocrático, y como un fundamento teórico adecuado para justificar diferentes aspectos de sus propias ideologías.

Pero, por otro lado, en medio de extrapolaciones y "mezclas" de conceptos orteguianos de todo tipo, se escribieron también justificaciones de la Revolución mexicana buscando la legitimización teórica del maestro español o, a veces, se articularon algunos de sus elementos teóricos con las concepciones marxistas, como sucedió en algunos casos en Perú. Por cierto en el extremo opuesto de las instrumentaciones fascistas de sus teorías. Y ni que hablar que su teoría de las generaciones se convirtió en bandera de combate de grupos juveniles de las más diversas tendencias.

Además, es aún necesario señalar su interpretación hegeliana de América y la difusión de las ideas de Hegel al respecto, que si bien estimularon el estudio filosófico de América, lo hicieron por lo general acentuando la marginalidad de una América que era desterrada de la historia universal. América como el porvenir, o sea lo que aún no es, la expectativa. Y esto evidentemente en contraposición con la tendencia reivindicativa, que intentaba, entre otras cosas, la reivindicación del pensamiento latinoamericano a lo largo de su historia.

Ahora bien, una vez conceptualizada en sus rasgos generales la influencia de Ortega, debemos preguntarnos por las causas de la misma. Nuestra respuesta es que esta influencia se dio en todas sus manifestaciones en función de la relevancia de la obra de Ortega respecto a la problemática de los círculos profesionales, culturales, sociales y a veces políticos en los países hispanoamericanos. En Ortega encontraron lo que buscaban, y buscaron lo que necesitaban encontrar.

Pero, previamente a que veamos en qué sentido fue relevante para las necesidades mencionadas, debemos señalar que la misma posibilidad de su asimilación e instrumentación se dio debido a la difusión de su obra, a que la misma estuviera escrita en español y a que tras ella se encontrara el prestigio internacional que Ortega adquirió rápidamente y que le permitió cumplir una función legitimizadora en todos los ámbitos. Por ello a medida de que se fueron difundiendo los escritos de otros autores europeos de prestigio mundial, y fueron apareciendo revistas americanas del tipo de la de Ortega, y a medida de que fueron proliferando rápidamente las traducciones al español, Ortega iría cediendo su lugar de hegemonía, primeramente en los círculos profesionales (ya tempranamente desde fines de los mismos veinte en Argentina), y luego en los culturales y los sociales. La difusión del existencialismo en los núcleos profesionales ya a partir de los años treinta, y seguramente en los cuarenta, convirtieron a Ortega para muchos en un mero antecedente de Heidegger y de Sartre.

Pero si todo esto fue condición de posibilidad de la recepción de su obra, fue el contenido de la misma la que la convirtió en relevante para la confrontación con diversos problemas vitales por parte de los pueblos hispanoamericanos en esos momentos.

Relevante:

a. Para el estudio de la crisis de nuestro tiempo.

b. Para la problemática de la definición de la identidad nacional y continental, en medio de la crisis mencionada previamente.

c. Para la necesidad (consecuencia de la anterior) de una filosofía propia, anteponiendo como objeto de la misma la propia realidad nacional o, en el mismo sentido, el renovado impulso al ensayo nacional.

d. Para la necesidad (causa y también consecuencia de las anteriores) de la fundamentación de una ideología o una filosofía antimperialista.

e. Para la necesidad (implícita en las anteriores) de fundamentar y definir la función, el compromiso moral y la responsabilidad nacional del intelectual, lo que viene a ser, en otras palabras, su autoconceptualización en tanto minoría selecta.

f. Para la necesidad de diversos círculos (en medio precisamente de la crisis histórica) de fundamentar una antropología liberal humanista y antitotalitaria.

g. Para la necesidad de fundamentación filosófica, histórica y sociológica de las aspiraciones de grupos juveniles que aspiraban a tomar el timón nacional, cultural o políticamente; o de grupos políticos seudofascistas que aspiraban a convertirse en las minorías selectas directivas.

h. Para las necesidades de los núcleos profesionales de obtener y ponerse al tanto del desarrollo corriente de las diversas disciplinas en los países de la Europa occidental, o sea, de su integración al mundo cultural occidental.

Ahora bien, debido a que la influencia se dio en función de su relevancia para la problemática propia, el contexto de la recepción del pensamiento orteguiano es el de la propia problemática cultural (cultural en el sentido vital que Ortega le otorgó al concepto). Esta problemática se convierte en cada caso en el contexto de la lectura de Ortega, y por ello nos encontramos tan a menudo con la extrapolación, que es un modo de selección de lo relevante, de diversos elementos teóricos y con su aplicación en función de su relevancia para la problemática propia. Mas esta extrapolación no se da solamente con respecto a tales o cuales contenidos, sino que a menudo se trata de la extrapolación del mismo cuerpo teorético de su problemática original orteguiana. En estos casos, las teorías orteguianas reciben un significado completamente diferente en medio de la desvirtuación del original. Al buscar en Ortega lo que necesitan, a menudo se extrapolan sus teorías de los problemas a los que venía a dar respuesta y se les pone en relación con los propios problemas. Y esto provoca a veces la incomprensión de antemano. No que no sean legítimas la extrapolación o la instrumentación, pero ellas no implican necesariamente la falta de comprensión del significado original de una teoría y de su problemática original.

Los núcleos profesionales encontraron en Ortega la posibilidad de ponerse al día profesionalmente por medio del conocimiento de las ideas del momento, y asimismo la posibilidad de hacer suyas las teorías orteguianas que les permitieron relacionarse con su propia realidad nacional.

Los tomistas fanáticos encontraron en el filósofo consagrado —y por ello peligroso— que no era religioso, al idealista, al panteísta o al ateo. Los religiosos con una postura más liberal y humanista encontraron en él una filosofía antropológica humanista, aunque a pesar de todo no daba su último paso hacia las cumbres de lo divino.

Los marxistas encontraron en el filósofo de prestigio, que no compartía sus ideas, al representante de la burguesía o de la aristocracia desconectado de las masas populares, aunque hubo también aquellos menos ortodoxos que asimilaron elementos teóricos orteguianos.

Los nacionalistas seudofascistas o fascistas encontraron al teoretizador de las minorías selectas.

Los grupos juveniles encontraron la teoría de las generaciones y con ella la justificación de su misión histórica.

Los círculos sociales (las clases altas y medias) encontraron en Ortega un símbolo cultural de prestigio europeo que podían citar u ostentar en español, y a veces, quizá, inclusive leer. De todas formas era un punto de referencia obligado, los periódicos lo hacían patente.

Y, finalmente, algunas palabras sobre la evolución de esta influencia en el tiempo y en el espacio. Veámoslo en función de la periodización de su influencia y de los diversos círculos concéntricos de la misma.

En el primer periodo, hasta 1939, la presencia y la influencia orteguiana se encontró en una línea ascendente difundiéndose en todos los países del continente, tanto en los núcleos profesionales como en los círculos culturales y sociales. Pero el fenómeno no fue ni homogéneo ni sincrónico en los diversos países hispanoamericanos.

En el núcleo filosófico argentino la influencia de Ortega se dio notoriamente desde 1916, pero hacia los treinta ya había disminuido en medida considerable debido a la rápida evolución de los filósofos argentinos y su contacto directo con la filosofía alemana, y muy especialmente por la rápida difusión del existencialismo. En el México que apenas terminaba su revolución, en cambio, su influencia en los círculos filosóficos comenzó a ser notoria solamente hacia fines de los veinte y especialmente en los treinta con la obra de Ramos. En el Perú su influencia filosófica en este primer periodo parecería que se dio principalmente en algunos aspectos de la fundamentación filosófica de la ideología política de grupos juveniles.

En el ensayo literario, especialmente sobre la realidad nacional, su influencia en los veinte y los treinta fue en Argentina mucho más difundida e intensa que en México, país en el que la novela revolucionaria ya henchía sus velas con los vientos de una revolución que había descubierto la propia realidad nacional.

Sus ensayos de estética, en especial sobre la deshumanización del arte, y de sociología, en especial sobre la sociedad de masas, cundieron por todos los países, siendo motivo de estudio, enseñanza y debates prolongados tanto en los círculos profesionales como en los más amplios círculos culturales y sociales, aunque llegando a algunos de ellos (Uruguay, Paraguay, Bolivia) más bien como reflejo de lo que sucedía en la gran Buenos Aires.

También en los amplios círculos culturales, durante este periodo que se extiende hasta 1939, encontramos en todos los países una enorme, continua y permanente influencia orteguiana, ya sea de su estilo, de sus conceptos, de su idioma o de sus temas; influencia que se perpetuará en ellos con la misma intensidad también en los cuarenta y los cincuenta. Se le publica, se le lee, se escribe sobre él, se le imita, se le critica y se le alaba. Fue decisiva en este sentido la fundación a fines de los treinta de diversas editoriales en Hispanoamérica, muy especialmente en Buenos Aires, desde donde los libros de Ortega se esparcieron por todo el continente.

Esta permanencia de su influencia en los círculos culturales y sociales más allá de los vaivenes de su influencia en los estrictamente profesionales, es la que da renovados bríos a la polémica que llegará a su máximo con la muerte del maestro español; polémica que fue por sí misma un reconocimiento de su prominente lugar en la cultura hispanoamericana. Diversos espejos críticos lo desfiguraron desde diversas posiciones, hacia la derecha o hacia la izquierda, flaco de filosofía o henchido de vanidades, con una imagen que zigzagueaba en diversos sentidos o con otra que no podía distinguirse claramente; pero ningún espejo pudo convertirlo en un enano intelectual, y la multiplicidad de los mismos era testimonio de que se trataba de un gigante.

En el periodo de los cuarenta y los cincuenta, paralelamente a su auge en los círculos culturales, su influencia en los núcleos profesionales filosóficos argentinos ya ha disminuido considerablemente y a menudo es más bien difusa. A partir de los años cuarenta la influencia orteguiana en el núcleo profesional argentino tanto en filosofía como en sociología, se centra más bien en forma explícita en algunos determinados autores y en especial en determinados temas. Su enorme auge en los amplios círculos culturales parecería que contribuyó, entre otros factores, a un cierto enajenamiento por parte de los círculos estrictamente profesionales con respecto a su obra. En México, en cambio, la influencia del pensamiento de Ortega en la filosofía llegó a su máximo precisamente en los cuarenta, siendo utilizado ampliamente en el desarrollo de una filosofía mexicana y latinoamericana.

En la década de los sesenta aún se prolonga la influencia de Ortega aunque lo que antes era conceptualizado como una influencia difusa, especialmente en los círculos culturales, se convierte en gran medida en parte integral, natural y sobreentendida de la cultura hispanoamericana, dejando de identificársele por lo general con Ortega. Específicamente encontramos aún en Argentina algunos profesionales de la sociología o la filosofía que asimilan y aplican explícitamente las teorías orteguianas. En México, en cambio, en los sesenta se da un gran descenso en la influencia orteguiana en los círculos profesionales, principalmente por el avance del marxismo en sus diversas expresiones. En Chile encontramos en esta década un gran debate alrededor de Ortega en los círculos religiosos, precisamente, y un gran número de tesis académicas sobre su obra. El péndulo aún oscilaba, pero en la década de los setenta la misma presencia de Ortega llega a su punto más bajo y en algunos lugares desaparece prácticamente frente a la influencia de las nuevas corrientes académicas en todos los campos y frente al avance del marxismo que se manifiesta tan masivamente en las universidades. A pesar de que su influencia se ha convertido en parte integral de la cultura reinante, su presencia por lo general prácticamente desaparece salvo algunas excepciones.

Y finalmente en los ochenta, con el centenario de su nacimiento, una vuelta a sus escritos y un renovado interés por este clásico de la cultura hispanoamericana a lo largo y lo ancho de todo el continente. El futuro es un signo de interrogación. Hubo otras importantes figuras intelectuales europeas que influyeron notoriamente en la cultura hispanoamericana en el siglo XX, pero consideramos que ninguna de ellas llenó las funciones cumplidas por Ortega al proveer a esta cultura de tantas ideas, instrumentos y diversas vías para medirse con su problemática vital. Ya lo hemos explicado: Ortega el jefe espiritual y Ortega el americano.

BIBLIOGRAFÍA

ARCHIVO FUNDACIÓN ORTEGA Y GASSET, MADRID

Periódicos, semanarios y revistas

Amauta (Perú)
Asomante (Puerto Rico)
Atenea (Chile)
Contemporáneos (México)
Cuadernos Americanos (México)
Dianoia (México)
El Hogar (Argentina)
El Mercurio (Chile)
Excélsior (México)
La Antorcha (México)
La Literatura Argentina (Argentina)
La Nación (Argentina)
La Nación (Chile)
La Prensa (Argentina)
La Pluma (Uruguay)
Letras Peruanas (Perú)
Mensaje (Argentina)
Nosotros (Argentina)
Realidad (Argentina)
Revista de Occidente (España)
Sapientia (Argentina)
Síntesis (Argentina)
Sur (Argentina)
Ulises (México)
Valoraciones (Argentina)

Libros

Abellán, José Luis, *Filosofía española en América. 1936-1966*, Ediciones Guadarrama S. L. con Seminarios y Ediciones S. A., Madrid, 1967.

Agulla, Francisco, *Dependencia y conciencia desgraciada,* Editorial de Belgrano, Buenos Aires, 1984.

———, *La contribución de Ortega a la teoría sociológica,* Cuadernos de la Revista de Humanidades, Universidad Nacional de Córdoba, Argentina, 1962.

Alexander, Robert, *Aprismo,* Kent State University Press, 1973.

Anales de la Institución Cultural Española, Buenos Aires, 1947.

Ardao, Arturo, *Filosofía de lengua española. Ensayos,* Editorial Alfa, Montevideo, 1963.

Arista Montoya, Luis, *Crisis histórica y dialéctica generacional,* 2ª edición, Universidad Nacional Federico Villarreal, Lima, 1981.

Ayala, Francisco, *Introducción a las ciencias sociales,* Círculo Universidad, Barcelona, 1989.

———, *Tratado de sociología,* vol. II; *Sistema de filosofía,* Buenos Aires, 1947.

Basave, Agustín, *Miguel de Unamuno y José Ortega y Gasset. Un bosquejo valorativo,* Editorial Jus, México, 1950.

———, *Filosofía del hombre,* 6ª edición, Espasa-Calpe Mexicana, México, 1988.

Benítez Aldama, Enrique, *El arte deshumanizado. (Crítica a "La deshumanización del arte" de Ortega y Gasset),* Editores Abaut y Compañía, Buenos Aires, 1936.

Bieber, León Enrique, *En torno al origen histórico e ideológico del ideario nacionalista populista latinoamericano,* Colloquium Verlag, Berlín, 1982.

Cambours Ocampo, Arturo, *Indagaciones sobre literatura argentina,* Albatros, Buenos Aires, 1952.

———, *Lugones. El escritor y su lenguaje,* Buenos Aires, 1957.

———, *El problema de las generaciones literarias,* Peña Lillo, Buenos Aires, 1963.

Canto, Patricio, *El caso Ortega y Gasset,* Leviatán, Buenos Aires, 1958.

Caturelli, Alberto, *América bifronte. Ensayo de ontología y de filosofía de la historia,* Editorial Troquel, Buenos Aires, 1961.

Cerruti, Horacio, *Filosofía de la liberación latinoamericana,* Fondo de Cultura Económica, México, 1983.

Cuesta, Jorge, *Poemas y ensayos,* UNAM, México, MCMLXIV.

Chumillas, Presbítero Ventura, *¿Es don José Ortega y Gasset un filósofo propiamente dicho?,* Editorial Tor, Buenos Aires, 1940.

Debray, Regis, *Ensayos sobre América Latina,* Era, México, 1969.

Dujovne, León, *La psicología social de los valores,* Buenos Aires, 1930.

———, *La concepción de la historia en la obra de Ortega y Gasset,* Rueda Filosófica, Buenos Aires, 1968.

Etchecopar, Máximo, *Ortega en la Argentina,* Institución Ortega y Gasset, Buenos Aires, 1983.
Erro, Carlos, *Medida del criollismo,* Buenos Aires, 1929.
Foster, Merlin H., *Los Contemporáneos. 1920-1932. Perfil de un movimiento vanguardista mexicano,* Ediciones de Andrea, México, 1964.
Frondizi, Risieri, *Ensayos filosóficos,* Fondo de Cultura Económica, México, 1981.
——— y Gracia, Jorge, *El hombre y los valores en la filosofía latinoamericana del siglo* XX. *Antología,* Fondo de Cultura Económica, México, 1975.
Gaete, Arturo, *El sistema maduro de Ortega,* Compañía General Fabril Editora, Buenos Aires, 1963.
Gallegos Rocafull, José, *Personas y masas. En torno al tema de nuestro tiempo,* Ediciones del Valle, México, 1944.
Gaos, José, *Pensamiento de lengua española,* Editorial Stylo, México, 1964.
———, *Antología del pensamiento de lengua española en la edad contemporánea,* Universidad Autónoma de Sinaloa, México, 1982.
———, *Filosofía de la filosofía e historia de la filosofía,* Editorial Stylo, México, 1947.
———, *Confesiones profesionales,* Fondo de Cultura Económica, México, 1958.
———, *Sobre Ortega y Gasset, y otros trabajos de historia de las ideas en España y la américa Latina,* Imprenta Universitaria, México, 1957.
——— y Larroyo, Francisco, *Dos ideas de la filosofía. Pro y contra de la filosofía de la filosofía,* La Casa de España en México-Fondo de Cultura Económica, México, 1940.
García Astrada, Arturo, *El pensamiento de Ortega y Gasset,* Troquel, Buenos Aires, 1961.
García Bacca, Juan, *Nueve grandes filósofos contemporáneos y sus temas,* Ministerio de Educación Nacional en Venezuela, Caracas, 1947.
García Máynez, Eduardo, *La definición del derecho. Ensayos de perspectivismo jurídico,* 2ª edición revisada, Universidad Veracruzana, Xalapa, México.
Gómez-Martínez, José Luis, *Bolivia: Un pueblo en busca de su identidad,* Editorial Los Amigos del Libro, Bolivia, 1988.
Gómez Morin, Manuel, *1915 y otros ensayos,* Jus, México, 1973. Primera edición en 1925.
González y González, Luis, *Los artífices del cardenismo,* El Colegio de México, México, 1979.
———, *La ronda de las generaciones,* SEP/Cultura, México, 1984.
Grondona, Mariano, *Argentina en el tiempo y en el mundo,* Editorial Primera Plana, S. R. L., Buenos Aires, 1967.

Haya de la Torre, Víctor Raúl, *El antimperialismo y el* APRA, Ediciones Ercilla, Santiago de Chile, 1936.

Ímaz, José Luis de, *Los que mandan*, 10ª edición, Editorial Universitaria de Buenos Aires, Buenos Aires, 1973.

Jiménez-Grullón, Juan, *Al margen de Ortega y Gasset. Crítica a "El tema de nuestro tiempo"*, Puentes Grandes, La Habana, 1957.

———, *Crítica a "La rebelión de las masas"*, Universidad de los Andes, Mérida.

King, John, *Sur: A Study of the Argentinian Literary Journal and its Rol in the Development of a Culture. 1931-1979*, Cambridge University Press, 1986.

Korn, Alejandro, *Influencias filosóficas en la evolución nacional*, Ediciones Solar, Buenos Aires, 1983.

Krauze, Enrique, *Caudillos culturales de la Revolución mexicana*, 5ª edición, Siglo XXI, México, 1985.

———, *Daniel Cosío Villegas. Una biografía intelectual*, Joaquín Mortiz, México, 1980.

Laín-Entralgo, Pedro, *Las generaciones en la historia*, Madrid, 1945.

———, *La generación del noventa y ocho*, Madrid, 1945.

Larráin Acuña, Hernán, *La génesis del pensamiento de Ortega*, Compañía General Fabril Editora, Buenos Aires, 1962.

List Arzubide, Germán, *El movimiento estridentista*, Xalapa, México, 1927.

Lira, Osvaldo, *Ortega en su espíritu. Metafísica y estética*, Pontificia Universidad Católica de Chile, Santiago, 1965.

———, *Ortega en su espíritu. Psicología. Gnoseología. Política*, Pontificia Universidad Católica de Chile, Santiago, 1967.

López Cámara, Francisco, *La génesis de la conciencia liberal en México*, 3ª edición, UNAM, México, 1969.

López Campillo, Elvina, *La revista de Occidente y la formación de las minorías*, Taurus, Madrid, 1972.

Macera, Pablo, *Trabajos de Historia*, tomo I: *Explicaciones*, Instituto Nacional de Cultura, Lima, 1977.

Marcuse, Herbert, *El hombre unidimensional*, Joaquín Mortiz, México, 1968.

Marías, Julián, *El método histórico de las generaciones*, 3ª edición, Revista de Occidente, Madrid, 1961.

———, *Ortega. Circunstancia y vocación*, Alianza Editorial, Madrid, 1983.

———, *Las trayectorias*, Alianza Universidad, Madrid, 1983.

Marrero, Domingo, *El Centauro. Persona y pensamiento de Ortega y Gasset*, 2ª edición, Colección UPREX, Edición Universitaria, Universidad de Puerto Rico, 1974.

Mayz Vallenilla, Ernesto, *El problema de América,* Caracas, 1959.
Muñoz, José Ramón, *El secreto del bien y del mal: Ética valorativa,* Antigua Librería Robredo, México, 1938.
Murena, H. A., *El pecado original de América,* Sur, Buenos Aires, 1954.
Nicol, Eduardo, *Metafísica de la expresión,* Fondo de Cultura Económica, México, 1957.
———, *Historicismo y existencialismo,* 3ª edición, Fondo de Cultura Económica, México, 1981.
Orringer, Nelson R., *Ortega y sus fuentes germánicas,* Gredos, Madrid, 1979.
O'Gorman, E., *Crisis y porvenir de la ciencia histórica,* Imprenta Universitaria, México, 1947.
Orrego, Antenor, *Hacia un humanismo americano,* Librería Editorial Juan Mejía Baca, Lima, 1966.
——— *Pueblo continente,* El Continente, Lima-Buenos Aires, 1966.
Ortega y Gasset, José, *Obras completas,* Alianza Editorial, Madrid, 1983.
———, *Meditaciones de pueblo joven y otros ensayos sobre América,* Revista de Occidente en Alianza Editorial, Madrid, 1981.
Ortega y Gasset y el destino de América, Fundación Banco de Boston, Argentina, 1985.
Ortega y Gasset en Chile.
Ortega y Medina, Juan, *La idea colombina del descubrimiento desde México (1836-1896),* UNAM, México, 1987, Nuestra América.
Osses, Ester María, *La novela del imperialismo en América,* Universidad Zulia, Maracaibo, 1986.
Paz, Octavio, *Hombres en su siglo y otros ensayos,* Seix Barral, México, 1984.
———, *Primeras letras (1931-1943),* Vuelta, México, 1988.
Pedreira, Antonio S., *Insularismo. Ensayos de interpretación puertorriqueña,* Biblioteca de Autores Puertorriqueños, San Juan, Puerto Rico, 1957.
Peña, Humberto, *Unamuno y Ortega y Gasset (contraste de dos pensadores),* Centro de Estudios Humanísticos de la Universidad de Nuevo León, México, 1965.
Perrioux, Jaime, *Las generaciones argentinas,* Editorial Universitaria de Buenos Aires, Buenos Aires, 1970.
Ramos, Samuel, *Hacia un nuevo humanismo,* La Casa de España en México, 1940.
———, *El perfil del hombre y la cultura en México,* 16ª edición, Espasa-Calpe, México, 1988, Colección Austral.
———, *Hipótesis,* México, 1927.
———, *Historia de la filosofía en México,* Imprenta Universitaria, México, 1943.

Reyes, Alfonso, *Simpatías y diferencias,* tomo II, Porrúa, México, 1945.
Riu, Federico, *Vida e historia en Ortega y Gasset,* Monte Ávila Editores, Caracas, 1984.
Rodríguez Acasuso, L., *Del teatro al libro,* Ag. General, Buenos Aires, 1920.
Roig, Arturo A., *Teoría y crítica del pensamiento latinoamericano,* Fondo de Cultura Económica, México, 1981.
———, *Filosofía, Universidad y filósofos en América Latina,* UNAM, México, 1981, Nuestra América.
———, *Breve historia intelectual de Mendoza,* D'Accurzio Impresor, Mendoza, 1966.
———, *La filosofía de las luces en la ciudad agrícola,* Universidad Nacional de Cuyo, Mendoza, 1968.
Romero, Francisco, *Ortega y el problema de la jefatura espiritual,* Losada, Buenos Aires, 1960.
Rossi, Alejandro, Fernando Salmerón, Luis Villoro y Ramón Xirau, *José Ortega y Gasset,* Fondo de Cultura Económica, México, 1984.
Salazar Bondy, Augusto, *Historia de las ideas en el Perú contemporáneo,* tomo II, Lima.
Salmerón, Fernando, *Cuestiones educativas y páginas sobre México,* Universidad Veracruzana, México, 1962.
———, *Las mocedades de Ortega y Gasset,* 2ª edición, UNAM, México, 1971.
Sánchez Sorondo, Marcelo, *La clase dirigente y la crisis del régimen,* ADSUM, Buenos Aires, 1941.
———, *La revolución que anunciamos,* Edición Nueva Política, Buenos Aires, 1945.
Sánchez Villaseñor, José (S. J.), *Pensamiento y trayectoria de José Ortega y Gasset. Ensayo de crítica filosófica,* Editorial Jus, México, 1943.
———, *La crisis del historicismo y otros ensayos,* Editorial Jus, México, 1945.
Serrano Caldera, Alejandro, *Filosofía y crisis,* UNAM, México, 1987, Nuestra América.
Scalabrini Ortiz, Raúl, *Bases para la reconstrucción nacional,* Editorial Plus Ultra, Buenos Aires, 1965.
———, *El hombre que está solo y espera,* 16ª edición, Editorial Plus Ultra, Buenos Aires, 1983.
Schwartzman, Félix, *El sentimiento de lo humano en América. Antropología de la convivencia,* Universidad de Chile, Santiago, 1950.
Sheridan, Guillermo, *Los Contemporáneos ayer,* Fondo de Cultura Económica, México, 1985.
Schneider, Luis Mario, *El estridentismo, o una literatura de la estrategia,* INBA, México, 1968.

Spengler, Oswald, *Años decisivos,* 2ª edición, Espasa-Calpe S. A., Buenos Aires, 1982, Colección Austral.

Torres Bodet, Jaime, *Tiempo de arena,* Fondo de Cultura Económica, México, 1955.

———, *Contemporáneos. Notas de crítica,* Herrero, México, 1928.

Tamayo Vargas, Augusto, *Literatura peruana,* 2 vols., Universidad de San Marcos, Lima, 1965.

Varios, *El exilio español en México. 1939-1982,* Salvat-Fondo de Cultura Económica, México, 1982.

Villaurrutia, Xavier, *Obras,* Fondo de Cultura Económica, México, 1975.

Villegas, Abelardo, *La filosofía de lo mexicano,* 2ª edición, UNAM, México, 1979.

———, *Democracia y dictadura,* UNAM, México, 1987.

Xirau, Ramón, *Razón histórica, razón vital, Velázquez, Goya y otros temas,* El Colegio de México, México, 1983.

Zea, Leopoldo, *El positivismo en México,* Fondo de Cultura Económica, México.

———, *La filosofía en México,* 2 vols., Ediciones Libro-Mex, México, 1955.

———, *Dos etapas en el pensamiento latinoamericano,* El Colegio de México, México, 1949.

———, *Ensayos sobre la filosofía en la historia,* Stylo, México, 1948.

———, *Introducción a la filosofía,* 5ª edición, UNAM, México, 1974.

———, *Conciencia y posibilidad del mexicano,* Porrúa, México, 1978.

Artículos

Alberini, Cornelio, "Ortega y Gasset en la Facultad de Filosofía", en *Síntesis,* año II, núm. 19, diciembre de 1928.

Araquistáin, Luis, "En defensa de un muerto profanado", en *Sur,* núm. 241, julio de 1956, Buenos Aires.

Ariste Montoya, Luis, "Presencia y proyección de Ortega en el Perú", en *Revista de Occidente,* núm. 72, mayo de 1987, Madrid.

Benítez, Jaime, "Ortega, Puerto Rico y su Universidad", en *Revista de Occidente,* núms. 24-25, mayo de 1983, Madrid.

Babin, María Teresa, "Presencia de Ortega y Gasset en Puerto Rico", en *Asomante,* año 12, vol. 20, núm. 4, octubre-diciembre de 1956.

Cosío Villegas, Daniel, "La riqueza de México", en *La Antorcha,* 30 de mayo de 1925, México.

Cuesta, Jorge, "Notas", en *Ulises,* tomo I, núm. 4, octubre de 1927, México.

———, "Concepto del arte", en *Excélsior,* 1ª sección, 9 de julio de 1932, México.

Cruz Ocampo, "La intelectualización del arte", en *Atenea,* año V, núm. 8, 30 de noviembre de 1928, Chile.

Derisi, Octavio Nicolás, *Sapientia,* año XVII, núm. 66, octubre-diciembre de 1962, Buenos Aires.

Elizalde, Fernando de, "República 'El caso de Ortega y Gasset' ", en *Ficción,* núm. 19, mayo-junio de 1959, Buenos Aires.

Erro, Carlos Alberto, "El juicio de la vieja generación sobre la nueva", *Sur,* año I, núm. 2, otoño de 1931, Buenos Aires.

Gálvez, Manuel, "Los argentinos según Ortega y Gasset", en *La Nación,* 13 de julio de 1930 y 17 de agosto de 1930, Buenos Aires.

Gaos, José, "De paso por el historicismo y el existencialismo. Parega y Paralipomena", en *Sobre Ortega y Gasset y otros trabajos sobre historia de las ideas en España y América Latina.*

García Pinto, Roberto, "Los pasos de Ortega en Argentina", en *Revista de Occidente,* núm. 37, junio de 1984, Madrid.

Giusti, Roberto F., "Los ensayos de Ortega y Gasset. La Pampa... promesas", en *Nosotros,* año XXIV, núm. 248, enero de 1930.

———, "Los ensayos de Ortega y Gasset. El hombre a la defensiva", en *Nosotros,* año XXIV, núm. 249, febrero de 1930.

Gómez-Martínez, José Luis, "La generación del Chaco y la toma de conciencia de la realidad boliviana", en *Cuadernos Americanos,* Nueva Época, año II, vol II, núm. 8, marzo-abril de 1988, UNAM, México.

Henríquez Ureña, Pedro, "El peligro de la *Revista de Occidente*", en *La Pluma,* vol. III, Montevideo, 1927.

Jacksic, Iván, "La vocación filosófica en Chile", en *Cuadernos Americanos,* Nueva Época, núm. 8, 1988, México.

Maldonado, Lucas, "El ensayo de Ortega y Gasset sobre la Argentina", en *La literatura argentina,* año II, núm. 19, marzo de 1930.

Marrero, Domingo, "El constructivismo orteguiano y las categorías de la vida", en *Asomante,* San Juan, Puerto Rico, año 12, vol. 12, núm. 4, octubre-diciembre de 1956.

Nolasco Cruz, Pedro, "El tema de nuestro tiempo de Ortega y Gasset", en *Estudios sobre la literatura chilena,* vol. III, Santiago, 1940.

Ocampo, Victoria, "A los lectores del *Sur*", núm. 268, enero-febrero de 1961.

———, "Víspera de guerra", en *Sur,* año IX, octubre de 1939, Buenos Aires.

———, "Ortega y Gasset", en *Sur,* núm. 60, septiembre de 1939.

Ortega y Gasset, Eduardo, "Mi hermano. Recuerdos de infancia y mocedad", en *Cuadernos Americanos*", año XV, vol. 87, núm. 3, mayo-junio de 1956.

Ortega y Gasset, José, "Discurso en la Institución Española de Buenos

Aires", en *Meditaciones de pueblo joven y otros ensayos sobre América"*, Revista de Occidente en Alianza Editorial, Madrid, 1981.
———, "Cartas de Ortega y Gasset", en *Sur*, núm. 296, septiembre-octubre.
Orrego, Antenor, "Racionalismo y revolución", en *Amauta I*, Lima, febrero de 1927.
Pacheco Vélez, César, "Tres lecciones sobre Ortega y Gasset en el Perú", en *Homenaje a Ortega y Gasset*, Instituto Peruano de Cultura Hispánica, Ediciones Búho, Lima, 1983.
Pico, César, "Los usos, causa formal de la sociedad. Sumaria exposición y justificación de la tesis de Ortega", en *Actas del Primer Congreso Nacional de Filosofía*, Mendoza, 30 de marzo de 1949, tomo III, Universidad Nacional de Cuyo.
Palcos, Alberto, "José Ortega y Gasset. El sentido de la filosofía", en *Nosotros*, año X, tomo XXIII, núm. 87, julio de 1916.
———, "El último libro de Ortega y Gasset", en *El Hogar*, 4 de julio de 1924, Buenos Aires.
Peterson, Julius, "Las generaciones literarias", en *Filosofía de la ciencia literaria*, Fondo de Cultura Económica, México, 1946.
Puccinelli, Jorge, "Esquema de las generaciones literarias peruanas", en *Letras peruanas*, núm. 1, Lima, 1951.
Ramos, Samuel, "El irracionalismo", en *Ulises*, tomo I, núm. 3, agosto de 1927, México.
———, "Antonio Caso. La campaña positivista", en *Ulises*, tomo I, núm. 1, mayo de 1927, México.
Recaséns Siches, Luis, "Gaos y José Ortega y Gasset", en *Dianoia*, UNAM, México, 1970.
———, "Sociología, filosofía social y política en el pensamiento de Ortega y Gasset", en *Cuadernos Americanos*, año 15, vol. 85, núm. 1, 1956.
Ripa, Eduardo, "Ortega y la novela", en *Valorizaciones*, tomo II, núm. 6, junio de 1925.
Rojas Paz, Pablo, "El enigma de lo argentino", en *El Hogar*, 10 de enero de 1930.
Romero, Francisco, "Al margen de *La rebelión de las masas*", en *Sur*, vol. I, núm. 2, 1931, Buenos Aires.
———, "Ortega y el ausentismo filosófico español", en *Sur*, julio de 1956.
———, "Presencia de Ortega", en *Sur*, núm. 23, agosto de 1936.
Rouges, Alberto, "El perspectivismo de Ortega", en *Nosotros*, año XIX, núm. 192, 1925, Buenos Aires.
Salmerón, Fernando, "La pedagogía de Ortega", en *Mensaje*, núm. 4, julio de 1946, Xalapa, Veracruz.

———, "Unidad o disparidad", en *Mensaje,* julio de 1947, Xalapa, Veracruz.

Serrano Poncela, S., "Las generaciones y sus constantes existenciales", en *Realidad. Revista de ideas,* año III, julio-agosto de 1949, Buenos Aires.

Tarterian, Inna, "La culturología extranjera del siglo XX y el pensamiento latinoamericano", en *Latinoamérica,* núm. 12, 1979, UNAM, México.

Torre, Guillermo de, "Sobre una deserción", en *Cuadernos Americanos,* julio-agosto de 1942, México.

———, "Unamuno y Ortega", en *Cuadernos Americanos,* marzo-abril de 1943, México.

Torres Bodet, Jaime, "La deshumanización de arte", en *Nosotros,* año XX, núm. 202, marzo de 1926.

———, "Reflexiones sobre la novela", en Torres Bodet, *Contemporáneos. Notas de Crítica,* Herrero, México, 1928.

Vicuña Luco, Osvaldo, "Ecos de la visita de Ortega y Gasset", en *Atenea,* núm. 52, abril de 1929, Chile.

Zea, Leopoldo, "Ortega, el americano", en *Cuadernos Americanos,* México, 1956.

Zuleta, Emilio de, "Las letras españolas en la revista *Sur*", en *Revista de Archivos, Bibliotecas y Museos,* enero-marzo de 1977, 80(1-2), Madrid.

Entrevistas

Máximo Etchecopar
José Luis de Ímaz
Eduardo O'Gorman
Eugenio Pucciarelli
Aníbal Sánchez Reulet
Vera Yamuni
Leopoldo Zea

ÍNDICE